Sachverzeichnis

Stand: August 2025

Die fetten Zahlen bezeichnen die Gesetze (siehe Inhaltsverzeichnis I S. 1 ff.),
die mageren deren Artikel oder Paragraphen.
Die Buchstaben ä, ö und ü sind wie a, o und u in das Alphabet eingeordnet.

Abänderungsklage auf Herabsetzung künftiger Leistungen **100** 323 ff., einstweilige Anordnungen **100** 769

Abbaurechte 21 Art. 68

Abbiegen im Straßenverkehr **35a** 9, 37

Abbildungen von Beschuldigten, Veröffentlichung **90** 131b; Einziehung und Unbrauchbarmachung **85** 74d; urheberrechtlich geschützte **65** 2

Abblendlicht, Benutzung **35a** 17

Abbruch der Schwangerschaft, Strafbarkeit **85** 218 ff., Werbung für **85a** 316n

Abfall, unerlaubter Umgang mit **85** 326

Abfindung für Arbeitnehmer **84** 9 f., Pfändungsschutz **100** 850i; bei betriebsbedingter Kündigung **84** 1a; aus Gesamtgut **20** 1501, 1503; bei Leibrentenvertrag **20** 330; des Schadensersatzberechtigten **20** 843 ff.; nach Scheidung **48** 23 f.; nach dem UmwG **51** 71; **52** 33; **52a** 29 ff., 34, 207 ff., 270, 282, 290, 300, 313, 327, 340; eines Unterhaltsberechtigten **20** 1585

Abgaben beim Erbschaftskauf **20** 2379; Haftung für beim Kauf **20** 436; Rückerstattung **21** Art 104

Abgase, Vermeidung im Straßenverkehr **35a** 30

Abgeordnete, Bestechung/Bestechlichkeit **85** 108e f.; des Deutschen Bundestages **1** 46 ff.; Immunität **90** 152a; Indemnität **85** 36; Mitteilungen in Strafsachen gegen **90a** 8; Ruhen der Verfolgungsverjährung **85** 78b; Vernehmung **90** 50, als Zeugen **100** 382; Zeugnisverweigerungsrecht **1** 47; **90** 53 ff.

Abgesonderte Befriedigung 110 49 ff.

Abhandenkommen von Sachen, kein Eigentumserwerb **20** 935, 1006 f.; von Schuldverschreibungen, Aufgebotsverfahren **20** 799

Abhängige Unternehmen 51 17; Wettbewerbsbeschränkungen gegenüber **74** 20

Abhilfeklagen iSd VDuG 105a 14 ff.; und Individualklagen von Verbrauchern **105a** 39 f.; Umsetzungsverfahren **105a** 22 ff., Beendigung **105a** 36, Kosten **105a** 20; **115** 26a, 59a, RA-Gebühren **117** 23b, Schlussbericht **105a** 34 f.; Urteil **105a** 16 ff.

Abhören und Aufzeichnen der Telekommunikation **90** 100f; außerhalb von Wohnraum **90** 100f

Abhörverbot 85 201

Abkömmlinge, Ausgleichsanspruch bei besonderer Mitarbeit **20** 2316, oder Pflege **20** 2057a; eines Dritten, Bedenken im Testament **20** 2070; als Erben **20** 1924 ff.; des Erblassers, Bedenken im Testament **20** 2069; Erbverzicht **20** 2349 f.; fortgesetzte Gütergemeinschaft **20** 1483 ff.; kinderlose als Vorerben **20** 2107; Pflichtteilsrecht **20** 2303, 2309; Unterhaltspflicht **20** 1606

Abkürzung der Verjährungsfrist **20** 202

Ablehnung der Eröffnung des Insolvenzverfahrens **110** 26; von Gerichtspersonen im arbeitsgerichtlichen Verfahren **83** 49; eines Rechtspflegers **96** 10; von Richtern nach StPO **90** 24 ff., nach Selbstanzeige **90** 30, nach ZPO **100** 42 ff.; von Sachverständigen im Strafverfahren **90** 74; einer Schenkung bei Gütergemeinschaft **20** 1455

Ablösungsrecht des dinglich Berechtigten und des Besitzers **20** 268; bei Hypothek **20** 1142, 1150; bei Pfandveräußerung **20** 1249; bei Rentenschuld **20** 1199 ff.

Ablösungsrenten 21 Art. 114

Abmahnung statt Fristsetzung **20** 281; bei Pflichtverletzung des gegenseitigen Vertrags **20** 323; bei unlauteren geschäftlichen Handlungen **73** 13 f.; im Urheberrecht **65** 97a

Abnahme der Kaufsache **20** 433, Kosten **20** 448; Teilabnahme beim Architekten- und Ingenieurvertrag **20** 650s; Vereinbarung über die Frist zur **20** 271a; der Vermögensauskunft nach Pfändungsversuch **100** 807; des Werkes **20** 640, 646

Abnutzung von Erbschaftsgegenständen **20** 2132; bei der Leihe **20** 602; der Mietsache **20** 538; der Nießbrauchsache **20** 1050, 1057

Abrufverfahren, automatisiertes *s. Automatisierter Datenabruf*

Abschiebehaft, Vorrang der U-Haft-Vollstreckung **90** 116b

Abschiebung und Erhebung der öffentlichen Klage **90** 154b; und Strafvollstreckung **90** 456a, 458
Abschlagsverteilung im Genossenschaftsinsolvenzverfahren **53** 115a
Abschlagszahlung beim Bauträgervertrag **20** 650v; und Neubeginn der Verjährung **20** 212; beim Verbraucherbauvertrag **20** 650m; **21** Art. 244; beim Werkvertrag **20** 632a, 650m; *s. a. Teilleistungen, Teilzahlung*
Abschlussprüfer **50** 318 ff.; **50a** 25 f.; Anwesenheit bei Hauptversammlung **51** 175; Aufsicht über **50** 324; Aufsichtsreformgesetz **50a** 78; Auskunftsrechte **50** 320; Ausschlussgründe **50** 319 ff., Netzwerk **50** 319b; Bestellung durch HV **51** 119; Bestellung/Abberufung **50** 318; bei Einzelabschluss **50** 324a; mehrere **50** 322; Strafvorschriften **52b** 18; Verantwortlichkeit **50** 323
Abschlussprüferaufsichtsreformgesetz **50a** 78
Abschlussprüferaufsichtsstelle, Meldungen an die **50** 335c; **51** 407a; **52b** 21a; **53** 153
Abschlussprüfung **51** 313 ff.; bei GmbH **52** 42a; Ordnungswidrigkeiten bei der **51** 405; **51a** 26k; **52** 87; **52b** 20; **53** 152; strafbare Handlungen bei der **51** 404a; **51a** 26k; **52** 86, 88; **52b** 19a; **53** 151, Meldung an Aufsichtsstelle **50** 335c; **51** 407a; **52b** 21a; **53** 153
Abschlussprüfungsreformgesetz **50a** 79; **52/1** 7; **53** 169
Abschlussvollmacht **62** 71
Abschreibungen des Geschäfts- oder Firmenwerts **50** 309; von Grundstücksteilen **114** 2, 7
Abschriften, Beglaubigung durch Notar **23** 42; von beschlagnahmten Briefen **90** 101; von Entscheidungen **90** 35; aus Vereinsregister **20** 79
Absehen von Strafe **85** 60, bei Widerstand **85** 113
Absehen von der Verfolgung **90** 153 ff.; bei Abschiebung und Auslieferung **90** 154b; unter Auflagen und Weisungen **90** 153a; bei Auslandstaten **90** 153c; bei Staatsschutzdelikten **90** 153d f.; bei Straftaten nach dem Völkerstrafgesetzbuch **90** 153f
Absonderung im Insolvenzverfahren **110** 49 ff., 165 f., 203
Abstammung **20** 1591 ff.; Anfechtung **21** Art. 20; im Beitrittsgebiet **21** Art. 234 § 7; deutsche, Zuständigkeit **112** 100; Feststellung der **100** 372a; genetische Untersuchung und Probeentnahme **112** 169; von Kindern **21** Art. 19 ff.; Klärung **20** 1598a; Übergangsvorschriften **21** Art. 224; Untersuchungen **112** 178; Verwandtschaft **20** 1589; Vollstreckung in Abstammungssachen **112** 96a
Abstammungserklärung, Zustimmung **21** Art. 23
Abstammungsgutachten, Einsicht oder Abschriftaushändigung **112** 169
Abstammungssachen **112** 169 ff.; Antrag **112** 171; Beschluss mit Begründung **112** 38; Beschwerderecht **112** 184; Beteiligte **112** 172; als Familiensachen **112** 111; Mehrheit von Verfahren **112** 179; örtliche Zuständigkeit **112** 170; persönliche Anhörung **112** 175; Tod eines Beteiligten **112** 181; Wiederaufnahmeverfahren **112** 185
Abstand im fließenden Verkehr **35a** 4; beim Überholen **35a** 5
Abstimmungen der Gläubiger im InsVerfahren **110** 72, 237 ff., in Gruppen **110** 243 ff.; Straftaten bei **85** 107 ff.
Abstimmungstermin bei Insolvenzplan **110** 235 f., 241
Abtreibung *s. Schwangerschaftsabbruch*
Abtretung von Ansprüchen bei Insolvenz der Genossenschaft **53** 108a; Beurkundung **20** 403; des Ersatzanspruchs **20** 255, 285; von Forderungen **20** 398 ff.; einer Geldforderung bei Handelsgeschäften **50** 354a; des geltend gemachten Anspruchs **100** 265; von genossenschaftlichen Ansprüchen **53** 88a; von Geschäftsanteilen der GmbH **52** 15; des Herausgabeanspruchs **20** 870, 931, 934; von Hypothekenforderungen **20** 1153 ff.; nochmalige **20** 408; durch Pfandrecht gesicherter Forderungen **20** 1250 f.; keine bei unpfändbaren Forderungen **20** 400; bei Verbraucherdarlehensverträgen **20** 493, 496
Abtretungsurkunde **20** 409 f.
Abtretungsverbot bei unpfändbaren Sachen **62** 17
Abwasserbehandlungsanlage, unerlaubtes Betreiben **85** 327
Abwesende, Anfechtung gegenüber **20** 121; Beschlagnahme des Vermögens **90** 290; Hauptverhandlung gegen **90** 232 ff., oder flüchtigen Angeklagten **90** 230; sicheres Geleit **90** 295; Strafverfahren gegen **90** 276 ff.; Willenserklärungen gegenüber **20** 130, 147, 152
Abwickler *s. Liquidatoren*
Abzeichenmissbrauch **85** 132a
Adhäsionsverfahren **90** 403 ff.; Akteneinsicht im **90** 406e; kein im Jugendstrafverfahren **89** 81; Kosten **90** 472a

Adoption, deutsche Zuständigkeit **112** 101; unbefugte **85** 236; *s. a. Annahme als Kind*
Adoptionsgeheimnis und Mitteilungen der Meldebehörde **92** 20a
Adoptionssachen **112** 186 ff.; Anhörung **112** 192 ff.; Beteiligte **112** 188; örtliche Zuständigkeit **112** 187; Richtervorbehalt **96** 14; keine Verbindung mit anderen Verfahren **112** 196
Adoptionsvermittlung **20** Anm. zu 1741
Adoptionsvermittlungsstelle, fachliche Äußerung **112** 189
Adoptionswirkungsgesetz **112** 199
Agent *s. Handelsvertreter, Versicherungsvertreter*
Agentenmarken **72** 11; Ansprüche des Markeninhabers **72** 17
AIFM-Umsetzungsgesetz **50a** 72
Akkreszenz *s. Anwachsung eines Erbteils*
Akten, elektronische *s. dort;* Herausgabepflicht von Sachverständigen **100** 407a; **122** 1; Übersendung bei Rechtsmittel **90** 320 f., 347; Vernichtung **85** 133
Akteneinsicht im Adhäsionsverfahren **90** 406e; bei elektronischer Aktenführung **94** 110c; **112** 13; gemäß FamFG **112** 13; im Markeneintragungsverfahren **72** 62; im Nachprüfungsverfahren nach GWB **74** 165; im Strafverfahren für Justizbehörden **90** 474, für Privatkläger **90** 385, für Privatpersonen **90** 475, für Sachverständige im Strafverfahren **90** 80, beim Täter-Opfer-Ausgleich **90** 155b, für Verteidiger **90** 147; bei Verfahren nach OWiG **94** 49; im Zivilprozess **100** 299, 760
Aktien, abhandengekommene, Aufgebotsverfahren **51** 72; Ausgabe **51** 203 ff.; Ausgabebetrag **51** 9; beschädigte **51** 74; Besitzzeitberechnung **51** 70; Bezugsaktien **51** 192 ff.; eigene **51** 71 ff., Bestand, Erwerb, Veräußerung **51** 160; Eintrag in Kryptowertpapierregister **51** 10; Eintragung in Aktienregister **51** 67; Einziehung **51** 237 ff.; elektronische **51** 10; Erwerb eigener **51** 93; Form **51** 8; Inhaberaktien **51** 23 f.; Kaduzierungsverfahren **51** 64 ff.; Kapitalherabsetzung **51** 237 ff.; Kraftloserklärung **51** 72 f., 226; Mehrstimmrechtsaktien **51** 12, 135a, 202; **51a** 5; Mindestnennbetrag **51a** 3; Namensaktien **51** 23 f., Eintragung **51** 67; Nennbetrag **51** 6; Nennbetragsaktien **51** 8, 23, 198; als Pfand **51** 71, 93; Pfandnahme eigener **51** 71e; Rechtsgemeinschaft an **51** 69; Stimmrecht **51** 12, 134 f.; **52** 67; Stimmrechtsausschluss **51** 136; Stückaktien **51** 8, 23; Übertragung **51** 68; Umtausch bei Formwechsel **52a** 248, bei Verschmelzung **52a** 72; Umwandlung von **51a** 26h; Unteilbarkeit **51** 8; Unterzeichnung **51** 13; Verbot der Ausgabe **51** 41, 191, 197, 219, der Zeichnung eigener **51** 56; vernichtete, Aufgebotsverfahren **51** 72; Vorzugsaktien **51** 12, 139 ff., 204; Zeichnung neuer **51** 185; Zerlegung des Grundkapitals der AG in **51** 1; zusätzliche bei Formwechsel **52a** 248a, bei Kapitalerhöhung **51** 255a f.; **51a** 26p, bei Verschmelzung **52a** 72a f., 142a; Zwischenscheine **51** 10, 191, 219
Aktiengesellschaften, Abfindung von Aktionären **51** 320b; Abschlagzahlung auf Bilanzgewinn **51** 59; Abschlussprüfung **50a** 25; Abwicklung **51** 264 ff., Pflichten des Abwicklers **51** 268; Aktienrechtsnovelle 2016 **51a** 26h; Angemessenheit der Vorstandsvergütung **51a** 23; Anhangsvorschriften **51** 160; Anmeldung **51** 36 ff., 45, 210, der bedingten Kapitalerhöhung **51** 195, der Kapitalherabsetzung **51** 239, bei Sachgründung ohne externe Gründungsprüfung **51** 37a; Auflösung **51** 119, 262 ff., durch Urteil **51** 396 ff.; Auflösung wegen Satzungsmangels **112** 399; Aufsichtsrat **51** 30, 95 ff., *s. a. dort;* Ausgabe von Gewinn- oder Wandelschuldverschreibungen **51** 221; Beherrschungsvertrag **51** 291; Bekanntmachungen **51** 23 f., Anfechtungsklage **51** 246, 248, Haftungsklage **51** 149; Berichterstattung, Unterlassen **51** 160; mit Beteiligung von Gebietskörperschaften **51** 393a ff.; Betriebspachtvertrag **51** 292; Betriebsüberlassungsvertrag **51** 292; Beziehung zu verbundenen Unternehmen (Konzernen) **51** 291 f.; Bilanzgewinnverteilung vor Auflösung **51** 57; börsennotierte **51** 3, Erklärung zum Corporate Governance Kodex **51** 161, Konzernlagebericht **50** 315a, Prüfung **50** 316 ff., Lageberichte **50** 289a, Erklärung zur Unternehmensführung **50** 289f, Prüfung **50** 316 ff., nichtfinanzielle Erklärungen **50** 289c ff.; **51** 26i, 170 f., Vergütungsberichte **51** 162; **51a** 26j, Vergütungssystem **51** 87a, 120a; **51a** 26j; eigene Aktien **51** 71 ff.; Eingliederung in andere AG **51** 319 f.; Einlagenrückzahlung **51** 27; Einpersonen-Gesellschaft **51** 42; Eintragungen ins Handelsregister, Auflösung **51** 263, 398, Ausgabe von Bezugsaktien **51** 201, Erhöhung des Grundkapitals **51** 188, 195, Gesellschaftsgründung **51** 39 ff., 266, Herabsetzung des Grundkapitals **51** 227, 238, Nichtigkeit **51** 277, Satzungsänderung **51** 181, Schluss der Abwicklung **51** 273, Sitzverlegung **51** 45, von Unternehmensverträgen **51** 294, 298, Vorstand **51** 81; Ent-

lastung auf Hauptversammlung **51** 120; Entsprechensbericht **51** 150 ff.; Eröffnungsbilanz bei Abwicklung **51** 270; Errichtung **51** 29; Ersatzansprüche gegen Aufsichtsrat, Vorstand und Gründer **51** 46 ff., 50, 53, 117, 147, 310, 318, 322; Feststellung der Satzung **51** 23; Firma **51** 4; Formkaufmann **51** 3; Formwechsel **52a** 242; Fortsetzung einer aufgelösten AG **51** 274; genehmigtes Kapital **51** 160; gerichtliche Freigabeverfahren **51** 246a; Geschäfte mit nahestehenden Personen **51** 111a ff.; Geschäftsbriefe **51** 80; Geschäftsführung **51** 77; gesetzliche Rücklagen **51** 231, 300, 324; Gewinn- und Verlustrechnung **51** 158; Gewinnabführungsvertrag **51** 291; Gewinnausschüttung **51** 233; Gewinngemeinschaft **51** 292; Gewinnverwendung **51** 174; gleichberechtigte Teilhabe von Frauen und Männern **51** 76, 250; **51a** 25, 26l; Gründer **51** 2, 28; Grundkapital **51a** 1; Gründung **51** 23 ff.; Gründungsbericht **51** 32; Gründungsprüfung **51** 33 ff.; Haftung vor Eintragung **51** 41, bei Gründung **51** 46 ff., für Verbindlichkeiten **51** 1; als Handelsgesellschaft **51** 3; Hauptversammlung **51** 118 ff., *s. a. dort;* Herabsetzung des Grundkapitals **51** 222 ff.; Informationspflichten bei Unternehmensereignissen **51** 67a, 186, 214; **51a** 26j, durch Intermediäre **51** 67b f., Kosten **51** 67f; Insolvenzverfahren **51** 62, 262 ff.; institutionelle Anleger *s. dort;* Intermediäre **51** 67a; **51a** 26j, *s. a. dort;* Jahresabschluss **50** 264 ff.; **51** 253, und Lagebericht **51** 150 ff.; Jahresüberschuss, Verwendung **51** 58; Kapitalbeschaffung **51** 119; Kapitalerhöhung **51** 182 ff., bedingte **51** 192 ff., aus Gesellschaftsmitteln **51** 207 ff., und Verschmelzung **52a** 68 f., 72b, zusätzliche Aktien **51** 255a f.; **51a** 26p; Kapitalherabsetzung **51** 119, Ausweis **51** 240; kleine, Bilanzierungsvorschriften **51** 152, 160, 240; Kraftloserklärung von Aktien **51** 73; Leitung **51** 76; Löschung vermögensloser **112** 394; Löschung wegen Nichtigkeit **112** 397; Mindestnennbetrag des Grundkapitals **51** 7; **51a** 2; Mitteilungspflicht bei Beteiligungen **51a** 7, bei Sonderprüferbestellung **51** 261a; Nachgründung **51** 52 f.; **51a** 11; Nebenleistungen der Aktionäre **51** 61; Nebenverpflichtungen der Aktionäre **51** 55, 180; **51a** 10; Nichtigkeit von Hauptversammlungsbeschlüssen **51** 241 ff., des Jahresabschlusses **51** 256 ff., der Satzung **51** 38; Nichtigkeitsklage **51** 275 ff.; notarielle Beurkundung **51** 23, 30; Offenlegung der Vorstandsvergütung **50** 285 f.; Prüfung der Errichtung **51** 38; Prüfungsbericht **51** 145, 259; Rücklagen **51** 58, 231 f.; Sacheinlagen **51** 27, 205 f., Fristen **51a** 26c; Sachgründung ohne externe Gründungsprüfung **51** 33a; Sachübernahmen, Fristen **51a** 26c; Satzung **51** 23; Satzungsänderung **51** 119, 179 ff.; **51a** 5, 8, 26b; Sitz **51** 5; Sonderprüfer **51** 143 ff.; Sonderprüfung **51** 142 ff., 258 ff.; Spaltung **52a** 123 ff., 141 ff.; Sperrjahr **51** 272; Stimmrechte **51** 12, 134 f.; Stimmrechtsberater **51** 134a ff., *s. a. dort;* Stimmrechtsmissbrauch **51** 405; **51a** 26k; Strafvorschriften **51** 399; Teilgewinnabführungsvertrag **51** 292; Übergangsvorschriften **50a** 34, zu Anmeldung und Eintragung **51a** 18, zum Transparenz- und PublizitätsG **51a** 13 f.; Übertragungspflicht des Gesellschaftsvermögens **51** 179a; Unternehmensverträge **51** 291 ff.; verbundene Unternehmen *s. dort;* Verfassung **51** 76 ff.; Verjährung, Übergangsvorschr. **51a** 26e; Verlust, Überschuldung, Zahlungsunfähigkeit **51** 92; Vermögensübertragungen auf **52a** 180 ff., 185 ff.; Vermögensverwalter *s. dort;* Veröffentlichungen bzgl. Hauptversammlung auf der Internetseite **51** 124a; **51a** 26q; Verschmelzung von *s. dort;* Vertretung **51** 78 f., 269; Vorstand einer *s. dort;* wechselseitige Beteiligung an anderen Unternehmen **51** 19, 328; **51a** 6; zuständiges Gericht **51** 14; Zweigniederlassung im Ausland **50** 13f

Aktiengesetz 51; Anwendungsbereich **51a** 27; und die DigitalisierungsRL **51a** 26m; EinführungsG **51a**; und Finanzmarktintegritätsstärkungsgesetz **51a** 26k; Klagen nach dem **95** 95; Klagezulassungsverfahren **51** 148, Streitwertfestsetzung **115** 50; Verfahren zur Umstellung auf Euro **51a** 4

Aktienrechtsnovelle 2016 51a 26h

Aktienregister 51 67

Aktienübernahme 51 56

Aktionäre, Abfindung bei Beherrschungs- oder Gewinnabführungsvertrag **51** 305; Anfechtung von Hauptversammlungsbeschlüssen **51** 245, der Wahl von Aufsichtsratsmitgliedern **51** 251; Anspruch auf Bilanzgewinn **51** 58; Anträge auf der Hauptversammlung **51** 126; Ausgleichsanspruch bei Gewinnabführungsvertrag der AG **51** 304; Auskunftsrecht **51** 131 f., 138, 326; Ausschluss **51** 64, 327a ff.; **51a** 11; Bekanntgabe zur Einberufung der Hauptversammlung **51** 125; Bezugsrecht **51** 186 f.; Einlage **51** 54, 57, 63, 93; Eintragung in Aktienregister **51** 67; Gewinn-

beteiligung **51** 60; Gleichbehandlung **51** 53a; Gründer der AG **51** 28; Haftung **51** 62; Informationsansprüche bei Unternehmensereignissen **51** 67a, 186, 214, durch Intermediäre **51** 67b f., Kosten **51** 67f; institutionelle Anleger **51** 134a ff., *s. a. dort;* Kaduzierungsverfahren **51** 64 f.; Klagezulassungsverfahren **51** 148; Leistungspflichten **51** 66; Minderheitsaktionäre **51** 327a; Nebenverpflichtungen **51** 55; Ordnungswidrigkeiten **51** 405; **51a** 26k; Richtlinie zur Umsetzung der Rechte **51a** 20; **52a** 354; Rückgewähr von Einlagen **51** 57; Sacheinlagen und Sachübernahmen **51** 27, 41; Sonderbeschlüsse **51** 138; Sondervorteile **51** 26; Stimmrecht **51** 12, 134 f., Ruhen des **52a** 35; Stimmrechtsberater *s. dort;* Verbot von Zahlungen an **51** 230; Vermögensverteilung **51** 271; Verpflichtungen **51** 54 ff.; gesonderte Versammlung **51** 138; Verzinsung von Einlagen **51** 93; Vorzugsaktionäre **51** 139 ff.; Wahlvorschläge **51** 127, 137; Widerspruch gegen Hauptversammlungsbeschluss **51** 245; Zahlungspflicht des Vormannes **51** 65

Aktionärsforum, Bundesanzeiger **51** 127a

Aktionärsrechterichtlinie, Übergangsvorschriften **51a** 20; **52a** 354

Aktivlegitimation, Insolvenzverwalter **110** 85; bei Testamentsvollstreckung **20** 2212

Akustische Überwachung außerhalb von Wohnraum **90** 100f

Akustische Wohnraumüberwachung 90 100c ff.; Berichtspflicht der Bundesregierung **90** 101b; und Kernbereich privater Lebensgestaltung **90** 100d; Verfahren **90** 100e

Akzept *s. Wechsel*

Akzessorietät, beschränkte der Teilnahme **85** 29; der Hypothek **20** 1153

Alimente *s. Unterhalt*

Alkohol, Genuss im Übermaß **85** 64; Rauschtaten **85** 323a; im Straßenverkehr **35** 24a; Trunkenheit im Verkehr **85** 315a, 315c, 316

Alkoholverbot für Fahranfänger **35** 24c

Allgemeine Bankrisiken 50 340e ff.

Allgemeine Geschäftsbedingungen 20 305 ff.; Änderung der Beweislast **20** 309; Anwendungsbereich **20** 310; in Arbeitsverträgen **20** 310; Auslegung **20** 305c; Ausschluss von Klauseln **20** 305c; Fiktion des Zugangs von Erklärungen **20** 308; Generalklausel **20** 307; Gewährleistungsausschluss **20** 309; Haftung bei Verschulden **20** 309; Klagen nach dem UKlaG **105** 1; Klauselverbote mit Wertungsmöglichkeit **20** 308, ohne Wertungsmöglichkeit **20** 309; Laufzeit bei Dauerschuldverhältnissen **20** 309; Mahnung **20** 309; Nachfrist **20** 309; Umgehungsverbot **20** 306a; Unmöglichkeit der Leistung **20** 309; unwirksame Klauseln **20** 307 f.; Vertragsstrafe **20** 309; Verzug **20** 309

Allgemeine Versicherungsbedingungen 62a 1

Allgemeines Gleichbehandlungsgesetz 34; Antidiskriminierungsstelle des Bundes **34** 25 ff.; Begriffsbestimmungen **34** 3; Benachteiligungsklage **83** 61b; Rechtfertigung der unterschiedlichen Behandlung **34** 4; Rechtsschutz **34** 22; Übergangsbestimmungen **34** 33; unzulässige Benachteiligungen **34** 2; zulässige unterschiedliche Behandlung **34** 5

Allgemeinverbindliche Tarifverträge, Prüfung durch ArbG **83** 2a, 98

Allgemein-Verbraucherdarlehensvertrag 20 491 ff.; Anbahnung per Telefon **21** Art. 247 § 5; Angaben im **21** Art. 247; Informationspflichten, vorvertragliche **21** Art. 247 Anlagen 4, 5; Kosten bei Kündigung **20** 501; Restschuldversicherungsvertrag **62** 7a; **62a** 9; zur Umschuldung **21** Art. 247 § 11, Anlage 5 zu 247 § 11; Vorfälligkeitsentschädigung **20** 502; mit Zusatzleistungen **21** Art. 247; *s. a. Verbraucherdarlehensvertrag*

Altenteil 21 Art. 96; Eintragung ins Grundbuch **114** 49

Altenteilsvertrag, Zuständigkeit des Amtsgerichts **95** 23

Alter, Anpassung des Versorgungsausgleichs **48** 35 f.; Diskriminierungsverbot **34** 10; Unterhaltsanspruch bei Scheidung **20** 1571; Zweifel über Alter und JGG **89** 1; *s. a. Lebensalter*

Alternativ Bedachte 20 2152

Alternativobligation 20 262 ff., *s. a. Wahlschuld*

Alternativvermächtnis 20 2148

Alters- und Invaliditätsvorsorge 48 2

Altersrenten, Pfändungsschutz **100** 851c

Altersvorsorgevermögen, Pfändungsschutz **100** 851d

Altersvorsorgeverträge, Lebensversicherungen als und Kündigung durch VN **62** 168

Altfahrzeug-Gesetz, Übergangsvorschriften **50a** 53

Altverträge bei Versicherungen **62a** 1

Amnestie, Eintragung ins Zentralregister **92** 14

Amortisation *s. Kraftloserklärung, Tilgung*

Ampel, Verkehrsregelung **35a** 37

Amt, Straftaten im **85** 331 ff.; Unfähigkeit zur Bekleidung öffentlicher Ämter **85** 45 ff., 101
Amtliche Bekanntmachungen, Abreißen, Beschädigen von **85** 134; kein Urheberrechtsschutz **65** 5
Amtliche Verkehrszeichen 35 5b
Amtliche Werke, kein Urheberrechtsschutz **65** 5
Amts- und Gerichtssprache 20 483; in Markenangelegenheiten **72** 93, 107
Amtsanmaßung 85 132 f.
Amtsanwalt 95 142, 145
Amtsdelikte *s. Amtspflichtverletzung*
Amtsenthebung eines ehrenamtlichen Richters **83** 27; **95** 113
Amtsfähigkeit, Verlust **85** 108c, 109i
Amtsgeheimnis, Aussagegenehmigung für Beamte **100** 376; *s. a. Geheimhaltungspflicht, Schweigepflicht, Verschwiegenheit*
Amtsgerichte 95 12; Anmeldung der Aktiengesellschaft **51** 36 ff., Prüfung der Errichtung **51** 38; auswärtige Strafkammern **95** 78; Belehrung bei Unzuständigkeit **100** 504; Betreuungsgerichte **95** 23d; Bewilligung der Kraftloserklärung der Vollmachtsurkunde **20** 176; Dienstaufsicht **95** 22; gemeinsames in Familiensachen **95** 23d, in Strafsachen **95** 58; Insolvenzgericht **110** 2; Präsidenten der *s. Präsident des Amtsgerichts;* Rechtshilfe **83** 13; **95** 157; Richter am **95** 22; Staatsanwaltschaft **95** 142; Strafanzeigen beim **90** 158; Strafgewalt **95** 24 ff.; Urteile **100** 495a; Verbot der Sicherungsverwahrung **95** 24; Verfahren vor den **100** 495 ff.; als Vollstreckungsgericht **108** 1 f.; als Vollstreckungsgerichte **100** 764; Vorsitz des Präsidiums **95** 22a; Zuständigkeit **20** 1141; **95** 23 ff., für Beurkundungen **23** 67 f., bei einstweiliger Verfügung **100** 942, für Familiensachen mehrerer Bezirke **95** 23d, für Familiensachen und in Angelegenheiten der freiwilligen Gerichtsbarkeit **95** 23a, für Handelssachen **95** 23d, in Jugendsachen **95** 26, bei Sicherheitsarrest **20** 230, in Vereinssachen **20** 66, Einberufung der Mitgliederversammlung **20** 37, Notbestellung des Vereinsvorstandes **20** 29, Vereinsregister **20** 60, Zwangsgeld gegen Vereinsvorstand **20** 78, für Wirtschaftsvergehen **88** 13; Zustellung von Willenserklärungen **20** 132; als Zustellungsstelle iSd VO (EU) 2020/84 **100** 1069
Amtshandlung auf Antrag, Kostenhaftung **120** 14
Amtshandlungen kostenfreie **120** 3
Amtshilfe 122 2; aller Bundes- und Länderbehörden **1** 35; Übertragung auf Rechtspfleger **96** 24b; für Untersuchungsausschüsse **1** 44
Amtspflichtverletzung 21 Art. 77; durch Beamte **20** 839, 841; des ehrenamtlichen Richters **83** 27; Staatshaftung **1** 34; Zuständigkeit des Landgerichts **95** 71
Amtsträger, europäische *s. dort;* iSd StGB **85** 11; Straftaten im Amt **85** 234b, 331 ff., 335a; Verletzung von Privatgeheimnissen **85a** 311; Verwahrungsbruch **85** 133
Amtsverschwiegenheit der Beamten **100** 376
Amtsvormundschaft für Minderjährige **20** 1786 ff., *s. a. dort*
Anbieten von Waren auf Straßen **35a** 33
Änderung arbeitsgerichtlicher Beschlüsse **83** 89; der Aufbewahrung, Anzeige **20** 692; des Güterstandes durch Ehevertrag **20** 1408; von Landpachtverträgen **20** 593; des Rangverhältnisses **20** 880; eines Schuldverhältnisses **20** 311; eines urheberschutzfähigen Werkes **65** 39; des Vertragsantrags **20** 150
Änderung eines Strafurteils, Verschlechterungsverbot **90** 331, 358, 373
Änderungskündigung 84 2; Annahme unter Vorbehalt **84** 8; Kündigungsschutzklage **84** 4
Androhung der Versteigerung der geschuldeten Sache **20** 384; des Zwangsgeldverfahrens durch Registergericht **112** 388
Aneignung aufgegebener Grundstücke **20** 928; **21** Art. 129; von Bestandteilen **20** 954; beweglicher Sachen **20** 958 ff.; Gestattung bei Erzeugnissen und Bestandteilen **20** 956 f.; von Tauben **21** Art 130; von Tieren **20** 960
Anerbenrecht 21 Art. 63
Anerkenntnis, Anerkennung des Rechts **20** 1170; im arbeitsgerichtlichen Verfahren **83** 55; als Bereicherung **20** 812; des Bestehens eines Schuldverhältnisses **20** 781 f.; des Erlöschens einer Forderung **20** 371; im Güteverfahren **83** 55; negativer Anerkennungsvertrag **20** 397; Neubeginn der Verjährung durch **20** 212; und Prozesskosten **100** 93; nach Verjährungseintritt **20** 214; durch Versicherungsnehmer, Unwirksamkeit **62** 105
Anerkenntnisurteil 100 307; abgekürzte Form **100** 313b; Verkündung **100** 311; Vollstreckbarkeit **100** 708; Zustellung statt Verkündung **100** 310
Anerkennung ausländischer Titel nach VO (EU) Nr. 1215/2012 **100** 1110 ff.; des Bestehens oder Nichtbestehens eines Schuldverhältnisses **20** 812; des Urteils eines ausländischen Gerichts **100** 328, 723;

der Vaterschaft **20** 1594 ff.; **112** 169, missbräuchliche **20** 1597a, öffentliche Beurkundung **20** 1597, Unwirksamkeit **20** 1598; von Wettbewerbsregeln **74** 26
Anerkennungs- und Vollstreckungsausführungsgesetz, Verfahrenskosten **115** 1
Anfangstermin für Wirkung eines Rechtsgeschäfts **20** 163, 308; einer Zuwendung **20** 2070
Anfangsvermögen des Ehegatten **20** 1374, Verzeichnis **20** 1377
Anfechtbarkeit der Annahme oder Ausschlagung der Erbschaft **20** 1954 ff., 2308; von Beschlüssen in unternehmensrechtlichen Verfahren **112** 402; der Bestimmung der Leistung durch Dritte **20** 318; wegen Drohung und arglistiger Täuschung **20** 123; Einrede des Bürgen **20** 770; der Eintragung in Registersachen **112** 383; des Erbschaftserwerbs **20** 2340 ff.; wegen Irrtums **20** 119; wegen unrichtiger Übermittlung **20** 120; von Urteilen im Jugendstrafverfahren **89** 55; der Versäumung der Ausschlagungsfrist **20** 1956; Verweigerung der Befriedigung des Gläubigers wegen A. **20** 770
Anfechtung der Abstammung **21** Art. 20; der Anpassung eines Titels gem. VO (EU) Nr. 1215/2012 **100** 1114; wegen arglistiger Täuschung **62** 22; Beschlüsse der OHG **50** 110 ff.; des Erbvertrags durch Erblasser **20** 2281 ff.; Form bei Erbschaftsannahme oder -ausschlagung **20** 1955; von Gesellschafterdarlehen im Insolvenzverfahren **110** 135; durch Hypothekenschuldner **20** 1137; nach Insolvenzrecht *s. Insolvenzanfechtung;* außerhalb des Insolvenzverfahrens **111**; des Jahresabschlusses **51** 257; der letztwilligen Verfügung **20** 2078 ff.; von Rechtshandlungen des Schuldners **111**; des Testaments **20** 2078 ff.; der Vaterschaft **20** 1600 ff.; **112** 169, 177, Kosten **112** 183, Übergangsvorschriften **21** Art. 229 § 10, Verfahren bei **100** 153; von Verwaltungsakten im Bereich von Kostenvorschriften **95a** 30a; der Wahl von Aufsichtsratsmitgliedern **51** 251; von Willenserklärungen **20** 119 ff., Anfechtungsgegner **20** 143, Form **20** 143, Frist **20** 121, 124, Wirkung **20** 142 f.
Anfechtungsberechtigte nach AnfG **111** 2
Anfechtungsfrist für Vaterschaft **20** 1600b
Anfechtungsgesetz 111
Anfechtungsklage, Bekanntmachung **51** 248a; gegen Erbschaftserwerb **20** 2342; nach GenG **53** 111 f.; gegen Hauptversammlungsbeschlüsse der AG **51** 243, 246 f.; **51a** 17; OHG-Beschlüssen **50** 113
Angebot, Ersatz der Mehraufwendungen bei Gläubigerverzug **20** 304; der Leistung **20** 294 ff.
Angehörige des Angeklagten, Vertretung des Flüchtigen **90** 286; Ansprüche bei Arbeitsunfällen **20** Anm. zu 618; Auskunftsanspruch gegenüber Betreuer **20** 1822; Benachrichtigung bei Freiheitsentziehung **112** 432, bei Unterbringungsmaßnahmen **112** 339; von Beschuldigten, Benachrichtigung bei Verhaftung **90** 114c, Zeugnisverweigerungsrecht **90** 52, Zuziehung bei Durchsuchung **90** 106; Bild von **67** 22; Fortsetzung des Mietverhältnisses **20** 563 ff.; Nichtanzeige gegen **85** 139; Notstand **85** 35; iSd Strafrechts **85** 11; von Verletzten, Befugnisse im Strafverfahren **90** 406l
Angeklagte 90 157; abwesender, Berufungsfrist **90** 314, Revisionsfrist **90** 341, Vertretung in der Hauptverhandlung **90** 234; Anordnung des persönlichen Erscheinens **90** 236; Ausbleiben in Hauptverhandlung **90** 230 ff., 412; Beendigung der Hauptverhandlung ohne **90** 231; Berufungsverfahren **90** 323 f.; Beurlaubung **90** 231c; Beweisanträge **90** 219; Entbindung von der Verpflichtung zum Erscheinen in Hauptverhandlung **90** 233; Entfernung aus Hauptverhandlung **90** 231c, Weiterführung der Hauptverhandlung **90** 231b, aus Sitzungszimmer **90** 247; Fragerecht **90** 240 ff.; Grundrechte **1** 103; Kosten des Verfahrens **90** 465; Ladung zur Hauptverhandlung **90** 214 ff.; letztes Wort **90** 258, im Berufungsverfahren **90** 326, im Revisionsverfahren **90** 351; rechtliches Gehör **90** 257; Revisionsverfahren **90** 350, 357; Verlassen der Hauptverhandlung, Verhinderung **90** 231; Verlesung von früheren Geständnissen **90** 254; vorsätzliche Verhandlungsunfähigkeit **90** 231a
Angeklagter, Wiederaufnahmeverfahren **90** 359
Angemessener Unterhalt 20 1360a, 1603, 1608, 1610; Berücksichtigung bei Billigkeitshaftung **20** 829; Gefährdung durch Schenkung **20** 519, 528
Angeschuldigte 90 157
Angriff, gegenwärtiger rechtswidriger **85** 32; **94** 15; tätlicher auf Vollstreckungsbeamte **85** 114 f.
Anhalten von Verkehrsteilnehmern durch Polizeibeamte **35a** 36
Anhang zur Bilanz **50** 284 ff.

Anhörung in Arbeitssachen **83** 83, 105; der Beteiligten im Strafverfahren **90** 33 ff.; der Beteiligten und Behörden in Betreuungssachen **112** 278 f., 298 ff.; des Beteiligten und Behörden in Unterbringungssachen **112** 319 f.; vor Erteilung der Vollstreckungsklausel **100** 730; bei Erwirkung von Handlungen oder Unterlassungen **100** 891; in Freiheitsentziehungssachen **112** 420; der Parteien über Rechtmäßigkeit einer Zeugnisverweigerung **100** 387; persönliche Anhörung in Abstammungssachen **112** 175; keine vor Pfändung einer Forderung **100** 834; des Schuldners im Insolvenzverfahren **110** 10; vor Unterbringung in psychiatrischem Krankenhaus **90** 463; **90a** 13; im Vorverfahren **94** 55; *s. a. Rechtliches Gehör*

Ankaufsrecht, Wertbestimmung **119** 51

Anklage, Änderung des rechtlichen Gesichtspunktes **90** 265; Äußerung des Angeklagten zur **90** 231a; durch Europäische Staatsanwaltschaft **90** 16; vor dem Richter beim Amtsgericht **95** 24 ff.

Anklageerhebung durch Europäische Staatsanwaltschaft **90** 16; im Klageerzwingungsverfahren **90** 175; öffentliche Klage **90** 170; bei Privatklagedelikten **90** 376

Anklageschrift **90** 199 f.; Einreichung durch Staatsanwalt **90** 170; Jugendsachen **89** 46, und Berichterstattung der Jugendgerichtshilfe **89** 46a; Mitteilung an Angeschuldigten **90** 201, an Nebenkläger und Nebenklagebefugten **90** 201; Privatklage **90** 381

Anlagen, Auskunftsanspruch des Inhabers **28** 10; Auskunftspflicht der Genehmigungsbehörden u. a. **28** 9, des Inhabers **28** 8; Ausschluss der Ursachenvermutung **28** 7; Beeinträchtigung des Nachbargrundstückes **20** 907; Beseitigung **20** 1028; Betriebspflicht **28** 6; bei Grunddienstbarkeit **20** 1020; auf Nießbrauchgrundstück **20** 1037 f.; Umweltbelästigung durch **85** 325a, 327; iSd UmweltHG **28** 3, Schadensverursachung **28** 6; Unterhaltungspflicht bei Grunddienstbarkeiten **20** 1020 ff.

Anlagenhaftung **28** 1 f.

Anlagevermögen, Wertansatz **50** 253

Anlandungen **21** Art. 65

Anlegung des eingezogenen Kapitals bei Nießbrauch **20** 1079

Anleitung zu Straftaten **85** 130a

Anmaßung eines Rechtes an der Mietsache **20** 536c

Anmeldepflicht, Zusammenschluss von Unternehmen **74** 39 f.

Anmeldung in Aufgebotssachen **112** 438; des Beschlusses der AG über Kapitalerhöhung **51** 184; des Erbrechts **20** 1965; einer Forderung im Aufgebotsverfahren der Nachlassgläubiger **112** 459; im Insolvenzverfahren **110** 174 ff., und Hemmung der Verjährung **20** 204; der Nachlassverbindlichkeiten **20** 1970 ff., 2061; von Rechten im Zwangsversteigerungsverfahren **108** 37; in Registersachen durch Notar **112** 378; zum Vereinsregister **20** 59 f., Form **20** 77; im Zwangsversteigerungsverfahren **108** 45, 114, 140; der Zweigniederlassung der AG **51** 52

Anmeldung der Markeneintragung **72** 32 ff.; und Ansprüche des Markeninhabers **72** 31; ausländische Priorität **72** 34; Ausstellungspriorität **72** 35; beschleunigtes Verfahren **72** 38; bei Gewährleistungsmarken **72** 106d ff.; bei Kollektivmarken **72** 102 ff.; Teilung der **72** 40; Weiterbehandlung nach Fristablauf **72** 91a

Annahme des Antrags (Angebots) **20** 146 ff.; der Anweisung **20** 784, 787; des Auftrags **20** 662; der Erbschaft **20** 1455; der Erbschaft bei Insolvenz **110** 83; an Erfüllungs Statt **20** 364 f.; getrennte Beurkundung von Antrag und **20** 128; des Insolvenzplans **110** 235 ff.; der Leistung **20** 281, 293, 363; einer mangelhaften Sache, Miete **20** 536b; des Schuldenbereinigungsplans **110** 308; des Vertragsantrags, Schweigen nach **20** 151; des Werkes **20** 642, 644

Annahme als Kind **20** 1741 ff.; **21** Art. 22 f., Art. 209; Ablehnung des Antrags auf **112** 196a; Adoptionssachen **112** 186 ff.; Adoptionsvermittlung **20** Anm. zu 1741; Aufhebung **112** 198, von Amts wegen **20** 1763, des Annahmeverhältnisses **20** 1759 ff., bei Volljährigen **20** 1771, Wirkung **20** 1764 ff.; im Beitrittsgebiet **21** Art. 234 § 13; durch Beschluss **112** 197; Beschluss des Familiengerichts **20** 1753; deutsche Zuständigkeit **112** 101; Ehe zwischen Beteiligten **20** 1766; Eheverbot nach **20** 1308; Einwilligung **21** Art 23, des Ehegatten **20** 1749, der Eltern **20** 1747, Erklärung **20** 1750, Ersetzung **20** 1748 ff., des Kindes **20** 1746; Ersetzung der Einwilligung, Richtervorbehalt **96** 14; gemeinschaftliches Kind **20** 1742; Geschäftswert **119** 101; Kinder des nichtehelichen Partners **20** 1766a; Mindestalter **20** 1743; Nachlassauseinandersetzung **20** 2043; Probezeit **20** 1744; Stiefkinder in nichtehelichen Familien **21** Art. 229 § 52; nach Tod des Annehmenden **20**

1753; Unterhaltspflicht **20** 1751; bei Volljährigen **20** 1767 ff., Interessen der Eltern **20** 1772, und Kindesinteressen **20** 1769, Wirkung **20** 1770, 1772; Wirkung **20** 1754, 1754 ff., (Verfassungswidrigkeit) **21** Art. 229 § 52
Annahmeerklärung, verspäteter Zugang **20** 149
Annahmeverhinderung, vorübergehende **20** 299
Annahmeverweigerung **20** 274, 293
Annahmeverzug **20** 293, 298, 301 f., 322 f.; des Arbeitgebers/Dienstberechtigten **20** 615; beim Handelskauf **50** 373 f.; Hinterlegung bei **20** 372; nicht bei Unvermögen des Schuldners **20** 297; Wirkungen **20** 300; bei Zug-um-Zug-Leistung **100** 756; *s. a. Verzug des Gläubigers*
Anordnung des Erblassers **20** 2048 f., 2306, 2324, 2376; von freiheitsentziehenden Maßnahmen **85** 63 ff.; von mehreren Maßregeln **85** 72; von Polizeibeamten im Straßenverkehr **35a** 36, 44; der Unterbringung mit Aussetzung **85** 67b f.; der Zwangsversteigerung **108** 15 ff., Voraussetzungen **108** 181
Anrechnung auf Ausgleichsforderung **20** 1380; der Draufgabe **20** 337; von Geldstrafen **85** 51; auf den Kaufpreis **20** 416; einer Leistung auf mehrere Verpflichtungen **20** 366; des Umfangs der Leistungspflichtbefreiung **20** 326; von Untersuchungshaft **85** 51; gegenüber dem Werkunternehmer **20** 648; auf Zinsen, Kosten und Hauptverpflichtung **20** 367; von Zuwendungen auf Pflichtteil **20** 2327
Anrechte iSd VersAusglG **48** 2, auszugleichende **48** 2, aus Betriebsrenten **48** 17, fehlende Ausgleichsreife **48** 19, geringfügige Differenz **48** 18, aus öffentlich-rechtlichen Dienst- oder Amtsverhältnissen **48** 16
Ansammlung, unerlaubte **94** 113
Anschaffungskosten, Bewertungsmaßstäbe in Bilanz **50** 255; iSd HGB **50** 255
Anschlussberufung **100** 524
Anschlussbeschwerde **112** 66
Anschlusspfändung **100** 826 f.
Anschlussrechtsbeschwerde **112** 73
Anschriftsänderung, Versicherungsvertrag **62** 13
Anspruch auf rechtliches Gehör *s. Rechtliches Gehör*
Ansprüche, Begriff **20** 194; aus Eigentum **20** 985 ff.; eingetragene **21** Art. 179; Entstehung und Beginn der Verjährungsfrist **20** 199 f.; Geltendmachung bei Miteigentum **20** 1011; auf Herausgabe **20** 285; des Käufers bei Mängeln **20** 437; Konkurrenz bei Schadensersatzpflicht **20** 200; aus Nachbarrecht, Unverjährbarkeit **20** 924; für und gegen Nachlass **20** 1958, 1961, 1973 f., 1984; aus Produkthaftung **27** 1; Sicherung von und Verjährungseintritt **20** 216; unverjährbare **20** 898; Vergleich im Strafverfahren **90** 405; Verjährung **20** 194 ff., Wirkung **20** 214; auf Vernichtung und Rückruf nach MarkenG **72** 18; verspätete Geltendmachung am Nachlass **20** 1974; Verwirklichung des vorgemerkten **20** 888; *s. a. Forderungen*
Anstalten des öffentlichen Rechts **1** 130, bundesunmittelbare **1** 86
Anstalten des öffentlichen Rechts **21** Art. 91; als Erbe **21** Art. 138; Formwechsel **52a** 190 ff., 301 ff.; Gerichtsstand **100** 17; Pflichten nach dem PublG **52b** 3 ff.; Schadenshaftung für Organe **20** 89; Zwangsvollstreckung gegen **100** 882a
Anstaltsunterbringung, Gefährdung des Zwecks **85** 323b; eines Jugendlichen, notwendige Verteidigung **89** 68 ff.
Anstandsschenkungen **20** 534, 1425, 2287, 2325, 2330; Bereicherung **20** 814; in Vertretung des Kindes **20** 1641
Anstifter, Haftung **20** 830
Anstiftung, erfolglose bei Verbrechen **85** 31; zu Straftaten **85** 26
Anteile an fortgesetzter Gütergemeinschaft **20** 1511 ff.; an der Gemeinschaft **20** 742 f., 747, 751; anderer Gesellschafter, Ausgleichsposten in Bilanz **50** 307; des Miteigentümers **20** 947 f., 1008, 1066, 1095, 1106, 1114, 1258; des Miterben **20** 1922, 2033 ff.; an Unternehmen **50** 271
Anteilsinhaber, Rechte bei Insolvenzplan **110** 225a; Stimmrecht **110** 238a
Anteilsrechte bei der AG, Verbot der Übertragung **51** 41
Antidiskriminierungsstelle des Bundes **34** 25 ff., Aufgaben **34** 27, Beirat **34** 30
Antidiskriminierungsverbände **34** 23
Anti-Doping-Gesetz, Anwendbarkeit **85a** 316m; Telekommmunikationsüberwachung **90** 100a
Antisemitismus, Berücksichtigung bei der Strafbemessung **85** 46; **85a** 316n f.
Antrag auf Abänderung des Wertausgleichs bei Scheidung **112** 226; auf Abschluss eines Vertrags **20** 145 ff.; auf Anerkennung von Wettbewerbsregeln **74** 24; auf Anordnung der Nachlassverwaltung **20** 2062, der Zwangsversteigerung **108** 15 f.; in Aufgebotssachen **112** 434; auf Aufhebung der Adoption **20** 1762, der Ehe **20** 1313 ff., der fortgesetzten Gütergemein-

schaft **20** 1495 ff., der Gütergemeinschaft **20** 1447 ff., 1469; Begründung im Aufgebotsverfahren **112** 468; auf Beistand **20** 1712; Berechtigte für Aufgebotsverfahren **112** 467; auf Bestrafung **85** 77 ff.; getrennte Beurkundung von A. und Annahme **20** 128; in Ehesachen **112** 124; auf Einleitung des Beschlussverfahrens in Arbeitssachen **83** 81; auf einstweilige Anordnung nach FamFG **112** 51; auf einstweilige Einstellung der Zwangsversteigerung **108** 30b; auf Eintragung ins Grundbuch **20** 873, 1115, 1139, 1157, 1168, 1189; **114** 13 ff.; Erlöschen **20** 146; auf Eröffnung des Insolvenzverfahrens **110** 13 ff., *s. a. Insolvenzantrag;* auf Erteilung eines Erbscheins **112** 352; auf Fortsetzung der Zwangsversteigerung **108** 31; in Freiheitsentziehungssachen durch Verwaltungsbehörde **112** 417; Frist zur Annahme **20** 147 ff.; auf gerichtliche Entscheidung über Justizverwaltungsakte **95a** 26 f., in Unterbringungssachen **112** 327; auf Herausgabe, Verfahrenswert **118** 38; auf Insolvenzverfahrenseröffnung **20** 1980; an das Nachlassgericht, Geschäftswert **119** 103; auf Nachprüfung der Vergabe öffentlicher Aufträge **74** 160 f.; eines Notars **119** 4; auf Rechnungslegung, Verfahrenswert **118** 38; Rücknahme bei Verfahren nach FamFG **112** 22; auf Strafverfolgung nach UWG **85** 301; in Teilungssachen **112** 363; Tod oder Geschäftsunfähigkeit des Antragstellers **20** 153; auf Übertragung der elterlichen Sorge **20** 1671; für Unterhalt Minderjähriger im Verfahren **112** 250; verfahrenseinleitender nach FamFG **112** 23; auf Vermögensverzeichnisvorlage, Verfahrenswert **118** 38; auf Versagung des Zuschlags im Verfahren **108** 74a; für Versorgungsausgleichsansprüche **112** 223; auf Vertragsschluss **20** 145 f.; und Widerantrag, Verfahrenswert **118** 39; *s. a. Strafantrag*

Anträge im Zivilprozess auf Abgabe einer eidesstattlichen Versicherung **100** 802c ff.; auf Entscheidung nach Lage der Akten **100** 331a, 335; Erklärung zu Protokoll der Geschäftsstelle **100** 496; auf schriftliches Verfahren **100** 331; auf Verweisung des Rechtsstreits **100** 506; auf Vollstreckbarerklärung eines Schiedsspruchs **100** 1060

Anträge nach der StPO auf Ablehnung eines Richters **90** 26 ff.; auf Erlass eines Strafbefehls **90** 408; auf Eröffnung des Hauptverfahrens **90** 199, 201; im Klageerzwingungsverfahren **90** 172; auf Wiederaufnahme **90** 365 ff.

Antragsberechtigung, Angehörige **85** 77; Aufhebung der Ehe **20** 1316; für Beistandschaft **20** 1713

Antragsstraftat, Antragsberechtigte **85** 77 f.; wechselseitig begangene, Antragsfrist **85** 77c; *s. a. Strafantrag*

Antragsverfahren, Kostenschuldner **118** 21; **119** 22

Anwachsung beim Erbschaftskauf **20** 2373; des Erbteils **20** 2094 f., 2099; Verhältnis zum Recht des Ersatzerben **20** 2099

Anwalt *s. a. Anwaltszwang, Rechtsanwalt*

Anwaltsprozess 100 78 ff., 297

Anwaltszwang in Arbeitssachen **83** 89, 94; im Beschwerdeverfahren im Vergabeverfahren **74** 175; Beschwerdeverfahren nach dem GWB **74** 64; vor Bundesarbeitsgericht und Landesarbeitsgerichten **83** 10; in Ehe- und Folgesachen **112** 114, nicht im Verfahren vor dem Rechtspfleger **96** 13; in selbständigen Familienstreitsachen **112** 114; im Strafverfahren, notwendige Verteidigung **90** 140, Revision **90** 345

Anwartschaften, Bewertungen **48** 39 f.

Anweisung 20 783 ff.; Rückgriff **20** 792; Widerruf **20** 790

Anwesende, Vertragsangebot (Antrag) unter **20** 147

Anwesenheit, gleichzeitige beim Erbvertrag **20** 2276

Anzahlungsverbot bei Teilzeit-Wohnrechteverträgen **20** 486

Anzeige der Abtretung einer Forderung **20** 409; des Anweisungsempfängers bei Zahlungsverweigerung **20** 789; des Erbschaftskaufs **20** 2384; des Geschäftsführers von der Übernahme des Geschäfts **20** 681; eines Leichenfundes **90** 159; der Nacherbfolge an Nachlassgericht **20** 2146; des Nießbrauchers bei Zerstörung oder Beschädigung **20** 1042; einer Straftat, Zuständigkeit **90** 158; beim Tod des Beauftragten **20** 673; unterlassene **85** 138 f.; der Verpfändung der Forderung **20** 1280

Anzeigepflicht im Insolvenzverfahren **110** 262, 285; bei Massenentlassungen **84** 17; des Mieters **20** 536c; Schrift- oder Textform **62** 32; des Versicherungsfalls **62** 30; des Versicherungsnehmers **62** 19, Verletzung der **62** 56; Zusammenschluss von Unternehmen **74** 39 f.

Apotheker, strafbare Verletzung von Privatgeheimnissen **85** 203

Arbeitgeber, Annahmeverzug **20** 615; Entschädigung und Schadensersatz **34** 15; fristlose Kündigung **20** 626; Haftung nach Betriebsübergang **20** 613a; Haftung nach dem UrhG **65** 99; Kündigung **20** 622;

Maßregelungsverbot **20** 612a; Nutzungsberechtigter iSd UrhG **65** 69b; Organisationspflichten **34** 12; Pflichten bei Massenentlassungen **84** 17; Schutzpflichten **20** 618; soziale Verantwortung **34** 17; Verzug des, Verzugspauschale **20** 288; Vorenthaltung von Sozialversicherungsbeiträgen als schwere Straftat **85** 266a; Weisungsrecht **20** 611a

Arbeitgebervereinigungen, Garantie **1** 9; Parteifähigkeit vor Arbeitsgerichten **83** 10 f.

Arbeitnehmer 83 5; Abfindung bei Auflösung des Arbeitsverhältnisses **84** 9 f., 13; Anrechnung des Zwischenverdienstes bei Fortsetzung des Arbeitsverhältnisses **84** 11, 16; Ansprüche bei Arbeitsunfall **20** Anm. zu 618; im Aufsichtsrat der AG **51** 96; Begriff **20** 611a; Begriff iSd KSchG bei Massenentlassungen **84** 17; Beweislast bei Haftung **20** 619a; Gerichtsstand **100** 20; eines Geschäftsbetriebs **50** 59 ff.; Haftung für Verschulden **20** 278, Anm. zu 618, 831; Haftung des Arbeitgebers bei Arbeitsunfall **20** Anm. zu 618; des Insolvenzschuldners **110** 101; Kündigung von Werkmietwohnungen **20** 576 ff.; Kündigungsfristen **20** 622, 626; Kündigungsschutz **84** 1, *s. a. dort;* persönliche Abhängigkeit **20** 611a; Rechte im Insolvenzverfahren **110** 113 f., 127; Schutz **34** 6 ff.; als Urheber von Software **65** 69b; Vergütungsanspruch, Verzugspauschale **20** 288; Widerspruchsrecht bei Betriebsübergang **20** 613a

Arbeitnehmerrechte, Angaben in Lageberichten **50** 289c

ArbeitnehmerüberlassungsG, Zuständigkeit der Wirtschaftsstrafkammern **95** 74c

Arbeitnehmervereinigungen, Beteiligte am arbeitsgerichtlichen Verfahren **83** 10; Garantie **1** 9; *s. Gewerkschaften*

Arbeitsamt *s. Agentur für Arbeit*

Arbeitsauflagen für Jugendliche **89** 10, 45

Arbeitseinkommen, Begriff iSd Pfändungsschutzvorschriften **100** 850; Berechnung des pfändbaren **100** 850e; Pfändung gleichgestellter Bezüge **100** 850; Pfändungsfreigrenze **100** 850c; Pfändungsschutz **100** 850 ff., verschleiertes **100** 850h; Schätzung bei Lohnpfändung **100** 850i

Arbeitsentgelt, Veruntreuung von als schwere Straftat **85** 266a, Telekommunikationsüberwachung **90** 100a; Verzugspauschale **20** 288

Arbeitsgeräte, Schutzvorschriften **20** 618

Arbeitsgerichte, Alleinentscheidung des Vorsitzenden **83** 55; Aufbau, Errichtung und Organisation **83** 14 ff.; Berufung **83** 64; Beschlussverfahren **83** 2a, 80 ff., *s. a. dort;* Besetzung **83** 6, der Fachkammern **83** 30; Geschäftsstelle, Kosten **83** 7; Kündigungsschutzklagen **84** 4 ff.; Landesarbeitsgerichte **83** 33 ff.; Niederlegung des Schiedsspruchs **83** 108; Parteien **83** 11; PKH **83** 11a; Prozessvertretung **83** 11 f.; Rechtshilfe **83** 13; Rechtsweg **83** 48; sachliche Zuständigkeit **83** 2 ff.; Urteilsverfahren **83** 46 ff.; Verfahren **83** 8 f.; internationale Verfahren **83** 13a; Videoverhandlungen vor den **83** 50a f., 54, 64, 72, Beweisaufnahme **83** 58; Zuständigkeit **83** 48, 110 f.

Arbeitsgerichtsbarkeit, Ausschluss **83** 101

Arbeitsgerichtsverfahren, Anwendung des GVG **83** 9; Beiordnung eines Rechtsanwalts **83** 11a; Berufungsurteil **83** 69; Beschleunigungsgrundsatz **83** 9; Beschlussverfahren *s. dort;* elektronisches Verfahren **83** 46c ff., 112; Gebührenordnung für Zeugen, Sachverständige, Gerichtsvollzieher **83** 9; Kosten **83** 12; Kostentragungspflicht **83** 12a; kein Kostenvorschuss **83** 12; Mahnverfahren **83** 46a; Nichtzulassungsbeschwerde **83** 72a, 92a; Parteifähigkeit **83** 9 f.; Prozessförderung im Kündigungsschutzverfahren **83** 61a; rechtliches Gehör **83** 78a; Rechtsschutz bei überlangen Verfahren **83** 9; sofortige Beschwerde **83** 72b, 92b; Verfahrenskosten **115** 1, kein Kostenvorschuss **115** 11; Videoverhandlungen vor den **83** 50a f., 54, 64, 72, Beweisaufnahme **83** 58; Vorbereitung der Kammerverhandlung **83** 56; Zulassung der Rechtsbeschwerde **83** 92; keine Zurückverweisung bei Mangel in **83** 68; Zwangsvollstreckung aus Beschlüssen **83** 85

Arbeitskampf, Kündigung während **84** 25

Arbeitslohn, Pfändung **100** 850 ff.; *s. a. Arbeitseinkommen*

Arbeitsplatz, freie Wahl **1** 12

Arbeitsschutz als Pflicht des Arbeitgebers **20** 618

Arbeitsstreitigkeiten, keine Anwendung des UKlaG **105** 15; Schiedsvertrag in **83** 101 ff.

Arbeitsunfall, Haftung bei **20** Anm. zu 618

Arbeitsverhältnis 21 Art. 232; Änderungskündigung **84** 2, *s. a. dort;* Anzeigepflicht bei Massenentlassungen **84** 17; Auflösung bei neuem Arbeitsverhältnis **84** 12, 16; Auflösung durch Urteil **84** 9; und internationales Insolvenzverfahren **110** 337; Kündigung wegen Betriebsübergangs **20** 613a;

Kündigungsfrist **20** 622, 626; Kündigungsschutz **84**, *s. a. dort;* Lösung **20** 620 ff.; mit Minderjährigen **20** 113; neues nach Kündigung **84** 12, 16; besondere Prozessförderung in Kündigungssachen **83** 61a
Arbeitsvertrag, Begriff **20** 611a; Rechtswahl **21a** 8
Architekten, Verstoß gegen Regeln der Technik **85** 319
Architektenverträge 20 650p ff.; Gesamtschuldnerhaftung **20** 650t; Sonderkündigungsrecht **20** 650r
Archive, gesetzlich erlaubte Nutzung geschützter Werke **65** 60f
Arglistige Täuschung, Anfechtung wegen **20** 123 f., 318, durch Versicherer **62** 22; bei Bestimmung der Leistung durch Dritte **20** 318; des Erblassers **20** 2339; bei Erbschaftsschenkung **20** 2385
Arglistiges Verschweigen des Schenkers **20** 523 f.; des Unternehmers beim Werkvertrag **20** 639; des Verkäufers **20** 438, 444; des Verleihers **20** 600; bei Vermächtnissen **20** 2183; des Vermieters **20** 536d
Arme, Bedenken im Testament **20** 2072
Arrest 100 916 ff.; in Arbeitssachen **83** 62; Aufhebung **100** 927, der Vollziehung **100** 934; Ausschluss der Revision **100** 542; dinglicher **100** 917; Entscheidung nach Widerspruch **100** 925 ff.; in Familienstreitsachen **112** 119; bei Jugendlichen **89** 16; in den Nachlass **20** 1984; persönlicher **100** 918, 933; Schadensersatz nach Aufhebung eines ungerechtfertigten **100** 945; und Selbsthilfe **20** 230; Vollstreckbarkeit des aufhebenden Urteils **100** 708; Vollziehung **100** 928 ff.; bei Vorerbfolge **20** 2115; vorrangige Befriedigung **90** 111g; Zustellung des Auftrags und Verjährung **20** 204
Arrestbefehl 100 923 f.
Arrestbeschluss 100 922
Arrestgericht 100 919, 926
Arresthypothek 100 932
Arrestpfandrecht an Schiffen **100** 931
Arresturteil 100 922
Arrestverfahren, Zuständigkeit des Rechtspflegers **96** 20
Arrestvollziehung 20 883; in Erbbaurecht **41** 8; in Nachlass **20** 1984, 1990, 2016; rechtsgeschäftliche Verfügungen während Schwebezeiten **20** 135 f., 161, 184; und Wiederkauf **20** 458
Arten- oder Biotopschutz, Verkehrsbeschränkung **35a** 45
Artisten, Streitigkeiten aus Tarifvertrag **83** 101
Arzneimittel, Haftung **27** 15
Arzneimittelwerbung, Klagen nach dem UKlaG **105** 2
Ärzte, Behandlungsverträge **20** 630a ff.; Berufsverbot, europaweite Unterrichtung durch Gerichte (Vorwarnmechanismus) **90a** 9; Beschlagnahmeverbote **90** 97; strafbare Bestechlichkeit **85** 299a, 300, als Wirtschaftsstrafsache **95** 74c; als Sachverständige im Strafprozess **90** 246a; Schwangerschaftsabbrüche, Aufhebung von Urteilen **85a** 316n, Pflichtverletzungen **85** 218c; Schweigerecht bei Kenntnis von Straftaten **85** 139; unrichtige Zeugnisse **85** 277 ff.; Verlesung ärztlicher Atteste in Hauptverhandlung **90** 256; strafbare Verletzung von Privatgeheimnissen **85** 203; Zuziehung zur Leichenschau **90** 87
Ärztliche Behandlung, Kostentragung durch Arbeitgeber/Dienstherrn **20** 617
Ärztliche Maßnahmen bei Betreuten **112** 298
Ärztliche Zwangsmaßnahmen bei betreuten Personen (Verfassungswidrigkeit) **20** 1832
Ärztliches Sachverständigengutachten vor Entscheidung über Unterbringungen **90** 246a
Ärztliches Zeugnis in Betreuungssachen **112** 281
Assoziierte Unternehmen im Konzernabschluss **50** 311 f.; Wertansatz von Beteiligungen **50** 312
Asylrecht 1 16a
Asylverfahren, Gegenstandswert für Rechtsanwaltsgebühren **117** 30
Attest, Verlesung in Hauptverhandlung **90** 256
Aufbauseminar bei Zuwiderhandlungen innerhalb der Probezeit **35** 2b
Aufbewahrung einer hinterlegten Sache **20** 688 ff.; von Wertsachen durch den Gastwirt **20** 702 f.
Aufbewahrungsfristen nach dem GenG **53** 30, 47; nach Steuer- und Handelsrecht **50a** 47
Aufenthaltsort, Bestimmung für Jugendliche **89** 10, für Kinder **20** 1631; einer betreuten Person, Bestimmung durch Betreuer **20** 1834; als Gerichtsstand **100** 20, nach der StPO **90** 8; des Hauptschuldners **20** 772, 775; öffentliche Zustellung bei unbekanntem **20** 132; des Schuldners, Ermittlung **100** 755
Aufenthaltspapiere, Verschaffen von falschen **85** 276a
Auffangwert im Kostenrecht **118** 42
Aufforderung zur Anmeldung im Insolvenzverfahren **110** 28; im Aufgebotsver-

fahren von Erbrechten **20** 1965, 2358, gegen Nachlass **20** 1970 ff.; zur Erklärung über die Annahme einer Schenkung **20** 516; zur Genehmigung von Rechtsgeschäften **20** 177, der Schuldübernahme **20** 415 f.; der Gläubiger eines aufgelösten Vereins **20** 50; zu Straftaten **85** 30

Aufführungsrecht im Urheberrecht **65** 19

Aufgabe des Besitzes **20** 303, 856, 959; des Eigentums an beweglichen Sachen **20** 959; des Grundstückseigentums **20** 928; des Nießbrauchs **20** 1064; des Pfandrechts **20** 1255; von Rechten an Grundstücken **20** 875; einer Sicherheit durch Bürgschaftsgläubiger **20** 776

Aufgebot, Anmeldung nach Anmeldezeitpunkt **112** 438; des Berechtigten bei Vormerkung, Vorkaufsrecht, Reallast **112** 453; des Erben **20** 1965, 2358; der Gesamtgutsgläubiger **112** 464; Glaubhaftmachung vor Verfahren **112** 449 f.; des Gläubigers von Grund- und Schiffspfandrechten **112** 447 ff.; des Grundstückseigentümers **20** 927; **112** 442 ff.; eines Hypothekenbriefes **20** 1162; des Hypothekengläubigers **20** 1170 f., 1188; der Nachlassgläubiger **20** 1970 ff., 1980, 2013, 2060; **112** 454 ff.; des Reallastberechtigten **20** 1112; von Schuldverschreibungen **20** 799 f., 808; **21** Art. 102; des Vorkaufsberechtigten **20** 1104; des Vormerkungsberechtigten **20** 887; eines Wertpapiers **50** 365

Aufgebotssachen, Begriff **112** 433; Verfahren **112** 433 ff.

Aufgebotsverfahren zur Ausschließung des Schiffs- oder Schiffsbauwerkseigentümers **112** 446, der Schiffsgläubiger **112** 465; zur Kraftloserklärung von Aktien und Zwischenscheinen **51** 72, von Urkunden **112** 466 ff.; nach Landesrecht **112** 484, 486, 490; der Nachlassgläubiger **20** 2015 f., 2045; örtliche Zuständigkeit bzgl. Urkunden **112** 466; der Staatsanwaltschaft, kostenfreie Amtshandlungen **120** 3; Zuständigkeit der Amtsgerichte **95** 23a; im Zwangsversteigerungsverfahren **108** 136, 138, 140

Aufhebung der Ehe **20** 1313 ff., erbrechtliche Folgen **20** 1933, Folgen **20** 1318, Vorrang- und Beschleunigungsgebot **112** 129a, Zuständigkeit der deutschen Gerichte **112** 98, 122; der ehelichen Gemeinschaft, Erbrecht **20** 2268, 2279; der einstweiligen Verfügung **100** 939; des Einwilligungsvorbehalts **112** 306; einer Entscheidung, Entfernung aus Zentralregister **92** 19; des Erbverzichts **20** 2351; von Erwerbsbeschränkungen **21** Art. 86; des Freiheitsentziehungsbeschlusses **112** 426; der Führungsaufsicht **85** 68e; der Gemeinschaft **20** 749 ff., 1258; der Gütergemeinschaft, Antrag **20** 1447 ff., 1469 ff., Auseinandersetzung **20** 1471 ff.; der fortgesetzten Gütergemeinschaft **20** 1492; des Güterstandes durch Ehevertrag **20** 1408, 1414; des Haftbefehls **90** 120f, 123, Zuständigkeit **90** 126; der Hypothek **20** 1165; des Insolvenzverfahrens **110** 200 ff., 258 f.; letztwilliger Verfügungen **20** 2289, 2299; eines dem Nießbrauch unterliegenden Rechts **20** 1071; des Nießbrauchs **20** 1062, 1064; des Pfandrechts **20** 1255; von Rechten an Grundstücken **20** 875 f.; eines Schiedsspruchs **100** 1059; der Unterbringungsmaßnahme **112** 330; der Untersagung der Berufsausübung **85** 70a; von Vollstreckungsmaßregeln **100** 811c, 851b, ohne Sicherheit **100** 776; der vorläufigen Vollstreckbarkeit **100** 868; des Wohnsitzes **20** 7

Aufhebungsklage gegen Schiedsspruch in Arbeitssachen **83** 110

Aufklärungspflicht des Arztes **20** 630e

Auflage, Ablehnung bei Insolvenz **110** 83; und Absehen von der Verfolgung **90** 153a; keine Anmeldung im Aufgebotsverfahren **20** 1972; bei Anwachsung **20** 2095; Bestimmung einer Frist zur Vollziehung **100** 255; während Bewährungszeit **85** 56b, 56e; im Erbfall und Anfechtung gem. InsO **110** 322; bei Erbschaftskauf **20** 2376; im Erbvertrag **20** 1940, 2278 f.; Folgen der Unmöglichkeit der Vollziehung **20** 2196; Fürsorge durch Testamentsvollstrecker **20** 2223; bei gemeinschaftlichem Testament **20** 2270; Kürzung bei Pflichtteil **20** 2318, 2322; als Nachlassverbindlichkeit **20** 1967, 1972, 1980, 1991 f., Anfechtung **111** 5; der Person des Begünstigten **20** 2193; als Pflichtteilsbeschwerung **20** 2306; bei Schenkung **20** 525 ff.; Überschuldung des Nachlasses durch **20** 1992; unentgeltliche Zuwendung unter **20** 330; bei Verfügungen von Todes wegen **20** 2192 ff.; bei Vermächtnissen **20** 2186 f.; bei Verwarnung mit Strafvorbehalt **85** 59a; Verweigerung der Erfüllung **20** 2323; und Weisungen gegen Jugendliche **89** 8; als Zuchtmittel **89** 15

Auflassung **20** 925; Entgegennahme durch Notare **20** 925; Heilung des Formmangels des Grundstücksveräußerungsvertrags **20** 311b; Kostentragung **20** 448; landesrechtliche Vorbehalte **21** Art. 143; Voraussetzungen **20** 925a

Auflösende Bedingung im Insolvenzverfahren **110** 42; bei letztwilligen Zuwendungen **20** 2075; bei Miete **20** 572

Auflösung der Ehe mit Rechtskraft der richterlichen Entscheidung **20** 1564, Unwirksamkeit der letztwilligen Verfügung **20** 2077; der Genossenschaft **53** 78 ff., Prüfung **53** 64c; der GmbH **52** 60; einer Partnerschaftsgesellschaft **50b** 9; des Vereins **20** 41 f., Registereintrag **20** 74, Vereinsvermögen **20** 45
Auflösungsverfahren bei AG und KGaA **112** 399
Aufrechnung **20** 387 ff.; abgetrennte Verhandlung über die **100** 145; gegen abgetretene Forderungen **20** 406; gegenüber dem Anspruch aus unerlaubter Handlung **20** 393; anzuwendendes Recht **21a** 17; zur Befriedigung des Pfandgläubigers **20** 1224; im Berufungsverfahren **100** 533; bei Beschlagnahme einer Forderung **20** 392; bei beschränkter Erbenhaftung **20** 1977; durch Dritte zur Abwendung der Zwangsvollstreckung **20** 268; nicht gegen Einlage bei der AG **51** 66; Einrede des Bürgen **20** 770; einredebehaftete Forderungen **20** 390; Entscheidung über **100** 322; Erhöhung des Verfahrenswerts **118** 39; gegenüber Forderungen des Staates und der Gemeinde **20** 395; bei Gesamtgläubigerverhältnis **20** 429; bei Gesamtschuldverhältnis **20** 422; des Grundstückseigentümers **20** 1137; bei Gütergemeinschaft **20** 1419; und Hemmung der Verjährung **20** 204; gegenüber Hypotheken- und Pfandgläubiger **20** 1142, 1224; im Insolvenzverfahren **110** 94 ff., 104; im internationalen Insolvenzverfahren **110** 336; bei mehreren aufrechenbaren Forderungen **20** 396; gegen Miet- oder Pachtforderungen **20** 543, 566d, 1125; gegen Nachlassforderungen **20** 2040; bei Nachlassinsolvenzverfahren und Nachlassverwaltung **20** 1977; nach Rücktritt **20** 352; durch den Schuldübernehmer **20** 417; Streitwertberechnung **115** 45; gegenüber unpfändbaren Forderungen **20** 394; Verbot **20** 308 f.; Verfahrenswert **118** 39; nach Verjährungseintritt **20** 215; verschiedene Leistungsorte **20** 391; durch Versicherer **62** 35; Wirkung **20** 389
Aufruf der Gläubiger einer AG durch die Abwickler **51** 267
Aufruhr **21** Art. 108
Aufschiebende Bedingung bei letztwilligen Zuwendungen **20** 2074; bei unmöglicher Leistung **20** 308
Aufschiebende Einreden des Erben **20** 2014 ff., bei Zwangsvollstreckung **100** 782 f., 785
Aufschiebende Wirkung der Berufung und Revision **100** 705; der Beschwerde **83** 87, im Vergabeverfahren **74** 173; von Rechtsbehelfen in Kartellsachen **74** 66
Aufschub beim Wiederaufnahmegesuch **90** 360
Aufsicht des Gerichts über Insolvenzverwalter **110** 58, über Zwangsverwalter **108** 150c, 153
Aufsichtsbehörde bei Genossenschaften **53** 63
Aufsichtspflicht, Schadensersatz infolge Verletzung der **20** 832; bei Tieren **20** 833 f.
Aufsichtsrat der kapitalmarktorientierten Gesellschaft **51a** 12, Empfehlung zum Abschlussprüfer **51** 124, Prüfungspflichten **52b** 7, 22; der Kreditinstitute **51a** 12, Empfehlung zum Abschlussprüfer **51** 124; Prüfungspflichten nach PublG **52b** 7, 22; der Versicherungsunternehmen **51a** 12, Empfehlung zum Abschlussprüfer **51** 124
Aufsichtsrat der Aktiengesellschaft **51** 95 ff.; Angaben auf Geschäftsbriefen **51** 268; Aufgaben **51** 202, 204; Ausschüsse **51** 107; Berichte an den **51** 90; Bestellung der Mitglieder **51** 30, bei Sachgründung **51** 31; Einberufung **51** 110; Entlastung **51** 119 f.; Geheimhaltungspflicht **51** 404; gleichberechtigte Teilhabe von Frauen und Männern **51** 250; Haftung **51** 117, 147, 310; innere Ordnung **51** 107 ff.; Mitglieder *s. a. dort;* Prüfung des Ertragsteuerinformationsberichts **51** 170; **51a** 26o, des Lageberichts und Bilanzgewinns **51** 171; Strafvorschriften **51** 399 f.; Überwachung der Vorstandsbezüge **51** 87; Verantwortlichkeit **51** 48; Vorsitzender **51** 188, 203 f., 223, 229, 237, Anmeldepflicht **51** 184; Wahlvorschläge der Aktionäre **51** 127; Zusammensetzung **51** 96 f.; Zustimmung zu Geschäften mit nahestehenden Personen **51** 111b
Aufsichtsrat der Genossenschaft **53** 9, 36 ff.; gleichberechtigte Teilhabe von Frauen und Männern **53** 9, 168; Prüfungsausschuss **53** 170; Sorgfaltspflichten **53** 41; Strafbarkeit **53** 147
Aufsichtsrat der GmbH **52** 52; Angaben auf Geschäftsbriefen **52** 35a; gleichberechtigte Teilhabe von Frauen und Männern **52/1** 5
Aufsichtsratsmitglieder von Aktiengesellschaften **51** 95 ff.; Bestellung **51** 101, durch Gericht **51** 104; Bestellung durch HV **51** 119; und Formwechsel iSd UmwG **52a** 203; Ordnungswidrigkeiten der **51** 405; **51a** 26k; **52** 87; **52b** 20; **53** 152; persönliche Voraussetzungen **51** 100; strafbare Handlungen **51** 404a; **51a** 26k;

52 86, 88; **52b** 19a; **53** 151, Meldung an Aufsichtsstelle **51** 407a; **52b** 21a; **53** 153; Vergütung **51** 113 f.; nicht im Vorstand **51** 105; Wahl, Anfechtung **51** 251, durch Hauptversammlung **51** 124, Nichtigkeit **51** 250; Zahl **51a** 12
Aufsichtsstellen bei Führungsaufsicht **85** 68a; **90** 463a, Datenverarbeitung durch **90** 483 ff.; Geschäftsbereich der Landesjustizverwaltungen **85a** 295
Auftrag **20** 662 ff.; Abweichung von den Weisungen des Auftraggebers **20** 665; Anzeigepflicht bei Ablehnung **20** 663; Aufwendungen **20** 669 f.; Auskunfts- und Rechenschaftspflicht **20** 666; Beendigung durch Widerruf und Kündigung **20** 671; Erlöschen im Insolvenzverfahren **110** 115; Geschäftsführung ohne **20** 677 ff.; iSd GvKostG **123** 3; Herausgabepflicht **20** 667; an Notar **119** 4; öffentlicher *s. dort;* Tod oder Geschäftsunfähigkeit einer Partei **20** 672 f.; Unübertragbarkeit der Ausführung **20** 664; Verzinsungspflicht **20** 668; Vorschusspflicht **20** 669; Zeitpunkt des Erlöschens **20** 674; zur Zwangsvollstreckung **101** 43
Auftraggeber, Kostenschuldner für Gerichtsvollzieherkosten **123** 3; öffentliche iSd GWB **74** 98 ff., *s. a. dort*
Aufwandsentschädigung des Betreuers **112** 292; statt Schadensersatz **20** 284; des Verfahrenspflegers **112** 277, 318; des Vormunds **20** 1808
Aufwendungen, Ausgleichungspflicht unter Miterben **20** 2050; des Beauftragten **20** 670; Befreiungsanspruch von Verbindlichkeiten für **20** 257; des Beschenkten **20** 526; des Besitzers **20** 994 ff.; des Erbschaftsbesitzers **20** 2022 f.; beim Erbschaftskauf **20** 2381; Ersatz **20** 256 f.; Ersatz vergeblicher **20** 284, beim Kauf **20** 437; Ersatz von aus Kindesvermögen **20** 1648 f.; des Geschäftsführers **20** 683; des Handelsvertreters **50** 87d; des Maklers **20** 652; des Mieters, Ersatz **20** 536a; des mit dem Vermächtnis Beschwerten **20** 2185; ersparte des Vermieters **20** 537
Aufwendungsersatz **20** 256 f., 459 f.; beim Auftrag **20** 670; des Besitzers **20** 850; bei Geschäftsführung ohne Auftrag **20** 683; des Handelsvertreters **50** 87d; für Kinder **20** 1648; des Nießbrauchers **20** 1049; bei Unterlassungsanspruch gem. UrhG **65** 36b; bei Verwahrung **20** 693; nach VVG **62** 83, erweiterter **62** 90
Aufzeichnungen, Vernehmung des Beschuldigten, Verwertung **90** 254, von Zeugen **90** 58a, Verwertung **90** 255a
Augenschein iSd StPO **90** 86, 225, Anwesenheitsrechte beim richterlichen **90** 168d; im Zivilprozess **100** 144, 358a, 371 ff.
Ausbesserung bei Nießbrauch **20** 1041 ff.
Ausbeutung einer Zwangslage (Wucher) **20** 138
Ausbeutung der Arbeitskraft unter Ausnutzung einer Freiheitsberaubung **85** 233a; Strafbarkeit **85** 233
Ausbeutung von Menschen **85** 232
Ausbilder, Anhörung im Jugendstrafverfahren **89** 43
Ausbildung der Kinder **20** 1631a; Unterhaltsanspruch **20** 1575
Ausbildungsfahrten **35** 2
Ausbildungskosten **20** 1610
Ausdrucke *s. Ablichtungen*
Auseinandersetzung, Ausgleichungspflicht der Abkömmlinge **20** 2050 ff.; Ausschluss durch Erblasser **20** 2044; der Erbengemeinschaft **20** 2032, 2042 ff., 2204; nach fortgesetzter Gütergemeinschaft **20** 1497 ff., Übernahmerecht **20** 1502; der Gemeinschaft, Ausschluss **20** 750 f.; im Insolvenzverfahren **110** 84; eines Nachlasses oder Gesamtgutes **114** 36 f., durch Zwangsversteigerung **108** 175 ff.; Übernahme eines zum Nachlass gehörenden Landgutes **20** 2049, im Wege der Zwangsversteigerung **108** 180; Wertausgleich **20** 2055
Auseinandersetzungsplan **112** 368
Ausfertigung einer Niederschrift **23** 47 ff.; vollstreckbare *s. dort*
Ausgleichsanspruch des Handelsvertreters **50** 89b; Pfändbarkeit **100** 852; nach der Scheidung **48** 20 ff.
Ausgleichsforderung, Anrechnung von Zuwendungen **20** 1380; Berechnungszeitpunkt bei Scheidung **20** 1384; im ehelichen Güterrecht, Richtervorbehalt **96** 14, Zuständigkeit **95** 23b; Stundung **20** 1382; Übertragung von Gegenständen **20** 1383; Verweigerung der Erfüllung **20** 1381; bei Zugewinnausgleich **20** 1378 ff.
Ausgleichsrente, schuldrechtliche **48** 20
Ausgleichswert, Begriff **48** 1; Bestimmung **48** 5
Ausgleichszahlungen, schuldrechtliche **48** 20 ff.
Ausgleichung unter Gesamtgläubigern **20** 430; unter Gesamtschuldnern **20** 426
Ausgleichungspflicht der Abkömmlinge **20** 2050 ff.; bei Anwachsung **20** 2095; bei Erbschaftskauf **20** 2372; der Pflichtteilsberechtigten **20** 2315 f.
Ausgliederungen iSd UmwG **52a** 152 ff., Anmeldung **52a** 160 ff., zur Aufnahme

52a 153 ff., Einzelkaufmann **52a** 152 ff., Gebietskörperschaften **52a** 168 f., zur Neugründung **52a** 158 ff., Stiftungen **52a** 161 ff.

Aushändigung der Anweisung **20** 785; des Hypothekenbriefs **20** 1117

Auskunft über Gegenstände, eidesstattliche Versicherung **112** 410; für Justizbehörden **90** 474; über nach TKG erhobene Daten **90** 100j; für wissenschaftliche Forschungsvorhaben, Kosten **120** 21; aus dem Zentralregister **92** 30 ff., an Behörden, verfahrensübergreifende **92** 43a f.

Auskunftsanspruch nach dem StVG **35** 39a, 58; nach dem UKlaG **105** 13 f.; des Urhebers bei Lizenzketten **65** 32e, und Unterlassungsansprüche **65** 36d, bei Verletzungshandlungen **65** 101

Auskunftspflicht des Abtretenden **20** 402; des Ausstellers von Inhaberpapieren **20** 799; des Beauftragten **20** 666; des Besitzers eines unrichtigen Erbscheins **20** 2362; des Betreuers **20** 1822, 1864; der Ehegatten bei Beendigung des Güterstandes **20** 1379; über Einkünfte **20** 1605; der Eltern **20** 1686; des Erben **20** 2011, 2314; des Erbschaftsbesitzers **20** 2027; des Geschäftsführers **20** 681; der geschiedenen Ehegatten **20** 1580; nach dem GWB im Bußgeldverfahren **74** 33g; der Hausgenossen des Erblassers **20** 2028; über einen Inbegriff von Gegenständen, Bestandsverzeichnis **20** 260; gegenüber Kartellbehörde **74** 59 ff.; der Krankenversicherung **62** 202; nach MarkenG **72** 19; der Miterben **20** 2057; des Nachlasspflegers **20** 2012; des Schuldners im Insolvenzeröffnungsverfahren **110** 20, 97 f.; in Unterhaltssachen **112** 235 f.; im Urheberrecht **65** 54f; der Versicherer **62** 6a; Versicherungsnehmer **62** 31; beim Versorgungsausgleich **112** 220; des Vorerben **20** 2127

Auskunftsrechte des Abschlussprüfers **50** 320; der Eltern **20** 1686

Auskunftsverweigerungsrechte 90 54 ff.

Auslagen, Ersatz bei Ablehnung eines Antrags auf Freiheitsentziehung **112** 430; Erstattung bei Rechtshilfesachen **95** 164; in Familiensachen **118** 16; des Gerichts **119** 14, Fälligkeit **119** 9; Gerichtskosten **115** 1, *s. a. dort;* der Gerichtsvollzieher bei mehreren Aufträgen **123** 17; nach dem GKG, Fälligkeit **115** 9, Kostenhaftung **115** 28, Vorschuss **115** 17; im Jugendstrafverfahren **89** 74; Kostenschuldner **119** 26; Pfandrecht des Gastwirts **20** 704; im Strafverfahren des Angeschuldigten **90** 464c, 467 f., Aufteilung nach Bruchteilen **90** 464d, Beschwerdewert **90** 304, notwendige **90** 464a, 467

Ausland, Anwerben zu Militärdienst im **85** 109h; Auskunft aus Zentralregister **92** 57 ff.; ausländische Verurteilungen, Eintragung ins Zentralregister **92** 54; Beweisaufnahme im **100** 363 f., 369; Bezugnahme im Güterrechtsvertrag **20** 1409; Freiheitsentzug im und Freiheitsstrafe **90** 450a; Nichtverfolgung von Straftaten im **90** 153c; Sitz einer Hauptniederlassung im **50** 13d; Straftaten im **85** 5 ff.; **85a** 1b; Unfälle im, Entschädigungsfonds **63** 15 f.; Wohnsitz des Erblassers im **20** 1944, 1954; Zustellung im **100** 183, eines Mahnbescheides **100** 688, eines Pfändungs- und Überweisungsbeschlusses im **100** 829, 845; Zwangsvollstreckung **100** 917

Ausländer, Aufhebung von Erwerbsbeschränkungen **21** Art. 86; Ausweisung, Eintragung ins Zentralregister **92** 10; Bestechlichkeit und Bestechung **85** 335a; Betreuung **21** Art 24; Drittstaatsangehörige *s. dort;* Ehefähigkeitszeugnis **20** 1309; Eheschließung **21** Art. 13; Entziehung der Fahrerlaubnis **85** 69b; Personalstatut **21** Art. 7; Pflegschaft **21** Art. 24; Straftat **85** 7; Urheberrechtsschutz **65** 121 ff., 125; Vormundschaft **21** Art. 24; Wahlrecht bei Kommunalwahlen **1** 28

Ausländische Behörden, Auskünfte aus Zentralregister **92** 57 ff.

Ausländische Entscheidungen, Anerkennung **112** 107 ff.; Anerkennungshindernisse **112** 109; Vollstreckbarkeit **112** 110

Ausländische Erbschaft 20 2369

Ausländische Fahrerlaubnis 35 2a; Entziehung **35** 3

Ausländische Flüchtlinge, Urheberrechtsschutz **65** 123

Ausländische Gesetze, Anwendung **23** 17

Ausländische Marken bei Markeneintragung **72** 34

Ausländische Schiffe, Zwangsversteigerung **108** 171

Ausländische Schuldtitel, Vollstreckbarerklärung **100** 722

Ausländische Staaten, Straftaten gegen **85** 102 ff.

Ausländische Titel, Anerkennung und Vollstreckung aus **100** 1112 ff.

Ausländische Urkunden 100 438

Ausländische Urteile 100 328; Anerkennung und Vollstreckung aus **100** 1112 ff.

Ausländische Währung, Umrechnungsgrundlagen im Bilanzanhang **50** 284

Ausländischer Schiedsspruch 100 1061

Ausländisches Recht, Anwendung **21** Art. 7; Ermittlungen **100** 293
Auslandstraftaten mit besonderem Inlandsbezug **85** 5; Geltung deutschen Strafrechts **85** 5 ff.; Gerichtsstand bei **90** 10 ff.; gegen international geschützte Rechtsgüter **85** 6; Nichtverfolgung **90** 153c
Auslandsunterhaltsgesetz, Zuständigkeit des Rechtspflegers **96** 20 ff.
Auslegung von Erbverzichtsverträgen **20** 2350; von Verträgen **20** 157, 311c; von Willenserklärungen **20** 133
Auslieferung, Absehen von Klageerhebung **90** 154b; und Strafvollstreckung **90** 450a, 456a, 458
Auslieferungshaft, Vorrang der U-Haft-Vollstreckung **90** 116b
Auslobung **20** 657 ff.; Gewinnzusagen **20** 661a
Ausnahmegerichte, Verbot **95** 16
Ausreise als Vorbereitung einer schweren staatsgefährdenden Gewalttat **85** 89a
Aussagegenehmigung für Beamte und Angehörige des öffentlichen Dienstes **90** 54; bei Vernehmung von Beamten **100** 376
Aussagen, falsche uneidliche **85** 153 ff.
Aussageverweigerungsrecht, Belehrung des Beschuldigten **90** 136, 163a
Ausschlagung der Erbschaft **20** 1455, 1942 ff., Anfechtung **20** 2308, Berechnung des Pflichtteils **20** 2310, für das Kind **20** 1643, durch Pflichtteilsberechtigten **20** 2306, keine Schenkung **20** 517; der Erbschaft bei Insolvenz **110** 83; bei gemeinschaftlichem Testament **20** 2271; durch Pflichtteilsberechtigte **20** 2306 ff., 2321 f.; des Vermächtnisses **20** 2307
Ausschließliche Gerichtsstände **100** 802
Ausschließung der Auseinandersetzung bei der Gemeinschaft **20** 750; von Erbfolge **20** 2303 ff.; der Erteilung eines Hypothekenbriefes **20** 1116; der Fortsetzung einer Gütergemeinschaft **20** 1509 ff.; der Garantie beim Kauf **20** 444; von Gerichtspersonen im Strafprozess **90** 22 ff., wegen Gefahr für die Sicherheit der Bundesrepublik **90** 138b, Verteidiger **90** 138a ff., Zuständigkeit **90** 138c; des Grundstückseigentümers **20** 927; der Haftung beim Werkvertrag **20** 639; der Mängelansprüche beim Kauf **20** 444; eines Rechtspflegers **96** 10; der Übertragung einer Forderung **20** 399; der Verjährung durch Rechtsgeschäft **20** 202; zeitweilige von Beteiligten in Jugendstrafverfahren **89** 51
Ausschließungsbeschluss im Aufgebotsverfahren **20** 927; Erlass in Aufgebotssachen **112** 439; Kraftloserklärung der Urkunde **112** 478 f.; öffentliche Zustellung im Aufgebotsverfahren **112** 441; bei Vormerkung **20** 887
Ausschluss eines Abkömmlings von fortgesetzter Gütergemeinschaft **20** 1511; der Aufrechnung **20** 391 f.; eines Genossenschaftsmitglieds **53** 68; der Gewährleistung bei Miete **20** 536d; der Haftung wegen Vorsatzes **20** 276; der Leistungspflicht, Schadensersatz **20** 283; des Rücktrittsrechts **20** 350 f.; des Vorkaufsrechts **20** 466, 470 f.; der Wertersatzpflicht bei Rücktritt **20** 346; des Widerrufs der Schenkung **20** 532; des Zugewinnausgleichs, Gütertrennung **20** 1414
Ausschluss der Öffentlichkeit im arbeitsgerichtlichen Verfahren **83** 52
Ausschlussurteil im Zwangsversteigerungsverfahren **108** 141
Ausschlussverfahren von Aktionären, Geschäftswert **119** 73
Ausschreibungen, Arbeitsplatz **34** 11; wettbewerbsbeschränkende Absprachen **85** 298, als Wirtschaftsstrafsache **95** 74c
Ausschüsse der Handwerksinnungen zur Streitschlichtung **83** 111
Außergerichtliche Konfliktbeilegung, Arbeitsgerichtsgesetz **83** 54a; FamFG **112** 36a; nach dem UrhG **65** 32f; Zivilprozess **100** 278a
Außergerichtliche Streitbeilegung über Folgesachen nach Scheidung **112** 135; Hemmung der Verjährung **20** 204
Außerordentliche Kündigung des Arbeitsverhältnisses **20** 626, Kündigungsschutzklage **84** 13; des Pachtverhältnisses **20** 594e; bei Satzungsänderung der Genossenschaft **53** 67a
Außervertragliche Schuldverhältnisse **21** Art. 38
Aussetzung der Anstaltsunterbringung **85** 67b; des Aufgebotsverfahren **112** 440; der Hauptverhandlung **90** 228, wegen Anhängigkeit einer Zivilklage **90** 262; des Nachlassteilungsverfahrens **112** 370; einer Person **85** 221; der Strafvollstreckung, Widerruf **90** 453c; der Unterbringung, Widerruf **85** 67g; der Untersagung der Berufsausübung **85** 70a; des Verfahrens in Familiensachen **112** 21, in Registersachen **112** 381; des Versorgungsausgleichsverfahrens **112** 221; des Verteilungsverfahren **108** 116; der Vollstreckung von Maßregeln **85** 67b f.; des Vollzugs der Freiheitsentziehung **112** 424, des Haftbefehls **90** 116 f., in Unterbringungssachen **112** 328; des Zivilverfahrens bei Vorgreiflichkeit **100** 148

Aussonderung im Insolvenzverfahren **110** 47
Ausspielvertrag 20 763
Ausstattung, Berücksichtigung bei Zugewinnausgleich **20** 1374; des Kindes bei Gütergemeinschaft **20** 1444, 1466
Ausstellungen iSd MarkenG **72** 35
Ausstellungsrecht im Urheberrecht **65** 18, 44 f.
Aussteuer 20 1624; Berücksichtigung bei Zugewinnausgleich **20** 1374
Austauschpfändung 100 811a f.
Ausübung des Nießbrauchs **20** 1036, 1059; des Vorkaufsrechts **20** 463 f., 1097, 1099
Auswärtiger Dienst, Vertrauensbruch **85** 353a
Auswechslung der Forderung bei Hypothek **20** 1180
Ausweispapiere, Fälschung amtlicher **85** 273; Legitimationspapiere **20** 808; Missbrauch **85** 281; Verschaffen von falschen **85** 276; Vorbereitung zur Fälschung eines **85** 275
Ausweisung von Beschuldigten und Absehen von der Verfolgung **90** 154b; und Strafvollstreckung **90** 456a, 458
Auszubildende, Gerichtsstand **100** 20
Auszubildendenvertretung, unzulässige Kündigungen **84** 15
Auszugsvertrag 21 Art. 96; **95** 23
Auto *s. Fahrzeuge*
Autobahn, Benutzung **35a** 18
Automatenmissbrauch 85 265a
Automatische Kennzeichenerfassung 90 163g
Automatisierter Datenabruf nach automatischer Kennzeichenerfassung **90** 163g; nach dem BZRG **92** 21 f.; aus dem Fahreignungsregister **35** 30a ff.; aus den Fahrerlaubnisregistern **35** 53 ff.; aus dem Schuldnerverzeichnis **102a** 16 f.; nach der StPO **90** 488, Errichtungsanordnung **90** 490, durch das staatsanwaltliche Verfahrensregister **90** 493; aus dem Vereinsregister, Kosten **120** 1; aus dem Zentralen Fahrzeugregister **35** 35 ff.

Baden-Württemberg, Rechtspfleger in **96** 33; Sonderregelung in der GBO **114** 1, 149, nach dem GNotKG **119** 135
Badische Gesetze 21 Art. 157, Art. 200
Bahnbetriebsunternehmen, Haftung **33** 1
Bahnübergänge, Haltverbote **35a** 12; Verhalten an **35a** 19; Verkehrszeichen **35a** 43
Ballone *s. Luftfahrzeuge*
Bandendiebstahl 85 244 f.
Bandenhehlerei 85 260 f.
Banken, Ausübung des Stimmrechts für Aktien **51** 134 f.; Bilanzrichtlinien **50a** 30 f.; Zinseszinsen **20** 248; *s. a. Kreditinstitute*
Bankenrichtlinie, Umsetzung **50a** 69
Bankguthaben, Pfändungsschutz **100** 850k f., 899 ff.
Bannrechte 21 Art. 74
Bannware, Gefährdung durch **85** 297
Bareinlagen, Leistung **51** 36a
Bargebot im Zwangsversteigerungstermin **108** 49, 51
Bargeld, Verwahrung durch Notar **23** 57 ff.
Barrierefreiheit des Gerichtsverfahrens **95** 191a; Mietsache **20** 554; bei der Nutzung geschützter Werke **65** 62
Basiszinssatz 20 247; **21** Art. 229 § 7
Baubeschreibung 20 650j f.
Bäuerliche Erbfolge 21 Art 64
Baugefährdung 85 319
Bauhandwerker, Sicherungshypothek für **20** 650e
Bauhandwerkersicherung 20 650f; beim Verbraucherbauvertrag **20** 650m
Baukostenzuschuss, Erstattung des verlorenen **20** Anm. zu 546
Baumaßnahmen in der Mietwohnung, Duldungspflicht **20** 555a ff.
Bäume 21 Art. 181, Art. 183; Beeinträchtigung des Nachbargrundstückes **20** 907, 910; Früchte **20** 911, 923; an der Grenze **21** Art. 122, Art. 124
Bausparkassenvertreter 50 92
Bausparverträgemakler 50 104
Baustellen, Verkehrsregelung **35a** 45
Bauträgerverträge 20 650u f.; Abschlagszahlungen **20** 650v
Bauunternehmer, Kennzeichnung von Baustellen **35a** 45
Bauverträge 20 650a ff.; Änderung durch Besteller **20** 650b ff.; Schlussrechnung **20** 650g; Schriftform der Kündigung **20** 650h; Übergangsvorschriften **21** Art. 229 § 39; mit Verbrauchern **20** 650i ff., *s. a. Verbraucherbauvertrag;* Vergütung bei Änderungsanordnung **20** 650c f.; Zuständigkeit der Landgerichte **95** 71; Zustandsfeststellung bei Abnahmeverweigerung **20** 650g
Bauwerk, Aneignung oder Wegnahme **41** 34; beim Erbbaurecht **41** 12; regelwidrige Ausführung **85** 319; Unterhaltspflicht bei Grunddienstbarkeiten **20** 1020 ff.; Urheberrechtsschutz **65** 2, 59
Beamte 34 24; Abtretung von Gehalt **20** 411; Amtspflichtverletzung **20** 839, 841; als Amtsträger **85** 11; keine Arbeitnehmer **83** 5; Beitreibung von Ansprüchen gegen **122** 1; Festnahme von Störern **90** 164; Gerichtsstand der Auslandsbeamten **100**

15; Haftung für **1** 34; Rechtspflegerausbildung **96** 2, 33; als Sachverständige **100** 408; Staatshaftung **21** Art. 77, bei Amtspflichtverletzung **20** 839; vermögensrechtliche Ansprüche **21** Art. 80; Vernehmung über Dienstgeheimnisse **90** 54; als Zeugen **100** 376
Beamtenbesoldung 21 Art. 80
Beamtenversorgung 48 2
Bearbeitung, Eigentumserwerb durch **20** 950 f.; von Werken iSd UrhG **65** 3, 23
Beauftragter Richter, Befugnisse **100** 329, 405; Beweisaufnahme durch **100** 370, 372, 389, 398, 400; Güteverhandlung **100** 278; Protokollierung **100** 389
Beauftragter Richter im Strafverfahren, Beschwerde gegen **90** 304; Vernehmung von Zeugen oder Sachverständigen **90** 223
Bedingte Ansprüche im Zwangsversteigerungsverfahren **108** 14, 48, 50, 119 f., 125
Bedingte Forderungen, Hypothek **20** 1113; Pfandrecht **20** 1204, 1209
Bedingungen, aufschiebende und auflösende **20** 158; bei Berechnung des Nachlasses **20** 2313; Erbbaurecht **41** 1, 11; bei letztwilliger Zuwendung **20** 2066, 2070, 2074 ff., 2108, 2162, 2177, 2179; bei Rechtsgeschäften **20** 158 ff., 308, 449, 454, 652; Rückbeziehung **20** 159; im Testament **20** 2074 ff.; Unzulässigkeit bei Annahme oder Ausschlagung der Erbschaft **20** 1947, des Vermächtnisses **20** 2180, bei Auflassung **20** 925, bei Aufrechnungserklärung **20** 388, bei Testamentsvollstreckeramt **20** 2202; Vereitelung und Herbeiführung wider Treu und Glauben **20** 162
Bedrohung 85 241
Bedrucken, Eigentumserwerb durch **20** 950
Bedürftigkeit des Schenkers **20** 519, 528 f.; Unterhaltspflicht bei **20** 1603 f., 1611
Beeidigung des Dolmetschers und Ausnahmen **95** 189
Beeinträchtigung der Benutzung des Grundstücks **20** 906; des Nießbrauchs **20** 1065; der persönlichen Dienstbarkeit **20** 1090; des Pfandrechts **20** 1227; durch Überbau **20** 916; eines urheberrechtlich geschützten Werkes **65** 75; des Vertragserben durch Erblasser **20** 2287 f.
Beendigung des Besitzes **20** 856; des Erbbaurechts **41** 26 ff.; der Führungsaufsicht **85** 68e; des Mietverhältnisses **20** 542 f., 568 ff., Vorenthaltung der Mietsache **20** 546a; des Nießbrauchs **20** 1072; des Unterhaltsanspruchs **20** 1586; der Zugewinngemeinschaft durch Tod **20** 1371
Beendigungserklärung bei Verfahren nach FamFG **112** 22
Beerdigung, strafbare Störung **85** 167a
Beerdigungskosten, Beerdigung des Erblassers **20** 1968, der Mutter **20** 1615m; bei Tötung **20** 844; Versicherung über **62** 150
Befangenheit von Richtern im Strafprozess **90** 24 ff.; des Sachverständigen **100** 406
Beförderung von Reisenden, Streitigkeiten **95** 23
Beförderungsmittel, Frachtvertrag mit verschiedenen **50** 452 ff.
Beförderungsverträge, Allgemeine Geschäftsbedingungen **20** 305a; Rechtswahl **21a** 5
Befreite Pflegschaft 20 191
Befreite Vorerbschaft 20 2136
Befreiung der eingebrachten Sachen vom Vermieterpfandrecht **20** 562c; von Gefangenen **85** 120; des Käufers beim Vorkaufsrecht **20** 1102; von Unterhaltspflicht **20** 1614; des Vorkaufsberechtigten **20** 1101
Befreiungsanspruch des Bürgen **20** 775; von der Verbindlichkeit für Aufwendungen **20** 257
Befriedigung des ausgeschlossenen Nachlassgläubigers **20** 1973; durch Bürgen **20** 770 ff.; bei Gesamthypothek **20** 1182; durch Gesamtschuldner **20** 426; des Gläubigers durch einen Dritten **20** 267 f., Erlöschen der Hypothek **20** 1181, aus Gesamtgut **20** 1437, 1459; der Insolvenzgläubiger **110** 187 ff.; der Massegläubiger **110** 209; durch persönlichen Schuldner **20** 1174; des Pfandgläubigers **20** 1224 f., 1228, 1247; aus verpfändetem Recht **20** 1277
Befriedigungsrecht des Besitzers **20** 1003; des Gläubigers **50** 371 f.
Befristung bei Rechtsgeschäften **20** 163
Beglaubigte Abschrift *s. Abschriften*
Beglaubigung 21 Art. 231; amtliche **23** 70; von Dokumenten mittels Videokommunikation **20** 77; elektronisch übermittelter Daten **50** 9; einer Erklärung **20** 129; des Handzeichens **20** 126, 129; durch Notar **23** 39 ff., bei qualifizierten elektronischen Signaturen **23** 40a
Beglaubigungsbefugnis der Vermessungsbehörde **20** Anm. zu 890
Begnadigungsrecht 90 452; des Bundespräsidenten **1** 60
Begräbnisstätte 21 Art. 133
Begründung von Entscheidungen im Strafverfahren **90** 34; der Revision **90** 344 f.
Begünstigung, Strafbarkeit **85** 257
Begutachtung, Anordnung von Amts wegen **100** 287; wiederholte **100** 412; *s. a. Gutachten*

Begutachtungsverfahren, Hemmung der Verjährung **20** 204
Behandlungsvertrag 20 312; Aufklärungsfehler, Beweislast bei Haftung **20** 630h; Dokumentation der Behandlung **20** 630f; Pflichten **20** 630a ff.
Beherrschungsverträge von AG oder KGaA **51** 291; Ausgleichszahlung an Aktionäre **51** 304 f.; Gläubigerschutz bei Beendigung **51** 303; Leitungsmacht und Verantwortlichkeit **51** 308 ff.; Verlustübernahme bei **51** 302
Behinderte Menschen *s. Menschen mit Behinderung*
Behörden, Abgabe von Erklärungen gegenüber **20** 130; Anfechtung einer Erklärung gegenüber **20** 143; Anspruch auf Vollziehung von Auflagen **20** 525, 2194; Aufnahme des Nachlassinventars **20** 2002 f., der dem Nießbrauch unterliegenden Sachen **20** 1035; Beweisaufnahme durch ausländische **100** 364; Gericht als **85** 11; Gerichtsstand **100** 17 ff.; Klagerecht bei Auflage oder Schenkung **20** 2194; Mitteilungen zum Zentralregister **92** 20; Mitteilungspflicht in Registersachen **112** 379; Veräußerungsverbot **20** 136; Vorlegung von Urkunden durch **100** 432; Zuständigkeit der Länderbehörde für Maßnahmen bei Kontaktsperre **95a** 33; Zwangsvollstreckung mittels Ersuchens einer **100** 789
Beichtgeheimnis, starfbare Verletzung **85** 139
Beihilfe 85 27
Beiladung, Kostenhaftung **115** 32; zum Nachprüfungsverfahren nach GWB **74** 162
Beiordnung eines Rechtsanwalts bei Scheidung **112** 138, Verfahrenskostenhilfe **112** 78
Beischlaf zwischen Verwandten **85** 173
Beisitzer, Beitreibung von Ansprüchen gegen nichtbeamtete **122** 1; Fragerecht **90** 240 f.; *s. a. Ehrenamtliche Richter*
Beistand 20 1712; vor Arbeitsgerichten **83** 11; Ehegatte als **90** 149; in Jugendstrafsachen **89** 69; für Nebenkläger im Strafverfahren **90** 397a, 406h, gemeinschaftliche Vertretung **90** 397b; für Verfahren in Familiensachen und Angelegenheiten der freiw. Gerichtsbarkeit **112** 12; für Verletzten im Strafverfahren **90** 406f ff., psychosoziale Prozessbegleitung **90** 406g, Kosten **90** 465, 472
Beistandschaft 20 1712 ff.; Aufenthaltsort **20** 1717; Beendigung **20** 1715; Eintritt **20** 1714; Hemmung der Verjährung während der **20** 207; Übergangsvorschriften **21** Art. 223
Beiträge des Gesellschafters **20** 705 ff.
Beitragspflicht von ausgeschiedenen Mitgliedern einer Genossenschaft **53** 115c
Beitreibung von Ansprüchen der Bundeskasse **122** 1 ff.; gepfändeter Geldforderungen **100** 842 f.
Beitritt zum Zwangsversteigerungsverfahren **108** 27
Beitrittsgebiet, Sonderregelung in der GBO **114** 1
Bekanntmachung der Aufforderung zur Anmeldung von Nachlassforderungen **20** 2061; der Auflösung des Vereins in Liquidation **20** 50 f.; der Auslobung **20** 657; des Beschlusses **112** 41; Eintragung von Vereinen **20** 66; der Erteilung und des Erlöschens der Vollmacht **20** 171, 176; gemäß GenG **53** 156, 158; der Grundbucheintragung **114** 55; im Insolvenzverfahren **110** 9, 23, 30, 200, 215, 252, 273, nach der VO (EG) 1346/2000 **110a** 102 § 5, nach der VO (EU) 2015/848 **110a** 102c § 7, § 12; von Kartellprüfungsverfahren **74** 43; von Neufassungen des FamGKG **118** 62a; im Strafverfahren, notwendige **90** 35, 292; von Verfügungen der Kartellbehörden **74** 62; des Versteigerungstermins bei Zwangsversteigerung **108** 39 f.; von Wettbewerbsregeln **74** 27
Bekanntmachungsbefugnis bei Urheberrechtsverletzung **65** 103, 111
Bekenntnisfreiheit 1 4; Beschimpfung von Bekenntnissen **85** 166 ff.
Bekleidung öffentlicher Ämter, Unfähigkeit zur **85** 45 ff.
Belästigung der Allgemeinheit, Ordnungswidrigkeit **94** 118; als unlautere geschäftliche Handlung **73** 4a, 7
Belastung mit Erbbaurecht **41** 1; des Erbbaurechts, Zustimmung des Grundstückeigentümers **41** 5 ff.; der gekauften Sache **20** 442; des gepachteten Grundstücks **20** 593b; des Grundstücks **20** 873, 876; Höchstbetrag des Wertersatzes bei Erlöschen der **20** 882; mit Hypothek **20** 1113 f.; der Mietsache **20** 567 ff.; mit Reallast **20** 1105; mit Rentenschuld **20** 1199; der Sache bei Erbschaftskauf **20** 2375; des Vermächtnisgegenstandes **20** 2288; Verträge über **20** 1136; des Zubehörs **20** 311c
Belastungsverbot 20 137, 1136
Belehrung des Beschuldigten über Aussageverweigerungsrecht **90** 136, 163a, Dokumentation **90** 168b, bei Verhaftung **90** 114b; über Fahrverbot **90** 409, durch Richter **90** 268c; im Jugendstrafverfahren

89 70a; über schriftliches Anerkenntnis **100** 499; über Strafaussetzung zur Bewährung **90** 453a; bei Unzuständigkeit des Amtsgerichts **100** 504; über Verwarnung mit Strafvorbehalt **90** 453a; über Zeugnisverweigerungsrecht **90** 57; mit Zustellung der Klage oder des Protokolls **100** 499
Beleidigung 85 185 ff.; Bekanntgabe von Verurteilungen **85** 200; Strafantrag **85** 194; Verbreitung mittels Rundfunk oder Telemedien **85** 194; verhetzende **85** 192a; trotz Wahrheitsbeweises **85** 192; wechselseitige **85** 199; **90** 468
Beleuchtung von Fahrzeugen **35a** 17, in geschlossenen Verbänden **35a** 27
Belohnung von Straftaten **85** 140
Benachrichtigung bei Beschlagnahme von Postsendungen **90** 101; des Eigentümers vom Verkauf des Pfandes **20** 1241; des Gläubigers von der Übernahme der Hypothek **20** 416; von der Versteigerung der geschuldeten Sache **20** 384; des Vorkaufsberechtigten vom Kaufabschluss **20** 469
Benachteiligung des Gläubigers durch Schuldner **110** 133; **111** 3
Benachteiligungsklage 83 61b
Benachteiligungsverbot, Anspruch auf Beseitigung **34** 21; Ausnahmen **34** 20; im Zivilrechtsverkehr **34** 19
Benutzung eines Grundstücks **20** 1018 ff., 1090; einer Marke **72** 25 f.; einer Sache, Wertersatz bei Rücktritt **20** 346
Berater, strafbare Verletzung von Privatgeheimnissen **85** 203
Beratung des Versicherungsnehmers **62** 6 f., durch Versicherungsvermittler **62** 61
Beratungshilfe, Rechtsanwaltsgebühren **117** 44 ff.; Zuständigkeit des Rechtspflegers **96** 24a
Beratungsleistungen bei Immobiliar-Verbraucherdarlehensvertrag **20** 511; **21** Art. 247
Beratungsstelle, Beschlagnahmeverbote **90** 97; strafbare Verletzung von Privatgeheimnissen **85** 203
Berauschende Mittel iSd StVG **35** 24a, 24a Anlage
Berechnung bei Zugewinnausgleich, Anfangs- und Endvermögen **20** 1376, Zeitpunkt **20** 1384
Bereicherung bei Geschäftsführung ohne Auftrag **20** 682, 684; Haftung des Erbschaftsbesitzers wegen **20** 2021; Herausgabe von Früchten **20** 993, der ungerechtfertigten **20** 951; Herausgabepflicht **20** 346; bei Kündigung des Dienstvertrages **20** 628; zum Nachteil des Pflichtteilsberechtigten **20** 2329, des Vertragserben **20** 2287; bei Nichtvollziehung einer Auflage **20** 2196; bei Schenkung **20** 516; durch Straftat, Geldstrafe neben Freiheitsstrafe **85** 41; ungerechtfertigte **20** 812 ff.
Bereichsrechtspfleger 96 34 f.
Bergrecht 21 Art. 67
Bergrechtliche Gewerkschaft, Gerichtsstand **100** 17
Bergungsansprüche, Gerichtsstand **100** 30a
Bergwerk, Erbschaft **20** 2123; Gefährdung **85** 318; Wirtschaftsplan beim Nießbrauch **20** 1038
Bergwerksbetrieb, Haftung **33** 3
Bergwerksgesellschaften 50a 5
Berichterstatter im Berufungsverfahren **90** 324; im Revisionsverfahren **90** 351
Berichterstattung, Rechtfertigungsgrund **85** 131; Urheberrechtsschutz **65** 50
Berichterstattungspflichten der börsennotierten Aktiengesellschaft **50** 289a, 289f, 316 ff.; der Genossenschaft **50** 336; **53** 33, 170; der GmbH **52** 42a; der Kapitalgesellschaft **50** 289 ff., 289b ff., 316 ff., 320; **50a** 80 f.; der Kommanditgesellschaft auf Aktien **50** 289a, 316 ff.; der Konzerne **50** 315 ff., 341s; **50a** 75, 83 f.; nach dem PublG **52b** 5, 7, 9; der Versicherungsunternehmen **50** 341a ff.
Berichtigung, Anspruch auf, Unverjährbarkeit **20** 898; eines Beschlusses **112** 42; des Grundbuchs **20** 894 ff., 1144 f., 1167, 1416; **108** 158; des Markenregisters **72** 45; der Nachlassverbindlichkeiten **20** 2014 f., 2046
Berichtstermin im Insolvenzverfahren **110** 156
Berlin, Sonderregelungen **85a** 324; Wahl der Schöffen **95a** 4a
Berliner Testament 20 2269
Berner Übereinkunft zum Schutze von Werken der Literatur und der Kunst **65** 120
Berufsausbildung, Unterhalt für **20** 1610
Berufsausübungsverbot 85 61, 70; Aufschub und Aussetzung **90** 456c
Berufsbezeichnungsmissbrauch 85 132a
Berufsfreiheit 1 12
Berufsgeheimnis 85 203; Nichtanzeige von Straftaten **85** 139
Berufsgeheimnisträger, Ermittlungsmaßnahmen gegen **90** 160a; Zeugnisverweigerungsrecht **90** 53 ff.
Berufsrichter *s. Richter*
Berufsständische Organe, Beteiligung in Registersachen **112** 380
Berufsständische Versorgung 48 2
Berufsunfähigkeitsversicherung 62 172 ff.; **62a** 4

Berufsverbot 85 70 ff.; **85a** 305; Aufschub und Aussetzung **90** 456c; europaweite Unterrichtung durch Gerichte (Vorwarnmechanismus) **90a** 9; Maßregeln **85** 61; notwendige Verteidigung im Verfahren wegen **90** 140; Verstoß gegen **85** 145c; vorläufiges **90** 132a, Beschwerde **90** 305; Widerruf der Aussetzung **85** 70b

Berufsvereinigungen, anerkannte Wettbewerbsregeln **74** 24

Berufswahl, Freiheit der **1** 12

Berufung 83 61; in Arbeitssachen **83** 8, 64 ff.; im Jugendstrafverfahren **89** 55; der Mitgliederversammlung **20** 36 f.; gegen Urteile des Jugendrichters und Jugendschöffengerichts **89** 41; im Zivilprozess, Zuständigkeit des OLG **95** 119; Zuständigkeit in Zivilsachen **95** 72

Berufung im Strafverfahren 90 312 ff.; Ausbleiben des Angeklagten und Wiedereinsetzung **90** 329 f.; Begründung **90** 317 f.; Frist **90** 314; durch gesetzlichen Vertreter **90** 330; Hauptverhandlung **90** 323 ff., ohne Angeklagten **90** 329; Hemmung der Rechtskraft durch **90** 316; Inhalt des Berufungsurteils **90** 328; in Privatklageverfahren **90** 390; Schlussvorträge **90** 326; Umfang der Prüfung des angefochtenen Urteils **90** 327; Verschlechterungsverbot **90** 331; verspätete **90** 319 f.; Verwerfung bei Ausbleiben des Angeklagten **90** 329, Revision **90** 340, wegen Unzulässigkeit **90** 319, 322; Zulässigkeit **90** 312 f.; Zuständigkeit **95** 74

Berufung im Zivilprozess 100 511 ff.; Anschlussberufung **100** 524; Begründung **100** 520; Berufungsfrist **100** 517 f., bei Urteilsergänzung **100** 518; Berufungsgründe **100** 513; Einlegung **100** 519; Einstellung der Vollstreckung wegen **100** 719; vor dem Einzelrichter **100** 527; auf geleisteten Eid **100** 398; Kosten **100** 97; Urteil **100** 540; Verfahren in Zivilsachen **100** 525 ff.; Verhandlung **100** 529; Versäumnisverfahren nach **100** 539; verspätete Angriffs- oder Verteidigungsmittel **100** 530; Verzicht **100** 515; vorläufige Vollstreckbarkeit des Urteils **100** 718; Widerklage **100** 533; Zulässigkeit **100** 522; Zulassung neuer Angriffs- und Verteidigungsmittel **100** 531; Zurücknahme **100** 516, 524; Zurückverweisung **100** 538

Berufungsfrist in Arbeitssachen **83** 66; in Strafsachen **90** 314

Berufungsgericht, Zulassung der Revision **101** 7

Berufungssumme in Arbeitssachen **83** 64

Beschädigung, Ersatz **20** 818, 2374; fremder Sachen bei Gefahrenabwehr **20** 228 f.; der Nießbrauchsache **20** 1042; einer Schuldverschreibung **20** 798; der vermachten Sache **20** 2164, 2288

Beschäftigte, Gleichbehandlungsgebot **34** 6 ff.; Rechte nach dem AGG **34** 13 ff.; soziale Verantwortung **34** 17; *s. a. Arbeitnehmer*

Bescheinigungen über Eintragungen im Handelsregister **50** 9; der Vertretungsmacht **114** 34; nach VO (EU) Nr. 1215/2012 über inländische Titel **100** 1110 f.

Beschlagnahme, Entziehung beschlagnahmter Sachen **85** 136; von Erzeugnissen des Grundstücks **20** 1121 f.; der Forderung, Aufrechnung **20** 392; des Grundstücks **20** 1124, 1126, bei Zwangsversteigerung **108** 20 ff., 26, 173, bei Zwangsverwaltung **108** 148, 151; durch Kartellbehörde **74** 58; Pfändung von Früchten und Zubehör nach **100** 810, 865; Schadensersatzansprüche bei ungerechtfertigter **72** 149; von Waren bei Verletzung von Kennzeichenrechten **72** 146 ff.; im Zwangsversteigerungsverfahren **108** 55

Beschlagnahme iSd StPO gegen Abwesende **90** 290 ff.; von Akten und anderen amtlichen Schriftstücken **90** 96; Beschwerde **90** 305; zur Beweissicherung oder Einziehung **90** 94 f.; bei Durchsuchung **90** 108; des Führerscheins **90** 111a, 463b; Herausgabe des Verwertungserlöses **90** 459k; Inventarisierung **90** 109; Mitteilungen an Verletzten **90** 111l; Notveräußerung von Gegenständen nach **90** 111p; durch Pfändung **90** 111c; Postbeschlagnahme **90** 99 f.; und Pressefreiheit **90** 97; Rechtsmittel **90** 304, 306; Rückgabe an Verletzten **90** 111n f., 459j; Schriften und Inhalte iSd StGB **90** 111q; von Schriftstücken bei Abgeordneten, Verbote **90** 97; des Schriftwechsels des Angeklagten, Verbote **90** 97; zur Sicherung der Einziehung **90** 111b ff., Vollziehung **90** 111c; Verbote **90** 97; Verfahren **90** 98, 111j ff., 421 ff.; **96** 31; des Vermögens **90** 443; Vermögensarrest und Insolvenzverfahren **90** 111i, 459m; Verwaltung der Gegenstände **90** 111m; Verwertungsverbot **90** 108; vorrangige Befriedigung **90** 111g; Wirkung **90** 111d; Zuständigkeit **90** 111f

Beschleunigtes Verfahren im Strafprozess **90** 417 ff.; Übergangsvorschriften **101** 34; Verbot in Jugendstrafsachen **89** 79; vor Vergabekammern **74** 167

Beschleunigungsbeschwerde in Kindschaftssachen **112** 155c

Beschleunigungsgebot im Arbeitsgerichtsverfahren **83** 56 f.; in Kindschaftssachen **112** 155; bei der Vollstreckung der Herausgabe von Personen und Umgangsregelungen **112** 88

Beschleunigungsrüge in Kindschaftssachen **112** 155b

Beschluss, Abänderung und Wiederaufnahme **112** 48; über Annahme als Kind **112** 197; über Antrag auf Ablehnung eines Richters in Strafsachen **90** 28; im arbeitsgerichtlichen Verfahren **83** 53, 84; über Ausschluss der Öffentlichkeit, Verkündung **95** 174; mit Begründung wegen Geltendmachung im Ausland **112** 38; über Einstellung oder Eröffnung des Hauptverfahrens **90** 199, 203 ff.; zur Erteilung des Zuschlags bei Zwangsversteigerung **108** 87, 89; bzgl. Freiheitsentziehungsantrag **112** 421; als Gerichtsentscheidung **112** 38 ff.; des OLG, Rechtsbeschwerde **95a** 29; Verfahren **112** 402; bei Verweisung an anderes Gericht **90** 270; Wirksamkeit **112** 40; über Zwangsvollstreckung oder Arrestvollziehung, Anfechtung **90** 111g

Beschlüsse von Organen, Geschäftswert **119** 108

Beschlüsse im Zivilprozess über Ablehnung eines Sachverständigen **100** 406; über Antrag auf selbständiges Beweisverfahren **100** 490; Aufhebung der Arrestvollziehung **100** 934; über Berichtigung des Urteils **100** 319; im Beweisverfahren **100** 359, 409; über einstweilige Einstellung der Zwangsvollstreckung **100** 707; über Erinnerung gegen Vollstreckungsklausel **100** 732; formlose Mitteilung **100** 329; bei Klagerücknahme **100** 269; über Räumungsfrist **100** 721; über Rüge der Verletzung des Anspruchs auf rechtliches Gehör **100** 321a; Verkündung **100** 329; über Verweisung wegen Unzuständigkeit des Gerichts **100** 281, 506; Verwerfung der Berufung **100** 522; über vorläufige Vollstreckbarkeit in Berufungsinstanz **100** 537; über Vorlegungsfrist für Urkunde **100** 431; über Zulässigkeit des Einspruchs **100** 341

Beschlussfassung des Gläubigerausschusses **110** 72; der Gläubigerversammlung **110** 76; der Vereinsmitglieder, Textform **20** 32 f.; des Vereinsvorstandes **20** 28; *s. a. Abstimmung*

Beschlussverfahren vor den Arbeitsgerichten **83** 80, in besonderen Fällen **83** 98 ff., Zuständigkeit **83** 2 f., örtliche **83** 82; bei Insolvenz **110** 126

Beschmutzen der Straßen **35a** 32

Beschneidung des männlichen Kindes **20** 1631d

Beschränkte Geschäftsfähigkeit **20** 131, 165, 682; bei Adoption **20** 1746; bei Ehevertrag **20** 1411; bei Erbverzicht **20** 2347; und Hemmung der Verjährung **20** 210; Wohnsitz **20** 8

Beschränkte Haftung des Erben **100** 781, Vorbehaltsurteil **100** 305; des Miterben, Vorbehaltsurteil **100** 305; und Zwangsvollstreckung **100** 780 ff., 786

Beschränkte persönliche Dienstbarkeit **20** 1090 ff., 2182; **21** Art. 115; für juristische Personen **20** 1092; **21** Art. 229 § 69

Beschränkung der Garantie beim Kauf **20** 444; des Gebrauchs bei Miete **20** 567; der Gewährleistung bei Miete **20** 536d, beim Werkvertrag **20** 639; des Pflichtteilsrechts **20** 2338; der Strafverfolgung **90** 154a; der Verfügung über eingetragenes Recht **20** 892 ff.; der Vertretung des Kindes **20** 1643 ff.; des Vorkaufsrechts **20** 1097

Beschuldigte **90** 157; Abwesenheit **90** 276, und vorläufige Einstellung **90** 154f; Akteneinsichtsrechtshinweis für Verteidiger **90** 114b; Aufenthaltsort, Aufforderung zur Bekanntgabe **90** 288, Bestimmung durch Verkehrsdatenerhebung **90** 100g, Ermittlung durch Ausschreibung **90** 131a, anhand von Telekommunikationsdaten **90** 100j; Beitreibung von Ansprüchen gegen **122** 1; Belehrung über Aussageverweigerungsrecht **90** 136, 163a, über Rechte **90** 114b; Benachrichtigung des abwesenden **90** 287, Zurückstellung **90** 95a; DNA-Identitätsfeststellung **90** 81g; Dolmetscher oder Übersetzer **95** 187; Duldung von Untersuchungen und Eingriffen **90** 81a; Durchsuchungen bei **90** 102; Einlegung eines Rechtsmittels durch verhafteten **90** 299; erkennungsdienstliche Maßnahmen **90** 81b; Gegenüberstellungen mit dem vor Bestellung eines Pflichtverteidigers **90** 141a; Maßnahmen wegen Ungehorsams **95** 177 ff.; längerfristige Observation von **90** 163f; Online-Durchsuchungen **90** 100b; Rechtsmittel gegen Entscheidung **90** 296 f.; schriftliche Äußerung **90** 163a; Überwachung **90** 148a; Unterbringung für Gutachten **90** 81; Verhaftung, Benachrichtigung der Angehörigen **90** 114c; Verkehr mit Verteidiger **90** 148; Vernehmung **90** 133 ff., *s. a. dort,* nach dem JGG **89** 44, 70c; Zahlungsanspruch des Rechtsanwalts **117** 52 ff.

Beschwerde bei Ablehnung der Eintragungsentfernung aus Zentralregister **92** 25; bei Ablehnung von Amtshandlungen eines Notars **23** 54; bei Abstammungssachen **112** 184; in Arbeitssachen **83** 8, 77 f., 83, 87 ff., 98; gegen Auferlegung einer Verzögerungsgebühr **115** 69; **118** 60; in Aufgebotsverfahren **112** 439, zur Kraftloserklärung von Urkunden **112** 479; gegen Auflösung wegen Satzungsmangels **112** 399; Berechtigte nach FamFG **112** 59; gegen Beschluss betr. Dispache **112** 408, über Einleitung eines Löschungsverfahrens **112** 393, des Registergerichts **112** 380; gegen Beschlüsse, Einlegung, Form, Frist **83** 89 f.; in Betreuungssachen **112** 303; gegen Bewährungsanordnungen in Jugendsachen **89** 59; des durch Unterbringung Betroffenen **112** 336; in Ehe- oder Folgesachen durch Versorgungsträger **112** 145; gegen Entscheidung **112** 69, nach dem GNotKG **119** 81 ff., in Notarkostensachen **119** 129 ff., des Rechtspflegers **96** 11, des Vorsitzenden **83** 98; gegen Entscheidung des Familiengerichts über Erinnerung **118** 57; nach Erledigung der Hauptsache **112** 62; gegen Erteilung der Vollstreckungsklausel **23** 54; nach dem FamFG **112** 58 ff.; Familiengerichtsentscheidungen **95** 119; in Familiensachen **112** 58 ff., Kosten **118** 1; gegen Festsetzung eines Ordnungsgeldes **50** 335a; gegen Festsetzung des Vefahrenswerts durch Familiengericht **118** 59; gegen Freiheitsentziehungsbeschluss **112** 429; Frist **112** 63; im Insolvenzverfahren **110** 6 f., 34, 75, 78, 184, 204, 216, 253; **110a** 102c § 6, 102c § 9, 102c § 20, 102c § 26; nach JVEG **116** 4; gegen Kostenentscheidungen nach dem GKG **115** 67 ff.; in Markenangelegenheiten zum Bundesgerichtshof **72** 83 ff., zum Bundespatentgericht **72** 66 ff.; gegen Nachlassgerichtsbeschluss **112** 355; Rechtsbeschwerde *s. a. dort;* wegen Schweigegebots über Verhandlungen **95** 174; sofortige *s. a. dort;* in Teilungssachen **112** 372; bei Unterbringungssachen **112** 335; des Untergebrachten **112** 305; in Unterhaltssachen **112** 256; im unternehmensrechtlichen Verfahren **112** 402; gegen Verfügungen der Kartellbehörden **74** 73 ff.; gegen verhängte Ordnungsmittel **95** 181; wegen versagter Rechtshilfe **95** 159; in Versorgungsausgleichssachen **112** 228; des Vertreters der Staatskasse in Betreuungssachen **112** 304; Verzicht oder Rücknahme **112** 67; an Volksvertretung **1** 17; gegen Vorauszahlungsanordnung des Familiengerichts **118** 58; Wertfestsetzung für Zulässigkeit **118** 54; **119** 78; gegen Wertfestsetzung für die Rechtsanwaltsgebühren **117** 33; Zuständigkeit **95** 72 f., 121, 133, 135; gegen Zwangsgeldbeschluss **112** 391; im Zwangsversteigerungsverfahren **108** 95 f.; im Zwangsvollstreckungsverfahren **100** 793

Beschwerde im Strafverfahren 90 304 ff.; aufschiebende Wirkung **90** 307; gegen Ausschluss des Verteidigers **90** 138d; Einlegung **90** 306; im Klageerzwingungsverfahren **90** 172; sofortige *s. dort;* gegen Verfügungen des Ermittlungsrichters des BGH **90** 304; weitere **90** 310

Beschwerde im Zivilverfahren 100 567 ff.; Anschlussbeschwerde **100** 567; Erinnerung gegen Entscheidung **100** 573; Rechtsbeschwerde **100** 574 ff.; sofortige Beschwerde **100** 568 ff.; Verfahren **100** 572; Wiedereinsetzung bei Versäumung der Frist **100** 233

Beschwerdegegenstand, Wert bei Berufung **100** 511

Beschwerdegericht nach FamFG **112** 58; Vorbereitung der Entscheidung **90** 308

Beschwerderecht eines Beschäftigten **34** 13; des Verhafteten **90** 115 f.

Beschwerdeschrift 90 306

Beschwerdesumme 90 304

Beschwerdeverfahren vor Entscheidung über Justizverwaltungsakte **95a** 24; nach FamFG **112** 68; Kosten **119** 1; Streitwertberechnung **115** 50; nach dem UrhDaG **68** 13 ff.

Beschwerdewert 112 61

Beseitigung, Anspruch auf nach dem UWG **73** 8; von Einrichtungen **20** 922

Besetzung des Gerichts **90** 222a f., 338, Revisions- und Nichtigkeitsgrund **90** 359

Besichtigung, Gestattung **20** 809 ff.; Kauf auf **20** 454; Vorlegung von Sachen **20** 809 ff.

Besichtigungsanspruch bei Marken **72** 19a

Besitz 20 854 ff.; **21** Art. 180; Aufgabe **20** 303, 959, 1007; Beeinträchtigung **20** 1004; im Beitrittsgebiet **21** Art. 233 § 1; bei Dienstbarkeiten **20** 1029, 1090; **21** Art. 191; Eigenbesitz *s. dort;* Eigentumsvermutung **20** 1006; Einräumung **20** 861, 864; Einwendungen gegen Ansprüche aus **20** 863; Entsetzung, Entziehung **20** 858 ff., 869; Erwerb **20** 990; fehlerhafter **20** 859, 861 ff., 992, 2025; am Gesamtgut **20** 1422; mittelbarer **20** 868 f., 871, 1205; des Nießbrauchers **20** 1036; der Pfandsa-

che **20** 1205; Schutz **20** 858 ff.; Störung **20** 858, 862 ff.; eines Testaments, Ablieferungspflicht **20** 2259; Übertragung **20** 870; Vererblichkeit **20** 857; Vermächtnis **20** 2169; Wiedereinräumung **20** 861
Besitzdiener 20 855, 860
Besitzeinweisung und -entsetzung bei unbeweglichen Sachen **20** 885
Besitzer, Befriedigungsrecht **20** 268, 1003; einer beweglichen Sache **20** 1007; Eigentumserwerb **20** 929; Einreden **20** 986; Ersatz für Aufwendungen **20** 994 ff., 999 ff.; Haftung **20** 838, 989 ff., 1000, für Beschädigung durch Einsturz des Gebäudes **20** 836 f.; Herausgabe an den früheren **20** 1007; eines Hypothekenbriefs **20** 1155; Leistung an den **20** 851; Rechtsstreit mit Grundstücksbesitzer **100** 266; Schadenshaftung **20** 836; Verfolgungsrecht **20** 867; Verzug **20** 990; Wirkung des Urteils gegen **100** 325; Zurückbehaltungsrecht **20** 1000
Besitzergreifung von Früchten, Sachbestandteilen **20** 955 ff.
Besitzklage 20 861 f.
Besitzkonstitut 20 930, 933, 936
Besitzmittler 20 868; Wirkung eines rechtskräftigen Urteils **100** 325
Besitzschutz 20 1007; bei Dienstbarkeiten **20** 1029
Besitzzeit, Anrechnung bei Ersitzung **20** 943 f.
Besoldung *s. Dienstbezüge*
Besondere Gerichte für Schifffahrtsangelegenheiten **95** 14; **95a** 3
Besorgung eines fremden Geschäftes als eigenes **20** 687
Besserung und Sicherung, Maßregeln **85** 61 ff., *s. a. dort*
Bestandsaufnahme 20 1035
Bestandsdaten im Rahmen der Telekommunikationsüberwachung **90** 100j; **94** 46
Bestandsverzeichnis bei Auskunftspflicht **20** 260
Bestandteile, Abtrennung **20** 997; Aneignung **20** 954; von beweglichen Sachen **20** 947, 997; Eigentumserwerb **20** 953 ff.; Erstreckung der Hypothek auf **20** 1120 ff.; eines Grundstücks **20** 94 ff., 890, 946, 1043 f., 1120 ff., Verwendung durch Nießbraucher **20** 1043 f.; von Sachen **20** 93 ff.; Verbindung **20** 946 f.; wesentliche **20** 93 f.
Bestätigung des Arrests **100** 925; eines Auseinandersetzungsplans durch Nachlassgericht **112** 368; nichtiger und anfechtbarer Rechtsgeschäfte **20** 141, 144; Wirksamkeit durch Beschluss **112** 371
Bestätigungsschreiben 20 147, 150
Bestätigungsvermerk bei Genossenschaften **50** 339; Jahresabschluss **50** 322
Bestattung, gefundener Leichen **90** 159
Bestattungsfeier, Störung **85** 167a
Bestechlichkeit 85 332, 335; von Ärzten **85** 299a, als Wirtschaftsstrafsache **95** 74c; im Geschäftsverkehr **85** 299; von Mandatsträgern **85** 108e f.; **95** 120b, im Ausland **85** 5
Bestechung 85 334 f.; Angaben zur Bekämpfung in Lageberichten **50** 289c; von Ärzten **85** 299b f., als Wirtschaftsstrafsache **95** 74c; im Geschäftsverkehr **85** 299; von Mandatsträgern **85** 108e f.; **95** 120b, im Ausland **85** 5
Besteller eines Werkes **20** 631 ff., Abnahmepflicht **20** 640, Kündigungsrecht **20** 648, Mängelansprüche **20** 634, Mitwirkungspflicht **20** 642, Selbstvornahme **20** 637, Sonderkündigungsrecht beim Architekten- und Ingenieurvertrag **20** 650r, Verantwortlichkeit **20** 645
Bestellung des Insolvenzverwalters **110** 56 ff., bei gruppenangehörigen Schuldnern **110** 56b; des Nießbrauchs **20** 1032, 1069; des Pfandrechts **20** 1274; eines Sequesters **100** 848; des Vereinsvorstandes **20** 27; eines Zwangsverwalters **108** 150b
Bestellungsurkunde der Betreuer **112** 290
Bestimmung einer Frist für Gegenleistung **20** 316; der Leistung durch eine Partei oder einen Dritten **20** 315, 317 f.
Betagte Ansprüche, Vermächtnisse **20** 2217; vorzeitige Erfüllung **20** 813; bei der Zwangsversteigerung **108** 111
Betäubungsmittel, nicht vollstreckte Strafen **85a** 316p; unbefugter Vertrieb im Ausland **85** 6
Beteiligte in Abstammungssachen **112** 172; in Adoptionssachen **112** 188, Anhörung **112** 192, im Strafverfahren **90** 311a; im arbeitsgerichtlichen Verfahren **83** 10, 83; in Betreuungssachen **112** 274; bei Beurkundung **23** 10; in Ehewohnungssachen und Haushaltssachen **112** 204; nach dem FamFG **112** 7 f., 412; in Freiheitsentziehungssachen **112** 418; in Gewaltschutzsachen **112** 212; Mitwirkung nach FamFG **112** 27; in Nachlasssachen **112** 345; im Nachprüfungsverfahren nach GWB **74** 162, 174; an unerlaubten Handlungen **20** 830; in Unterbringungssachen **112** 315; in Versorgungsausgleichssachen **112** 219; im Zwangsversteigerungsverfahren **108** 9
Beteiligung der berufsständischen Organe in Registersachen **112** 380; an Ordnungswidrigkeit **94** 14

Beteiligungen der Aktiengesellschaften **51** 20f.; an assoziierten Unternehmen, Wertansatz **50** 312; an Unternehmen **50** 271; an Verbrechen, Versuch **85** 30

Beteiligungsbesitz, Angaben im Konzernanhang **50** 313

Betreuer für Volljährige **20** 1814 ff., Anfechtung des Erbvertrages **20** 2282, Auskunftspflicht gegenüber Angehörigen **20** 1822, gegenüber dem Gericht **20** 1864, Beratung und Aufsicht durch Gericht **20** 1861 ff., Beschränkung bei Eheverträgen **20** 1411, Bestellung **20** 1816 ff.; **112** 286 ff., Beschwerde gegen **112** 303, Bestellungsurkunde **112** 290, Bestimmung von Umgang und Aufenthalt **20** 1834, Betreuungsbehörden **20** 1818, Betreuungsvereine **20** 1818, Entlassung **20** 1868 ff.; **112** 296, freiheitsentziehende Maßnahmen **20** 1831, gerichtliche Überprüfung der Auswahl **112** 291, Haftung **20** 1826, Inhalt der Beschlussformel bei Bestellung **112** 286, keine Vergütung nach RVG **117** 1, mehrere **20** 1817, Neubestellung **112** 296, Patientenverfügungen **20** 1827 ff., Pflichten **20** 1821 ff., Sterilisation **20** 1830, Übernahmepflicht **20** 1819, als Verfahrensbeteiligter **112** 315, Vermögensangelegenheiten **20** 1835 ff., Anzeigepflichten **20** 1846 f., Befreiungen **20** 1859 f., genehmigungsbedürftige Geschäfte **20** 1848 ff., 1855 ff., Verwaltung durch **20** 1838 ff., Vertretungsmacht **20** 1823 ff., verwaltender Ehegatten bei Gütergemeinschaft **20** 1436, Wohnraum der betreuten Person **20** 1833, Wünsche der betreuten Person **20** 1821, Zahlungen von Betreutem **112** 292, Zustellung im Zivilprozess **100** 170a, ärztliche Zwangsmaßnahmen (Verfassungswidrigkeit) **20** 1832; *s. a. Vormund*

Betreute Personen, Aufhebung eines Erbvertrages, gerichtliche Genehmigung **20** 2290; Ehevertrag **20** 1411; keine Ernennung zum Testamentsvollstrecker **20** 2201; Unterbringung mit Freiheitsentzug **112** 312

Betreuung **112** 271; Volljähriger **20** 1814 ff., anzuwendendes Recht **21** Art. 24, Aufhebung oder Einschränkung **112** 294, Aufhebung/Einschränkung **112** 294, 493, für Ausländer **21** Art. 24, Bekanntgabe des Beschlusses **112** 288, Beratung und Aufsicht durch Gericht **20** 1861 ff., Ende **20** 1868 ff., Erweiterung **112** 293, Hemmung der Verjährung während der **20** 207, Pflichten des Betreuers **20** 1821 ff., Verlängerung **112** 295, Vermögensangelegenheiten **20** 1835 ff., Anzeigepflichten **20** 1846 f., Befreiungen **20** 1859 f., genehmigungsbedürftige Geschäfte **20** 1848 ff., 1855 ff., Verwaltung durch Betreuer **20** 1838 ff., Vorsorgevollmacht **20** 1820, Wünsche der betreuten Person **20** 1821

Betreuungs- und Unterbringungssachen, deutsche Zuständigkeit **112** 104

Betreuungsbehörden **20** 1818

Betreuungsgericht, Beendigung der Betreuung **20** 1868 ff.; Beratung und Aufsicht des Betreuers **20** 1861 ff.; Bestellung des Betreuers **20** 1814 ff., und Vorsorgevollmacht **20** 1820; Genehmigung ärztlicher Maßnahmen **112** 298, des Erbverzichts und dessen Aufhebung **20** 2351, der Gütergemeinschaftsaufhebung **20** 1492, ärztlicher Maßnahmen **20** 1829, von Rechtsgeschäften **20** 1848 ff., Genehmigungserklärung **20** 1855 ff., eines Verzichts auf Gesamtgutsanteil **20** 1491; Landgericht als Beschwerdegericht **95** 72; Mitteilungs- und Informationspflichten **112** 22a; Mitwirkung bei Verwaltung des Kindesvermögens **20** 1639; sonstige Pflegschaften **20** 1885 ff.; Übertragung von Aufgaben **21** Art. 147; Verfahrensfähigkeit **112** 125; Zuständigkeit **95** 23c f.

Betreuungsgerichtliche Zuweisungssachen **112** 340; Richtervorbehalt **96** 15; Zuständigkeit des Amtsgerichts **95** 23a

Betreuungshelfer, Verkehr mit Jugendlichen in U-Haft **89** 72b

Betreuungssachen **112** 271 ff.; Anhörung des Betroffenen **112** 278; ärztliches Zeugnis statt Gutachten **112** 281; Beschluss mit Begründung **112** 38; Beschwerde **112** 303; einstweilige Anordnung **112** 300 ff.; Entscheidungsmitteilungen an Behörden und öffentliche Stellen **112** 308 ff., zur Strafverfolgung **112** 311; Geschäftswert **119** 63; Kostenschuldner **119** 23; keine Rechtsmittel vor OLG **95** 119; Richtervorbehalt **96** 14 f.; Verfahrensfähigkeit des Betroffenen **112** 275; Wirksamkeit von Beschlüssen **112** 287; Zulässigkeit einer Vertrauensperson **95** 170; Zuständigkeit **95** 23d, des Amtsgerichts **95** 23a

Betreuungstätigkeiten, Geschäftswert **119** 113

Betreuungsvereine **20** 1818

Betreuungsverfügung, Herausgabe **112** 285

Betreuungswünsche, schriftliche, Herausgabe **112** 285

Betrieb, Haftung **21** Art. 105; Kleinbetriebe iSd KSchG **84** 23

Betriebliche Altersversorgung 48 2; durch Lebensversicherungen **62** 150
Betriebsänderung bei Insolvenz **110** 121 ff.
Betriebsgeheimnisse 50 90; Ausschluss der Öffentlichkeit **95** 172; Einsicht durch Monopolkommission **74** 46; Offenbarung **85** 203 ff.; strafbare Verletzung **85** 355, im Ausland **85** 5
Betriebshaftpflichtversicherung 62 102
Betriebskosten, Veränderungen **20** 560; Vereinbarungen **20** 556
Betriebspacht, Fortsetzung bei wirtschaftlicher Lebensgrundlage **20** 595
Betriebspachtvertrag von AG und KGaA **51** 292
Betriebsrat im arbeitsgerichtlichen Verfahren **83** 10; und Massenentlassungen, Anhörung durch Landesarbeitsamt **84** 20, Informationsanspruch **84** 17; unzulässige Kündigungen **84** 15
Betriebsratsmitglieder, strafbare Verletzung von Privatgeheimnissen **85** 203
Betriebsrente, Rechtsfolgen der internen Teilung **48** 12; Sondervorschriften für Anrechte nach dem VersAusglG **48** 45
Betriebsübergabe bei Landpachtverhältnis **20** 593a
Betriebsübergang und Arbeitsverhältnisse **20** 613a; bei Verschmelzung nach UmwG **52a** 35a
Betriebsüberlassungsvertrag von AG und KG auf Aktien **51** 292
Betriebsveräußerung bei Insolvenz **110** 128, 162 f.
Betriebsvereinbarung, Kündigung im Insolvenzverfahren **110** 120
Betriebsverfassungsgesetz, Zuständigkeit der Arbeitsgerichte **83** 2a, 3
Betriebswohnungen, Kündigung **20** 576 ff.
Betrug 85 263 ff.; Anfechtung wegen **20** 123; Computerbetrug **85** 263a
Beurkundung 21 Art. 231; Abrede der **20** 154; der Abtretung **20** 403; der Aufhebung fortgesetzter Gütergemeinschaft **20** 1492; Beteiligung behinderter Personen **23** 22 ff.; des Ehevertrages **20** 1410; des Erbbaurechts **41** 11; des Erbschaftskaufs **20** 2371; des Erbvertrags **20** 2276, Rücktritt **20** 2296; des Erbverzichts **20** 2348, 2351 f.; Falschbeurkundung im Amt **85** 348, mittelbare **85** 271; Feststellung der Beteiligten **23** 10; der Grundstücksübereignung **20** 873; Kosten **20** 448; Nachtragsbeurkundung **23** 44b; Niederschriften **23** 36 ff.; Notargebühren **119** 97 ff.; notarielle **20** 1491 f., 1501, bei Ausschließung eines Abkömmlings **20** 1516; von Rechtsgeschäften **20** 154; des Schenkungsversprechens **20** 518; der Verfügung über einen Erbteil **20** 2033; von Verträgen über Grundstücke, das Vermögen, den Nachlass **20** 311b; vollstreckbarer Urkunden **100** 799 f.; der Wahl des Eherechts **21** Art. 14; von Willenserklärungen **23** 6 ff., mittels Videokommunikation **23** 16 ff.
Beurkundungen, Bundesrecht **23** 65; Landesrecht **23** 66, 68; nach dem PersonenstandsG **23** 64
Beurkundungs- und Beglaubigungsbefugnis der Vermessungsbehörden **20** Anm. zu 890
Beurkundungsgegenstand, besonderer **119** 111; derselbe, Geschäftswert **119** 109; verschiedene **119** 110
Beurkundungsgesetz 23
Beurkundungsverfahren, Notargebühren **119** 30
Bevollmächtigte, Ausübung des Stimmrechts für Aktien **51** 135; einseitige Rechtsgeschäfte **20** 174; Erbschaftsausschlagung **20** 1945; iSd FamFG **112** 10; *s. a. Prozessbevollmächtigter*
Bewährung, Strafaussetzung nach dem JGG **89** 21 ff., 57 ff., 88, Bewährungsplan **89** 60, Vorbehalt der nachträglichen Entscheidung **89** 61 ff., Widerruf **89** 60; Strafaussetzung zur **85** 56; **90** 268a, 453; Überwachung des Verurteilten **90** 453b; Vorbehalt der Entscheidung, Eintragung ins Erziehungsregister **92** 61, Eintragung ins Zentralregister **92** 7
Bewährungsauflagen 85 56b, 56e; **90** 265a, 268a, 453b
Bewährungsaufsicht für Jugendliche **89** 8
Bewährungshelfer 85 56d, 56e, 57; Datenverarbeitung durch **90** 483 ff.; für Jugendliche **89** 113
Bewährungshilfe 85 68a; für Jugendliche **89** 29
Bewährungszeit 85 56a; **89** 27 f.; Beginn **90** 454a; Dauer **89** 59a; Widerruf der Strafaussetzung **85** 56f
Bewegliche Sachen, Aneignung **20** 958 ff.; Eigentumsübertragung **20** 929 ff.; Eigentumsvermutung **20** 1006; Ersitzung **20** 937 ff.; Erwerb von Erzeugnissen und Bestandteilen **20** 953 ff., streitbefangener **100** 325; Miete **20** 578 ff.; Nießbrauch **20** 1032 f.; Pfandrecht **20** 1204 ff., des Unternehmers **20** 647; Pfandrecht und Herausgabe **100** 838; des Schuldners **100** 777; Sicherheitsleistung **20** 232, 235, 237; Übereignung **20** 929 ff.; Verbindung, Vermischung, Verarbeitung **20** 946 ff.; ver-

botene Eigenmacht **20** 859; Verkauf **20** 440, unter Eigentumsvorbehalt **20** 449; Zwangsvollstreckung **100** 803 ff., in Herausgabeansprüche **100** 847, 854, 886

Bewegliches Vermögen, Arrestvollziehung **100** 930

Beweis bei Annahme der Leistung als Erfüllung **20** 363; durch Augenschein **90** 86; der Erfüllung **20** 345; in Hauptverhandlung **90** 244 ff.; im Wiederaufnahmeverfahren **90** 369; *s. a. Beweisaufnahme*

Beweisantrag iSd StPO **90** 244, Ablehnung **90** 244 ff., im Vorverfahren **90** 166

Beweisaufnahme im arbeitsgerichtlich Verfahren **83** 58; im Berufungsrechtszug des Strafverfahrens **90** 323 ff.; im beschleunigten Verfahren **90** 420; im Beschlussverfahren **83** 83; vor Erteilung des Erbscheins **20** 2358; gemäß FamFG **112** 30; bei Feststellung oder Anfechtung der Vaterschaft **112** 177; gegen flüchtigen Angeklagten **90** 289; in Hauptverhandlung **90** 244 ff.; im Privatklageverfahren **90** 384; vor Schiedsgericht **83** 106; vereinfachte nach OWiG **94** 77 f.

Beweisaufnahme im Zivilprozess 100 284 ff., 355 ff.; im Ausland **100** 369; durch beauftragten oder ersuchten Richter **100** 360 ff.; Beweisbeschluss **100** 359 ff., 450 ff.; durch Einzelrichter **100** 527; in der Europäischen Union **100** 1072 ff.; im europäischen Verfahren für geringfügige Forderungen **100** 1101; im Haupttermin **100** 279; Urkunden **100** 434 f.; durch Vorsitzenden der Kammer für Handelssachen **100** 349

Beweiserhebung, Anordnung durch Gericht **90** 202; durch das Bundespatentgericht **72** 74

Beweiskraft elektronischer Dokumente **100** 371a f.; von öffentlichen und Privaturkunden **100** 415 ff.; des Protokolls über Hauptverhandlung **90** 274; des Tatbestands **100** 314

Beweislast, Änderung **20** 309; bei Annahme als Erfüllung **20** 363; Ausführung von Zahlungsvorgängen **20** 676; Authentifzierung von Zahlungsvorgängen **20** 675w; bei Behandlungs- und Aufklärungsfehler **20** 630h; bei Haftung des Arbeitnehmers **20** 619a; bei Insolvenzanfechtung **110** 130 ff.; bei Kündigung des Mietvertrages **20** 543; bei Pauschalreiseverträgen **20** 651d; bei Pflichtteilsentziehung **20** 2336; bei Sach- und Rechtsmängeln **20** 363; bei Unmöglichkeit der Leistung **20** 283; bei Verbraucherverträgen **20** 355 ff.; bei Verwirkung der Vertragsstrafe **20** 345; bei Zahlungsdienstleistungsvertrag **20** 675d

Beweislastumkehr beim Verbrauchsgüterkauf **20** 477, digitaler Produkte **20** 327k

Beweismittel, Herausgabepflichten nach dem GWB **74** 33g; Herbeischafftung, Anordnung **90** 221; Herbeischaffung **90** 214, 219; im Urkundenprozess **100** 592, 595; Verspätung **90** 246; im Zivilprozess, Angabe **100** 588, Augenschein **100** 371 ff., Bezeichnung im Beweisbeschluss **100** 359, drohender Verlust **100** 434, Geltendmachung anderer **100** 450, Parteivernehmung **100** 445 ff., im Urkundenprozess **100** 445 ff., Sachverständige **100** 402 ff., *s. a. dort,* Sicherung im selbständigen Beweisverfahren **100** 485 ff., *s. a. dort,* Urkunden **100** 415 ff., Zeugen **100** 373 ff.

Beweissicherung durch Beschlagnahme und Durchsuchung **90** 94; gegen flüchtige Personen **90** 285

Beweisurkunden, Auslieferung **20** 402

Beweisverfahren *s. Selbständiges Beweissicherungsverfahren*

Beweisverwertungsverbote 90 100d ff., 110a, 136a, 160a, 163f

Beweiswürdigung, freie **90** 261; **100** 286 f., 419, 435, 442

Bewerber, Diskriminierungsverbot **34** 6 ff.

Bewertung von Kleinstkapitalgesellschaften **50** 253; von Vermögensgegenständen **50** 340e

Bewertungseinheiten, Bildung steuerlicher **50** 254

Bewertungsvereinfachungsverfahren 50 256

Bewertungsvorschriften 50 340e; **50a** 24; bei Immobiliar-Verbraucherdarlehensverträgen **50a** 75

Bewilligung der einstweiligen Einstellung des Zwangsversteigerungsverfahren **108** 30; der Eintragung ins Grundbuch **20** 873, 885; **114** 19, 21 ff.

Bewohnerparkausweise 35a 46; Datenübermittlung iZm **35** 35 f.

Bewusstlosigkeit bei Eingehung von Rechtsgeschäften **20** 105; bei unerlaubten Handlungen **20** 827, 829

Bewusstseinsstörungen bei Begehung von Straftaten **85** 20; Testamentserrichtung **20** 2229; und Verantwortlichkeit iSd OWiG **94** 12

Bezeichnung, geschäftliche iSd MarkenG **72** 5, *s. Geschäftliche Bezeichnung*

Bezeichnungsschutz, Handelsregister **50** 8

Bezirksjugendrichter 89 33

Bezirksnotar als Rechtspfleger **96** 33

Bezirksvertreter, Provision **50** 87

Bezüge, bedingt pfändbare **100** 850b
Bezugsaktien 51 192 ff., *s. Aktien*
Bezugsperson, Verbleibensanordnung **20** 1682
Bezugsrecht auf Aktien **51** 221
Bezugssperren, Verbot von **74** 21
BGB-Gesellschaft 20 705 ff.; Anteile **20** 711; Auflösung **20** 729 ff., Fortsetzung nach **20** 734; Aufwendungsersatz **20** 716; Ausscheiden von Gesellschaftern **20** 723 ff.; Ausschluss eines Gesellschafters **20** 727; Beschlüsse der **20** 714; Entstehung **20** 719; Fortsetzung mit Erben **20** 724; Gerichtsstand **100** 17, 22; Geschäftsführung **20** 715 f., der Liquidatoren **20** 736b; Gesellschafterklage **20** 715b; Gesellschafterwechsel **20** 712 f.; im Gesellschaftsregister **20** 707, 733; Gesellschaftsvertrag **20** 708 ff.; Gewinnverteilung **20** 718; im Grundbuch, Übergangsvorschriften **21** Art. 229 § 21; Haftung **20** 721 ff., Verjährung **20** 739; Informationsrechte/-pflichten **20** 717; Insolvenz **110** 11, 15, 84, 93, 118; Kündigung der **20** 725 f., 731, durch Gläubiger **20** 726; Liquidation **20** 735 ff.; nichts rechtsfähige **20** 740 ff.; Notgeschäftsführung **20** 715a; Pfändung des Anteils **100** 859; Rechnungsabschluss **20** 718; Rechte der Gesellschafter, Übertragungbarkeit **20** 711a; rechtsfähige **20** 706 ff.; Sitz **20** 706; Statuswechsel **20** 707e; Überschuldung **110** 19; unbefugter Firmengebrauch **112** 392; Vermögen der **20** 713; Vertretung **20** 720, durch Liquidatoren **20** 736b; Zwangsvollstreckung **100** 736; **101** 45; Zwangsvollstreckung gegen die Notgeschäftsführung **20** 722
Bibliotheken, gesetzlich erlaubte Nutzung geschützter Werke **65** 60e
Bienenschwarm, Aneignung **20** 961 ff.
Bierlieferungsvertrag, Landesrecht **50a** 18
Bigamie 85 172
Bilanz der Aktiengesellschaft **51** 150, 152, Anhang **51** 160, bei Verschmelzung **52a** 63; Angabe der Haftungsverhältnisse **50** 251; Anhang **50** 284 ff., Pflichtangaben **50** 285; **50a** 85; Bewertungsgrundsätze **50** 252 ff.; Erläuterungen zur **50** 284, 313; der Genossenschaft **50** 336 ff., 337; **53** 48, bei Liquidation **53** 89; Gliederung **50** 266; der GmbH **52** 42; Inhalt **50** 247; der kleinen Kapitalgesellschaften **50** 274a; latente Steuern **50** 274; Pflichtangaben **50** 314; Rückstellungen **50** 249; Vorschriften zu Posten der **50** 268 ff.
Bilanzgewinn, Anspruch des Aktionärs **51** 58; Verwendung **51** 119, 174 ff., 253
Bilanzierungsverbote 50 248
Bilanzierungswahlrechte 50 248
Bilanzkontrollgesetz, Übergangsvorschriften **50a** 56
Bilanzrechtsmodernisierungsgesetz betreffend Genossenschaften **53** 167; Übergangsvorschriften **50a** 66 f.
Bilanzreformgesetz, Übergangsvorschriften **50a** 57 f.
Bilanzrichtlinien-Gesetz 50a 24
Bilanzrichtlinie-Umsetzungsgesetz 50a 75; und Insolvenzverfahren **110a** 103i
Bilanzvermerke 50 268
Bild, Recht am eigenen **67** 22 f.
Bild- und Tonübertragung im Strafprozess **95** 193; in Verfahren nach dem FamFG, Anträge **112** 25, Beweisaufnahme **112** 30, Verhandlungen **112** 32 ff.; Vermögensauskunft per **100** 802f; im Zivilprozess **100** 128a; **101** 16 f., Beweisaufnahme **100** 284, 1100 f., 1101, Sachverständige **100** 411, Urteilsverkündung **100** 310; *s. a. Videoverhandlungen*
Bildaufnahmen zur Aufklärung von Straftaten **90** 100h; als Verletzung des höchstpersönlichen Lebensbereichs **85** 201a, Privatklage **90** 374
Bildliche Darstellungen *s. Abbildungen*
Bildnisschutz 67
Bildnisse iSd UrhG **65** 60
Bildträger, Einziehung und Unbrauchbarmachung **85** 74d; als Inhalt iSd StGB **85** 11; kaufmännische Unterlagen auf, Vorlegung **50** 261
Bildungseinrichtungen, gesetzlich erlaubte Nutzung geschützter Werke **65** 60f
Billiges Ermessen bei Auslobung **20** 660; eines Dritten **20** 2048, 2156; beim Pfandverkauf **20** 1246; Verwaltung und Benutzung gemeinschaftlicher Sache **20** 745
Billigung bei Kauf auf Probe oder Besichtigung **20** 454; von Straftaten **85** 140
Bindung des Berufungsgerichts im Falle der Zurückverweisung **90** 358; an Entscheidung über Zulässigkeit oder Unzulässigkeit des Rechtswegs **83** 48; des Gerichts an Anträge der Staatsanwaltschaft **90** 206; des Revisionsgerichts **95** 138; an Vertragsantrag **20** 145 ff.
Binnenschifffahrt 1 89; privatrechtliche Verhältnisse **20** Anm. zu 1257
Blinklicht, blaues und gelbes **35a** 38
Blutentnahme nach dem OWiG **94** 46
Blutprobe, Entnahme zur Feststellung der Abstammung **100** 372a, im OWiG-Verfahren **94** 46, im Strafverfahren **90** 81a, 81c; Verwendung im OWiG **94** 46
Boden, Verunreinigung **85** 324a

Bodenbestandteile als Früchte **20** 99; Rechte des Nießbrauchers **20** 1037, des Vorerben **20** 2123
Bodenreform, Abwicklung **21** Art. 233 §§ 11 ff.
Börsennotierung einer Gesellschaft **51** 3
Börsenpreis beim Pfandverkauf **20** 1221, 1295; Verkauf zum statt Versteigerung **20** 385
Bösgläubigkeit 20 932; beim Besitzerwerb **20** 990 f., 1007; des Erbschaftsbesitzers **20** 2024 f.; des Pfandrechterwerbers **20** 1207 f.
Botschafter, Exterritorialität **95** 18 ff.
Boykottverbot iSd GWB **74** 21
Brandstiftung 85 306 ff.
Brandversicherung des Hypothekengegenstandes **20** 1127 ff.; des Nießbrauchgegenstandes **20** 1045 f.
Brauhaus 21 Art. 164; Zubehör **20** 98
Brief, Beschlagnahme **90** 99 f., 101
Briefgeheimnis 1 10; strafbare Verletzung **85** 202
Briefhypothek 20 1116 f.; des Eigentümers **20** 1163; Form der Abtretung **20** 1154; Legitimation des Gläubigers **20** 1160 f.
Briefwechsel als Schriftform **20** 127
Bringschuld 20 270
Bruchteil, Gemeinschaft nach **20** 741 ff.; **21** Art. 173, Art. 232 § 9; **114** 47; von Grundstücken **20** 1106, 1114, Vorkaufsrecht **20** 1095; Miteigentum **20** 1008; **21** Art. 181; Vermächtnis **20** 2157; eines Vermögens **20** 311b; Zwangsvollstreckung **100** 864
Brücke, strafbare Beschädigung **85** 318
Brunnenvergiftung 85 314
Bruttogewicht 50 380
Buchersitzung 20 900
Buchforderungen 21 Art. 97; der Erbschaft **20** 2117 f.; Sicherheitsleistung **20** 232, 236
Buchführung 50 238 f.; **52** 41; der Aktiengesellschaft **51** 91; Pflicht der Kaufleute zur **50** 238 f., Befreiung **50** 241a; **50a** 76, 92
Buchhypothek 20 1116 f., 1139, 1154, 1160; Sicherungshypothek **20** 1185
Buchungsbelege, Aufbewahrung **50** 238
Büdnerrecht 21 Art. 63
Bühnenaufführungen, Urheberrechtsschutz **65** 80
Bühnenkünstler, Streitigkeiten aus Tarifvertrag **83** 101
Bund, Aufrechnung gegen Forderungen **20** 395; Befreiung von Kfz-Haftpflichtversicherungspflicht **63** 2; Beteiligung an Aktiengesellschaften **51** 393a ff.; Beteiligung an GmbH **52** 77a; als gesetzlicher Erbe **20** 1936; Kostenfreiheit nach dem GvKostG **123** 2; Zwangsvollstreckung gegen **100** 882a
Bundesamt für Infrastruktur, Umweltschutz und Dienstleistungen der Bundeswehr, Verwaltungsbehörde iSd OWiG **94** 131
Bundesamt für Justiz, Führung des Bundeszentralregisters **92** 1; Kontaktstellen zur Datenübermittlung **95a** 16a; länderübergreifendes staatsanwaltliches Verfahrensregister **90** 492 ff.; Vollstreckungsbehörde nach dem JBeitrG **122** 2; als zentrale Kontaktstelle gem. Art. 18 RL (EU) 2015/2302 – Reisevertragsrecht **21** Art. 253; Zuständigkeit bei grenzüberschreitende Kontenpfändung **100** 948
Bundesamt für Wirtschaft und Ausfuhrkontrolle, Abschlussprüferaufsichtsstelle **50** 324
Bundesanstalt für Arbeit, Zuständigkeit bei Massenentlassungen **84** 21
Bundesanstalt für Finanzdienstleistungsaufsicht, Bericht der Schlichtungsstellen iSd VVG **62** 214; Überwachung des Unternehmensregisters **50** 8b
Bundesanstalt für Straßenwesen, Evaluierung von Fahreignungsseminaren **35** 4b; Verkehrsunfallforschung **35** 63f
Bundesanwälte 95 142, 148; Ernennung **95** 149
Bundesanzeiger, Aktionärsforum **51** 127a; Bekanntmachung nach dem MarkenG **72** 35; als Bekanntmachungsblatt **20** 2061; **51** 25; **90** 292, bei Beschlagnahmen **90** 291; elektronische Bekanntmachung nach dem GenG **53** 156, des Verlusts eines Inhaberpapiers **50** 367, bei Wertpapiererwerb **50** 367; Urheberrechtsschutz **65** 138
Bundesarbeitsgericht 1 95; **83** 40 ff.; Zuständigkeit **83** 8
Bundesbank 1 88; Stellung in Zwangsversteigerung **108** 67; Wertpapierhinterlegung **20** 1082
Bundesbeauftragte für Antidiskriminierung 34 25 ff.; Amtszeit **34** 26b; Berufsbeschränkung **34** 26i; Rechtsstellung **34** 26a ff.
Bundesdatenschutzbeauftragte, Zusammenarbeit mit anderen Behörden nach dem GWB **74** 50f
Bundesdatenschutzgesetz und StPO **90** 500; und ZPO **100** 882g
Bundeseigene Verwaltung 1 86 ff.
Bundesfinanzhof 1 95
Bundesfinanzverwaltung 1 108
Bundesgebiet, Hochverrat **85** 81

Bundesgerichte 1 96; Oberste **1** 95
Bundesgerichtshof 1 95; **95** 12, 123 ff.; Anwaltszwang **90** 304; Besetzung **95** 124; Besetzung der Senate **95** 139; Ermittlungsgerichte am **95** 130; Ermittlungsrichter **90** 169; Ernennung der Mitglieder **95** 125; Geschäftsordnung **95** 140; Große Senate und Vereinigte Große Senate **95** 132; Kartellsenat **74** 94; Senate **95** 130; Staatsanwaltschaft beim **95** 142 f.; Zuständigkeit **89** 102, 112, für Ausschließungsentscheidung **90** 138c, in Strafsachen **95** 135, Revisionsverfahren **85a** 312, in Zivilsachen **95** 133
Bundesgesetzgebung *s. Gesetzgebung*
Bundesgrenzschutz *s. Bundespolizei*
Bundesjustizamt, Verzeichnis qualifizierter Verbraucherverbände **105** 4
Bundeskartellamt und ausländische Wettbewerbsbehörden **74** 50b; und das Netzwerk der europäischen Wettbewerbsbehörden **74** 50a ff.; Sitz **74** 51 ff.; Vergabekammern beim **74** 158; Vollzug europäischen Rechts **74** 50; Zuständigkeit **74** 48 ff., Zusammenschlusskontrolle **74** 40, 187
Bundesländer *s. Länder*
Bundesminister der Justiz, Feststellung der Voraussetzungen für Kontaktsperre **95a** 32
Bundesministerium für Wirtschaft und Arbeit als Kartellbehörde **74** 48
Bundespatentgericht, elektronische Akten **72** 95a; Verfahren vor dem, Kosten **72** 71, in Markenangelegenheiten **72** 66 ff.
Bundespolizei, Abwehr von Gefahren für die Freiheitlich demokratische Grundordnung **1** 91; Dienstfahrerlaubnis **35** 2; Sonderrechte im Straßenverkehr **35a** 35
Bundespräsident 1 54 ff.; Anklage des **1** 61; Begnadigungsrecht **90** 452; Vernehmung **90** 49; **100** 375 f.; strafbare Verunglimpfung **85** 90; Zeugnisverweigerungsrecht **90** 54
Bundesrat 1 50 ff.; Mitglieder, Vernehmung **90** 50
Bundesratspräsident 1 52
Bundesrecht bricht Landesrecht **1** 31; Geltung des OWiG **94** 2; Verletzung als Revisionsgrund **100** 545
Bundesregierung 1 62 ff.; Berichtspflicht zur akustischen Wohnraumüberwachung **90** 101b; **90a** 18; Mitglieder der, Vernehmung **90** 50, 54; **100** 376, 382
Bundesrepublik Deutschland, Staatsform **1** 20
Bundessozialgericht 1 95
Bundestag 1 38 ff.; Schutz der gesetzgebenden Versammlung **85** 36 f.; Unterrichtung über akustische Wohnraumüberwachungen **90** 101b; **90a** 18
Bundestagsabgeordnete, Indemnität **85** 36; Vernehmung **90** 50, als Zeugen **100** 382
Bundestagspräsident 1 40
Bundesverfassungsgericht, Anklage gegen Bundespräsidenten **1** 61; Rechtsanwaltsgebühren **117** 37; Verstoß gegen Parteiverbot **85** 84; im Verteidigungsfall **1** 115g; Zusammensetzung **1** 93; Zuständigkeit **1** 94
Bundesversammlung, Schutz **85** 36
Bundesverwaltungsgericht 1 95
Bundeswehr, Dienstfahrerlaubnis **35** 2; Dienstfahrerlaubnisregister **35** 62; Durchsuchung von Gebäuden oder Anlagen **90** 105; Gerichtsstand für Soldatinnen und Soldaten **90** 11a; Jugendstrafvorschriften für Soldaten **89** 112a ff.; Sonderrechte im Straßenverkehr **35a** 35; Vergehen gegen Landesverteidigung **85** 109; *s. a. Soldaten*
Bundeszentralamt für Steuern, Datenabruf bei Kreditinstituten in Beitreibungssachen **122** 6
Bundeszentralregister 92, *s. a. Erziehungsregister, Zentralregister*
Bürgerliche Rechtsstreitigkeiten 100; Ausschließung der Gerichtsvollzieher **95** 155; Aussetzung des Strafverfahrens **90** 262; Berufung **100** 511 ff.; Beschwerde **100** 567 ff.; Gebühren, Wertvorschriften **115** 48; Gerichtsbarkeit **95** 13; **95a** 3; Gerichtskostenvorschuss und -vorauszahlung **115** 12; nach dem GWB **74** 87 ff.; Kostenhaftung **115** 22; Mahnverfahren **100** 688 ff.; Rechtsweg **95** 17a; Revision **100** 542 ff.; Zuständigkeit der Amtsgerichte **95** 23, der Arbeitsgerichte **83** 2, der Landgerichte **95** 71 f., des Rechtspflegers **96** 20; *s. a. Zivilprozess*
Bürgerliches Gesetzbuch 20 1; Anwendbarkeit in Handelssachen **50** 74a; Einführungsgesetz **21**; Inkrafttreten **21** Art. 1; und Landesgesetze **21** Art. 55; und Reichsgesetze **21** Art. 50
Bürgermeister, Nottestament vor dem **20** 2249
Bürgschaft 20 765 ff.; **50** 356; zur Abwendung der Untersuchungshaft **90** 116a; akzessorische Natur **20** 767; Befreiungsanspruch **20** 775; Einreden **20** 1137, 1211, 1251; Erlöschen bei Forderungsübertragung **20** 401, durch Schuldübernahme **20** 418; handelsrechtlicher **50** 349 f.; im Insolvenzverfahren **110** 44; Mehrheit von **20** 769; selbstschuldnerische **20** 773; als Sicherheit im Zivilprozess **100** 715; und Si-

cherheitsleistung **20** 232, 239, Unzulässigkeit **20** 273; auf Zeit **20** 777
Bürgschaftserklärung 20 766
Bürokratieentlastungsgesetz, Änderungen des HGB **50a** 76
Bußgeld 94 1; wegen fehlerhafter Datenübermittlung **50** 104a; Vollstreckung **94** 89 ff.
Bußgeldbescheid 94 65 f.
Bußgeldkatalog 35 26a; Eintragungen in das Fahreignungsregister **35** 28a
Bußgeldsachen, Kostenhaftung **115** 27; Rechtsanwaltsgebühren **117** 42 ff.; Rechtsbehelf gegen Festsetzung der Rechtsanwaltsgebühren **117** 57
Bußgeldverfahren, Abführung des Mehrerlöses **88** 11; Anwendung der StPO **94** 46; Anwesenheit des Betroffenen in der Hauptverhandlung **94** 73 f.; Beweisaufnahme **94** 77a f.; elektronische Aktenführung **94** 110a ff., 134; in Kartellsachen **74** 82 ff., und Kronzeugenregelung **74** 81k f.; Kosten **115** 1, Fälligkeit **115** 8; Kostenansatz durch Staatsanwaltschaft **115** 19; Übergang zum Strafverfahren **94** 81 ff.; Überleitung des Verfahrens **85a** 317; Urteil **94** 77b; vereinfachtes Verfahren **94** 77a ff.; Zeugnisverweigerungsrecht **100** 384; Zuständigkeit des Rechtspflegers **96** 22
Bußgeldvorschriften 50 334

Cannabis, Beschlagnahme **90** 443; Eintragungen in BZRG **92** 17, 32; Haftgrund der Wiederholungsgefahr **90** 112a; Neuregelung der Strafbarkeit **85a** 316p
Carsharingfahrzeuge, Parken von **35a** 13, Zusatzzeichen **35a** 39
Choraufführungen, Urheberrechtsschutz **65** 80
Cloud-Dienste und UrhDaG **68** 3
Commercial Courts 95 184a; Gerichtssprache englisch **95** 184a f.; **100** 606 ff.; bei den Oberlandesgerichten **95** 119b; Rechtsmittel **100** 614; Verfahren **100** 610 ff.
Computerbetrug 85 263a
Computerprogramme, Rechtsverletzungen **65** 69f; Sicherungskopien **65** 69d; und Text und Data Mining **65** 69d; Urheberrechtsschutz **65** 2, 69a ff., 137d
Computersabotage 85 303b
Computerspionage 85 202
constitutum possessorium 20 930
Convertible bonds *s. Wandelschuldverschreibungen*
Corporate Governance Kodex, Erklärung zum **51** 161; Übergangsvorschriften **51a** 15
Coupon *s. Zinsscheine*
Courtage 50 99
COVID-19-Pandemie, Maßnahmen betr. AGs, KGaA, SE, VVaG **110a** 103k f., 107, betr. Genossenschaften **110a** 103k f., 107, betr. GmbHs **110a** 103k f., 107, betr. Vereine und Stiftungen **110a** 103k f., 107; Regelungen im Insolvenzrecht **110d**; vertragsrechtliche Regelungen bis zum 30. 9. 2022, Miet- und Pachtverhältnisse **101** 44; **110a** 103k f., 107; Vorrang – und Beschleunigungsgebot **101** 44

Damm, Beschädigung **85** 318
Dämmerung, Beleuchtung von Fahrzeugen **35a** 17
Dampf, Immission von **20** 906
Dampfschifffahrtsunternehmen 21 Art. 125
Darlehen, Geldbetrag **20** 488; gesicherte, Anfechtbarkeit **111** 6a, im Insolvenzverfahren **110** 44a; kapitalersetzende *s. dort;* einer Kreditanstalt **20** 1115; Nichtgewährung **20** 1139; Rückgewähr **52/1** 3; verzinsliche **50** 354; Vorrang von Verbesserungsdarlehen **21** Art. 118
Darlehenshypothek 20 1139
Darlehensnehmer, Kündigung **20** 489; Verzug **20** 497
Darlehensvermittler 20 655a ff.; bei Immobiliar-Verbraucherdarlehensverträgen **21** Art. 247 § 13b; Pflichten **20** 655a; verbotene Nebenentgelte **20** 655d; bei Verbraucherdarlehensverträgen **21** Art. 247 §§ 11 ff., Anlage 6 zu 247 §§ 11 ff.; Vergütung **20** 655c
Darlehensvermittlungsverträge für Allgemein-Verbraucherdarlehen **21** Art. 247 § 13; für Immobiliar-Verbraucherdarlehen **21** Art. 247 § 13, Informationspflichten **21** Art. 247a; Klagen nach dem UKlaG **105** 2; zwischen Unternehmer und Verbraucher **20** 655a ff.; für Verbraucherdarlehen **21** Art. 247 § 13
Darlehensverträge, Abtretungen **20** 493, 496; Anwendung auf Summenverwahrung **20** 700; außerordentliches Kündigungsrecht **20** 490; Definition **20** 488; Pflicht zur Kreditwürdigkeitsprüfung **20** 505a ff.; Übergangsvorschriften **21** Art. 229 § 40; unentgeltliche **20** 514; zwischen Unternehmer und Verbraucher **20** 488 ff.; Verbraucherschutz **20** 358; Wechsel des Vertragspartners **20** 309
Darstellungen, Urheberrechtsschutz von plastischen **65** 2
Data Mining *s. Text und Data Mining*
Dateien, gemeinsame Dateisysteme iSd StPO **90** 486

Daten, Abfangen von **85** 202b; anonymisierte **35** 45; Ausspähens- und Abfangvorbereitungen **85** 202c; Datenhehlerei **85** 202d; Fälschung beweiserhebliche **85** 269; in gemeinsamen Dateisystemen **90** 486; unbefugte Offenbarung und Verwertung **85** 355; unberechtigtes Verschaffen von **85** 202a; Unbrauchbarmachen, Veränderung **85** 274; Verwendung für verfahrensübergreifende Zwecke **94** 49b; Zugang zu wettbewerbsrelevanten und GWB **74** 18 ff.

Datenabgleich zur Aufklärung von Straftaten **90** 98c; Rasterfahndung **90** 98a ff.; zur Schleppnetzfahndung **90** 163d

Datenabruf, automatisierter *s. dort;* bei Kreditinstituten durch das Bundeszentralamt für Steuern in Beitreibungssachen **122** 6; aus Registern oder Grundbuch, Kostenhaftung **120** 15

Datenbanken, eingetragene Marken in **72** 16; Urheberrechtsschutz **65** 87a ff., gesetzlich erlaubte Nutzungen **65** 87c

Datenbankgrundbuch 114 134a

Datenbankhersteller als Urheber **65** 87a ff., 127a

Datenbankwerke, Benutzung **65** 55a, 137g; Text und Data Mining **65** 60a f.; Urheberrechtsschutz **65** 4

Datenerhebung durch Fahrzeugregister **35** 34; durch Markttransparenzstellen **74** 47b

Datenhehlerei 85 202d

Datenlöschung nach der StPO **90** 489, und BDSG **90** 161, nach verdeckten Maßnahmen iSd StPO **90** 101; nach dem StVG **35** 2, 44, 61

Datennutzung nach dem StVG **35** 60

Datenschutz bei der Akteneinsicht beim DPMA **72** 62 f.; nach dem AktG **51** 67e; Auskünfte und Akteneinsicht **90** 475; und Auskunftsrechte des Abschlussprüfers **50** 320; Dateiregelungen nach dem OWiG **94** 49c, nach der StPO **90** 483 ff.; bei der Einsichtnahme in die Mitgliederliste der Genossenschaft **53** 31; Eintragungen in Register iSd StVG **35** 2; in elektronischen Akten **94** 49d; im Fahreignungsregister **35** 30a ff.; im Grundbuch **114** 126; beim Register anonymer und pseudonymer Werke iSd UrhG **65** 138 f.; im Strafverfahren und Auskunftsrechte von Privatpersonen **90** 475, bei der molekulargenetischen Untersuchung **90** 81f, Täter-Opfer-Ausgleich **90** 155b

Datenschutzbeauftragte, strafbare Verletzung von Privatgeheimnissen **85** 203

Datenschutzbehörden, Anhörung im Verfahren nach dem UKlaG **105** 12a

Datenspeicher, Einziehung und Unbrauchbarmachung **85** 74d; als Schriften iSd StGB **85** 11

Datenspeicherung im Fahreignungsregister **35** 28; zur Schleppnetzfahndung **90** 163d

Datenspionage 85 202

Datenträger, Abgabe von Erklärungen auf dauerhaften **20** 492; Handelsbücher auf **50** 238 ff.; kaufmännische Unterlagen, Vorlegung **50** 261

Datenträgerarchiv 100 299a

Datenübermittlung, Auskunft an Betroffenen bei **95a** 20 f.; an ausländische Stellen nach dem EGGVG **95a** 16; Bundesamt für Justiz als Kontaktstelle **95a** 16a; fehlerhafte, Bußgeld **50** 104a; nach der GBO **114** 134a; durch Gerichte und Staatsanwaltschaft **95a** 13 ff., in Strafsachen gegen Mandatsträger **90a** 8, Vorwarnmechanismus **90a** 9; an Markttransparenzstellen **74** 47c ff.; an Monopolkommission **74** 47; Rasterfahndung, Zuständigkeit **90** 98a ff.; nach dem StVG **35** 2, 30 ff., 35 ff., 52 ff., für planerische Zwecke **35** 38b, 57, für statistische Zwecke **35** 38a, 57, für die wissenschaftliche Forschung **35** 30, 38, 57; Überprüfung der Rechtmäßigkeit **95a** 22; verbundene Daten **95a** 18; im Vergabeverfahren für öffentliche Aufträge **74** 114

Datenübermittlung nach der StPO, Auskunft über **90** 487 ff.; automatisierte Verfahren **90** 488, 490; Form **90** 478; zu Forschungszweicken **90** 476; staatsanwaltliches Verfahrensregister **90** 492; unzulässige **90** 479; von Amts wegen **90** 477

Datenveränderung 85 303a

Datenverarbeitung, Auskunftsrechte des Schuldners **100** 882h; nach dem BZRG nach Europarecht **92** 58a ff.; in Kfz mit autonomer Fahrfunktion **35** 1g; durch Markttransparenzstellen **74** 47b ff., 47g; nach dem OWiG **94** 49c; Rechte der Betroffenen **95a** 21 ff.; nach dem StVG **35** 43, 60, bei Fahrzeugen mit hoch- oder vollautomatisierter Fahrfunktion **35** 63a f., zu immissionsschutzrechtlichen Zwecken **35** 63c; Täuschung im Rechtsverkehr bei **85** 270; Zulässigkeit nach der GBO **114** 12d, nach der ZPO **100** 755, 802d, 882f, 947; **102** 9; **102a** 4, 6, Auftragsverarbeitung **100** 802k; Zweckgebundenheit und Erforderlichkeit nach dem EGGVG **95a** 19

Datenverarbeitung nach der StPO durch Aufsichtsstellen **90** 463a, 485; und Auskünfte bzw. Akteneinsicht **90** 474 ff.; au-

tomatisierte Verfahren **90** 488, 490, 493; Berichtigung, Löschung, Sperrung von Daten **90** 494; Einschränkung **90** 489; in elektronischen Akten **90** 496 ff.; Errichtungsanordnung **90** 490; gemeinsame Dateisysteme **90** 486; für polizeiliche Zwecke **90** 481 f.; Rechte der Betroffenen **90** 491, 495; zum Zwecke von Strafverfahren **90** 483 ff.

Datenverarbeitungsprogramm, Vervielfältigung und Urheberschutz **65** 53

Datum, Angabe bei Errichtung eines Testaments **20** 2247, 2267

Dauerpflegschaft, Gebühren, Fälligkeit **118** 10; Kosten **118** 22, Verjährung **118** 7

Dauerschuldverhältnisse, Fortbestehen bei Insolvenz **110** 108; Kündigung **20** 314; Laufzeitreglung in AGB **20** 309

Dauerwohnrecht 37 31 ff.; Eintragung **37** 32; Gesetz über **37**; Heimfallanspruch **37** 36; Inhalt **37** 33; langfristiges **37** 41; Rechte des Eigentümers und des Berechtigten **37** 34; Veräußerung **37** 38, Beschränkung **37** 35; und Vermietung **37** 37; Zwangsversteigerung **37** 39

DDR *s. Deutsche Demokratische Republik*

Deckungsregister, unpfändbare Sachen **100** 811

Deckungsvorsorge gemäß UmweltHG **28** 19

Deich, Beschädigung **85** 318

Deichrecht 21 Art. 66

Delikt *s. Straftaten, Unerlaubte Handlungen*

Deliktsfähigkeit 20 827 ff.; **89** 3; und seelische Störungen **85** 20 f.

Delkredereprovision des Handelsvertreters **50** 86b

De-Mail-Konto und Beweiskraft elektronischer Dokumente **100** 371a

Demokratischer Rechtsstaat, Gefährdung **85** 84 ff.

Denunziation 85 241a

Deputat als Arbeitseinkommen **100** 850e

Dereliktion 20 959

Designgesetz, Streitwertberechnung **115** 51

Deutsche 1 116; Auslieferungsverbot **1** 16

Deutsche Demokratische Republik, Strafregister **92** 64a; Straftaten in der **85a** 315

Deutsche Genossenschaftsbank, keine Sicherheitsleistung bei Versteigerung **108** 67; Wertpapierhinterlegung **20** 1082

Deutsche Girozentrale 108 67

Deutsche Kommunalbank 108 67; Wertpapierhinterlegung **20** 1082

Deutsche Staatsangehörigkeit, Verlust **1** 16

Deutsches Büro Grüne Karte 63 1a, 22

Deutsches Patent- und Markenamt (DPMA), Akteneinsicht **72** 62 f.; Beitreibung von Kosten für **122** 1; Beschlüsse des **72** 61; Führung der Urheberrolle **65** 138; internationale Registrierungen **72** 107 ff.; internationale Zusammenarbeit **72** 65a; Löschungsverfahren **72** 53 f.; Markenabteilungen **72** 56; Markenregister **72** 32 ff.; Markenstellen **72** 56; Prüfung nach MarkenG **72** 36 ff., beschleunigtes Verfahren **72** 38; Rechtshilfe für das **72** 95; Sachverhaltsermittlungen **72** 59 f.; Unionsmarken **72** 119 ff.; Verfahren vor dem **72** 56 ff., betr. geographische Herkunftsangaben **72** 130 ff., Kosten **72** 63, 64a; Zuständigkeiten **72** 56

Diebstahl 85 242 ff.; kein Eigentumserwerb nach **20** 935; keine Eigentumsvermutung nach **20** 1006; Herausgabeanspruch des Besitzers **20** 1007; durch Mitglied einer Bande **85** 244 f.; Schadensersatz **20** 823, 992; von Schuldverschreibungen auf den Inhaber **20** 794; mit Waffen **85** 244; Wohnungseinbruchdiebstahl **85** 244

Diebstahlsicherung bei Kraftfahrzeugen **35a** 14

Dienstaufsicht über Richter **95** 151; über die Staatsanwaltschaft **95** 146 f.

Dienstbarkeiten 20 1018 ff.; beschränkte persönliche **21** Art. 191; Eintragung **114** 44; Gerichtsstand **100** 25; Grunddienstbarkeit **20** 1018 ff.; landesrechtliche Vorbehalte **21** Art. 113, Art. 128

Dienstbehörde, Genehmigung zur Herausgabe von Schriftstücken **90** 96, zur Vernehmung eines Beamten **100** 376, zur Vernehmung über Amtsgeheimnisse **90** 54

Dienstberechtigter, Unabdingbarkeit der Pflichten **20** 619; Vergütungspflicht **20** 615 ff.

Dienstbezüge, Pfändung **100** 850

Dienste höherer Art **20** 627 f.; Vergütung des Wertes geleisteter **20** 346

Diensteanbieter iSd UrhDaG 68 2 f.; Auskunftsrechte der Rechtsinhabers **68** 19; mutmaßlich erlaubte Nutzungen **68** 9 ff.; Pflicht zum Erwerb von Nutzungsrechten **68** 4 ff.; Pflicht zur qualifizierten Blockierung **68** 7 f.; Rechtsbehelfe der Urheber **68** 13 ff., Maßnahmen gegen Missbrauch **68** 18; urheberrechtliche Verantwortlichkeit für das Teilen von Online-Inhalten **68**

Diensteinkommen 21 Art. 80; Abtretung **20** 411; Pfändung **100** 832 f., 850

Dienstfahrerlaubnis 35 2; Entziehung **35** 3

Dienstfahrerlaubnisregister der Bundeswehr **35** 62
Dienstflagge, Missbrauch **94** 124
Dienstgeheimnis, Verletzung **85** 353b
Diensthandlung, Unterlassen **85** 336
Dienstleistungen im Rahmen eines Verbrauchsgüterkaufs **20** 474 ff.; Verurteilung zu **100** 888; wiederkehrende **21** Art. 232
Dienstleistungsaufträge, öffentliche iSd GWB, soziale und andere besondere Dienstleistungen **74** 130
Dienstlohn *s. Arbeitseinkommen*
Dienstunfall, Schadensersatzpflicht des Arbeitgebers **20** 618
Dienstverhältnis **20** 611 ff.; Ansprüche der Beamten **95** 71; Arbeitsschutz **20** 618; Ende **20** 620 ff.; Kündigungsfristen **20** 621 f., 626 f.; Kündigungsschutz **84**, *s. a. dort;* mit Minderjährigen **20** 113; Übergangsvorschriften **21** Art. 171; Zeit für Dienstsuche **20** 629; Zuwendung an eine zum Erblasser im D. stehende Person **20** 2071; *s. a. Arbeitsverhältnis*
Dienstvertrag **20** 611 ff.; fristlose Kündigung **20** 626 f.; Geschäftswert **119** 99; Haftung des Arbeitgebers **20** Anm. zu 618; Informationspflichten bei Abschluss außerhalb von Geschäftsräumen **21** Art. 246a, Anlagen 1, 2 zu 246a; bei Insolvenzverfahren **110** 108, 113; Pflichten **20** 611 f., zu Schutzmaßnahmen **20** 618, Unabdingbarkeit **20** 619; Vergütung **20** 614 ff.; Verhinderung des Verpflichteten **20** 616 f.; Vermittlung **20** 655; Wechsel d. Vertragspartners **20** 309; *s. a. Arbeitsvertrag*
Dienstwohnung, Kündigung **20** 576 ff.
Dienstzeugnis **20** 630
Digitale Märkte, Digital Markets Act **74** 32g
Digitale Produkte, Miete von **20** 548a, 578b, 580a; urheberrechtliche Verantwortlichkeit von Diensteanbietern für das Teilen von Online-Inhalten **68**, *s. a. Diensteanbieter iSd UrhDaG;* Verbrauchervertrag über die Herstellung von **20** 650, über die Schenkung von **20** 516a; Verbraucherverträge über **20** 327 ff.; **21** Art. 229 §§ 57 ff., Aktualisierungen **20** 327f, Miete **20** 327 ff., Nutzungsrechte nach Beendigung **20** 327p, Paketverträge **20** 327a, Produktmangel **20** 327e, Beweislastumkehr **20** 327k, Rechte der Verbraucher **20** 327i, Rechtsmängel **20** 327g, Verbrauchsgüterkauf **20** 475a ff., abweichende Vereinbarungen **20** 327s, Vertragsbeendigung und Schadensersastz **20** 327m, 327o; Verträge zwischen Unternehmern **20** 327t f.
Digitale-Dienste-Gesetz, verbraucherschutzgesetzwidrige Praktiken iSd UKlaG **105** 2; Verstöße gegen das als unzumutbare Belästigung iSd UWG **73** 7
Dingliche Ersetzung bei Verwendung von Kindesvermögen **20** 1646
Dingliche Rechte bei Marken **72** 29, 154
Dinglicher Arrest **100** 917
Diplomaten, Exterritorialität **95** 18 ff.
Diskontsatz *s. Basiszinssatz*
Dispache, Kostenschuldner **119** 23; Verfahren **112** 402 ff.; Verhandlung über, Geschäftswert **119** 68; Wirksamkeit **112** 409
Dispacheur, Auftragsverweigerung **112** 403; Aushändigung von Schriftstücken **112** 404; Verpflichtung zur Aufmachung der Dispache, Geschäftswert **119** 67
Dissens bei Verträgen **20** 154 f.
Disziplinarverfahren und Strafverfahren **90** 154e
DNA-Analyse, Übergangsregelung **90a** 11
DNA-Identitätsfeststellung **90** 81g
DNA-Reihenuntersuchungen **90** 81h
Dokumente, Bekanntgabe nach FamFG **112** 15; elektronische *s. dort*
Dokumentenpauschale **118** 23; nach dem GKG, Fälligkeit **115** 9, Kostenhaftung **115** 28
Dolmetscher, Ausschließung und Ablehnung **95** 191; Beeidigung **95** 189; für Beschuldigten oder Verurteilten **95** 187; bei Beurkundung von Rechtsgeschäften **23** 16; Entschädigung nach dem JVEG **116** 6 f.; bei Gerichtsverhandlungen **95** 185 ff., 189 ff.; bei Hör- und Sprachbehinderungen **95** 186; Kosten **90** 464c, im arbeitsgerichtlichen Verfahren **83** 12; für Pressevertreter **95** 185; im Strafverfahren **90** 259; Vergütung **94** 59; Vergütung nach dem JVEG **116** 1, 8 ff.
Doppelehe, Strafbarkeit **85** 172
Draufgabe bei Verträgen **20** 336 ff.
Dringlichkeit bei Arrest und einstweiliger Verfügung **100** 937, 942, 944
Dritte, Änderung der Person des in einem Vertrag bezeichneten **20** 332; Anfechtung des Erbvertrags **20** 2285; Bedingung zum Vorteil eines **20** 2076; Bestimmung der Leistung **20** 317 ff.; Entschädigung nach dem JVEG **116** 6 f.; Erlöschen der Rechte **20** 936, 945, 949; Ersatzansprüche bei Tötung des Unterhaltsverpflichteten **20** 844; Erwerb eigener Aktien durch **51** 71d; Festsetzung des Inhalts letztwilliger Verfügungen **20** 2065, 2151 ff., 2193, 2198; Geltendmachung eines Pfand- oder Vorzugsrechts durch einen nichtbesitzenden **100** 805; Gewahrsam bei Pfändung **100**

886; Herausgabe der Bereicherung **20** 822; Leistungen an **20** 362; Leistungen durch **20** 267 f.; Pfändung körperlicher Sachen **100** 809; Rechtskraft gegenüber **100** 325; Verträge zugunsten **20** 328 ff.; Vorlegung von Urkunden **100** 428 ff.; Vornahme einer Handlung **100** 887; Widerspruch gegen Zwangsvollstreckung **100** 771 ff.; Zwangsvollstreckung **100** 750

Drittschuldner in der Zwangsvollstreckung **100** 828 ff.

Drittstaatsangehörige, Eintragungen im BZR **92** 5

Drittwiderspruch bei Gütergemeinschaft **20** 1455

Drittwiderspruchsklage **100** 771 ff.; des Ehegatten **100** 774; des Nacherben **100** 773; Zwangsvollstreckung **100** 771 ff.

Drohung bei Annahme oder Ausschlagung der Erbschaft **20** 1954; bei Bestimmung der Leistung durch Dritte **20** 318; bei Erbvertrag **20** 2283; als Grund der Erbunwürdigkeit **20** 2339; bei letztwilliger Verfügung **20** 2078; zur Wahlbehinderung **85** 107; Wettbewerbsbeschränkung durch **74** 21; bei Willenserklärungen **20** 318, Anfechtung **20** 123 f.

Duldung eines Überbaues **20** 912; Zwangsvollstreckung zur Erwirkung einer **100** 890, 892

Duldungstitel **100** 737, 739, 743, 748

Dünger als Zubehör **20** 98

Durchsuchung, Anordnung **90** 105; Bescheid über Maßregeln **90** 107; bei Beschuldigten, Online-Durchsuchungen **90** 100b; Durchsicht von Papieren **90** 110; durch Gerichtsvollzieher **100** 758; durch Kartellbehörde **74** 59b; Verfahren **90** 105 ff.; Verzeichnis, mitgenommener Gegenstände **90** 107; von Wohnungen von Beschuldigten **90** 102, zur Nachtzeit **90** 104, unbeteiligter Personen **90** 103; Zuziehung des Inhabers der Räume **90** 106

Echtheit von Urkunden, Wiederaufnahmeverfahren wegen fehlender **90** 359, 362

E-Geld, Informationspflichten **21** Art. 248 § 11; Verträge über die Nutzung von **20** 675c ff., 675i

E-Geld-Institute, Jahresabschluss, Lagebericht **50** 340 ff.

Ehe **20** 1297 ff.; bei Adoption **20** 1766; Aufhebung **20** 1313 ff.; **21** Art. 201; **112** 121, Antragsberechtigung **20** 1316, Antragsfrist **20** 1317, Ausschluss der **20** 1315, Folgen **20** 1318, Gründe **20** 1314, nach Todeserklärung **20** 1319 f.; Auflösung **20** 2077; Auseinandersetzung der Gütergemeinschaft **112** 373; Beendigung einer Gütergemeinschaft **112** 342; und bestehende Lebenspartnerschaft oder **20** 1306; eheliche Lebensgemeinschaft **20** 1353 ff.; Ehemündigkeit **20** 1303 f.; **21** Art. 13, Art. 229 § 44, deutsche Zuständigkeit **112** 98; Eingehung mit Ausländern **21** Art. 13; Erbrecht **20** 1931 ff.; Feststellung des Bestehens oder Nichtbestehens **112** 121; gesetzlicher Güterstand **20** 1363 ff.; gleichgeschlechtliche **20** 1353 ff.; **21** Art. 17b, und internationales Recht **21** Art. 229 § 48; Gültigkeit **21** Art. 198; Kinderehen **20** 1303; **21** Art. 229 § 44; kirchliche Verpflichtungen **20** 1588; Kosten bei Aufhebung **112** 132; Maklerlohn **20** 656; Nichtigerklärung, Wirkung **20** 2268, 2279; Scheidung **112** 121; Schutz der **1** 6; Strafbarkeit der Doppelehe **85** 172; Strafbarkeit der Zwangsheirat **85** 237; Tod eines Ehegatten **112** 131; Trauung **20** 1312; Wahl des Rechts **21** Art. 14; Wiederverheiratung nach Todeserklärung **20** 1319 f.; Wirkungen **21** Art. 14; Zugewinnausgleich bei Tod **20** 1371

Ehefähigkeit **20** 1303 f.; **21** Art. 13, Art. 229 § 44

Ehefähigkeitszeugnis **20** 1309; Befreiung, Kosten **120** 1

Ehegatten als Angehörige **85** 11; Ansprüche des ausgleichsberechtigten gegen Dritte **20** 1390; Antrag auf Wiederaufnahme des Strafverfahrens **90** 361; Antragsrecht gem. InsO **110** 318, 333 f.; Aufgebot bei Nachlass eines Gesamtguts der Gütergemeinschaft **112** 462; Ausgleichsforderung nach Beendigung des Güterstandes **20** 1378 ff.; Auskunftspflichten **20** 1379, des geschiedenen **20** 1580; Ausschließung von Erbfolge **20** 1938; Drittwiderspruchsklage gegen Zwangsvollstreckung **100** 774; Ehe- und Familienname **20** 1355, Begleitnahme **20** 1355a; eheliche Lebensgemeinschaft **20** 1353; Eintritt in Mietverhältnis **20** 563 ff.; Erbrecht **20** 1931 ff.; Erbschaft **20** 2008; Erbverträge unter **20** 2279 f., 2290, in Verbindung mit Ehevertrag **20** 2276; Erbverzicht **20** 2346 ff.; Erwerbstätigkeit **20** 1356; gemeinschaftliches Testament **20** 2265 ff., Nottestament **20** 2266; geschäftsunfähiger **20** 1411; gesetzlicher Güterstand **20** 1363 ff.; Getrenntleben **20** 1567; Haftung des geschiedenen für Unterhalt **20** 1584; Haushaltsführung **20** 1356; Hemmung der Verjährung von Ansprüchen zwischen **20** 207; Insolvenzverfahren **110** 37; letztwillige Verfügungen **20** 2077, 2268, 2279; persönliche Rechtsbeziehun-

gen **21** Art. 199; persönliches Erscheinen in Ehesachen **112** 128; Pfändung des Anteils am Gesamtgut der Gütergemeinschaft **100** 860; Pflichtteilsrecht **20** 2303; Prozessstandschaft **20** 1368; Rechtsstellung bei Zwangsvollstreckung gegen den anderen **100** 739 ff.; Rechtswahlvereinbarung **21** Art. 46e; Sondergut **20** 1417; Sorgfaltspflicht **20** 1359, 1435; Tod vor Entscheidung in Ehesachen **112** 131; Tod vor Wertausgleich **48** 31; Umfang der Unterhaltsleistung **20** 1581; Unterhalt wegen Alters bei Scheidung **20** 1571, wegen Betreuung eines Kindes **20** 1570, aus Billigkeit **20** 1576, Rangfolge **20** 1609; Unterhaltsanspruch *s. dort;* Unterhaltspflicht **20** 1360 ff., 1604, 1608; Urteil unter Vorbehalt **100** 305; Vermögensverwaltung **20** 1364 ff.; Verschwägerung **20** 1590; Versorgungsausgleichsvereinbarung **48** 6; **112** 227; gegenseitige Vertretung **20** 1357, iRd Gesundheitssorge **20** 1358; Verwaltung des Gesamtguts **20** 1421 ff., bei Betreuung **20** 1436; Voraus des im Erbfall **20** 1932 f.; Vorbehaltsgut **20** 1418; vorzeitiger Zugewinnausgleich des ausgleichberechtigten **20** 1385; Zuhälterei gegenüber **85** 181a; Zusammentreffen von Unterhaltsansprüchen **20** 1582; Zuwendungen und Ende der Ehe **20** 2279; Zwangsvollstreckung **100** 744a

Ehehindernis *s. Eheverbote*

Eheliche Gemeinschaft, Erbrecht **20** 1933

Eheliche Kinder, Wohnsitz **20** 11

Eheliche Lebensgemeinschaft **20** 1353; Beendigung **20** 1567; Beendigung durch Trennung **20** 1361 ff.

Eheliches Güterrecht **21** Art. 200; im Beitrittsgebiet **21** Art. 234 § 4, Art. 234 § 4 f.; gesetzliches **20** 1363 ff.; Verfahrensvorschriften **112** 261 ff.

Ehemündigkeit **20** 1303; **21** Art. 13, Art. 229 § 44; deutsche Zuständigkeit **112** 98

Ehename **20** 1355; **21** Art. 10, Art. 48, Art. 229 § 67; Anpassung **20** 1355b; Begleitnahme **20** 1355a

Eheregister **20** 1310 ff.

Ehesachen, Anerkennung ausländischer Entscheidungen **112** 107; **120** 1; Antrag **112** 113; Antragsgegner **112** 113; Antragsteller **112** 113; Anwaltszwang **112** 114; Anwendung der ZPO **112** 113; Aussetzung des Zivilverfahrens in **100** 154; Begriff **112** 121; Beschluss mit Begründung **112** 38; Beteiligter **112** 113; deutsche Zuständigkeit **112** 98; eingeschränkte Amtsermittlung **112** 127; Endentscheidung mit Rechtskraft **112** 116; Fälligkeit der Gebühren **118** 9; Familiensachen **112** 111; Kosten **112** 132; Mitwirkung der Verwaltungsbehörde oder dritter Personen **112** 129; Rechtsmittel **112** 117; Verfahren **112** 121 ff., statt Prozess oder Rechtsstreit **112** 113; Verfahrenswert **118** 43; Vollstreckung **112** 120; Vorrang- und Beschleunigungsgebot **112** 129a; Wiederaufnahme **112** 118; Zurückweisung von Angriffs- und Verteidigungsmitteln **112** 115; zuständiges Gericht **112** 122; Zustellung nach Gebührenzahlung **118** 14

Ehescheidung *s. Scheidung*

Eheschließung **20** 1310 ff.; und Annahme als Kind **20** 1308; von und mit Ausländern **21** Art. 13; nochmalige bei fortgesetzter Gütergemeinschaft **20** 1493; durch persönliche gleichzeitige Erklärungen **20** 1311; keine Verurteilung zur **100** 894; und Verwandtschaft **20** 1307

Eheschließungsrecht, Übergangsvorschriften **21** Art. 226

Eheverbote **20** 1303, 1306 ff.; **21** Art. 13, Art. 229 § 44; Befreiung **112** 186; deutsche Zuständigkeit **112** 98; Richtervorbehalt **96** 14

Ehevermittlung **20** 656

Ehevertrag **20** 1408 ff.; Beschränkung **20** 1518; betreuter Personen **20** 1411; Form **20** 1410, in Verbindung mit Erbvertrag **20** 2276; fortgesetzte Gütergemeinschaft **20** 1483 ff.; Geschäftswert **119** 100; güterrechtliche Verhältnisse **20** 1408; vereinbarte Gütergemeinschaft **20** 1415 ff.; Vorbehaltsgut **20** 1418; Wahl-Zugewinngemeinschaft **20** 1519; Wirkung gegenüber Dritten **20** 1412

Ehewohnung, Behandlung bei Scheidung **20** 1568a; bei Getrenntleben **20** 1361b; Nutzung **21** Art. 17a; Vollstreckung in Ehewohnungssache **112** 96

Ehewohnungssachen **112** 111; Antragsverfahren **112** 203; einstweilige Anordnung in, Rechtsmittel nach mündlicher Erörterung **112** 57; Entscheidung, Durchführung und Wirksamkeit **112** 209; als Folgesache **112** 137; Tod eines Ehegatten **112** 208; Verfahren **112** 200 ff.; Verfahrenswert **118** 48

Ehezeit, Ausschluss des Versorgungsausgleichs **48** 3

Ehezeitanteil, Begriff **48** 1; Berechnung **48** 5

Ehrenamtliche Richter **95a** 6; Amtsenthebung **83** 27; **95** 113; Anhörung zur Geschäftsordnung **83** 44; am Arbeitsgericht

83 20 ff.; Befugnisse **83** 53; am Bundesarbeitsgericht **83** 41, 43; Entschädigung **95** 107; Entschädigung nach dem JVEG **116** 1, 6 f., 15 ff.; Ernennung **95** 108 ff.; in Handelskammern **95** 107; an Landesarbeitsgerichten **83** 37 ff.; Pflichten **95** 112; Reihenfolge der Stimmabgabe **95** 197; als Richter iSd StGB **85** 11

Ehrenamtlicher Vormund Vorrang des ehrenamtlichen **20** 1779

Ehrenwort, Versicherungen auf **50** 74a

Eid, Beurkundung durch Notar **23** 38; des Dolmetschers **95** 189; falscher **85** 154 ff.; der Partei **100** 452 ff.; des Sachverständigen **100** 410; sprach- oder hörbehinderter Personen **100** 483; Wirksamkeit für Berufungsrechtszug **100** 536; der Zeugen im Strafverfahren **90** 59 ff.; im Zivilprozess **100** 391 ff., 478 ff.

Eidesformel 90 64

Eidesgleiche Bekräftigung von Zeugen in Strafsachen **90** 65

Eidesleistung fremdsprachiger Personen **95** 188

Eidespflicht, Hinweis auf **100** 395

Eidesstattliche Versicherung, Abgabe **20** 259 ff.; zur Ablehnung von Sachverständigen **100** 406; Änderung **20** 261; Antrag nach dem JBeitrG **122** 7; Antragsrecht **112** 413; im arbeitsgerichtlich Verfahren **83** 58; Beurkundung durch Notar **23** 38; des Erben **20** 2006; bei Erteilung des Erbscheins **20** 2356 f.; fahrlässig falsche **85** 161; falsche im Ausland **85** 5; nach FamFG **112** 410; zur Glaubhaftmachung **100** 294, der Gründe für Ablehnung von Sachverständigen **100** 406; der Hausgenossen des Erblassers **20** 2028; **112** 410; bei Herausgabe eines Inbegriffs von Gegenständen **20** 260 f.; wegen herauszugebender Person **112** 94; im Insolvenzverfahren **110** 98; Kosten der Abnahme **20** 261; des Miterben **20** 2057; **112** 410; im Nachlassverfahren **112** 361; örtliche Zuständigkeit **112** 411; bei Rechnungslegung **20** 259; vor dem Schiedsgericht **83** 106; über Verbleib einer herauszugebenden Person **112** 94; bei Verlust von Dokumenten nach dem StVG **35** 5; Verpflichtung zur Abgabe **100** 883, 889; in Verwaltungsverfahren **23** 71

Eigenbesitz 20 872; Ersitzung des Eigentums **20** 900, 927, 937 ff.; Erwerb der Früchte **20** 955; des Schuldners bei Zwangsverwaltung **108** 147; Unterbrechung der Ersitzung **20** 940 ff.

Eigenhändige Unterzeichnung des gemeinschaftlichen Testaments **20** 2267

Eigenkapital 50 272; im Konzernabschluss **50** 307

Eigenmacht des Erbschaftsbesitzers **20** 2025; Haftung wegen unerlaubter Handlungen **20** 992; Schutz **20** 859 ff., 869; verbotene **20** 858; **100** 940a

Eigenschaften, Irrtum über bei Miete **20** 536, bei Willenserklärungen **20** 119

Eigentum 20 903 ff.; **21** Art. 181; Ansprüche aus **20** 985 ff.; Beeinträchtigung **20** 823, 904 ff., 1004; im Beitrittsgebiet **21** Art. 233 § 2; Beschränkung im öffentlichen Interesse **21** Art 111; an beweglichen Sachen **20** 929 ff.; Eigentumsklagen **20** 985, 1004; Ersitzung **20** 900, 927, 937 ff.; Erwerb an Erzeugnissen **20** 953 ff., durch Zuschlag **108** 90; gemeinschaftliches im Beitrittsgebiet **21** Art. 234 § 4a; Gewährleistung **1** 14; an Grund-, Rentenschuld- und Hypothekenbriefen **20** 952; an Grundstücken, Verlust **20** 925 ff.; gutgläubiger Erwerb **20** 932 ff., 1244; Inhalt **20** 903 ff.; Miteigentum **20** 1008 ff.; an gefundenem Schatz **20** 984; an Schuldscheinen **20** 952; soziale Verpflichtung **1** 14; an Tieren **20** 903; Übertragung **20** 929 ff., und Belastung **20** 873 ff., 925 ff.; **21** Art. 126; Verjährung von Herausgabeansprüchen **20** 197; Vermutung **20** 1006; des Verpfänders **20** 1248; an verpfändeten Sachen **20** 1229; Verpflichtung zur Übertragung **20** 311b; an versicherter Sache **62** 95, 99; an Wohnungen *s. Wohnungseigentum*

Eigentümer, Abwehranspruch **20** 1004; Befriedigungsrecht **20** 1142; Einreden gegen Hypothek **20** 1137; Eintragung **20** 900; eines Grundstücks *s. dort;* Herausgabeanspruch **20** 985; Rechte **20** 903 ff.; Unterlassungsklage bei Nießbrauch **20** 1053; Unterwerfung unter sofortige Zwangsvollstreckung **100** 799 f.; Verfolgungsrecht **20** 962, 1005; Verletzung der Rechte durch Nießbraucher **20** 1051

Eigentümergrundschuld 20 1177, 1196 f.

Eigentümerhypothek 20 1163, 1168 ff.; **100** 868; Gesamthypothek **20** 1143, 1172 f., 1182; Löschung bei Dauerwohnrecht **37** 41

Eigentumsbeschränkungen 20 904 ff.

Eigentumserwerb an beweglichen Sachen **20** 926, 929 ff.; an Grundstücken **20** 926 f.; des Nießbrauchers **20** 1039; beim Pfandverkauf **20** 1242

Eigentumsfiktion bei Hypothek **20** 1148; beim Pfandverkauf **20** 1248

Eigentumsübergang bei Einziehung iSd StGB **85** 75

Eigentumsübertragung **20** 873; **21** Art. 126; Anzeige durch den Vermieter **20** 566e; bei Überbau **20** 915; bei Verwahrung vertretbarer Sachen **20** 700; Verwendungen **20** 999
Eigentumsverletzung, Schadensersatz **20** 823 ff.
Eigentumsvermutung **20** 891, 1006; bei Ehegatten **20** 1362; bei Hypothek **20** 1148
Eigentumsvorbehalt **20** 449; im Insolvenzverfahren **110** 107
Eigenverwaltung, Anordnung und Eintragung ins Handelsregister **50** 32; im Genossenschaftsinsolvenzverfahren **53** 115e
Eigenverwaltung des Schuldners, Anzeigepflicht bei Masseunzulänglichkeit **110** 285; Aufhebung der Anordnung **110** 272; Befriedigung der Insolvenzgläubiger **110** 283; Bekanntmachung **110** 273; während der COVID-19-Pandemie **110d** 5; Eigenverwaltungsplan **110** 270a; gegenseitige Verträge **110** 279; bei gruppenangehörigen Schuldnern **110** 270g; Insolvenzplan **110** 284; Lebensführung des Schuldners **110** 278; Mitwirkung des Gläubigerausschusses **110** 276 f.; nachträgliche Anordnung **110** 271; Rechtsstellung des Sachwalters **110** 275; Unterrichtung der Gläubiger **110** 281; Verwertung von Sicherungsgut **110** 282; Voraussetzungen **110** 270 ff.; vorläufige **110** 270b f.; Zustimmungsbedürftigkeit von Rechtsgeschäften **110** 277
Eignung zum Führen von Fahrzeugen **35** 2, Begutachtungsstellen **35** 6f
Einfädelungsstreifen **35a** 7a
Einfahren in und aus Grundstücken **35a** 10
Einfamilienhäuser, Maklerverträge betreffend **20** 656a ff.; **21** Art. 230 § 53
Eingebrachte Sachen, Pfandrecht des Vermieters **20** 562 ff.
Eingegliederte Gesellschaften **51** 319 ff.
Eingetragene Lebenspartnerschaft *s. Lebenspartnerschaft*
Eingetragener Verein **20** 55 ff., *s. Verein*
Eingriffe in Bahn-, Schiffs- oder Luftverkehr **85** 315; in den Verkehr **85** 315b
Einheitsstrafe, nachträgliche Bildung **89** 66; Rechtsmittel **89** 56
Einigung über Eigentumsübergang **20** 929; über Rechte an beweglichen Sachen **20** 1205, 1250, an Grundstücken **20** 925; über Vertragsbestimmungen **20** 154 f.
Einigungsstellen im Betrieb **83** 98; nach dem UKlaG **105** 12; nach UWG **73** 15
Einigungsversuch vor Gütestelle **101** 15a
Einigungsvertrag, Übergangsrecht und Inkrafttreten **21** Art. 230
Einkünfte, Anrechnung auf Unterhalt **20** 1577; des Kindesvermögens **20** 1649
Einlagen in Aktiengesellschaften **51** 54, Rückzahlung **51** 27, 183, 205; in GbR **20** 705 ff.; Verzinsung **20** 248
Einmündung von Straßen, Freihalten **35a** 11 f.; Vorfahrtsrecht **35a** 8, 18
Einpersonen-Gesellschaft **51** 42
Einrede gegen die abgetretene Forderung **20** 404; der Anfechtbarkeit des Testaments **20** 2083; des Angewiesenen **20** 784, 792; bei Aufrechnung **20** 390; aufschiebende des Erben des überlebenden Ehegatten **100** 305; des Besitzers **20** 986; des Bürgen **20** 768, 770 ff.; des Erben **20** 1958, 1989 ff., 2014 ff.; Erhebung des Anfechtungsanspruchs **111** 9; der Erschöpfung durch Erben **20** 1989; gegen Hypothek **20** 1137 f., 1157, 1169; der mangelnden Benutzung einer Marke **72** 43; des nichterfüllten Vertrags **20** 320, 363; des Notbedarfs **20** 519; gegen Pfandrecht **20** 1211, 1254; prozesshindernde **83** 102; der Rechtskraft **100** 322; des Schuldübernehmers **20** 417; der unerlaubten Handlung **20** 853; der ungerechtfertigten Bereicherung **20** 821; der Unzulänglichkeit durch Erben **20** 1990; der Verjährung **20** 214; des Verpfänders **20** 1211; des Versprechenden gegenüber Dritten **20** 334; der Vorausklage **20** 771 ff., 777; **50** 349, im Genossenschaftsinsolvenzverfahren **53** 115e, Verzicht **20** 239; bei Vormerkung **20** 886; des Zurückbehaltungsrechts **20** 273; *s. a. Einwendungen, Rüge*
Einrichtung, Wegnahme **20** 539
Einrichtungen, qualifizierte *s. dort*
Einsatzfahrzeuge, Fahrberechtigung **35** 2
Einseitige Rechtsgeschäfte, Anfechtung **20** 143; des Bevollmächtigten **20** 174; eines Ehegatten **20** 1367; Einwilligung **20** 182; von Minderjährigen **20** 107, 111; des Vertreters ohne Vertretungsmacht **20** 180
Einsetzung des Erben **20** 1941, 2087 ff.; des Gläubigerausschusses **110** 67
Einsicht der Anfechtungserklärung **20** 2081; von Erklärungen dem Nachlassgericht gegenüber **20** 2228; in das Handelsregister **50** 9, nach Europarecht **50** 10a; in die Mitgliederliste der Genossenschaft **53** 31; Recht auf in Dispache **112** 404; in das Schuldnerverzeichnis **100** 882f; **102** 5 ff., 11, Ausschluss **102** 10; **102a** 18, elektronische **102** 6 ff.; in das Unternehmensregister **50** 9; in die Urheberrolle **65** 138; in Urkunden **20** 810; in das Vereinsregister **20** 79
Einsichtsfähigkeit und seelische Störungen **85** 20 f.

Einsperren, widerrechtliches eines Menschen **85** 239
Einspruch, Einstellung der Vollstreckung nach **100** 719; gegen Eintragung nach dem MarkenG, zwischenstaatliches Verfahren **72** 131; Entscheidung über Zulässigkeit **100** 341; gegen Europäischen Zahlungsbefehl **100** 1090; gegen Kündigung **84** 3; nach OWiG **94** 67 ff.; gegen Strafbefehl **90** 409, Beschränkung **90** 410; gegen Versäumnisentscheidung bei Scheidung **112** 143; gegen Versäumnisurteil **100** 338 ff., 345, im arbeitsgerichtlich Verfahren **83** 59, Wirkung **100** 342; Verzicht oder Zurücknahme **100** 346; gegen Vollstreckungsbescheid **100** 700; Widerspruch gegen Mahnbescheid als **100** 694; gegen Zwangsgeldbeschluss **112** 390
Einstandspreise iSd GWB **74** 20
Einsteigen in Fahrzeuge **35a** 14
Einstellung im Beschlussverfahren (Arbeitssachen) **83** 81; des Insolvenzverfahrens **110** 207 ff.; des Jugendstrafverfahrens **89** 47; der Vollstreckung **112** 93; des Zwangsversteigerungsverfahrens **108** 30, 75 ff., 180; der Zwangsvollstreckung **100** 707, 719, 868, bei Einwendungen gegen Zulässigkeit der Vollstreckungsklausel **100** 769, bei Widersprüchen Dritter **100** 805
Einstellung des Strafverfahrens 90 153a ff., 170 ff.; bei Auslandstaten **90** 153c; wegen Geringfügigkeit **90** 153, Kosten **90** 467; bei Gesetzesänderungen **90** 206b, 354; Kosten des Nebenklägers **90** 467a; in Privatklagesachen **90** 383, 389; im Revisionsrechtszug **90** 354; wegen Verfahrenshindernisses **90** 206a; vorläufige **90** 154, 199, 205; bei vorübergehenden Hindernissen **90** 154f
Einsturz, Sicherung gegen **20** 908
Einstweilige Anordnung, Außerkrafttreten **112** 56; in Betreuungssachen **112** 300 ff.; bei Einwendungen gegen Vollstreckungsklausel **100** 732, 769; nach FamFG **112** 49 ff.; in Familienstreitsachen **112** 119; vor Geburt eines Kindes bzgl. Unterhalt **112** 247; in Gewaltschutzsachen **112** 214; und Hemmung der Verjährung **20** 204; der Kartellbehörde **74** 60; bei Kindeswohlgefährdung **112** 157; in Unterbringungssachen **112** 331 ff.; in Unterhaltssachen **112** 246; bei Vaterschaftsfeststellung **112** 248; Verfahrenswert **118** 41; mit Vollstreckungsklausel **112** 53; für vorläufige Freiheitsentziehung **112** 427; Wertberechnung **119** 62; bei Widerspruch gegen Arrest **100** 924, Dritter gegen Zwangsvollstreckung **100** 805; zuständiges Gericht **112** 50
Einstweilige Einstellung der Vollstreckung nach dem JBeitrG **122** 9; der Zwangsversteigerung *s. dort;* der Zwangsvollstreckung **100** 707, 719, 769
Einstweilige Maßnahmen der Kartellbehörde bei Zuwiderhandlungen gegen GWB **74** 32a
Einstweilige Unterbringung, Anrechnung auf erkannte Strafe **85** 51; Beschwerde **90** 305, 310; im Erziehungsheim **89** 71 f.; bei Schuldunfähigkeit **90** 126a
Einstweilige Verfügung in Arbeitssachen **83** 62, 85; Aufhebung **100** 942; bei Bauvertrag **20** 650d; und Hemmung der Verjährung **20** 204; Räumung von Wohnraum **100** 940a; gegen Sicherheitsleistung **100** 939; zur Sicherung des Rechtsfriedens **100** 940; betr. Streitgegenstand **100** 935 ff.; Unzulässigkeit der Revision gegen Urteile über **100** 542; Vollstreckbarkeit des Urteils **100** 708; Vollziehung **100** 936; betr. Vormerkung oder Widerspruch **20** 885, 899, 1990, 2016; **100** 942
Einstweiliger Rechtsschutz, Streitwertberechnung **115** 53; im Verfahren zur Ahndung unlauterer Handlungen **73** 12 ff.
Eintragung der Abtretung der Hypothek **20** 1154; der Aktiengesellschaft *s. dort;* von Amts wegen vorzunehmende **112** 384; Bekanntgabe an Beteiligte **112** 383; durch Entscheidung des Registergerichts **112** 382; in das Genossenschaftsregister **53** 10 ff.; in Grundbuch **20** 311b, 873, 879 ff., 891 ff., 899; der Kapitalerhöhung, Ablehnung **52** 57a; Kosten bei Kauf **20** 448; Löschung unzulässiger **112** 395; einer Marke *s. Markeneintragung;* in öffentliches Buch oder Register **100** 895 f.; in Register, Notar **112** 378; einer Sicherungshypothek aus vollstreckbarem Urteil **100** 868; des Treuhänders bei Hypothek für indossable Papiere **20** 1189; der Überbaurente **20** 914; in Vereinsregister **20** 55 ff., 64 ff., Änderung des Vorstands **20** 67 f., Anmeldung **20** 59 f., Entzug der Rechtsfähigkeit **20** 74, nicht wirtschaftlicher Vereine **20** 21, Satzungsänderungen **20** 71, Vereinsauflösung **20** 74; des Verzichts auf Eigentum **20** 928, auf Hypothek **20** 1168; einer Vormerkung **20** 885; des Widerspruchs in Grundbuch **20** 899
Eintragungen nach BZRG im Erziehungsregister **92** 60, Entfernung **92** 63; im Zentralregister **92** 3 ff., ausländische Verurteilungen **92** 54 ff., Daten von Dritt-

staatsangehörigen **92** 5, Entfernung nach Tod **92** 24 ff., Inhalt **92** 5, Tilgung **92** 45 ff., Wirkungen **92** 51 ff.

Eintragungsbewilligung 20 873 f., 885, 899; Bezugnahme **20** 1115

Einwendungen nach Abtretung, unwirksamer Verzicht **20** 496; gegen Ansprüche aus Besitz **20** 683, auf wiederkehrende Leistungen **100** 323; gegen Anweisungsempfänger **20** 784, 792; des Ausstellers von Inhaberschuldverschreibungen **20** 796; gegen Beitreibung nach dem JBeitrG **122** 8; gegen Besetzung des Gerichts **90** 222b; des Besitzers **20** 986; gegen neuen Gläubiger **20** 404; gegen Rechtsgeschäfte eines Ehegatten **20** 1412; des Schuldübernehmers **20** 417; bei verbundenen Verträgen **20** 359; aus einem Vertrag zugunsten Dritter **20** 334; Vorbringen von **100** 282; *s. a. Einreden*

Einwilligung 20 183; zur Annahme als Kind, Ersetzung **112** 186; eines Dritten zu Rechtsgeschäft **20** 182 f.; des Erben zu Rechtsgeschäften des Testamentsvollstreckers **20** 2206; zur Fortsetzung des Mietverhältnisses **20** 574 ff., 576a; in genetische Untersuchung zur Klärung der Abstammung **20** 1598a; des gesetzlichen Vertreters **20** 107, 111; in Klageänderung **100** 263; in Körperverletzung **85** 228; in medizinische Maßnahme **20** 630d; in Parteivernehmung **100** 447; in Rechtsgeschäfte des Ehegatten **20** 1365 ff., hinsichtlich Gesamtgut **20** 1424 f.; des Schuldners zur Leistung durch einen Dritten **20** 267; zur Verbreitung und Veröffentlichung von Bildern **67** 22; zu Verfügungen eines Nichtberechtigten **20** 185; in Vertragsänderung **20** 593; des Vormundes, Ersetzung **20** 113; zu Zahlungsvorgängen **20** 675j; in Zurücknahme der Berufung **100** 516

Einwilligungsvorbehalt, Anordnung **112** 271; Aufhebung **112** 306, oder Einschränkung **112** 294; Beschwerde **112** 303; Erweiterung **112** 293; Verlängerung **112** 295

Einwirkung auf fremde Grundstücke **20** 906 ff.

Einzelabschluss, Abschlussprüfer **50** 324a

Einzelausgebot bei Zwangsversteigerung **108** 63

Einzelkaufleute, Ausgliederung aus dem Vermögen eines **52a** 152 ff.; Buchführung und Inventarerstellung **50a** 76, Inventarerstellung **50** 241a; **50a** 92; Pflichten nach dem PublG **52b** 3 ff.

Einzelkaufmann *s. Einzelkaufleute*

Einzelpolice 62 55

Einzelrichter beim Amtsgericht **95** 22; im Berufungsverfahren **100** 526 f.; Entscheidung durch **100** 348 ff., Anfechtung **100** 350; obligatorischer **100** 348a; originärer **100** 348; Rückübertragung **100** 348a; Verfahren vor **100** 348 ff.

Einziehung eigener Aktien **51** 71c; von GmbH-Geschäftsanteilen **52** 34; einer Nießbrauchsforderung **20** 1074, 1083; von Taterträgen nach dem GWB **74** 34; einer verpfändeten Forderung **20** 1282, 1284 f.; von Waren durch Zollbehörde **72** 147; nach dem WiStG 1954 **88** 7

Einziehung iSd OWiG 94 22 ff.; Anordnung **94** 87; Beitreibung **122** 1; von Inhalten iSd StGB **94** 123; selbständige Anordnung **94** 27; von Taterträgen **94** 29a, 133, Vollstreckung **94** 99; Verhältnismäßigkeit der **94** 24; Vollstreckung **94** 90; des Wertersatzes **94** 25; Wirkung **94** 26

Einziehung iSd StGB 85 73 ff.; **90** 459g; und Abführung des Mehrerlöses **88** 8; Absehen von **90** 421; Abtrennung des Verfahrens über die **90** 422 f.; Ausgleich bei Vermögensvorteil **90** 459l; Ausschluss **85** 73e; Beitreibung **122** 1; Beschlagnahme zur Sicherung der **90** 111b ff.; Beteiligte am Verfahren über die **90** 424 ff., Vertretung **90** 428; bei Dritten **85** 73b; **90** 459g; erweiterte **85** 73a; **90** 459g; bei gemeingefährlichen Straftaten **85** 322; Hauptverhandlung gegen Abwesende **90** 232; Kosten der Nebenbeteiligten **90** 472b; Nebenbetroffene am Strafverfahren **90** 438; bei Organen und Vertretern **85** 74e; von Sachen durch Strafbefehl **90** 407; selbständige **85** 75, 76a; selbständiges Verfahren **90** 435 ff.; Sicherungseinziehung **85** 74b; bei staatsgefährdenden Straftaten **85** 101a; strafrechtliche Maßnahme **85** 11; bei Straftaten gegen die Landesverteidigung **85** 109k; bei Straftaten gegen Persönlichkeitsrechte **85** 201; von Tatprodukten, -mitteln, -objekten **85** 74 ff., 92b, 101a, 109k, 184b; Übergangsvorschriften **85a** 316h; bei Umweltstraftaten **85** 330c; bei Urkundenfälschung und -missbrauch **85** 282; Verfahren **90** 421 ff.; Verjährung **85** 76b; von Verkörperungen eines Inhalts **85** 74d; bei Verwarnung mit Strafvorbehalt **85** 59; Vollstreckung nach dem JBeitrG **90** 459g, Rechtsmittel **90** 459o; Vollstreckungsverjährung **85** 79 ff.; des Wertersatzes **85** 73c f.; **90** 459g, nachträgliche **85** 76, von Tatprodukten, -mitteln, -objekten **85** 74c; zeitliche Geltung **85** 2

Einziehungsbeteiligte im Bußgeldverfahren **94** 87; im Rechtsmittelverfahren **90**

431; im Strafbefehlsverfahren **90** 432, Kosten **90** 472b; im Strafverfahren **90** 424 ff., 429 f., Befugnisse **90** 427, Vertretung **90** 428
Eisenbahnbetrieb, Haftung **21** Art. 105; Zwangsvollstreckung **100** 871
Eisenbahnen, Allgemeine Geschäftsbedingungen **20** 305a; Frachtverkehr **20** Anm. zu 1257; Haftung **33** 1; Notweg zu **21** Art. 123; Unpfändbarkeit der Fahrbetriebsmittel **100** Anm. zu 811
Eisenbahnunternehmen **21** Art. 125; Bahneinheit **21** Art. 112
Eisenbahnverkehr, Gefährdung **85** 315 f.
Elektrische Anlagen, Haftung für Schaden **33** 2, 10
Elektrische Energie, strafbare Entziehung **85** 248c
Elektrizitätsunternehmen, Zerstörung von Anlagen **85** 305a
Elektro-Fahrzeuge, Bevorrechtigung **35a** 45 f., 52, Verkehrszeichen **35a** 39, 45 Anlage 2 Nr. 25.1; Förderung, Datenübermittlung aus dem Fahrzeugregister **35** 35 f.; Parken **35a** 13; Zustimmung des Vermieters zu baulichen Veränderungen zum Laden von **20** 554
Elektrokleinstfahrzeuge, Abstand beim Überholen von **35a** 5
Elektronische Akten **116** 4b; **117** 12b; **118** 8; **119** 7; im Arbeitsgerichtsverfahren **83** 46e, 112; Datenschutz in **94** 49d; Datenträgerarchiv **100** 299a; im Mahnverfahren **100** 689; im OWiG-Verfahren **94** 110a ff.; beim Patentgericht **72** 95a; im Strafverfahren **90** 32; **90a** 15; im Verfahren nach dem GKG **115** 5a; im Zivilprozess **100** 298a ff.
Elektronische Akteneinsicht in Markenregister **72** 62; in das Schuldnerverzeichnis **102** 6 ff.
Elektronische Aktenführung nach dem FamFG **112** 13 f.; im Grundbuch **114** 140; im Mahnverfahren **100** 696; im Ordnungsgeld-Verfahren nach dem HGB **50** 335a; im OWiG-Verfahren **94** 110a ff., 134, Akteneinsicht **94** 100c; im Strafverfahren **90** 32 ff., Datenschutz **90** 496 ff.; im Zivilprozess **100** 298a ff.
Elektronische Aktien **51** 10
Elektronische Ausfertigungen von Urteilen **100** 317
Elektronische Beglaubigungen **23** 39a; im Grundbuch **114** 137
Elektronische Dokumente **116** 4b; **117** 12b; **118** 8; **119** 7; Aktenausdruck **100** 298; **114** 139; beim Arbeitsgericht **83** 46g; im Arbeitsgerichtsverfahren **83** 46c f., 112; Beschwerde **114** 73; als Beweise **100** 371 ff.; Beweiskraft **100** 371a f., 416a, bei Versand via De-Mail **114** 137; Datenträgerarchiv **100** 299a; beim Grundbuchamt **114** 136 f.; öffentliche **100** 371a f.; mit qualifizierter Signatur, Beglaubigung des Ausdrucks **23** 42; im Strafverfahren **90** 32 ff.; **90a** 15, als Urkunden **90** 249; Transportversicherungspolice **50** 365a; Urkunden **23** 56; Urschriften **23** 45; im Verfahren nach dem GKG **115** 5a; in Verfahren nach dem FamFG **112** 14 ff.; im Zivilprozess **100** 130 ff.; Zustellung **100** 173, 193a, in Markenangelegenheiten **72** 94
Elektronische Form der Anmeldung von Unternehmenszusammenschlüssen **74** 39; der Einsichtnahme in Handels- und Unternehmensregister **50** 9; von Erklärungen, Abgabe auf dauerhaften Datenträgern **20** 492; und Schriftform **20** 126 f.; von Urkunden **23** 56; Vereinbarung über **20** 127; Zeugnis **20** 630
Elektronische Formulare im Arbeitsgerichtsprozess **83** 46f, 112; Identifikation des Verwenders *s. dort;* im OWiG-Verfahren **94** 110b; im Strafverfahren **90** 32c; in Verfahren nach dem FamFG **112** 14a f.; im Zivilprozess **100** 130c
Elektronische Grundakte **114** 135
Elektronische Jahresfinanzberichte **50a** 84; **53** 172
Elektronische Signatur, notarielle Beglaubigung **23** 40a, 42
Elektronische Speichermedien, Durchsicht **90** 110; Sicherung durch nächtliche Durchsuchung **90** 104
Elektronische Transportversicherungspolice **50** 365a; **62** 210a
Elektronische Urkunden **23** 45 ff.; Beglaubigung **119** 121
Elektronische Urkundensammlung **23** 55 ff.
Elektronische Veröffentlichung einer Markeneintragung **72** 41
Elektronische Zustellung an Staatsanwaltschaft **90** 41
Elektronischer Antrag auf Auskunft aus dem Fahreignungsregister **35** 30; Erteilung eines Führungszeugnisses **92** 30c; Identifikation des Antragstellers **35** 30; **92** 30c
Elektronischer Auftrag zur Zwangsvollstreckung **101** 43
Elektronischer Bundesanzeiger, Verkündung von Gesetzen **1** 82
Elektronischer Frachtbrief **50** 408
Elektronischer Geschäftsverkehr **20** 312i f.; Informationspflichten **21** Art. 246c f.; *s. a. Online-Marktplätze*

Elektronischer Lagerschein 50 475c ff.
Elektronischer Rechtsverkehr zwischen Familiengerichten und Versorgungsträgern **112** 229; des Grundbuchamts **114** 135 ff.; im Strafverfahren **90** 32 ff., Datenschutz **90** 496 ff.; **90a** 15
Elektronischer Vollstreckungsantrag, vereinfachter bei Vollstreckungsbescheiden **100** 829a; **101** 43
Elektronischer Vollstreckungsauftrag, vereinfachter bei Vollstreckungsbescheiden **100** 754a; **101** 43
Elektronisches Geld, Verträge über die Nutzung von **20** 675c ff., 675i
Elektronisches Gläubigerinformationssystem 110 5
Elektronisches Handelsregister 50 8a
Elektronisches Mahnverfahren 100 703c
Elektronisches Unternehmensregister 50 8b
Elektronisches Urkundenarchiv 23 55 ff., 75
Elektronisches Verfahren beim Grundbuchamt **114** 135 ff.; in Markenangelegenheiten **72** 95a
Elektronisches Verwahrungsverzeichnis des Notars **23** 59a
Elterliche Sorge 20 1626 ff.; Aufhebung eines Erbvertrags durch Minderjährigen **20** 2290; Ausübung bei Verhinderung oder Ruhen **20** 1678; Beistandschaft **20** 1716; Ende durch Tod **20** 1677; Entziehung **20** 1680; Erbverzicht des Minderjährigen **20** 2347; gemeinsames Sorgerecht **20** 1687; bei Getrenntleben der Eltern **20** 1671; Kindschaftssache **112** 151; Meinungsverschiedenheiten **20** 1628; für minderjährige Kinder **20** 1626; nicht miteinander verheirateter Eltern **20** 1626a; des nicht sorgeberechtigten Elternteils **20** 1687a; Rechtsmittel gegen einstweilige Anordnung **112** 57; Ruhen **20** 1698a, bei Annahme als Kind **20** 1751, Beendigung **20** 1673 ff., 1698, bei rechtlichem Unvermögen **20** 1673, bei tatsächlichem Unvermögen **20** 1674, bei vertraulicher Geburt **20** 1674a; Sorgfaltspflicht **20** 1664; Tod eines Elternteils **20** 1680; bei Todeserklärung **20** 1681; Übergangsvorschriften **21** Art. 224, Art. 229 § 30; unverheirateter Eltern **20** 1626a; Verfahren zur Übertragung der gemeinsamen **112** 155a; Verhinderung der Ausübung **20** 1693; Vertretung des Kindes im Rechtsstreit **20** 1629; Verwirkung bei fortgesetzter Gütergemeinschaft **20** 1495; Weiterführung nach Beendigung **20** 1698a; Wiedererlangung **20** 1681
Eltern, Auskunftsrecht **20** 1686; elterliche Sorge **20** 1626 f., *s. a. dort;* Erziehungsrecht **1** 6; gemeinsames Sorgerecht **20** 1687; als gesetzliche Vertreter **20** 1629; gesetzliches Erbrecht **20** 1925; Haftung **20** 1664; Hemmung der Verjährung der Ansprüche zwischen Kindern und **20** 207; im Jugendgerichtsverfahren **89** 67; Personensorgerecht **20** 1631 ff.; Pflichtteilsrecht **20** 2303, 2309, 2311; Rechtsverhältnis zu Kindern **20** 1616 ff., 1618 ff.; **21** Art. 19 ff., Art. 203, Art. 207; keine Rückgewähr des Unterhalts **20** 685; Umgangsbestimmungsrecht für Kinder **20** 1632; Umgangsrecht mit Kind **20** 1684; Unterhaltspflicht **20** 1602 f.; Wiederaufnahmeantrag in Strafsachen **90** 361; Wohnsitz des Kindes **20** 11
Eltern-Kind-Verhältnis, Aussetzung des Verfahrens bei Streit über **100** 154; Feststellung **112** 169; rechtliches Verhältnis **21** Art. 21, im Beitrittsgebiet **21** Art. 234 § 10 ff.
Elternteil, Unterhaltsverpflichtung **20** 1606
Elternzeit für AG-Vorstandsmitglieder **51** 84; Fortsetzung der Lebensversicherung **62** 212; für GmbH-Geschäftsführer **52** 36
Empfangsbedürftige Geschäfte 20 107, 180, 182, 263, 388
Empfangsbedürftige Willenserklärungen 20 130, 132, 145
Empfangsbekenntnis 20 368 ff.
Ende *s. Beendigung*
Endurteil 100 300 ff.; Arrestverfahren **100** 922 ff.; ohne Begründung **100** 313a; Berufung **100** 511 ff.; bindende Kraft **100** 318; Revision **100** 542; im Urkundenprozess **100** 599; unter Vorbehalt der Aufrechnung **100** 302; Zwangsvollstreckung **100** 704 ff.
Endvermögen eines Ehegatten **20** 1375, Auskunftspflicht **20** 1379
Energieanlagen, Haftung für Schäden **33** 2, 10
Energiesparmaßnahmen, Duldungspflicht **20** 536
Energieversorgungsunternehmen, Mitteilungspflichten gegenüber der Markttransparenzstellen **74** 47e
Energiewirtschaft und GWB **74** 185; marktbeherrschende Unternehmen in der **74** 29
Energiewirtschaftsgesetz, Kosten **115** 1; Streitwertberechnung im Bewerdeverfahren **115** 50
Entbindungskosten, Erstattung **20** 1615l
Enteignung 1 14; Entschädigung **21** Art 52, Art. 109; Gerichtsstand für Entschädi-

gungsklagen **100** 26; eines Grundstücks, landesrechtliche Vorschriften **101** 15; keine Revision gegen Urteile über vorzeitige Besitzeinweisung **100** 542; Vorbehalt für Landesrecht **21** Art. 108
Enterbung 20 1938, 2333; in guter Absicht **20** 2338
Entfernen, unerlaubtes vom Unfallort **85** 142
Entfernung der eingebrachten Sachen, Pfandrecht des Vermieters **20** 562b; von Eintragungen im Erziehungsregister **92** 63, im Zentralregister nach Tod **92** 24 ff.
Entführung 85 234; durch Amtsträger **85** 234b
Entgangener Gewinn 20 252
Entgelt für Benutzung von Verkehrsflächen **35a** 52; iSd StGB **85** 11
Entgeltforderung, Verzug **20** 286
Entgeltlichkeit der Geschäftsbesorgung **50** 354
Entlassung in Anstalten Untergebrachter **85** 67c; des Insolvenzverwalters **110** 59, in Gruppen-Folgeverfahren **110** 3d; von Mitgliedern des Gläubigerausschusses **110** 70
Entmündigung, Einfluss auf Geschäftsfähigkeit **20** 104
Entschädigung für Bauwerk bei Erlöschen des Erbbaurechts **41** 27 ff.; beim Bergbau **21** Art. 67; für Beschäftigte **34** 15; bei Beschlagnahme iSd StPO **90** 459m; ehrenamtliche Richter **95** 107; bei Einziehung iSd OWiG **94** 28; bei Enteignung **1** 14; **21** Art. 52, Art. 109; in Geld **20** 249 ff., bei Heilbehandlung von Tieren **20** 251; bei Nießbrauch **20** 1059c; nach Reisevertragsrecht **20** 652; bei Rücktritt des Reisenden **20** 651h; der Sachverständigen **100** 413; bei Schiffen **21** Art 53a; der Schöffinnen und Schöffen **95** 55; für seelisches Leid bei besonderem persönlichen Näheverhältnis **20** 844; **27** 7; **28** 12; **33** 5; **35** 10; bei Sicherungseinziehung von Gegenständen **85** 74b; für Strafverfolgungsmaßnahmen, kostenfreie Amtshandlungen **120** 3; im Urheberrecht **65** 100; für Verfolgungsmaßnahmen **94** 110; für Verletzte iSd StPO **90** 403 ff., 459h; Verzinsung **62** 91; für Verzug durch Besteller **20** 642; für Vorenthaltung der Mietsache **20** 546a; für Wettbewerbsverbot **50** 74 ff., Unabdingbarkeit **50** 75d; der Zeugen **100** 401, in Markenangelegenheiten **72** 93a, im Strafverfahren **90** 71; *s. a. Ersatz, Schadensersatz*
Entschädigung nach dem JVEG 116 Anl. 3; Aufwandsentschädigung **116** 6; Dritte **116** 23; ehrenamtliche Richter **116** 15 ff.; Festsetzung durch Gericht **116** 4; bei Telekommunikationsüberwachung **116** 23; Zeugen **116** 19 ff.
Entschädigungsfonds für Schäden nach dem PflVG **63** 12 ff., Aufgabenwahrnehmung **63** 23 ff.
Entscheidung nach dem FamFG **112** 37; des Prozessgerichts über Handelsregistereintragungen **50** 16; im Strafprozess, Abänderung zugunsten des Beschuldigten **90** 301
Entscheidungsgründe nach Ausschluss der Öffentlichkeit **95** 173
Entsorgungsanlage, unerlaubtes Betreiben **85** 327; Zerstörung **85** 305a
Entsorgungsbedingungen 21 Art. 243
Entziehung des Anteils an fortgesetzter Gütergemeinschaft **20** 1513 f.; des Besitzes **20** 858 ff.; der Fahrerlaubnis **35** 3; der Mietsache **20** 536, 543, 567; des Pflichtteils **20** 2333; der Rechtsfähigkeit bei Vereinen **20** 43 f.; der ungerechtfertigten Bereicherung **20** 818; von Wohnungseigentum und Dauerwohnrecht **37** 17
Entziehungsanstalt, Ausschluss der Öffentlichkeit beim Unterbringungsverfahren **95** 171a; Gefährdung des Zweckes der Unterbringung **85** 323b; Maßregel der Besserung und Sicherung **89** 7; Unterbringung **85** 61, 64, 67e; **90** 331, Dauer **85** 67d, von Jugendlichen **89** 5, 93a
Entziehungskur als Bewährungsauflage **85** 56c, 56e; als Weisung nach JGG **89** 10
Erbanteil 20 1927, 2033 ff.; Annahme **20** 1952; Ausschlagung **20** 1952
Erbbaugrundbuch 41 14; Bekanntmachung der Eintragungen **41** 17
Erbbaurecht 20 1012 ff.; **41**; vor 1919 begründetes **41** 38; Abgaben **41** 39; Beendigung **41** 26 f.; Belastung mit Dauerwohnrecht **37** 42; Beleihung **41** 18 ff.; Bestandteile **41** 12; Bewertung **119** 49; Eintragung **114** 6a; Entgelt (Erbbauzins) **41** 9 f.; Erneuerung **41** 31; Feuerversicherung des Gebäudes **41** 23; Grundbuch, Eintragung **41** 14; Heimfall **41** 32 f.; Inhalt, gesetzlicher **41** 1, vertragsmäßiger **41** 2 ff.; Löschung **41** 16; Miet- und Pachtverhältnisse **41** 30; Rangstelle **41** 10; Überbau **20** 916; Untergang des Bauwerks **41** 13; Wohnungserbbaurecht **37** 30; Zustimmung des Grundstückeigentümers bei Belastung **41** 15; Zwangsvollstreckung **41** 8, 24
Erbe 20 1922 f.; Anfechtbarkeit der Rechtshandlungen **111** 5; Annahme und Ausschlagung der Erbschaft **20** 1942 ff.; Aufgebotsverfahren von mehreren **112** 460;

Auflagen **20** 1940, 2192 ff.; Aufnahme des Rechtsstreits **100** 239; aufschiebende Einreden **20** 2014 ff.; Aufwendungen **20** 1978, 1991; Auseinandersetzungsantrag bei mehreren E. **112** 363; Auskunftspflicht **20** 2003, 2005; des Beauftragten **20** 673; Berichtigung von Nachlassschulden **20** 1966, 1973 f., 1991; Berufung **20** 1953; Beschränkung in guter Absicht **20** 2338; **100** 863; Besitzübergang **20** 857; eines Ehegatten bei Gütergemeinschaft **20** 1472; eidesstattliche Versicherung **20** 2006; eingesetzter **20** 1937; Erbschaftsanspruch **20** 2018 ff.; Erbunwürdigkeit **20** 2339 ff.; Ermittlung **20** 1964; **112** 342; Ersatzerbe **20** 2096 ff.; fortgesetzte Gütergemeinschaft **20** 1483 ff.; erwartete Geburt eines **20** 1963; Geltendmachung der Haftungsbeschränkung **100** 780 ff.; gesetzlicher **20** 1924 ff.; Gläubiger des **20** 2214; Haftung, beschränkte **20** 1973 ff., 1989 ff., handelsrechtliche **50** 27, für Nachlassverbindlichkeiten **20** 1967 ff., 2058 ff., unbeschränkte **20** 185, 1994, 2005 f., 2013, 2016, für vorgemerkte Rechte **20** 884; Herausgabe des Nachlasses **20** 1990, 1992; Insolvenz **110** 331; Inventarerrichtung **20** 1993 ff.; Irrtum über Berufungsgrund **20** 1949; kein Wertausgleichsanspruch **48** 31; als Kostenschuldner **119** 24; mehrfache Berufung **20** 1927, 1934, 1948 f., 1951, 2007; des Mieters, Kündigungsrecht **20** 564; und Nachlassinsolvenzverfahren, Ansprüche gegen Erblasser **110** 326, Zurückbehaltungsrechte **110** 323; der Nachlassverbindlichkeiten **20** 1958; pflichtteilsberechtigter **20** 2328; rechtliche Stellung **20** 1942 ff.; Rechtsgeschäfte **20** 1959; Rechtskraftwirkung für und gegen **100** 325; Rechtsverhältnis bei Mehrheit von **20** 2032 ff., zu Nachlassgläubigern **20** 2058 ff.; des Schenkers, Widerruf der Schenkung **20** 530; unbekannter **20** 1960; Unbestimmtheit **20** 2105; Verantwortlichkeit **20** 1966, 1978 ff., 1991; von Verletzten, Befugnisse im Strafverfahren **90** 406l; Vermächtnis **20** 2149; Verwaltung des Nachlasses **20** 1959; Verzicht auf beschränkte Haftung **20** 2012; Vorbehaltsurteil gegen den **100** 305; Vorkaufsrecht **20** 470; Wegfall **20** 1935; Wirksamkeit von Urteilen für und gegen **100** 327, Nacherben **100** 728; Wirkung der Nachlassverwaltung **20** 1984; Zwangsversteigerungsantrag **108** 175; Zwangsvollstreckung gegen **100** 747 f., 778 ff.; *s. a. Erbschaft, Nachlass*

Erbeinsetzung 20 1937, 1941, 2087 ff.; auf Bruchteile **20** 2088 ff.; Erbschein **20** 2355; durch Erbvertrag **20** 1941, 2278 ff.; durch gemeinschaftliches Testament **20** 2269 f.; auf mehrere Erbteile **20** 1951; durch Testament **20** 1937; Verzicht **20** 2352; wechselseitige **20** 2098; Zuwendung des Pflichtteils, keine E. **20** 2304

Erbengemeinschaft 20 1952, 2032 ff.; Auseinandersetzung **20** 2204; Gesamtschuldner **20** 2058; Haftung für Nachlassschulden **20** 2058 ff.

Erbenhaftung *s. Erbe, Haftung*

Erbenmehrheit 20 1952, 2032 ff.; Gesamtschuldner **20** 2058

Erbfähigkeit 20 1923, 2108

Erbfall 20 1922; Erleben durch Vermächtnisnehmer **20** 2160; Pflichtteilsanspruch **20** 2317

Erbfolge 20 1922 ff.; Ausschließung von der gesetzlichen **20** 1938, nachfolgender Ordnungen **20** 1929; Erbfolgeordnung **20** 1922 ff., 2088; Nachweis **114** 35, nach GBO **114** 35; vorweggenommene bei Landpachtverhältnis **20** 593a

Erblasser, Abschluss eines Erbvertrags **20** 2274; Auseinandersetzungsausschluss **20** 2045; Beerdigung **20** 1968; kein Testamentseröffnungsverbot **20** 2263; Nachfolge **20** 1922 ff.; besondere Pflege durch Abkömmlinge **20** 2057a, 2316; Unterschrift **20** 2247; Urteil gegen **100** 750; Widerruf eines Testaments **20** 2253 ff.; Wohnsitz **20** 1944, 1954

Erbpachtrecht 21 Art. 63

Erbrecht 20 1922 ff.; **21** Art. 235; im Beitrittsgebiet **21** Art. 235; des Ehegatten **20** 1931 ff.; Erbverzicht **20** 2346 ff.; des Fiskus **20** 1964 ff.; **21** Art. 128; Gewährleistung **1** 14; internationales Privatrecht **21** Art. 25, Art. 229 § 36; des nichtehelichen Kindes **21** Art 227; des Staates **20** 1936; Übergangsvorschriften **21** Art. 213; Verjährung der Ansprüche **20** 197; einer verpflegten Person **21** Art. 139; der Verwandten **20** 1924 ff.

Erbrechtliche Rechtsgeschäfte, Firmenübergang **50** 22, 27

Erbschaft 20 1922; Anfall **20** 1942; Annahme und Ausschlagung **20** 1942 ff., 1957, 2142, 2322, bei Gütergemeinschaft **20** 1432, 1455; Ausschlagungswirkung **20** 1953, keine Schenkung **20** 517; eines Ehegatten bei Gütergemeinschaft **20** 1455, 1461, als Vorbehaltsgut **20** 1418; Einsicht in Ausschlagungserklärung **20** 1953; Einziehung von Forderungen durch Vorerben **20** 2114; Erhaltung **20** 2124;

Erwerb vom Erbschaftsbesitzer **20** 2030; Fürsorge des Nachlassgerichts **20** 1960 ff.; Gerichtsstand **100** 27 f.; keine Haftung des Gesamtguts **20** 1439, 1461; Herausgabe **20** 2018 ff., 2103, 2130, 2374; des Kindes **20** 1638 f., 1643, Vermögensverzeichnis **20** 1640; Nießbrauch **20** 1089; **100** 737 f.; Pfändung **100** 863; Teilanahme **20** 1950; Teilausschlagung **20** 1950; Überschuss **20** 1973; Veräußerung **20** 2385; Vererblichkeit der Ausschlagung **20** 1952; Verjährung **20** 197, 1927; Zwangsvollstreckung in **100** 778; *s. a. Nachlass*

Erbschaftsanteil **20** 1927; Verfügung **20** 2033 ff.

Erbschaftsbesitzer **20** 2018 ff.; Auskunftspflicht **20** 2027; Erbschaftserwerb vom **20** 2030; Ersitzung **20** 2026; guter Glaube **20** 2024 f.; Haftung **20** 2024 f., 2029; Herausgabe der Erbschaft **20** 2018 ff.

Erbschaftsgegenstände, Anspruch **20** 2029; Beschädigung **20** 2111; Erlangung **20** 2025; unentgeltliche Verfügung über **20** 2385; Verfügung der Vorerben **20** 2120

Erbschaftskauf **20** 2030, 2371 ff., 2385; **110** 330; Anzeigegebühr **119** 23; Aufgebotsverfahren **112** 463

Erbschaftsklage **20** 2018

Erbschaftssache, Ersitzung **20** 2026; Verwendung durch Vorerben **20** 2134

Erbschaftsübergang **20** 1942

Erbschaftsverwaltung, Entziehung **20** 2129

Erbschein **20** 2353 ff.; **112** 342; Angabe des Testamentsvollstreckers **112** 352b; Ausfertigung **112** 357; Einziehung **20** 2361 f.; **112** 353; Erteilung **20** 2359, internationales Privatrecht **21** Art. 229 § 36, Ländereröffnungsklausel **21** Art. 239; gegenständlich beschränkter **20** 2369; gemeinschaftlicher **20** 2357; **112** 352a; Geschäftswert **119** 40; Herausgabe **20** 2362; Kraftloserklärung **20** 2361; **112** 353; öffentlicher Glaube **20** 2366 f.; öffentliches Aufforderungsverfahren **112** 352d; Unrichtigkeit **20** 2361; Verfahren zur Erteilung **112** 352 ff.; Vermutung der Richtigkeit **20** 2365; für den Vorerben **112** 352b; Zwangsvollstreckung **100** 792, 896

Erbscheinsverfahren **112** 352 ff.

Erbteil **20** 1922; Anwachsung **20** 2007; besonderer **20** 1927, 1934 f., 2095; des Ehegatten und Zugewinnausgleich **20** 1371; Erbschein **20** 2353; Erhöhung **20** 1935; gemeinschaftliches **20** 2093 f., 2098; gesetzliches **20** 2067; mehrere **20** 1951, 2007; Mehrheit von **20** 1934, 1951; Veräußerung **20** 2033; Verhältnis zum Pflichtteil **20** 2303, 2305 f., 2310, 2316; Vertrag zwischen gesetzlichen Erben **20** 311b

Erbunwürdigkeit **20** 2310, 2339 ff.; bei Gesamtgutsauseinandersetzung **20** 1506

Erbvertrag **20** 1941, 2274 ff.; Anfechtung durch Erblasser **20** 2281 ff.; Aufhebung **20** 2290 ff., durch Testament **20** 2291; Auflage **20** 1941; Bestätigung eines anfechtbaren **20** 2284; Beurkundung **23** 33; einseitige Verfügungen **20** 2299; Eröffnung **112** 349; Errichtung **20** 2276; Geschäftsfähigkeit **20** 2275; bei mehrfacher Berufung **20** 1948, 1951; Mitteilungs- und Ablieferungspflichten **23** 34a; Rücktritt **20** 2293 ff.; Übergangsvorschriften **20** Anm. zu 2229; Verwahrung **23** 34 f.; **112** 347, Aufhebung durch Rücknahe **20** 2300; Wirkung **20** 2286

Erbverzicht **20** 2310, 2316, 2346 ff.; **21** Art. 217; Aufhebung **20** 2351; notarielle Beurkundung **20** 2348

Erfindungsgeheimnisse, Ausschluss der Öffentlichkeit **83** 52

Erfüllung, Angebot **20** 294; Annahme **20** 363; Beweis der **20** 345; bei Gesamtschuldverhältnissen **20** 422; Hinterlegung zur **20** 372 ff.; Rückforderung **20** 813; bei Schuldverhältnissen **20** 362 ff.; nach Verjährungseintritt **20** 214; des Vermächtnisses **20** 2181; des Vertrags, Zurückgabe der Draufgabe **20** 337; Zug um Zug **20** 271, 322, 348

Erfüllungsgegenstand **50** 360

Erfüllungsgehilfe **20** 278, 664

Erfüllungsort **20** 269, 447 f.; Gerichtsstand **100** 29

Erfüllungsübernahme **20** 329, 415 f.

Erfüllungsverweigerung durch Verletzten **20** 853

Ergänzung des Inventars **20** 2005 f.; des Pflichtteils **20** 1505; der Sicherheitsleistung **20** 240

Erhaltung der geliehenen Sache **20** 601; des gemeinschaftlichen Gegenstandes **20** 744, 748; Kosten **20** 994, bei Gläubigerverzug **20** 304; der Mietsache **20** 535; der Nießbrauchsache **20** 1041

Erhaltungsmaßnahmen, Duldungspflicht **20** 555a

Erhöhung der Miete **20** 557 ff., *s. a. Mieterhöhung*

Erholungsorte, Verkehrsbeschränkungen **35a** 45

Erinnerung gegen Ansatz von Gerichtsvollzieherkosten **123** 5; gegen Art und Weise der Zwangsvollstreckung **100** 766; gegen

Beschluss der Geschäftsstelle **112** 46; gegen Beschlüsse des DPMA **72** 64; gegen Entscheidung nach dem GNotKG **119** 81; gegen Entscheidungen des Rechtspflegers **96** 11, 23; gegen Kostenansatz **118** 57; im Verfahren nach JBeitrG **122** 8

Erkennungsdienstliche Maßnahmen bei Beschuldigten **90** 81b

Erklärungen vor dem Amtsgericht **100** 510a; der Anfechtung **20** 143; Aufnahme durch Rechtspfleger **96** 24; der Aufrechnung **20** 388; über Bestimmung der Leistung **20** 315, 318; des Drittschuldners über gepfändete Forderung **100** 840; notarielle Beurkundung **23** 36 ff.; des Rücktritts **20** 349; über Urkunden **100** 425, 439; des Willens **20** 116; Wirksamwerden **20** 131 f.; Zurückweisung der Rücktrittserklärung **20** 353

Erkrankung des Dienstverpflichteten **20** 617

Erlass der Forderung bei Gesamtschuldverhältnis **20** 423, durch Vertrag **20** 397; der Freiheitsstrafe **85** 56g; der Jugendstrafe **89** 26a

Erlaubnis zur Durchführung von Fahreignungsseminaren **35** 4a; zum Führen eines Kraftfahrzeuges **35** 2 ff., *s. a. Fahrerlaubnis;* zur Untervermietung **20** 540, 553

Erledigung, Kostenpflicht **112** 83

Erlös aus dem Pfande **20** 1219, 1247; Teilung **20** 753; Verteilung nach Grundstücksversteigerung **108** 105 ff., im Insolvenzverfahren **110** 170

Erlöschen des Anspruchs auf Besitzeinräumung **20** 864, auf Ersatz von Verwendungen **20** 1002; des Auftrags **20** 672 ff.; der Bürgschaft **20** 418, 776 f.; des Erbbaurechts **41** 13, 27, 30; der Forderung durch Aufrechnung **20** 389; des Gebotes bei Versteigerung **20** 156; **108** 72; des Gläubigerrechts auf den hinterlegten Betrag **20** 382; der Grunddienstbarkeit **20** 1025, 1028; der Hypothek **20** 1178, 1181; **41** 29; des Pfandrechts **20** 418, 1242, 1250, 1252 f., 1255 f., 1276, 1278; der Prokura **50** 52 f.; der Rechte Dritter **20** 936, 945, 949, an Grundstücken **20** 889, 901, durch Zuschlag **108** 52, 91 f.; eines Rentenversprechens **20** 520; des Rücktrittsrechts **20** 350 f.; der Schadensersatzpflicht des Gastwirts **20** 703; von Schuldverhältnissen **20** 362 ff.; der Überbaurente **20** 914; des Unterhaltsanspruchs **20** 1615; des Urheberrechts **65** 64 ff., 82; des Vermieterpfandrechts **20** 562a; des Vertragsantrags **20** 146; der Vollmacht **20** 168 f., 173, 175, Anzeige **20** 170

Ermächtigung zu Rechtsgeschäften **20** 113; zur Strafverfolgung **85** 77e

Ermahnung statt Jugendstrafurteil **89** 45

Ermessen, billiges bei der Bestimmung der Leistung **20** 315 ff., eines Vertragschließenden oder Dritten **20** 319

Ermittler *s. Verdeckte Ermittler*

Ermittlungen in Angelegenheiten der freiwilligen Gerichtsbarkeit **112** 26; des DPMA **72** 59 f.; im Jugendstrafverfahren **89** 43 ff.; verdeckte **90** 110a ff., 161

Ermittlungsgrundsatz im Insolvenzverfahren **110** 5

Ermittlungsmaßnahmen **90** 94 ff.; gegen Berufsgeheimnisträger **90** 160a; Kosten bei Entscheidung über Rechtmäßigkeit **90** 473a; verdeckte **90** 101; und Zeugnisverweigerungsrecht **90** 160a

Ermittlungspersonen als Hilfsbeamte der Staatsanwaltschaft **95** 152

Ermittlungsrichter **90** 162; Beschwerde gegen Verfügungen **95** 135; des BGH **90** 169; **95** 130, Beschwerde gegen Verfügungen **90** 304; des OLG **90** 169

Ermittlungsverfahren **90** 160 f.; Akteneinsicht durch Verteidiger **90** 147; Aufgaben der Polizei **90** 163 ff.; Einziehungsbeteiligte am **90** 426; Erörterung des Verfahrensstands mit Verfahrensbeteiligten **90** 160b; Schlussvermerk der Staatsanwaltschaft **90** 169a; überlange *s. dort;* Zuständigkeit der Strafkammern gegen Entscheidungen der Staatsanwaltschaft **95** 73

Erneuerbare-Energien-Gesetz, Verfahren nach dem UKlaG **108** 2

Erneuerung des Erbbaurechts **41** 31; des Nießbrauchgegenstandes **20** 1041 ff.; von Schuldverschreibungen **20** 798

Erneuerungsschein **20** 805; bei Hinterlegung **20** 234; bei Nießbrauch an Schuldverschreibungen **20** 1082

Eröffnung des Insolvenzverfahrens **110** 11 ff., über den Nachlass **110** 316; des Nachlassinsolvenzverfahrens **20** 1990; im Privatklageverfahren **90** 383

Eröffnungsantrag im Insolvenzverfahren **110** 317 ff., über den Nachlass **110** 311, der Verbraucher **110** 305

Eröffnungsbeschluss im Insolvenzverfahren **110** 27 ff.; im Strafprozess **90** 207, 209, Zustellung **90** 215

Eröffnungsbilanz **50** 242 ff.; Währungsumrechnung **50** 256a

Erörterung des Verfahrensstands mit den Verfahrensbeteiligten **90** 160b, 202a, 212, 243, 257b, Protokollierung **90** 273; im Versorgungsausgleichsverfahren **112** 221

Erörterungstermin bei Insolvenzplan **110** 235 f., 241
Erpresserischer Menschenraub 85 239a
Erpressung 85 253 ff.; Opfer einer, Absehen von der Tatverfolgung **90** 154c
Erregung öffentlichen Ärgernisses 85 183a
Ersatz für notarielle Beurkundung **20** 127a; der Nutzungen **20** 302; des Schadens *s. Schadensersatz;* an Verleiher **20** 606; von Verwendungen *s. Aufwendungsersatz,* bei Gütergemeinschaft **20** 1467
Ersatzansprüche, Abtretung **20** 255, 285; beim Vermächtnis **20** 2164; von Verwandten wegen gewährten Unterhalts **20** 1607
Ersatzaussonderung im Insolvenzverfahren **110** 48
Ersatzbeschaffung für unpfändbare Sache **100** 811a f.
Ersatzerbe 20 2096 ff.; Ausgleichspflicht **20** 2051, 2053; Nacherbe **20** 2102
Ersatzfreiheitsstrafe 85a 316o; Abwendung **85a** 293; **90** 459e; Vollstreckung **90** 459e f., mit Freiheitsstrafe **90** 454b
Ersatzgeld bei Privatpfändung **21** Art. 89
Ersatzpflicht des verwaltenden Ehegatten **20** 1445
Ersatzurkunde für Versicherungsschein **62** 3
Erschleichen von Leistungen, Strafbarkeit **85** 265a
Erschütterungen des Nachbargrundstücks **20** 906; Schutz vor **85** 325a
Ersetzung des Vormundes **20** 113
Ersetzungsbefugnis 20 249, 528, 843
Ersitzung 21 Art. 185; beweglicher Sachen **20** 937 ff.; von Erbschaftssachen **20** 2026; von Grundstücken **20** 900; des Nießbrauchs **20** 1033
Erstattung der Auslagen der Rechtshilfe **95** 164
Ersteher, Übergang von Nutzungen und Lasten **108** 56
Erster Staatsanwalt bei Landgerichten/beim OLG **95** 144 f.
Erstschuldner der Gerichtskosten **119** 33
Ersuchter Richter, Beschwerde gegen **90** 304; iSd ZPO **100** 229, Beweisaufnahme **100** 362, 365, 370, 372, Entscheidungen **100** 329, Entscheidungsbefugnis **100** 400, Zeugnisverweigerung vor dem **100** 389
Erträge als Früchte **20** 99; aus Straftaten *s. a. Taterträge,* Einziehung **85** 73 ff.; **90** 459g
Ertragswert eines land- und forstwirtschaftlichen Betriebes bei Zugewinnausgleich **20** 1376; eines Landguts **21** Art. 137
Erweitertes Schöffengericht 95 29, 196
Erwerb des Besitzes **20** 854; des Eigentums an beweglichen Sachen **20** 926, 929 ff.; von Erzeugnissen und Bestandteilen einer Sache **20** 953 ff.; des Grundstückseigentums **20** 925 ff.; der Hypothek **20** 1117, 1167; mit Mitteln des Kindes durch Eltern **20** 1646
Erwerbs- und Veräußerungsrechte, Wertbestimmung **119** 51
Erwerbsbeschränkungen für ausländische juristische Personen **21** Art. 86
Erwerbsfähigkeit, Aufhebung oder Minderung **20** 842 f.; **33** 6
Erwerbsgeschäft des beschränkt Geschäftsfähigen **20** 112; eines Ehegatten, Gesamtgutsverbindlichkeiten **20** 1442, bei Gütergemeinschaft **20** 1431, 1456, 1464, Haftung des Gesamtguts **20** 1440, Zwangsvollstreckung **100** 741; im Namen des Kindes **20** 1645
Erwerbstätigkeit, angemessene **20** 1574; der Ehegatten **20** 1356, und Trennungsunterhalt **20** 1361; selbständige, Insolvenzmasse und Vermögen bei **110** 35
Erwerbsunfähigkeit, Unterhaltsanspruch bei Scheidung **20** 1572
Erzeugnisse, Erstreckung der Hypothek auf **20** 1120 ff., des Pfandrechts auf **20** 1212; Erwerb **20** 953 ff.; als Früchte **20** 99; des Grundstücks, wesentliche Bestandteile **20** 94; landwirtschaftliche, als Zubehör **20** 98
Erziehung, gewaltfreie **20** 1631; strafunmündiger Jugendlicher **89** 3; als Teil des Unterhalts **20** 1610; vorläufige Anordnung des Richters zur **89** 71
Erziehungsaufgaben, familiengerichtliche des Jugendrichters **89** 34
Erziehungsbeistand, Verkehr mit Jugendlichen in U-Haft **89** 72b
Erziehungsbeistandschaft als Erziehungsmaßregel **89** 8, 12
Erziehungsberechtigte in der Hauptverhandlung **89** 50; im Jugendgerichtsverfahren **89** 43, 67, notwendige Unterrichtung **89** 67a; im Jugendstrafverfahren vor Gerichten für allgemeine Strafsachen **89** 104
Erziehungsberufe, Berufsverbot, europaweite Unterrichtung durch Gerichte (Vorwarnmechanismus) **90a** 9
Erziehungsheim, einstweilige Unterbringung von Jugendlichen **89** 71 f.
Erziehungskartei, Übernahme von Eintragungen **92** 67
Erziehungskosten, Unterhaltsbestandteil **20** 1610
Erziehungsmaßregeln, Auswahl durch Familienrichter **89** 53; nach JGG **89** 5, 8, 9 ff.; Rechtsmittel **89** 55

Erziehungspflicht, Vernachlässigung eines Kindes **85** 171
Erziehungsrecht der Eltern **1** 6; **20** 1631
Erziehungsregister 92 59 ff.; Auskunft aus dem **92** 61; Eintragungen **92** 60, Entfernung **92** 63; Gesetz über das Zentralregister und das **92**; Offenbarungspflichten des Betroffenen **92** 64; Suchvermerke **92** 62; Übernahme von Daten aus Erziehungskartei **92** 67
Erzwingungshaft 100 802g
E-Scooter *s. Elektrokleinstfahrzeuge*
EU-/EWR-Konzernabschlüsse, befreiende Wirkung **50** 291 f.
EURO, Übergangsvorschriften zur Einführung **50a** 42 ff.
Europäische Amtsträger iSd StGB **85** 11; Straftaten im Amt **85** 331 ff., 335a
Europäische Gemeinschaft *s. Europäische Union*
Europäische Kommission, Beteiligung/Benachrichtigung durch Gerichte in Kartellsachen **74** 90a; Korrekturmechanismus im Vergabeverfahren **74** 183; qualifizierter Einrichtungen iSd UKlaG **73** 8
Europäische Staatsanwaltschaft 95 142b; Anklage durch **90** 16; örtliche Zuständigkeit **95** 143
Europäische Union (EU), Beweisaufnahme in der **100** 1072 ff.; grenzüberschreitende Umwandlungen **52a** 305 ff.; justizielle Zusammenarbeit in der **100** 1067 ff., *s. a. dort;* PKH **100** 1076 ff.; Unberührtheit von Rechtsakten **112** 97; strafbare Verunglimpfung von Symbolen der **85** 90c
Europäische Vollstreckungstitel 100 1079 ff.; Zwangsvollstreckung aus **100** 794, 1082 ff., Kosten **115** 1, Vollstreckungsabwehrklage **100** 1086
Europäische Wettbewerbsbehörden 74 50 ff.
Europäischer ergänzender Online-Dienst 65 20c
Europäischer Zahlungsbefehl, Einspruchsverfahren **100** 1090 ff.; im Europäischen Mahnverfahren und Hemmung der Verjährung **20** 204; Richtervorbehalt **96** 20; Überprüfung in Ausnahmefällen **100** 1092 f.; Vollstreckungsabwehrklagen **100** 1095 f.; Zwangsvollstreckung **100** 794; Zwangsvollstreckung aus einem **100** 1093 ff.
Europäisches Führungszeugnis 92 30b; Auskunft aus dem **92** 42
Europäisches Mahnverfahren 100 1087; nach ArbGG **83** 46b; Kosten **115** 1; Zuständigkeit des Rechtspflegers **96** 20
Europäisches Nachlasszeugnis als Nachweis der Erbfolge gem. GBO **114** 35; Richtervorbehalt **96** 16; Wertvorschriften **119** 40, 62
Europäisches System der Registervernetzung 50 9b; Eintragungen bei Formwechsel iSd UmwG **52a** 345, von Spaltungen **52a** 331, von Verschmelzungen **52a** 318
Europäisches Verfahren für geringfügige Forderungen **100** 1097 ff., gemeinsame Gerichte **100** 1104a, Kosten **115** 1, Ortsungebundenheit **100** 1100, Säumnis **100** 1103 f.
Europäisches Wettbewerbsrecht und GWB **74** 22; RL 2014/24/EU, Vergabe öffentlicher Aufträge **74** 130; Schadensersatzpflicht **74** 33a ff.; Vollzug durch Bundeskartellamt **74** 50 ff.; Vorteilsabschöpfung **74** 33 ff.; Zuwiderhandlungen, einstweilige Maßnahmen **74** 32a
Europarecht und bürgerliches Recht **21** Art. 3; grenzüberschreitende Umwandlungen **52a** 305 ff.; grenzüberschreitende vorläufige Kontenpfändung **100** 946 ff., Rechtsbehelfe **100** 953 ff., Richtervorbehalt **96** 20, Streitwertberechnung **115** 53, Vollziehung **100** 950 ff.; Internetzugangsdienste iSd **65** 20b, 137p; RL 2009/22/EG, Antragsrecht bei Verstoß gegen Urheberrecht **73** 8; RL 2011/77/EU, Schutzdauer des Urheberrechts **65** 137m; RL 2012/28/EU, Urheberrecht und institutionelle Nutzung **65** 137n; RL 2013/34/EU, befreiende EU/EWR-Konzernabschlüsse **50** 291 f.; RL (EU) 2015/2436, Markenrechtsangleichung **72**; RL (EU) Nr. 2019/790, urheberrechtliche Verträge **65** 133; Unterlassungsklage, grenzüberschreitende **105** 4d f., bei innergemeinschaftlichen Verstößen **105** 2a; Urheberrecht **65** 137e ff.; VO (EG) 1346/2000, Insolvenzverfahren **110a** 102; VO (EG) Nr. 1383/2003, Beschlagnahme bei Verletzung von Kennzeichenrechten **72** 146 ff.; VO (EU) 648/2012, Durchführung der VO und Insolvenzverfahren **110a** 102b; VO (EU) 910/2014, Beweiskraft elektronischer Dokumente **100** 371a; VO (EU) 1104/2016, Güterstand der Lebenspartnerschaften **21** Art. 229 § 47; VO (EU) 1259/2010, gleichgeschlechtliche Lebensgemeinschaften **21** Art. 17b; VO (EU) 2015/848, Insolvenzverfahren **110a** 102c; VO (EU) 2015/2302, Insolvenzsicherung im Reiserecht **20** 651s; VO (EU) 2016/679, Akteneinsicht nach der StPO **90** 476; **90a** 17, Auskunftsrechte nach dem

BZRG **92** 21a, 42, Berichtigungen im Zentralregister **92** 20, Einsichtnahme in Handelsregister **50** 10a, in Register iSd StVG **35** 36 ff., 53 ff., in Vereinsregister **20** 55a, 79a, Übermittlung nach dem BZRG an ausländische Stellen **92** 57 ff.; VO (EU) 2016/1103, gleichgeschlechtliche Lebensgemeinschaften, güterrechtliche Regelungen **21** Art. 17b; VO (EU) 2016/1191, öffentliche Urkunden **20** 1309; **100** 1118 ff., Zentralbehörde **100** 1118; VO (EU) 2017/1939, Europäische Staatsanwaltschaft **95** 142b; VO (EU) 2019/816–2019/218, Datenübermittlung nach dem BZRG **92** 58a ff.; VO (EU) 2019/1150, Antragsrecht bei Verstoß gegen **73** 8a; VO (EU) 2020/84, justizielle Zusammenarbeit in der EU **100** 1067 ff., Zustellungen **100** 183; VO (EU) Nr. 608/2013, Beschlagnahme bei Verletzung von Kennzeichenrechten **72** 146 ff., Maßnahmen der Zollbehörden nach dem UrhG **65** 111c, Verfahren **72** 150; VO (EU) Nr. 1151/2012, Schutz von geographischen Angaben oder Ursprungsbezeichnungen **72** 130 ff., 137; VO (EU) 2020/1503, Schwarmfinanzierungsdienstleister für Unternehmen **20** 513; VO (EU) 2024/1143, Schutz von geographischen Angaben oder Ursprungsbezeichnungen **72** 138 f.

Evaluierung der Auswirkungen des Urheberrechts-Wissensgesellschaftsgesetz **65** 142; von Fahreignungsseminaren **35** 4b; der Markttransparenzstellen **74** 47l; der Nutzung von Fahrzeugen mit autonomer Fahrfunktion **35** 1l; der Nutzung von Fahrzeugen mit hoch- oder vollautomatisierter Fahrfunktion **35** 1c, 1l; nach der SchuFV **102** 12a; des VDuG **105a** 50; der Verkürzung des Restschuldbefreiungsverfahrens **110a** 107; Videoverhandlungen in Zivilprozessen **101** 17; der Zusammenschlusskontrolle **74** 43a

Exhibitionismus 85 183

Existenzgründer, Darlehensvermittlungsvertrag **20** 655e; Finanzierungshilfen **20** 513; Schwarmfinanzierungsdienstleister VO (EU)2020/1503 **20** 513; Verbraucherdarlehensverträge **20** 513

Explosion durch Kernenergie **85** 307, 310; durch Sprengstoff **85** 308, 310

Exterritoriale, Deutsche, Gerichtsstand **100** 15; Gerichtsbarkeit über **95** 18 ff.

Fabrik, Haftpflicht des Unternehmers **33** 3; Zubehör **20** 98

Fachkammern am Arbeitsgericht, Besetzung **83** 30

Fahrbahn, Arbeiten auf **35a** 35; Gehen auf **35a** 25; Verschmutzung **35a** 32

Fahrbahnwechsel, Ankündigung **35a** 7

Fähre, Gefährdung einer **85** 318

Fahreignungs-Bewertungssystem 35 4

Fahreignungsregister 35 28 ff.; Auskunft an Betroffene **35** 30, 39a; Auskünfte aus dem vor Erteilung der Erlaubnis **35** 2; automatisierter Datenabruf **35** 30a ff.; Datenübermittlung **35** 30 ff.; Tilgung von Eintragungen **35** 29; und Verkehrszentralregister **35** 65

Fahreignungsseminare 35 4a; als Auflage im Strafverfahren **90** 153a; Evaluierung **35** 4b

Fahren ohne Fahrerlaubnis 35 21

Fahrerflucht 85 142; Entschädigungsfonds nach dem PflVG **63** 12 ff.

Fahrerlaubnis 35 2 ff.; ausländische **35** 2a, Entziehung **85** 69b; Befähigung **35** 2; Beschlagnahme des Führerscheins **90** 463b; Eignung zum Führen von Kfz **35** 2, Begutachtungsstellen **35** 6f; Eintragung bei Jugendlichen **89** 7; Entziehung **35** 3; **85** 51, 61, 69 f.; **90** 305, 407, Eintragung im Zentralregister **92** 52, nach verbotenen Straßenrennen **85** 69, Vollstreckungsverjährung **85** 79 ff., vorläufige **90** 111a; Erteilung **35** 2; und Fahreignungs-Bewertungssystem **35** 4; Fahren in Begleitung **35** 6e; Fahren ohne **35** 21; Sperre für die Erteilung **85** 69a

Fahrerlaubnis auf Probe 35 2a ff.; Alkoholverbot **35** 24c

Fahrerlaubnisbehörde 35 2; Aufgaben **35** 48; Datenübermittlung an Polizei **35** 3; Entzug der Fahrerlaubnis **35** 3; Mitteilungen an **35** 2, durch das Kraftfahrt-Bundesamt **35** 2c

Fahrerlaubnisregister 35 48 ff.; Auskunft an Betroffene **35** 58; Beendigung **35** 65; Datenabgleich zur Fehlerbeseitigung **35** 59; Datenübermittlung durch das **35** 52 ff., an ausländische Stellen **35** 55 f.; Mitteilungen aus dem **35** 2c; zentrales *s. a. dort*

Fahrgestellnummer *s. Fahrzeug-Identifizierungsnummer*

Fahrlässige Unkenntnis der Überschuldung der Erbschaft **20** 1980; des Vertreters **20** 166

Fahrlässigkeit 85 15; **94** 10; des Beamten **20** 839; Begriff **20** 276; des Erben **20** 1980; bei Geschäftsführung ohne Auftrag **20** 680; grobe **20** 277; Körperverletzung **85** 229; des Mieters **20** 536b; bei Schenkung **20** 521, 523 f., 529; des Schuldners **20** 287; bei unerlaubten Handlungen **20** 823; bei Verzug des Gläubigers **20** 300

Fahrlehrer 35 2; Durchführung von Aufbauseminaren **35** 2b; Seminarerlaubnis Verkehrspädagogik **35** 4a
Fahrverbot 85 51; **90** 111a, 450; Anordnung durch Gericht **90** 407; Beginn **90** 268c; Belehrung durch Richter **90** 268c, 409; Hauptverhandlung gegen Abwesende **90** 232; nach dem JGG **89** 8; mehrere **85** 44; als Nebenstrafe **85** 44; an Sonn- und Feiertagen **35a** 30; nach dem StVG **35** 25
Fahrzeugdaten 35 33 ff.; Übermittlung **35** 35 ff., an ausländische Stellen **35** 37 ff., an EU-Behörden **35** 37b f.
Fahrzeuge, Abschleppen **35a** 15a; Beleuchtung **35a** 17; Datenverarbeitung zu immissionsschutzrechtlichen Zwecken **35** 63c; geschlossene Verbände **35a** 27; mit hoch- oder vollautomatisierter Fahrfunktion **35** 1a ff., Datenverarbeitung bei **35** 63a f., Haftungshöchstbeträge **35** 12; Personenbeförderung **35a** 21; Pflichten des Führers **35a** 23; iSd PflVG **63** 1a
Fahrzeugführer, Haftung **35** 18, bei Unfällen mit Anhängern und Gespannen **35** 19a, 65; **62** 78; Pflichten **35a** 23; Rechte und Pflichten bei Nutzung eines Fahrzeuges mit hoch- oder vollautomatisierter Fahrfunktion **35** 1b; Verbot der Nutzung von Mobiltelefonen **35a** 23
Fahrzeughalter, Daten im Fahrzeugregister **35** 33 ff.
Fahrzeugpapiere, Verschaffen von falschen **85** 276a
Fahrzeugregister 35 31 ff.; anonymisierte Daten **35** 45; Datenabgleich zur Fehlerbeseitigung **35** 42; Datenlöschung **35** 44; Datenübermittlung **35** 43, Beschränkungen **35** 40, zur Durchsetzung von Ansprüchen **35** 39, Sperren **35** 41; Datenübermittlung aus dem **35** 35 ff.; örtliches **35** 31 ff.
Fälligkeit des Anspruchs des Aktionärs auf Bilanzgewinn **51** 58; der Darlehensrückerstattung **20** 488; der Darlehenszinsen **20** 488; Einziehungsrecht, Verkaufsberechtigung des Pfandgläubigers bei **20** 1228, 1282; der Forderung **20** 1078; der Gebühren bei Dauerpflegschaften **118** 10, in Ehesachen und selbständigen Familienstreitsachen **118** 9, bei Vormundschaften **118** 10; der Geldschuld **20** 291; Gerichtsgebühren **115** 6 ff.; bei Insolvenzverfahren **110** 41; des Kapitals der Grundschuld **20** 1193; der Leistung **20** 271 f.; der Miete **20** 579; des Vermächtnisses **20** 2181; der Versicherungsprämie **62** 33; Zahlung vor Eintritt der **20** 272
Falsche uneidliche Aussage 85 153 ff.; im Ausland **85** 5
Falsche Verdächtigung 85 164
Falscheid, fahrlässiger **85** 161
Falschmeldung über eine Straftat **85** 145d
Fälschung des Protokolls **90** 274; von Zahlungskarten **85** 152a, mit Garantiefunktion **85** 152b
Familie, Lebensbedarf **20** 1360a; Schutz der **1** 6; Straftaten gegen **85** 169 ff.; Trennung des Kindes von Eltern **20** 1666a
Familienangehörige des Erblassers, Unterhaltsberechtigung **20** 1969; eine Mündels, Anhörung **112** 168c
Familienbilder im Nachlass **20** 2373
Familiengericht, Ablehnung der fortgesetzten Gütergemeinschaft **20** 1484; Adoption von Volljährigen **20** 1767 ff.; Änderung der Bestimmungen über Unterhalt **20** 1612; Änderung und Prüfung von gerichtlichen Entscheidungen/gebilligten Vergleichen **20** 1696; Aufhebung des Annahmeverhältnisses **20** 1760 ff., von Amts wegen **20** 1763; Befreiung von Eheverbot **20** 1308; Beratung und Aufsicht des Vormunds **20** 1802 f.; Beschluss über Annahme als Kind **20** 1752; Bestellung eines Vormundes für Minderjährige **20** 1774 ff.; **112** 168 ff., Auswahl **20** 1778 ff., Übernahmepflicht **20** 1785, vorläufiger **20** 1781; elektronischer Rechtsverkehr mit Versorgungsträgern **112** 229; Entscheidung bzgl. Auskunftsrecht **20** 1686, über elterliche Sorge nach Trennung der Eltern **20** 1671, bei Verhinderung der Eltern **20** 1693, iRd Vormundschaft **20** 1793; Erinnerung gegen den Kostenansatz, Beschwerde **118** 57; Ermächtigungsersetzung für Arbeitsverhältnis **20** 113; Ersetzung der Zustimmung des Ehegatten bei Gütergemeinschaft **20** 1426, 1430; Familienpflege **20** 1688; Genehmigung der Aufhebung eines Erbvertrags **20** 2290, von Eheverträgen **20** 1411, für Erwerbsgeschäft eines Minderjährigen **20** 112, der Gütergemeinschaftsaufhebung **20** 1492 f., von Rechtsgeschäften des Kindes **20** 1644, von Rechtsgeschäften des Vormundes **20** 1799 f., der Unterbringung eines Kindes mit Freiheitsentziehung **20** 1631b, eines Verzichts auf Gesamtgutsanteil **20** 1491; Gerichtskosten **118** 1; im Jugendgerichtsverfahren **89** 67; Kindeswohlprinzip **20** 1697a; Kostenansatz und Nachforderung **118** 18; Maßnahmen bei Gefährdung des Kindesvermögens **20** 1667, des Kindeswohls **20** 1666 f.; Mitteilungen an **20** 1999, bei Jugendstrafverfah-

ren **89** 70; Mitteilungs- und Informationspflichten **112** 22a; Mitwirkung bei Ausübung der elterlichen Sorge **20** 1628, bei elterlichen Maßnahmen **20** 1631, bei Kindesvermögensverwaltung **20** 1630; Ruhen der elterlichen Sorge **20** 1674; Stundung von Ausgleichsforderung **20** 1382; Übertragung der elterlichen Sorge **20** 1678, 1680, von Gegenständen auf Grund von Ausgleichsforderung **20** 1383; Überweisung durch Richter nach JGG **89** 53; Verfahrensfähigkeit **112** 125; Versorgungsausgleichsvereinbarungen **48** 6; Vorschuss und Vorauszahlung **118** 12; Wertfestsetzung für die Gerichtsgebühren **118** 55; zuständiges Gericht **95** 72; Zuständigkeit **20** 1382, 2331a; **95** 23b, des OLG **95** 119, bei Personensorge **20** 1632; Zustimmung bei Gesamtgutsverwaltung **20** 1452; Zustimmungsersetzung zu Verfügungen von Ehegatten **20** 1365 f., 1369

Familienname **20** 1355; **21** Art. 10; Begleitname **20** 1355a; Unterschrift des Erblassers **20** 2247

Familienpapiere im Nachlass **20** 2047, 2373

Familienpflege **20** 1630, 1632, 1688; Mitwirkung des Jugendamtes **20** 1630

Familienrecht **20** 1297 ff.; im Beitrittsgebiet **21** Art. 234; internationales Privatrecht **21** Art. 13

Familienrechtliche Ansprüche, Verjährung **20** 194

Familienrichter, Überweisung des Jugendlichen an **89** 53

Familiensachen **112** 111; Abgabe an anderes Gericht **112** 4, an Gericht der Ehesache **95** 23b; Akteneinsicht **112** 13; allgemeine Verfahrensvorschriften **112** 1 ff.; Antragsrücknahme und Beendigungserklärung **112** 22; Aufgabenübertragung an Notare **112** 493; Ausnahmen von Vorschuss und Vorauszahlung **118** 15; Ausschließung und Ablehnung von Gerichtspersonen **112** 6; Ausschluss der Öffentlichkeit **95** 170; Begriff und Verfahren **112** 111 ff.; Beiordung von Rechtsanwälten, Vergütung **117** 48; Beschluss **112** 116; Beschwerde **112** 58 ff.; Beteiligtenfähigkeit **112** 8; für denselben Personenkreis **95** 23b; Einbeziehung weiterer Beteiligter und dritter Personen **112** 139; einstweilige Anordnung **112** 49 ff.; elektronische Akte und elektronisches Dokument **118** 8; elektronische Aktenführung **112** 14; Entscheidung durch Beschluss **112** 38; Entscheidungsgrundlage des Gerichts **112** 37; Erlöschen der Zahlungspflicht **118** 25; Gerichtsbarkeit **95** 13; Gerichtskosten **118** 1; Höchstwert des Verfahrens **118** 33; Kosten **115** 1; Kostenansatz, Nachforderung und Nichterhebung **118** 18 ff.; Kostenfreiheit **118** 2; Kostenhaftung **118** 21 ff.; örtlich zuständiges Gericht **112** 2; Rechtsanwaltsgebühren **117** 39; Rechtsbeschwerde **112** 70 ff.; Rechtsmittel **112** 489; Rechtsweg **95** 17a; Reformgesetz **112a**; Richtervorbehalt **96** 14; sonstige **112** 266 ff.; Termin **112** 32 ff.; Verfahren in **112**, Antrag auf Einleitung **112** 23 ff., mit Auslandsbezug **112** 97 ff.; Verfahrensaussetzung **112** 21; Verfahrensbeteiligte **112** 7; Verfahrensfähigkeit **112** 9; Verfahrenskostenhilfe **112** 76 ff.; Verfahrensleitung **112** 28; Verfahrensverbindung und -trennung **112** 20; Verweisung bei Unzuständigkeit **112** 3; Verweisung, Abgabe, Fortführung einer Folgesache als selbständige **118** 6; Vollstreckung **112** 86 ff.; Vorrang des Völkerrechts und Unberührtheit von Rechtsakten der EG **112** 97; Zuständigkeit des Amtsgerichts **95** 23a, des Rechtspflegers **96** 25

Familiensachengerichtskostengesetz **118**; Kostenverzeichnis **118** Anl. 1, Anl. 2; Neufassungen **118** 62a; Übergangsvorschriften **118** 63

Familienstreitsachen, Antrag **112** 113; Antragsgegner **112** 113; Antragssteller **112** 113; Anwaltszwang mit Ausnahmen **112** 114; Anwendung der ZPO **112** 113; Ausnahmen von Vorschuss und Vorauszahlung **118** 15; Begriff **112** 112; Beteiligte **112** 113; Einstweilige Anordnung und Arrest **112** 119; Endentscheidung mit Rechtskraft **112** 116; Fälligkeit der Gebühren in selbständigen **118** 9; Rechtsmittel **112** 117; Verfahren **112** 113; Vollstreckung **112** 120; Wiederaufnahme **112** 118; Zurückweisung von Angriffs- und Verteidigungsmitteln **112** 115; Zustellung nach Gebührenzahlung **118** 14

Faustpfandrecht **20** 1205; **100** 804; Einrede des Schuldners **100** 838

Fehler des Produkts **27** 3; der Sache bei Leihe **20** 600, bei Miete **20** 537 f., bei Schenkung **20** 524

Fehlerhafter Besitz **20** 858 ff., 2025

Fehlgeburt, Ansprüche der Mutter **20** 1615n

Feiertage, Fahrverbot an **35a** 30; Fristende an einem **20** 193; Termine an **20** 193

Feldfrüchte, Pfändung **100** 813

Fernabsatzverträge **20** 312c ff.; Informationspflichten **20** 312d f.; **21** Art. 229 § 11, Art. 229 § 32, Art. 246a, Art. 246b §§ 1,

2, Anlage 3b zu 246b, Anlagen 1, 2 zu 246a; Klagen nach dem UKlaG **105** 2; Kündigung **20** 312h; schriftliche Bestätigung **20** 312f; und Teilzahlungsvereinbarung **20** 507 f.; Verbraucherdarlehensverträge **21** Art. 247; Widerrufsrecht **20** 312g, 356 ff.

Fernkommunikationsmittel, Begriff **20** 312c

Fernmeldegeheimnis **1** 10; Untersuchungsausschüsse des Bundestages **1** 44; strafbare Verletzung **85** 206; Verwirkung **1** 18

Fernsehaufnahmen von Gerichtsverhandlungen **83** 52, 72; **95** 169; **95a** 43

Fernunterrichtsverträge, Klagen nach dem UKlaG **105** 2

Festgebühren der Gerichtsvollzieher **123** 10 ff.

Festnahme, Ausschreibung zur **90** 131; einer Person zur Selbsthilfe **20** 229 ff.; richterliche Entscheidung **1** 104; von Störern **90** 164; wegen Straftat während der Sitzung **95** 183; wegen Ungebühr **95** 177; vorläufige **90** 127 ff.

Festsetzung des Geschäftswerts **119** 79; des Streitwerts **115** 61 ff.; der Vergütung des Rechtsanwalts durch den Rechtspfleger **96** 21, 23

Festsetzungsbeschluss in Unterhaltssachen **112** 253

Feststellung des geringsten Gebots bei Zwangsversteigerung **108** 45; des Grundstückswertes bei Zwangsversteigerung **108** 74a; der Insolvenzforderungen **110** 178 ff.; eines Rechtsverhältnisses **100** 256, 506; der Vaterschaft, einstweilige **112** 248, bei künstlicher Befruchtung **20** 1600d; **21** Art. 229 § 46, Unterhalt **112** 237

Feststellungsklage **100** 256, 506; und Hemmung der Verjährung **20** 204; im Insolvenzverfahren **110** 180 ff.; Musterfeststellungsklage *s. a. dort;* auf Nichtigkeit einer Kündigung **84** 13; auf Unwirksamkeit einer Kündigung **84** 4 ff., *s. a. Kündigungsschutzklage;* und -widerklage **100** 256, 506; Zwischenfeststellungsklage **100** 256

Feuer, Anzünden **85** 306f

Feuerversicherung beim Erbbaurecht **41** 23; des Hypothekengegenstandes **20** 1127 ff.; des Nießbrauchsgegenstandes **20** 1045 f.

Feuerwehr, Sonderrechte im Straßenverkehr **35a** 35; Unfälle **20** Anm. zu 618

Fideikommisse **21** Art. 59

Fiktion von Erklärungen **20** 308; des Fortbestehens der Vollmacht **20** 169; der Schriftform **100** 130e

Filiale *s. Zweigniederlassung*

Filmaufnahmen von Gerichtsverhandlungen **83** 52, 72; **95** 169; **95a** 43

Filmhersteller, Urheberrechtsschutz **65** 94, 128

Filmschaffende, Streitigkeiten aus Tarifvertrag **83** 101

Filmwerke, Urheberrechtsschutz **65** 2, 88 ff., Dauer **65** 65

Finanzdienstleistungen, Verträge über, Informationspflichten **21** Anlage 3 zu 246b

Finanzdienstleistungsaufsicht, Bundesanstalt für **51** 71, *s. dort*

Finanzdienstleistungsinstitute, Bewertung von Vermögensgegenständen **50** 340e; Handelsbücher **50** 340e ff.; Jahresabschluss, Lagebericht **50** 340 ff., nichtfinanzielle Erklärung **50** 340a; *s. a. Kreditinstitute*

Finanzdienstleistungsverträge **20** 312; Informationspflichten **20** 312d; **21** Art. 229 § 11, Art. 246b §§ 1, 2, Anlage 3 zu 246b, Anlage 3b zu 246b; Widerruf **20** 357a; *s. a. Verbraucherdarlehensvertrag*

Finanzgerichtsbarkeit, Verfahrenskosten **115** 1, 52

Finanzierung von terroristischen Straftaten **85** 89c

Finanzierungshilfen, entgeltliche **20** 506 ff., Informationspflichten **21** Art. 247 § 12; für Existenzgründer **20** 513; unentgeltliche **20** 515; **21** Art. 229 § 40; bei Verbraucherdarlehen, Vermittlung **20** 655a ff.; vorzeitige Rückzahlung **20** 506

Finanzleistungen im Insolvenzverfahren **110** 104

Finanzmarktintegritätsstärkungsgesetz und Aktiengesetz **51a** 26k; und Genossenschaften **53** 173; und GmbHG **52** 26k; **52/1** 9; und HGB **50a** 86

Finanztermingeschäfte und Insolvenzverfahren **110a** 105

Fingerabdrücke bei Durchführung eines Strafverfahrens **90** 81b

Firma **50** 3; Änderung der **50** 21, 31 ff.; Anmeldepflicht **50** 25; Anmeldung zum Handelsregister **50** 29 ff., Änderung und Erlöschen **50** 31; bei Ausscheiden bzw. Eintritt eines Gesellschafters **50** 24; Ausschließlichkeit **50** 30; notwendige Bezeichnungen **50** 19; Erlöschen **112** 393; Erwerb **50** 22; bei Erwerb des Handelsgeschäfts **50** 22; Fortführung **51a** 26a, bei Formwechsel **52a** 200; der Genossenschaft **53** 3; der GmbH **52** 4; der juristischen Person **50** 33 ff.; des Kaufmanns **50** 17 f.; der KG **50** 19; der KGaA **51** 279;

Namensänderung des Inhabers bzw. des Gesellschafters **50** 21; der OHG **50** 19, Erlöschen **50** 150; und Schuldübernahme **50** 25; Übertragbarkeit **50** 22; Unterscheidbarkeit **50** 30; unzulässiger Gebrauch **50** 37; **112** 392; Veräußerungsverbot **50** 23; bei Verschmelzung **52a** 18; Wahlfreiheit **50** 22; Wahrheit **50** 18

Firmenwert, Tilgung durch Abschreibung **50** 309

Fische, Eigentum **20** 960

Fischerei 21 Art. 69

Fiskus, Aneignung von Grundstücken **20** 928; **21** Art. 190; Anfall von Vereinsvermögen **20** 45 f.; als Erbe **20** 1964 ff., keine Ausschlagung **20** 1942; Gerichtsstand **100** 18; Haftung für Beamte **20** 89; Hinterlegung **20** 233; keine Inventarfrist **20** 2011; Zwangsvollstreckung gegen **100** 882a

Fixgeschäft, handelsrechtliches **50** 376; im Insolvenzverfahren **110** 104

Flaggen als Schutzhindernisse iSd MarkenG **72** 8; strafbare Verletzung **85** 104; strafbare Verunglimpfung **85** 90a, der europäischen **85** 90c

Flößerei 21 Art. 65; privatrechtliche Verhältnisse **20** Anm. zu 1257; Zuständigkeit des Gerichts **95** 23

Flucht, Verfolgung Flüchtiger in anderes deutsches Land **95** 167; nach Verkehrsunfall **85** 142

Flüchtlinge, Recht der Verfolgung auf Gebiete anderer deutscher Länder **95** 167; Rechtsstellung (Personalstatut) **21** Art. 7

Flugzeuge, Erlangung der Herrschaft über **85** 316c; Straftaten in deutschen **85** 4

Flurbereinigung 21 Art. 113

Flussbett 21 Art. 65

Folgesachen in Scheidungssachen **112** 137; als selbständige Familiensachen, Kosten **118** 6

Fonds für allgemeine Bankrisiken 50 340e

Forderungen, Abtretung von Gehaltsforderungen **20** 411; Anmeldung im Aufgebotsverfahren der Nachlassgläubiger **112** 459; Anmeldung im Insolvenzverfahren **110** 174 ff.; Anschlusspfändung **100** 853 ff.; Aufrechnung **20** 387 ff., bei Beschlagnahme **20** 392, gegen unpfändbare **20** 394; Auswechslung bei Hypothek **20** 1180; beschränkt pfändbare **100** 852; Einziehung einer dem Nießbrauch unterliegenden **20** 1077 ff.; Erbschaftsforderung **20** 2111; Feststellung im Insolvenzverfahren **110** 178 ff.; aus einer Gemeinschaft **20** 756; Gerichtsstand **100** 23; geringfügige, Europäisches Verfahren für **100** 1097 ff., *s. a. dort;* Nießbrauch **20** 1070, 1074 ff.; Pfändbarkeit **100** 851; Pfandrecht **20** 1279 ff.; Rangordnung im Insolvenzverfahren **110** 39, 327; als Sicherheit **20** 232, 236, 238; Übergang kraft Gesetzes **20** 268, 426; Übertragung **20** 398 ff., 1153 ff.; **21a** 14; unpfändbare *s. dort;* Verjährung **20** 194 ff.; Verkauf **20** 754; Vermächtnis **20** 2173, 2175; Verpfändung **20** 1279 ff.; Wiederaufleben bei Insolvenzplan **110** 255; Zwangsvollstreckung in **100** 828 ff.

Forderungsabtretung aus Verbraucherdarlehensvertrag **20** 493

Forderungsübergang, anzuwendendes Recht **21a** 15; bei Gewährung von Unterhalt **20** 1607; kraft Gesetzes **20** 774, 1143, 1225, 1249, 1251

Forensische Ambulanz 85 68a

Form, gesetzliche **20** 126; letztwilliger Verfügungen bei Ausschließung eines Abkömmlings **20** 1516; Mangel der **20** 125, *s. a. Formmängel;* der Rechtsgeschäfte **20** 125 ff., über Erwerb oder Veräußerung von Immobilien **20** 311b; *s. a. Schriftform, Textform*

Formkaufmann 50 6; Aktiengesellschaft **51** 3; Genossenschaft als **53** 17

Formmängel, Heilung **20** 311b, 518; **100** 1031; Nichtigkeit von Rechtsgeschäften **20** 125; beim Verbraucherdarlehensvertrag **20** 494

Formwechsel iSd UmwG 52a 190 ff.; Abfindung **52a** 207 ff.; Anmeldung **52a** 198 f., 222 f., 235, 246, 254, 265, 278, 286, 296, 342; Beschluss **52a** 193 ff., 243 f.; in eine eG **52a** 251 ff.; von eG **52a** 258 ff.; Eintragung **52a** 202, 345; grenzüberschreitende **83** 2a; von Kapitalgesellschaften **52a** 226 ff.; von Partnerschaftsgesellschaften **52a** 225a ff.; von Personen(handels)gesellschaften **52a** 214 ff.; Wirkungen **52a** 202, 236, 247, 255, 266, 280, 288, 298

Forschung, Freiheit der **1** 5; gesetzlich erlaubte Nutzung geschützter Werke **65** 60c f.

Forstwirtschaftliche Grundstücke, Anerbenrecht **21** Art. 64; Realverbände **21** Art. 164; Zwangsversteigerung **108** 21; Zwangsverwaltung **108** 149

Fortbewegungsmittel, besondere, keine Fahrzeuge iSd StVO **35a** 24

Fortgesetzte Gütergemeinschaft, Gesamtgutsverbindlichkeiten **20** 1488; Insolvenz **110** 11, 37, 83; im Nachlassinsolvenzverfahren **110** 332; Zwangsvollstreckung **100** 745

Fortgesetzte Handlung 85 52

Frachtbrief, Beweiskraft **50** 409; elektronischer **50** 408
Frachtführer, ausführender **50** 437; Ladescheine der **50** 363; nachfolgender **50** 442
Frachtgeschäft **50** 407 ff.; ausführender Frachtführer **50** 437; außervertragliche Ansprüche **50** 434, 436; Beförderungs- und Ablieferungshindernisse **50** 419; Begleitpapiere **50** 413; gefährliches Gut **50** 410; Gerichtsstand **50** 440; Haftung des Absenders **50** 414, für Güter- und Verspätungsschäden **50** 425; Haftung für andere **50** 428; Haftungsausschluss **50** 426 f.; Haftungshöchstbetrag **50** 431, 433; Kündigung des Frachtvertrags **50** 415; Ladeschein im **50** 444 ff., Traditionswirkung **50** 448; Lieferfrist **50** 423; Nachnahme **50** 422; Nichteinhaltung der Ladezeit **50** 417; Pfandrecht **50** 441, 443; Rechte des Empfängers **50** 421; Schadensanzeige **50** 438; Schadensfeststellungskosten **50** 430; Standgeldzahlung **50** 421; Teilbeförderung **50** 416; abweichende Vereinbarungen über Haftung **50** 449; Verjährung **50** 439; Verladen und Entladen **50** 412; Verlustvermutung **50** 424; Verpackung und Kennzeichnung **50** 411; Wegfall der Haftungsbefreiung und -begrenzungen **50** 435; nachträgliche Weisungen **50** 418; Wertersatz **50** 429; Zahlung, Frachtberechnung **50** 420; Zahlungspflicht **50** 421
Frachtvertrag **50** 407; mit verschiedenen Beförderungsmitteln **50** 452 ff.; Kündigung **50** 415; Schadensanzeige **50** 452b; Schadensort **50** 452a; abweichende Vereinbarungen **50** 425d; Verjährung **50** 452b
Fragerecht in der Hauptverhandlung **90** 240
Frauen, Abtreibung **85** 218 ff.; Berücksichtigung geschlechtsspezifischer Umstände bei der Strafbemessung **85** 46; **85a** 316n f.; gleichberechtigte Teilhabe an Führungspositionen **50a** 73, in Aktiengesellschaften **51** 96, 250; **51a** 25, in Genossenschaften **53** 9, in der GmbH **52** 52; **52/1** 5; Gleichberechtigung **1** 3, 117; in der Unternehmensführung von Aktiengesellschaften **51** 76; **51a** 26l, von Genossenschaften **53** 9, 168, 174, der GmbH **52** 36, von GmbH **52/1** 10, von Kapitalgesellschaften **50** 289f, 341n; **50a** 87; Verstümmelung weiblicher Genitalien **85** 226a
Freie Berufe, Partnerschaftsgesellschaften **50b**
Freie Beweiswürdigung im Strafprozess **90** 261; im Zivilprozess **100** 286 f.
Freigabe einer Sicherheitsleistung **90** 123
Freihändiger Verkauf statt Versteigerung **20** 385
Freiheit als Grundrecht **1** 2 ff.; Schadensersatz wegen Verletzung der **20** 823, 845 ff.; Straftaten gegen die persönliche **85** 232 ff.
Freiheit der Person **1** 2, 104
Freiheitlich demokratische Grundordnung, Schutz **1** 9, 87a
Freiheitsberaubung **85** 239; Ausbeutung unter Ausnutzung einer **85** 233a
Freiheitsentziehende Maßregeln **85** 63 ff.
Freiheitsentziehung bei einer betreuten Person **20** 1831; **112** 312; Dauer und Verlängerung **112** 425; gerichtliche Überprüfung der Verwaltungsmaßnahme **112** 428; gerichtliches Verfahren **112** 415 ff.; zur Identitätsfeststellung **90** 163c; bei Jugendlichen, Information der Erziehungsberechtigten **89** 67a; für Minderjährige als Kindschaftssache **112** 151; bei Unterbringung eines Kindes **20** 1631b
Freiheitsentziehungssachen, keine Rechtsmittel vor OLG **95** 119; Kostenschuldner **119** 23; Landgericht als Beschwerdegericht **95** 72; Verfahren **112** 415 ff.; Zuständigkeit des Amtsgerichts **95** 23a
Freiheitsentzug bei Jugendlichen, Information der Erziehungsberechtigten **89** 67a; Jugendstrafe als **89** 17 f.
Freiheitsstrafe, Androhung von Mindestmaß **85a** 11; Anrechnung des Maßregelvollzugs **85a** 302; Aufschub **90** 455 f.; Aussetzung des Strafrestes **85** 57; Aussetzung zur Bewährung **85** 57a; **90** 454 ff.; Bemessung **85** 39, 52 ff.; Dauer **85** 38; Eintragung im Zentralregister **92** 3 f.; Ersatzfreiheitsstrafe **85** 43; und Freiheitsentzug im Ausland **90** 450a; und Geldstrafe **85** 47; Hauptverhandlung ohne Angeklagten **90** 232; Höchstmaß **85** 38 f.; und Krankenhausaufenthalt **90** 461; kurze **85** 47; Mindestmaß **85a** 298; Strafaussetzung zur zur Bewährung **85** 56; und Untersuchungshaft **90** 450; Verfolgungsverjährung **85** 78; Vollstreckung **90** 454b, durch Rechtshilfe **95** 162 f., Vollzugsuntauglichkeit **90** 455; Vollstreckung und Vollzug, Eintragung im Zentralregister **92** 15; Vollstreckungsverjährung **85** 79 ff.; Vollzug bei Jugendstrafen **89** 89a, 114; Wiederinvollzugsetzung **85** 67h; Zusammentreffen mit Geldstrafe **85** 53 f.
Freispruch, Aufhebung des Haftbefehls **90** 120; ohne Hauptverhandlung **90** 371;

Kostenlast **90** 467; im Revisionsrechtszug **90** 354; durch Urteil **90** 267; im Wiederaufnahmeverfahren **90** 371

Freiwillige Gerichtsbarkeit 95 13; **112**; Abgabe an anderes Gericht **112** 4; Akteneinsicht **112** 13; allgemeine Verfahrensvorschriften **112** 1 ff.; Antragsrücknahme und Beendigungserklärung **112** 22; Aufgabenübertragung an Notare **112** 493; Ausschließung und Ablehnung von Gerichtspersonen **112** 6; Ausschluss der Öffentlichkeit **95** 170; Beschwerde **112** 58 ff.; Beteiligtenfähigkeit **112** 8; einstweilige Anordnung **112** 49 ff.; elektronische Aktenführung **112** 14; Entscheidung durch Beschluss **112** 38; Entscheidungsgrundlage des Gerichts **112** 37; Fristen **112** 16; Gerichtskosten **119** 55 ff.; Rechtsbeschwerde **112** 70 ff.; Rechtsmittel **112** 489; Rechtsweg **95** 17a; Reformgesetz **112a**; Richtervorbehalt **96** 14, 16; Termin **112** 32 ff.; Verfahren **112** 410 ff.; Verfahren im ersten Rechtszug **112** 23 ff.; Verfahren mit Auslandsbezug **112** 97 ff.; Verfahrensaussetzung **112** 21; Verfahrensbeteiligte **112** 7; Verfahrensfähigkeit **112** 9; Verfahrenskostenhilfe **112** 76 ff.; Verfahrensleitung **112** 28; Verfahrensverbindung und -trennung **112** 20; Verweisung bei Unzuständigkeit **112** 3; Vollstreckung **112** 86 ff.; Vorrang des Völkerrechts und Unberührtheit von Rechtsakten der EG **112** 97; Wiedereinsetzung **112** 17 ff.; Zuständigkeit **95** 23a

Freiwillige Versteigerung von Grundstücken, Geschäftswert **119** 116

Freizügigkeit 1 11, 117

Fremdenfeindlichkeit, Berücksichtigung bei der Strafbemessung **85** 46; **85a** 316n f.

Frischguttransporte 35a 30

Frist für Abfassung des Strafurteils **90** 275; für Anfechtung der Annahme der Erbschaft **20** 1954, der Ausschlagung der Erbschaft **20** 1954, des Erbschaftserwerbs wegen Erbunwürdigkeit **20** 2340, des Erbvertrags **20** 2283, einer letztwilligen Verfügung **20** 2082 f.; zur Anfechtung von Willenserklärungen **20** 121, 124; zur Annahme des Antrags **20** 148, von Schenkungen **20** 516; Anstaltsunterbringung **85** 67a, 67c f.; für Antrag auf gerichtliche Entscheidung über Justizverwaltungsakte **95a** 26 f.; für Aufgebot **112** 437, gegenüber Nachlassgläubigern **112** 458; für Aufgebotsverfahren zur Kraftloserklärung von Urkunden **112** 476; Auslegungsvorschriften **20** 186 ff.; Ausschlagung der Erbschaft **20** 1943 f., 2306; zur Ausübung des Vorkaufsrechts **20** 469; Beginn nach dem FamFG **112** 16; Berechnung **90** 42 f.; für Berufung **90** 314; für Berufungsbegründung **90** 317, 320; für Beschwerden **83** 66, 74, 89; **90** 311, gegen Ordnungsmittel **95** 181; für Besitzberechtigung bei Grundstücken **21** Art. 233; nach dem BGB **20** 186; für Einberufung der Hauptversammlung **51** 123; für Einspruch gegen Strafbefehle **90** 409; zur Erfüllung von Auflagen und Weisungen **90** 153a; nach GenG bei Anfechtungsklage **53** 111, bei Insolvenz **53** 107; für Gewinnabschöpfung nach dem GWB **74** 34; beim Kauf auf Probe **20** 455; für Kündigungserklärung nach dem GenG **53** 65; für Kündigungsschutzklage **84** 4 f.; zur Mängelbeseitigung bei Insolvenzantrag **110** 13; für Mieterhöhungen **20** 558, 559b; Offenlegung des Jahresabschlusses **50** 325 ff., des Lageberichts **50** 325 ff.; für Rechtsbehelfe nach dem RPflG **96** 11; bei Rechtsgeschäften **20** 186 ff.; für Revision **90** 341, Begründung **90** 345 f.; Rüge gem. § 556g BGB **21** Art. 229, Art. 229 § 51; für Schuldübernahme **20** 415; Schutzfristen nach dem UrhG **65** 64 ff., 87d, 138; für Strafantrag **85** 77b; für Tilgung von Eintragungen im Zentralregister **92** 47; für Urteilsverkündung **90** 268; für Verbindlichkeiten nach Firmenübertragung **50** 26; Verlängerung **20** 190; für Vertragsübertragung bei Pauschalreisen **20** 651e; des Vorkaufsrechts **20** 2034; vorzeitiger Ausgleich des Zugewinns **20** 1385; für Widerrufsrechte **20** 355 ff.; für Wiedereinsetzungsgesuch **90** 44, im Berufungsrechtszug **90** 329; zur Wiederherstellung des früheren Zustandes **20** 250; beim Wiederkauf **20** 462; für Zahlung der Geldstrafe **85** 42

Fristen im Zivilprozess, Abgabe von Erklärungen **100** 283; für Antrag auf Vollstreckungsbescheid **100** 699; für Berufung **100** 517 f.; Einspruch gegen Versäumnisurteil **100** 339; für Einspruch gegen Europäischen Zahlungsbefehl **100** 1090; Klageerwiderung **100** 275 ff., im Mahnverfahren **100** 697; Übermittlungsfrist für Urteile **100** 315; Urteilsberichtigung **100** 320 f.; Zustellung von Urteil mit Vollstreckungsklausel **100** 750

Fristlose Kündigung des Arbeits-/Dienstverhältnisses **20** 626; des Handelsvertretervertrages **50** 89a; von Landpachtverhältnissen **20** 594h; der Mietsache **20** 543, 569

Fristsetzung bei gegenseitigem Vertrag vor Rücktritt **20** 323; bei Leistungsverweigerung des Schuldners **20** 281
Früchte **20** 99; Aufwendungen **20** 998; Eigentumserwerb **20** 953 ff., 1039, durch Erbschaftsbesitzer **20** 2020; Entscheidung über F. nur auf Antrag **100** 308; Ersatz des Wertes durch den Verpächter **20** 596a; bei der Gemeinschaft **20** 743; Haftung für Hypothek **20** 1120 ff.; Herausgabe **20** 993; keine Berücksichtigung für Verfahrenswert **118** 37; Kosten der Ziehung **20** 102, 998; Nachbarrecht **20** 911, 923 f.; beim Nießbrauch **20** 1039; Pfändung der F. auf dem Halm **100** 810; Recht des Vorerben **20** 2133; und Verjährungseintritt **20** 217; der vermachten Sache **20** 2184; Versteigerung **100** 824; Verteilung unter mehreren Berechtigten **20** 101, 2038
Führerschein **35** 2 ff.; Verlust **35** 5; *s. a. Fahrerlaubnis*
Fuhrleute, Zuständigkeit des Amtsgerichts wegen Streitigkeiten mit **95** 23
Führungsaufsicht **85** 68 ff., 321; **85a** 303; Aufsichtsstelle **85** 68a; Aussetzung der Vollstreckung **85** 67b f.; Beendigung **85** 68e; bei Bewährung **85** 68g; Dauer **85** 68c; forensische Ambulanz **85** 68a; bei Geldwäsche und Hehlerei **85** 262; Maßregeln **85** 61; bei Menschenhandel und Ausbeutung **85** 233b; bei Menschenraub und Geiselnahme **85** 239c; Ruhen **85** 68e; unbefristete **85** 68c, keine Vollstreckungsverjährung **85** 79; Verstoß gegen Weisungen **85** 145a; bei vollständiger Strafverbüßung **85** 68f; Vollstreckung durch Aufsichtsstellen **90** 463a; Voraussetzungen **85** 68; Weisungen **85** 68b
Führungszeugnis **92** 30 ff.; elektronischer Antrag **92** 30c; erweitertes **92** 30a; Inhalt **92** 32 ff., bei sexualisierter Gewalt gegen Kinder **92** 33 f., 41, 45 f., 69; unbeschränkte Auskunft **92** 41 ff.
Fund **20** 965 ff.; Ablieferung **20** 967; in Beförderungsmitteln **20** 978 ff.; Eigentumserwerb des Finders **20** 973 f.; Finderlohn **20** 971, 978; öffentliche Versteigerung **20** 966; Rechte des Finders **20** 975; zuständige Behörden **20** 965 ff.
Funksendungen, Urheberrechtsschutz **65** 22, 87; Vervielfältigung durch Sendeunternehmen **65** 55
Fürsorgeerziehung **89** 9, 12; Anordnung **89** 8
Fürsorgemaßregeln, Zuständigkeit des Familiengerichts **112** 152
Fürsorgepflicht gegenüber Handlungsgehilfen **50** 62; gegenüber Kindern, strafbare Vernachlässigung **85** 171
Fußgänger, Abstand beim Überholen von **35a** 5; im Straßenverkehr **35a** 25 f.; Verhalten im Verkehr **35a** 18
Fußgängerüberwege **35a** 26; Halteverbot **35a** 12
Fußwege, Vorfahrtsrecht bei **35a** 19
Fütterungskosten bei Leihe eines Tieres **20** 601

Garantenstellung, Voraussetzung für Unterlassungsdelikte **85** 13
Garantie beim Kauf **20** 443
Garantieerklärung **20** 443; beim Verbrauchsgüterkauf **20** 479
Gas, Großhandel mit, Markttransparenzstelle **74** 47a ff.
Gasanlagen, Haftung für Schäden **33** 2, 10
Gase, Immission **20** 906
Gastschulaufenthalte, reisevertragliche Vorschriften **20** 651u; **21** Art. 250 § 9, Anlage 12 zu 250 § 9
Gaststättenverbot für Jugendliche **89** 10
Gastwirt, Haftung **20** 701 ff.; Pfandrecht **20** 704
Gattungsschenkung **20** 524
Gattungsschuld **20** 243, 300, 524, 2155, 2182 f.
Gattungsware **50** 360
Gebäude, Bauen über die Grenze **20** 912 ff.; Schadensersatz bei Einsturz **20** 836 ff.; Sicherung gegen Einsturz **20** 908; Stockwerkseigentum **21** Art. 131, Art. 182; Versicherung **20** 1128; vorübergehende Verbindung einer Sache mit **20** 95; wesentlicher Grundstücksbestandteil **20** 94 f.; Wiederherstellung **21** Art. 110; Wohnungsrecht **20** 1093; Zubehör **20** 98, Grundstücks **20** 95
Gebäudeeigentum ohne dingliches Nutzungsrecht **21** Art. 233
Gebäudeenergiegesetz, Modernisierungsmaßnahmen **20** 555b
Gebäudefeuerversicherung **62** 142 ff.
Gebietskörperschaften, Ausgliederung aus dem Vermögen einer **52a** 168 ff.; Beteiligung an Aktiengesellschaften **51** 393a ff.; Beteiligung an GmbH **52** 77a; Vermögensübertragungen auf die öffentliche Hand **52a** 176 f.; Zusammenschluss von **52a** 168 f.
Gebot bei Versteigerungen **20** 156; in der Zwangsversteigerung **108** 71 ff., 74b, 82, 114a, geringstes **108** 44
Gebrauch der geliehenen Sache **20** 603; des gemeinschaftlichen Gegenstandes **20**

743, 746; der Mietsache **20** 538, 540 f., 553, Verhinderung des Mieters **20** 537, vertragsgemäßer **20** 535 f., 538, 543, vertragswidriger **20** 541; persönlicher und UrhG **65** 53

Gebrauchsdiebstahl 85 248b

Gebrauchsgegenstände eines Ehegatten bei Beendigung der Gütergemeinschaft **20** 1477, Eigentumsvermutung **20** 1362

Gebühren nach dem GKG **115** 34 ff., Fälligkeit **115** 6 ff., Kostenansatz **115** 19 ff., Wertvorschriften **115** 39 ff., 48 ff.

Geburt, Anfall des Vermächtnisses **20** 2178; Beginn der Rechtsfähigkeit **20** 1; Berechnung des Lebensalters vom Tage der **20** 187; zu erwartende eines Erben **20** 1963, 2043, 2101; eines Nacherben **20** 2106, 2141

Geburtenregister, Eintragung einer Eheschließung **20** 1310

Geburtsname 20 1355, 1616 ff.; **21** Art. 10, Art. 48, Art. 229 § 67; Anpassung **20** 1617f ff.; Begleitname nach Heirat **20** 1355a; Neubestimmung **20** 1617i

Gefahr, Abwehr und Rechtswidrigkeit **20** 228 ff.; Abwendung **20** 680, 904; abzuwendende als Strafausschließungsgrund **85** 35; beim Erbschaftskauf **20** 2380; beim Kauf **20** 447, 453; Kennen und Kennenmüssen bei Hinterlegung **20** 694; Übergang bei Annahmeverzug **20** 300; bei unerlaubter Entziehung einer Sache **20** 848; bei Versendung **20** 447; bei Vorlegung von Sachen **20** 811; beim Werkvertrag **20** 644 f.

Gefahr im Verzug, Ausschreibung zur Beobachtung durch Staatsanwaltschaft **90** 163e; Durchsuchungen **90** 105, zur Nachtzeit **90** 104; richterliche Untersuchungshandlungen **90** 165 f.

Gefahränderung, Anzeige **62** 57

Gefährdung des Bahn-, Schiffs- oder Luftverkehrs **85** 315a; des demokratischen Rechtsstaates **85** 84 ff.; durch Gebäude **20** 908; des Kindesvermögens **20** 1667; des Kindeswohls **20** 1666; künftiger Ausgleichsforderungen, vorzeitiger Ausgleichsanspruch **20** 1386; schutzbedürftiger Gebiete, Strafbarkeit **85** 329; des Straßenverkehrs **85** 315c; der Umwelt **85** 330 f.; einer verpfändeten Forderung **20** 1286

Gefahrerhöhung 62 23 ff.

Gefährliche Güter 50 410; **85** 330d; Haftung bei Beförderung **35** 12a f.

Gefahrzeichen 35a Anlage 1; im Straßenverkehr **35a** 40

Gefangene, Befreiung **85** 120; Kontaktsperre **95a** 31 ff., Beiordnung einer Kontaktperson **95a** 34a; Meuterei **85** 121

Gefängnisstrafe *s. Freiheitsstrafe*

Gegenbeweis gegen öffentliche Urkunden **100** 418

Gegenerklärung auf Revisionsschrift, Frist **90** 347

Gegenleistung, Befreiung von **20** 326; Bestimmung der **20** 316, 326; unabhängige Ansprüche **100** 257; Verweigerung **20** 320; Verwertung einer gepfändeten Forderung **100** 844

Gegenseitige Erbeinsetzung unter Ehegatten **20** 2269, 2280

Gegenseitiger Vertrag 20 320 ff.; im Insolvenzverfahren **110** 279; Rücktritt **20** 323; Verzug **20** 322

Gegenstände, Inbegriff **20** 260; körperliche **20** 90; als Tatprodukte, -mittel, Einziehung **85** 74 ff.

Gegenstandswert anwaltlicher Tätigkeit **117** 2; *s. a. Streitwert*

Gehalt, Abtretung **20** 411; Aufrechnung **21** Art. 81; der Beamten **21** Art. 80; Pfändung **100** 832 f., 850 ff.; Übertragung **21** Art 81; Zahlung an Handlungsgehilfen **50** 64

Geheimer Vorbehalt 20 116

Geheimhaltungspflicht gegenüber Kapitalgesellschaft **50** 333; Strafvorschriften nach dem PublG **52b** 19; Verletzung **53** 151

Geheimnisverletzung 85 201 ff.

Gehilfe, Haftung beim Auftrag **20** 664, für Erfüllungsgehilfen **20** 278; bei Straftaten **85** 27; bei unerlaubten Handlungen **20** 830 f.; des Versteigerers, Verbot des Mitbietens **20** 450; bei Verwahrung **20** 691

Gehör *s. Rechtliches Gehör*

Gehwege, Benutzung **35a** 25; Parken **35a** 12

Geiselnahme 85 239b

Geisteskrankheit, Aufschub der Strafvollstreckung **90** 455; Schuldausschließungsgrund **85** 20

Geistesschwäche, Schuldunfähigkeit **85** 20; Testamentserrichtung **20** 2229

Geistesstörung, Schadenszufügung **20** 827, 829; und Testamentserrichtung **20** 2229; bei Willenserklärungen **20** 105

Geistliche, Abtretung des Gehalts **20** 411; Ermittlungsmaßnahmen gegen **90** 160a; Schweigerecht bei Kenntnis von Straftaten **85** 139; vermögensrechtliche Ansprüche **21** Art. 80; Zeugnisverweigerungsrecht **90** 53 ff.

Geld, Anlage durch Vorerben **20** 2119; Anweisung **20** 783; Eigentumsvermutung **20** 1006; früherer Besitzer **20** 1006 f.; gutgläubiger Erwerb **20** 935; Haftung des

Gastwirts **20** 702 f.; Hinterlegung **20** 372, 1960, zur Abwendung der Untersuchungshaft **90** 116a, von gepfändetem **100** 930; Sicherheitsleistung durch **20** 232 f., 235; Übermittlung **20** 270; Verwahrung durch Notar **23** 57 ff.; Verwendung durch Beauftragten **20** 668, durch Verwahrer **20** 698
Geldbetrag, Darlehen **20** 488
Geldbuße, mit bedrohte Handlungen **94** 1; Beitreibung **122** 1; Festsetzung gegen juristische Person und Personenvereinigungen **90** 88, 444, 472b; **94** 30; Höhe **94** 17; Vollstreckungsverjährung **94** 34; und zeitliche Geltung eines Gesetzes **94** 4
Geldentschädigung 20 249 ff., 843 ff.
Geldfälschung 85 146 ff.; im Ausland **85** 6; Vorbereitungshandlungen **94** 127
Geldforderungen, Abtretung **50** 354a; Arrest wegen **100** 916; Beschleunigung fälliger Zahlungen **21** Art. 229; Einziehung **20** 1288; Klage auf künftige Zahlung **100** 257; Mahnverfahren **100** 688; Nießbrauch **20** 1074 ff.; Pfandrecht **20** 1288; Pfändung **100** 829 ff., 853; Überweisung **100** 835 ff.; als Verfahrenswert **118** 35; Vermächtnis **20** 2173; Verwertung **100** 844; Verzug **20** 286; Zwangsvollstreckung in **100** 802a ff., 807, 829 ff.
Geldleistung im Versicherungsfall **62** 14
Geldrente, Abänderungsklage **100** 323; bei Erwerbsminderung nach dem StVG **35** 13; für Notweg **20** 917; bei Produkthaftung **27** 9; Schadensersatz durch **20** 843 ff.; Sicherheitsleistung **33** 8, bei Verurteilung zur Zahlung einer **100** 324; Trennungsunterhalt der Ehegatten **20** 1361; für Überbau **20** 912 ff.; Unterhalt durch **20** 1585, 1612; Vollstreckbarkeit des Urteils **100** 708; Vorausleistung **20** 760
Geldschuld in ausländischer Währung **20** 244; in bestimmter Münzsorte **20** 245; Übermittlung **20** 270; Verzinsung **20** 288, 291, 301; Zahlung mit Zahlungskarten **20** 270a; Zahlungsmittel, bargeldlose **20** 270a; Zahlungsort **20** 270
Geldsortenschuld 20 245
Geldstrafe 85 40 ff.; **85a** 299; Beitreibung **90** 459c; **122** 1; Bemessung **85** 40; Ersatzfreiheitsstrafe bei Uneinbringlichkeit **85** 43; Festsetzung **85** 40; und Freiheitsstrafe **85** 47, 49; Gesamtstrafe **85** 54 f., 59c; Hauptverhandlung ohne Angeklagten **90** 232; Stundung, Teilzahlung **85** 42; Tilgung durch freie Arbeit **85a** 293; und Untersuchungshaft **90** 113; Verhängung in Tagessätzen **85** 40; Verrechnung bei Teilbeträgen **90** 459b; Verwarnung mit Strafvorbehalt **85** 59; Vollstreckung **90** 459 ff., Zahlungserleichterungen **90** 459a; Vollstreckungsverjährung **85** 79 ff.; wahlweise Androhung **85a** 12; Zahlungserleichterungen **85** 42; Zusammentreffen mit Freiheitsstrafe **85** 53 f.
Geldwäsche 85 261; **85a** 316k; Online-Durchsuchungen **90** 100b; Telekommunikationsüberwachung **90** 100a
Gelegenheitsgeschenke *s. Geschenke*
Gemeinden, Anzeigepflicht bei Todesfällen **90** 159; Aufrechnung gegenüber **20** 395; Befreiung von Kfz-Haftpflichtversicherungspflicht **63** 2; Beteiligung an Aktiengesellschaften **51** 393a ff.; Beteiligung an GmbH **52** 77a; im Firmenrecht **50** 30; Gerichtsstand **100** 17, 22; Zuziehung von Gemeindebeamten bei Durchsuchungen **90** 105; Zwangsvollstreckung gegen **100** 882a; **101** 15
Gemeinnützige Wohnungsunternehmen 53 162; Abschlussprüfung **50a** 25
Gemeinsamer Senat der obersten Bundesgerichtshöfe **1** 95
Gemeinsames Sorgerecht *s. Sorgerecht*
Gemeinschaft, Aufhebung **20** 749 ff., 1010, 1066, 1258, durch Zwangsversteigerung **108** 180 ff.; nach Bruchteilen **20** 741 ff.; **21** Art. 173; Forderung aus der **20** 756; Gesamtschuld **20** 755; Gewährleistung wegen Mängeln der Sache **20** 757; im Insolvenzverfahren **110** 84; Rechtsnachfolger **20** 746; Teilung **20** 752 f.; der Wohnungseigentümer *s. a. Wohnungseigentümergemeinschaft*
Gemeinschaft zur gesamten Hand, Geschäftswert **119** 70
Gemeinschaftliche Gesamtgutsverwaltung 20 1450 ff.
Gemeinschaftliche Verpflichtung 20 427
Gemeinschaftliches Eigentum iSd WEG **37** 1, Nutzungen und Kosten **37** 16, Verwaltung **37** 18
Gemeinschaftliches Testament 20 2265 ff.; Aufhebung eines Erbvertrages **20** 2292; und Ausschließung eines Abkömmlings **20** 1516; Rücknahme **20** 2272
Gemeinschaftliches Vermächtnis 20 2157 ff.
Gemeinschaftliches Vermögen der Ehegatten, Gesamtgut **20** 1416
Gemeinschaftsaufgaben 1 91a
Gemeinschaftsmarken *s. Unionsmarken*
Gemeinschaftsunternehmen, Vergabe öffentlicher Aufträge an **74** 139
Genehmigung 20 184; der auftragslosen Geschäftsführung **20** 684; zur Aussage als

Zeuge **90** 54; des gesetzlichen Vertreters **20** 108 ff.; der Niederschrift des Notars **23** 13 f.; von Rechtsgeschäften **20** 108, 184 f., des Kindes **20** 1643 ff., des Vormundes **20** 1799 f.; des Verkaufs **20** 451; von Verträgen Minderjähriger **20** 108 f.; eines Vertrags mit Ehegatten durch den anderen **20** 1366; der Verwendungen **20** 1001 ff.; von Zahlungsvorgängen **20** 675j
Generalbundesanwalt, Ernennung **95** 149; und Landesstaatsanwaltschaft **95** 142a; Übernahme von Strafsachen **95** 74a, eines Verfahrens **95** 120; Zuständigkeit **95** 142 f.
Generalversammlung der Genossenschaft **53** 43 ff., Befassung mit Prüfungsbericht **53** 59, Einberufung **53** 44 ff., im Bundesanzeiger **53** 95, Niederschrift über Beschlüsse **53** 47, bei Verschmelzung **52a** 82 ff., Vorlage des Jahresabschlusses **53** 33, Weisungen an Vorstand **53** 27
Genetische Untersuchung zur Klärung der Abstammung, Anspruch auf Einwilligung **20** 1598a
Genfer Flüchtlingskonvention 21 Art. 7
Genossenschaften 53; Abtretung genossenschaftlicher Ansprüche **53** 88a; Anfechtung von Beschlüssen **53** 51; Anmeldung **53** 11 f.; Auflösung **53** 78 ff.; Auflösung oder Erlöschen **53** 77a; Aufsichtsbehörde **53** 63; Aufsichtsrat **53** 9, 36 ff., *s. a. dort;* Auseinandersetzung mit ausgeschiedenem Mitglied **53** 73, bei Verschmelzung **52a** 93 f.; Beendigung der Mitgliedschaft **53** 65 ff.; Beitrittserklärung zur **53** 15 ff.; Bilanz **50** 336 ff.; und die DigitalisierungsRL **53** 175; eingetragene **53** 1; Eintragung der Eröffnung des Insolvenzverfahrens **53** 102; Errichtung **53** 1 ff.; Firma der **53** 3; als Formkaufmann **53** 17; Formwechsel **52a** 190 ff., 258 ff.; Formwechsel in eingetragene **52a** 251 ff., 283 ff.; Fortsetzung nach Auflösung **53** 79a, nach Insolvenzverfahren **53** 117; frühere sächsische **21** Art. 166; Generalversammlung **53** 43 ff., *s. a. dort;* Gerichtsstand **100** 17, 22; Geschäftsanteile **53** 7 ff., 87a f., Auszahlungsverbot **53** 22, Erklärung **53** 15b, Herabsetzung **53** 22, Kündigung **53** 67b, Verjährung des Einzahlungsanspruchs **53** 22, bei Verschmelzung **52a** 87 ff., Ausschlagung **52a** 90 ff., Zerlegung **53** 22b; Geschäftsguthaben **53** 76, Übertragung **53** 76; Geschäftswert von Beschlüssen **119** 108; Gewinn- und Verlustverteilung **53** 19 f.; Gläubiger von, Sicherheitsleistung für **53** 22, 120; große **53** 58, Pflichtprüfung **53** 53; Größeneinteilung iSd HGB **53** 176; Haftsumme **53** 119 ff.; Haftung der Mitglieder **53** 23; Haftungsbeschränkung **53** 2; Insolvenz der, Nachschusspflicht der Mitglieder **53** 22a; Insolvenzverfahren **53** 81a, 98 ff.; Jahresabschluss **50** 336 ff.; **50a** 82; **53** 33, 48; Jahresabschlussprüfung **53** 164; kapitalmarktorientierte *s. dort;* Klage auf Nichtigerklärung **53** 94 ff.; Kleinstgenossenschaften **50** 336 ff.; als Kostenschuldner **119** 23; Kredite **53** 49; Kreditinstitute als **50** 340k; Kündigung bei Fortsetzung nach Insolvenzverfahren **53** 118; Lagebericht **50** 336 ff.; **53** 33, 170; Löschung wegen Nichtigkeit **112** 397; Minderheitsberufungsrecht **53** 45; Mindestkapital **53** 8a; Mitglieder der **53** 18; Mitgliederdarlehen **53** 21b; Mitgliederliste **53** 30 ff., 69; Mitgliederzahl **53** 4; Mitgliedschaft **53** 65 ff., bei Auflösung **53** 75; Nachschüsse **53** 105, 114, bei Formwechsel **52a** 271, bei Verschmelzung **52a** 95; Offenlegungspflichten **50** 339; Ordnungsgeldverfahren gegen **50** 339; ordnungswidriger Stimmenkauf **53** 152; Pflichtprüfung **53** 53 ff., vereinfachte **53** 53a; Prüfung und Qualitätssicherung **53** 57a; Prüfungsbericht **53** 58, Bestätigungsvermerk **50** 339; Prüfungsverbände **53** 53 ff., 173; Qualitätskontrolle bei Prüfungsverbänden **53** 63e ff.; Rechtsfähigkeit **53** 17; Registereintragung **53** 11 ff.; Registergericht **53** 63d; Satzung **53** 5 ff., Änderung **53** 16, Veröffentlichung **53** 12; Sonderuntersuchungen **53** 63h; Sorgfaltspflicht des Vorstands **53** 34; Spaltung **52a** 123 ff., 141 ff., zur Neugründung **52a** 147 f.; Strafbarkeit der Geheimhaltungspflichtverletzung **53** 151, von Pflichtverletzungen **53** 148; Strafbestimmungen **53** 147 ff.; Tod eines Mitglieds **53** 77; Unvereinbarkeit von Ämtern **53** 37; Verfassung der **53** 24 ff.; ohne Vermögen, Löschung **112** 394; Vermögensverteilung **53** 91 f.; Veröffentlichungen im Internet **53** 15, 46, 48, 54; Verschmelzung von **52a** 3, durch Aufnahme **52a** 79 ff., durch Neugründung **52a** 96 ff.; Vertreterversammlung **53** 43a; Verwahrung der Unterlagen **53** 93; Vorstand **53** 9, 24 ff., vorläufige Enthebung **53** 40; Zinsen für Geschäftsguthaben **53** 21 f.; Zweigniederlassung **53** 14
Genossenschaftsbank *s. Deutsche Genossenschaftsbank*
Genossenschaftsgesetz 53; Klagen nach dem **95** 95
Genossenschaftsregister 53 10 ff., 155 ff.; Auflösungeintragung **53** 82; Eintragung

bei Fortsetzung der aufgelösten Genossenschaft **53** 79a; Eintragung der Eröffnung des Insolvenzverfahrens **53** 102; elektronisches **50a** 61; Gebühren **119** 58; und Handelsregister **53** 156; Löschung nichtiger Beschlüsse **112** 398; Mitteilung im Insolvenzverfahren **110** 31; negative Publizität **53** 29, 86

Genossenschaftsregistersachen 112 374

Geographische Herkunftsangaben, Änderung **72** 132; Ansprüche bei Verletzung **72** 135 f., 153; Einspruchsverfahren **72** 131 f.; Löschung **72** 132; Rechtsmittel gegen Entscheidungen des DPMA **72** 133; Rechtsverordnungen zum Schutz **72** 137 ff.; Schutz **72** 126 ff., als Kollektivmarken **72** 99, Verfahren beim DPMA **72** 130 ff.; strafbare Benutzung **72** 144; Überwachung **72** 134; Verletzungsverfahren **72** 151

Geräte, Gerätschaften als Zubehör **20** 98

Geräusche vom Nachbargrundstück **20** 906

Gerichte, Anordnung der Beschlagnahme **90** 98; für Arbeitssachen **83** 1, Verfahren **83** 47; als Behörde **85** 11; besondere für Schifffahrtsangelegenheiten **95** 14; **95a** 3; Bindung an Anträge der Staatsanwaltschaft **90** 206, eigene End- und Zwischenurteile **100** 318, an Entscheidung über Zulässigkeit des Rechtsweges **95** 17; Commercial Courts **95** 119b, 184a; **100** 606; Datenverarbeitung durch **90** 483 ff.; Entscheidung in Wohnungseigentumssachen **37** 43; Ermittlung von Amts wegen **112** 26; für Familiensachen, örtl. Zuständigkeit **112** 2; gemeinsame für Europäisches Verfahren für geringfügige Forderungen **100** 1104a; gerichtliche Entscheidung, Verfahren **90** 462; Grundrechte vor **1** 103; Kosten der freiwilligen Gerichtsbarkeit **115** 1; **119**; Kostenfestsetzung in Strafsachen **90** 464b; Mitteilungen zum Zentralregister **92** 20; ordentliche **95** 12, Zuständigkeit nach Zuständigkeitskonzentrationen **95** 17c; örtliche Zuständigkeit **100** 12 ff.; Präsidium und Geschäftsverteilung **95** 21a ff.; Rechtshilfe **95** 156 f.; sachliche Zuständigkeit **100** 1 ff.; Unabhängigkeit **95** 1; unbeschränkte Auskunft aus Zentralregister **92** 53; Untersuchungshandlungen im Strafverfahren **90** 162; Verständigung mit Verfahrensbeteiligten **90** 257c; Verwarnung neben Schuldspruch **85** 59; Verweisung, Kosten **119** 5; Vorbehalt der Haftfestsetzung **90** 161a; Weisungen **85** 68b; Zuständigkeit nach OWiG **94** 45; Zuweisung durch Landesrecht **95** 13a

Gerichtliche Bestellung von Sonderprüfern, Kosten **51** 146

Gerichtliche Entscheidungen zum Sorge- oder Umgangsrecht **20** 1696; im Strafverfahren **90** 33 ff.; *s. a. Beschluss, Urteil*

Gerichtliche Vergleiche 20 127a; Änderung und Prüfung bzgl. Sorge- oder Umgangsrecht **20** 1696

Gerichtliche Zuweisung eines landwirtschaftlichen Betriebes **108** 185

Gerichts- und Notarkostengesetz, Gebührentabellen **119** Anlage 2; GNotKG **119**; Kostenverzeichnis **119** Anlage 1; Neufassungen **119** 133; Sonderregelung für Baden-Württemberg **119** 135; Übergangsvorschriften **119** 134, 136

Gerichtsakten *s. Akten*

Gerichtsarzt, Verlesung von Gutachten **90** 256

Gerichtsbarkeit über Exterritoriale **95** 18 ff.; freiwillige *s. dort;* ordentliche **95** 12

Gerichtsbezirke, Amtshandlungen außerhalb des **95** 166; Änderung der Grenzen **95** 17c

Gerichtsentscheidungen, Abänderung bzgl. Sorge- oder Umgangsrecht **20** 1696

Gerichtsgebühren, Abhängigmachung **119** 13; Fälligkeit **115** 6 ff.; **119** 9; Kostenansatz **115** 19 ff.; Wertfestsetzung **115** 63, Rechtsanwaltsgebühren **117** 32; Wertfestsetzung für die **118** 55

Gerichtshilfe, Geschäftsbereich der Landesjustizverwaltungen **85a** 294, für Vollstreckungsbehörden **90** 463d

Gerichtskasse als Vollstreckungsbehörde **122** 2

Gerichtskosten, Ansatz **119** 18; Arbeitsgerichtsbarkeit **83** 7, 12; Befreiung in Familiensachen **118** 2; Beitreibung **122** 1; Erinnerung und Beschwerde bei Verfahren **118** 58; Erlöschen der Zahlungspflicht **119** 28; Erstschuldner **119** 33; Fälligkeit der Gebühren **115** 6 ff.; freiwillige Gerichtsbarkeit **119** 55 ff., Rechtsmittel **119** 81 ff., Wertvorschriften **119** 59 ff.; Gebührenvorschriften **115** 34 ff.; Haftung für **115** 29 ff.; **119** 22 ff.; Höhe **115** 3 f.; bei Insolvenz **110** 54; Kostenansatz **115** 19 ff.; Kostenfreiheit **119** 2; Nachforderung **119** 20; Nichterhebung **119** 21; Rechtsbehelfe gegen Entscheidungen **115** 66 ff.; und Unterhaltspflicht **20** 1360a; Verjährung, Verzinsung **115** 5; **119** 6; Vorschuss und Vorauszahlung für die Anhängigmachung **115** 10 ff.; Wertfestsetzung **115** 61 ff.

Gerichtskostengesetz 115; Anwendung für Vollstreckung nach dem JBeitrG **122**

10; in Familiensachen **118**; Gebührenvorschriften **115** 34 ff., Wertgebühren **115** 34 Anl. 2; Geltung in Arbeitssachen **83** 12; Haftung für Kosten **115** 22 ff.; Höhe der Gerichtskosten **115** 3 f., Anl. 1; Kostenansatz **115** 19 ff.; Kostenfreiheit **115** 2; Neufassungen **115** 70a; Rechtsmittel gegen Entscheidungen **115** 66 ff.; Übergangsvorschriften **115** 71 ff.; Wertfestsetzung **115** 61 ff.; Wertvorschriften **115** 39 ff.

Gerichtsorganisation 1 92

Gerichtspersonen, Ablehnung im arbeitsgerichtlichen Verfahren **83** 49; Ausschließung und Ablehnung im Strafprozess **90** 22 f.

Gerichtspolizei *s. Sitzungspolizei*

Gerichtsreferendare *s. Referendare*

Gerichtssiegel 100 313b; auf Vollstreckungsklausel **100** 725

Gerichtssprache 95 184 ff.; deutsch und sorbisch **95** 184; englisch **95** 184a f.; **100** 606 ff.

Gerichtsstand 100 12 ff.; bei Anklage durch Europäische Staatsanwaltschaft **90** 16; im Arrestverfahren **100** 919, 927; ausschließlicher **100** 24, 29a, 584, 943, der Musterfeststellungsklage **100** 32c, der Zwangsvollstreckung **100** 802; besonderer **100** 20 ff., des Hauptprozesses **100** 34; dinglicher **100** 24 ff.; für einstweilige Verfügungen **100** 937; nach dem FamFG **95** 119; beim Frachtgeschäft **50** 440; gerichtliche Bestimmung **100** 36 ff.; **101** 9; im Insolvenzverfahren **110** 3 ff., 315, Gruppen-Gerichtsstand **110** 3a ff., *s. a. dort;* in Kennzeichenstreitsachen **72** 141; in Kindschaftssachen **95** 72; Mahnverfahren **100** 689; Nichtigkeits- und Restitutionsklagen **100** 584; für Soldatinnen und Soldaten in besonderer Auslandsverwendung **90** 11a; Strafverfahren **90** 7 ff., Bestimmung **90** 13a f., 19, mehrere **90** 12 f., Prüfung und Einwände **90** 16; Urheberrechtsstreitsachen **65** 104a; Vereinbarungen über **100** 38 ff., unzulässige **100** 40; des Vermögens **100** 828; Versicherungsvertrag oder -vermittlung **62** 215; für Wechselklagen **100** 603; für Widerspruchsklagen im Verteilungsverfahren **100** 879; im Zwangsvollstreckungsverfahren **100** 802

Gerichtsverfahren, Barrierefreiheit **95** 191a; Beratungen und Abstimmung **95** 192 ff.; Kosten **115**; Rechtsschutz bei überlangen **74** 73; **95** 198 ff., in Markenangelegenheiten **72** 96a

Gerichtsverfassungsgesetz 95; Anwendung **95a** 2, im Arbeitsgerichtsverfahren **83** 9, 13, im Jugendstrafprozess **89** 107 ff., im Strafprozess **90** 1; besondere Strafkammern **90** 6a; Einführungsgesetz zum **95a**; Übergangsvorschriften zum FGG-Reformgesetz **95a** 40, zum 2. Kostenrechts-modG **95a** 42; Verhüllungsverbot **95** 176, und Zeugenschutz **90** 68

Gerichtsverhandlungen, Barrierefreiheit **95** 191a; Beratungen und Abstimmung, Reihenfolge der Stimmabgabe **95** 197; Dolmetscher **95** 185; strafbare Mitteilungen über **85** 353d; Öffentlichkeit **83** 52, 72; **95** 169, Ausnahmen **95** 170 ff.; Versagung des Zutritts **95** 175; Verständigung mit hör- oder sprachbehinderten Personen **95** 186; Videoverhandlungen **95** 191a; *s. a. Mündliche Verhandlung*

Gerichtsvollzieher in Arbeitssachen **83** 9; Aufschieben einer Vollstreckungsmaßnahme **100** 765a; Auskunftsrechte **100** 802l; Ausschließung des **95** 155; Austauschpfändung **100** 811b; Bestellung und Zuständigkeit **95** 154; **100** 827; Datenverarbeitung durch **100** 802l; Durchsuchungen **100** 758; Einsicht in Akten der **100** 760; Entnahmerecht **123** 15; Erinnerung gegen Art und Weise der Zwangsvollstr. **100** 766; Gewaltanwendung durch **100** 758; Klagen von **100** 34; Kosten **123**, *s. a. Gerichtsvollzieherkosten;* Ladungen durch **90** 38; Mitteilungen an Gläubiger **100** 806a; Protokoll **100** 762 f.; Quittung des **100** 754, 757; in Rechtshilfesachen **95** 161; richterliche Anordnung einer Durchsuchung **100** 758a; Schutz von Leib und Gesundheit **100** 757a; **112** 87, 96; Verhaftung des Schuldners **100** 802g; Zustellung durch, Willenserklärungen **20** 132; Zwangsvollstreckung **101** 43; Zwangsvollstreckung durch **100** 753 ff., Pfändungen **100** 808 ff.

Gerichtsvollzieherkosten 123; Auslagen **123** 12a; Beitreibung, Beitreibung **123** 1; Fälligkeit **123** 14; Gebührentabelle **123** Anhang; Gebührenvorschriften **123** 10 ff.; Kostenfreiheit **123** 2; Kostenverzeichnis **123** Anl.

Geringfügigkeit, Einstellung des Strafverfahrens wegen **90** 153, 383

Geringstes Gebot in der Zwangsversteigerung **108** 44 ff., 59 ff., 83, 174, 179, 182

Gerüche vom Nachbargrundstück **20** 906

Gesamtausgebot bei Zwangsversteigerung **108** 63, 83, 112

Gesamtgeldstrafe 85 54 f.; Verwarnung **85** 59c

Gesamtgläubiger 20 428 ff.

Gesamtgrundschuld 20 2168

Gesamtgut 20 1416; Anteil als Nachlass **20** 1482; Aufgebot der Nachlassgläubiger des **112** 462; Auseinandersetzung **20** 1471 ff., 1497 ff.; **114** 36, Geschäftswert **119** 41; Ausschließung des Sonderguts **20** 1417, des Vorbehaltsguts **20** 1418; dingliche Ersetzung bei Beschädigungen **20** 1473; Forderungen und Schulden **20** 1446; fortgesetzte Gütergemeinschaft **20** 1483 ff.; gemeinschaftliches, Verwaltung **20** 1450 ff., 1454; Grundbuchberichtigung **20** 1416; Haftung **20** 1438 f., für Rechtsgeschäfte eines Ehegatten **20** 1437; keine Haftung für Vorbehalts- oder Sondergut **20** 1462; Inventarfrist für Ehegatten **20** 2008; Kosten eines Rechtsstreits **20** 1465; Nachlassinventar **20** 2008; Rechtsgeschäfte betreffend das **20** 1455; Schulden eines Ehegatten **20** 1468; Schuldenregelung bei verfrühter Teilung **20** 1480 ff.; Überschuldung **20** 1447 f.; ungerechtfertigte Bereicherung **20** 1457; Unpfändbarkeit des Anteils eines Ehegatten am **100** 860; Unterhaltspflichten **20** 1604; keine Verfügung über einen Anteil **20** 1419; Verfügungen **20** 1421, 1423 f., 1427 ff.; Verwaltung **20** 1421 ff., bis zur Auseinandersetzung **20** 1472, bei fortgesetzter Gütergemeinschaft **20** 1487; Verwendung zum Unterhalt **20** 1420; Verwendungsersatz **20** 1467; Voraussetzungen für Zwangsvollstreckung **100** 740 ff.; Zugehörigkeit zur Insolvenzmasse **110** 37; Zuwendungen aus **20** 2054, 2331

Gesamtgutsgläubiger, Aufgebot **112** 464

Gesamtgutsverbindlichkeiten 20 1437, 1459 ff.; bei Auseinandersetzung **20** 1499; nach Beendigung der Gütergemeinschaft **20** 1475; der fortgesetzten Gütergemeinschaft **20** 1488; im Innenverhältnis **20** 1441 ff., 1463

Gesamtgutsverwaltung, Geschäftswert **119** 64; Klage auf Beendigung **20** 1447 ff.

Gesamthandsgemeinschaften, Geschäftswert **119** 70

Gesamthandsgläubiger 20 432

Gesamthandsverhältnisse, Erbengemeinschaft **20** 2032

Gesamthypothek 20 1132, 1143, 1172 ff., 1181 f.; Vermächtnis **20** 2167; Verzicht **20** 1175; im Zwangsversteigerungsverfahren **108** 50, 64, 122 f.

Gesamtpreis bei Vorkauf **20** 467

Gesamtprokura *s. Prokura*

Gesamtrechtsnachfolge des Erben **20** 1922

Gesamtrentenschuld 20 2168

Gesamtschuld einer Gemeinschaft **20** 755

Gesamtschuldner 20 421 ff., 431, 840; **50** 356; Erben für Nachlassverbindlichkeiten **20** 2058; Haftung im Insolvenzverfahren **110** 43; bei Haftung nach dem StVG **35** 7, 17 f.; Kostenhaftung **115** 31 ff.; Mitbürgen **20** 769; Rechte im Insolvenzverfahren **110** 44; Vereinsvorstand **20** 42

Gesamtschuldnerische Haftung bei Architekten- und Ingenieurvertrag **20** 650t; der Ehegatten **20** 1459 ff.; der Eltern **20** 1664; bei Gütergemeinschaft **20** 1437; für Kosten des Gerichtsvollziehers **123** 3; der Liquidatoren eines Vereins **20** 53; bei nichtsrechtsfähigen Vereinen **20** 54; bei Pflichtversicherungen **62** 116; mehrerer Verpflichteter aus einer Aktie **51** 69; bei Verstößen gegen das GWB **74** 33d

Gesamtstrafe, Bildung **85** 54 f.; Eintragung ins Zentralregister **92** 6, Hinweis **92** 23; Festsetzungsverfahren **90** 462a; gegen Jugendliche **89** 66; bei mehreren Straftaten **85** 54 f.; nachträgliche Bildung einer **85** 59c; **90** 460; und Strafaussetzung zur **85** 58; bei Verwarnung mit Strafvorbehalt **85** 59b

Gesandte, Exterritorialität **95** 18 ff.; Gerichtsstand deutscher im Ausland **100** 15

Geschäfte des täglichen Lebens **20** 105a; *s. a. Rechtsgeschäfte*

Geschäftliche Bezeichnung iSd MarkenG, Markenschutz **72** 5

Geschäftliche Entscheidungen iSd UWG **73** 2

Geschäftliche Handlungen iSd UWG 73 2; aggressive **73** 4a; irreführende **73** 5, durch Unterlassen **73** 5a; unzulässige unlautere **73** 3 Anhang, Gewinnabschöpfung **73** 10

Geschäftliche Unterlagen, Prüfung durch Kartellbehörde **74** 59a

Geschäfts- und Betriebsgeheimnisse, Einsicht durch Monopolkommission **74** 46; Verletzung, Strafbarkeit **85** 355

Geschäftsanteile an Genossenschaften **53** 7 ff.; *s. Geschäftsguthaben*

Geschäftsbedingungen und Wettbewerbsbeschränkungen **74** 2

Geschäftsbesorgung durch Ehegatten **20** 1357; für Kinder **20** 1698a f.

Geschäftsbesorgungsvertrag 20 675 ff.; Erlöschen im Insolvenzverfahren **110** 116; Informationspflichten **20** 675a; **21** Art. 228; Zahlungsdienstleistungsvertrag **20** 675c ff., *s. a. dort*

Geschäftsbetrieb, kaufmännischer **50** 2; zustimmungsfreier eines Ehegatten **20** 1456

Geschäftsbriefe der KG **50** 177a; notwendige Angaben bei Aktiengesellschaften **51**

80, bei GmbH **52** 35a, bei Handelsfirma **50** 37a; der OHG **50** 125
Geschäftsbücher *s. Buchführung*
Geschäftsfähigkeit 20 104 ff.; **21** Art. 7; beschränkte **20** 106, elterliche Sorge bei **20** 1673; Ehevertrag bei beschränkter **20** 1411; beim Erbvertrag **20** 2275, 2290; Minderjähriger **20** 112 f.; Prüfung durch Notar **23** 11, 28; bei Vaterschaftsanerkennung **20** 1596; Verfahrensfähigkeit bei beschränkter in Ehesachen **112** 125; des Vertreters **20** 165, 179; *s. a. Geschäftsunfähigkeit*
Geschäftsführende Gesellschafter, Vollmacht **20** 169
Geschäftsführer der GmbH **52** 6, *s. GmbH-Geschäftsführer, s. a. GmbH-GeschäftsführerInnen*
Geschäftsführung bei AG **51** 82; einer Genossenschaft **53** 24 ff.; unechte **20** 687; des Vereinsvorstandes **20** 27
Geschäftsführung ohne Auftrag 20 677 ff., 1978; im Ausland **21** Art. 39; **21b** 10 ff.; Irrtum **20** 686
Geschäftsgeheimnisse 50 90; Ausschluss der Öffentlichkeit **95** 172; Einsicht durch Monopolkommission **74** 46; G zum Schutz von, Nebenklage bei Straftaten **90** 395, Privatklageweg bei Straftaten **90** 374, Streitwert für Verfahren **115** 51, Zuständigkeit der Wirtschaftsstrafkammern **95** 74c; Offenbarung **85** 203 ff.; Verletzung, Strafbarkeit **85** 355
Geschäftsgrundlage, Störung **20** 313
Geschäftsguthaben einer Genossenschaft, Auseinandersetzung **53** 73, Übertragung **53** 76
Geschäftsherr, Haftung **20** 831; Schadenshaftung **20** 278
Geschäftsinhaber, Fürsorgepflicht **50** 62
Geschäftsjahr, Dauer **50** 240
Geschäftsnachfolger 50 25
Geschäftsordnung des Vorstands der AG **51** 77
Geschäftsstelle 95 153; Aktenübersendung **90** 320; Anträge und Erklärungen bei FamFG **112** 25, der Parteien **100** 496; Aufgaben **100** 168; Einforderung der Prozessakten **100** 541; Erklärungen zu Protokoll der **100** 381, 386 ff., 406, 496, 920, 924; Ladungen im Zivilprozess, (Parteien) **100** 497, (Zeugen) **100** 377; Mitwirkung des Urkundsbeamten der **90** 271 ff., 275; Niederlegung auf **108** 144; Rechtshilfe **95** 161; Rechtskraftzeugnis, Notfristzeugnis **100** 706; Übermittlung des Urteils an **100** 315; Übermittlung von Unterlagen auf **100** 411; Urkundsbeamter als Dolmetscher **95** 190; Vermittlung der Zustellung durch **100** 829; Verwahrung von Urkunden **100** 443; Zustellung von Gerichtsentscheidungen **90** 36; *s. a. Urkundsbeamter*
Geschäftsübergang mit Firma **50** 22
Geschäftsunfähige, Anfechtung des Erbvertrags **20** 2282; Erblasser **20** 2283; Erbverzicht **20** 2351 f.; Hemmung der Verjährung **20** 210; Nichtigkeit von Willenserklärungen **20** 105; Strafantrag **85** 77; Verjährung **20** 939; Willenserklärung gegenüber **20** 131; Wohnsitz **20** 8
Geschäftsunfähigkeit 20 104 f.; des Auftraggebers **20** 672; nach Ausgabe der Schuldverschreibungen **20** 794; und Ehemündigkeit **20** 1304; Eintritt vor Annahme eines Antrags **20** 153; bei Erbverzicht **20** 2347; bei Geschäftsführung **20** 682; Hemmung der Verjährung **20** 210; Ruhen der elterlichen Sorge **20** 1673; bei Schließung eines Ehevertrages **20** 1411; des Testamentsvollstreckers **20** 2201; Willenserklärung **20** 130
Geschäftsverbindung, Vertragsabschluss bei **20** 151
Geschäftswert, besondere Vorschriften **119** 63 ff.; Festsetzung **119** 79; Schätzung **119** 80; Tilgung durch Abschreibung **50** 309
Geschäftszeit 50 358
Geschenke unter Ehegatten, Anrechnung auf Ausgleichsforderung **20** 1380; der Verlobten, Rückgabe **20** 1301 f.; als Vorbehaltsgut **20** 1418; *s. a. Schenkung*
Geschiedene Ehegatten, Unterhaltspflicht **20** 1609
Geschlecht, Diskriminierungsverbot **1** 3; Gleichheit der **1** 117
Geschlossene Ortschaft, Fahrgeschwindigkeit **35a** 3, 45
Geschlossene Verbände im Straßenverkehr **35a** 27
Geschwindigkeit im Straßenverkehr **35a** 3, 18
Geschwindigkeitsbegrenzer in Kfz, Missbrauch **35** 22b
Geschwister, Eheverbot **20** 1307; Einsetzung als Nacherben **20** 2109; Erbrecht **20** 1925; Umgangsrecht **20** 1685; Unterhalt aus Vermögen eines Kindes **20** 1649; Vermächtnis **20** 2163; Vormund für **20** 1775; Wiederaufnahme von Strafverfahren nach dem Tode durch **90** 361
Gesellschaft des bürgerlichen Rechts 20 705 ff., *s. BGB-Gesellschaft*
Gesellschaft mit beschränkter Haftung, Abänderungen des Gesellschaftsvertrags

52 53 ff.; Abschlussprüfung **50a** 25; Abstimmung **52** 47; Anmeldung **52** 7 ff., der Auflösung **52** 65, zum Handelsregister **52** 39, 54, 57, 57i, 67; Anschaffungskosten **52** 57o; Auflösung oder Nichtigkeit **52** 60 ff.; Auflösung wegen Gesellschaftsvertragsmangels **112** 399; Aufsichtsrat **52** 52; Auskunfts- und Einsichtsrecht **52** 51a; Bekanntmachungen **52** 12; mit Beteiligung des Bundes **52** 77a; Beteiligungsveränderung **52** 16; Bilanz **52** 42, 57e f.; Bilanzmodernisierung **52/1** 4; und die DigitalisierungsRL **52/1** 11; Eintragung **52** 9c ff.; Ergebnisverwendung **52** 29; Eröffnungsbilanz **52** 71; Errichtung **52** 1 ff.; Ersatzansprüche der GmbH **52** 9a f.; Erstattung verbotener Rückzahlungen **52** 31; Euroumstellung **52/1** 1; Firma **52** 4; Formwechsel **52a** 241; gemeinnützige **52** 4; Geschäftsanteile **52** 5, 14 ff., Amortisation **52** 34, Einlagepflicht **52** 14, Erwerb eigener **52** 33; Geschäftsführung **52** 6, 35 ff.; Gesellschafterversammlung **52** 48 ff.; Gesellschafterwechsel **52** 16; Gesellschaftsvertrag **52** 2 f.; Gewinnausschüttung **52** 58d; Gewinnbeteiligung **52** 57n; gleichberechtigte Teilhabe von Frauen und Männern **52** 25, 52; **52/1** 5; Herabsetzung des Stammkapitals **52** 58, 58a; Jahresabschluss **50** 264 ff.; Kapital- und Gewinnrücklagenausweisung **52** 57d; Kapitalerhöhung **52** 57h, aus Gesellschaftsmitteln **52** 57c ff., mit Sacheinlagen **52** 56 f.; Kapitalherabsetzung mit Stammkapitalerhöhung **52** 58f; Kapitalherabsetzungsbeschluss **52** 58e; Kreditgewährung aus Gesellschaftsvermögen **52** 43a; Leistung der Einlagen **52** 19 ff.; Liquidation **52** 66 ff.; Liste der Gesellschafter **52** 40; Löschung vermögensloser **112** 394; Mängelheilung **52** 76; Modernisierung und Missbrauchsbekämpfung **50a** 65; **52/1** 3; Nachschusspflicht **52** 26 ff.; Nichteintritt angenommener Verluste **52** 58c; Nichtigkeit **52** 75 ff., Löschung **112** 397; Ordnungs-, Straf- und Bußgeldvorschriften **52** 78 ff.; Rechtsverhältnisse der Gesellschaft und Gesellschafter **52** 13 ff.; Rückgewähr von Darlehen **52/1** 3; Rücklagenauflösung und Kapitalherabsetzung **52** 58b; Sacheinlagen **52** 9; Selbstkontrahieren **52** 35; Sitz **52** 4a; Spaltung **52a** 138 ff.; Sperrjahr **52** 73; Stammeinlage **52** 3; Stammkapital **52** 3, 5, 55 ff., Erhöhung des **52** 57l f.; Statuswechsel **20** 707e; Teilrechte **52** 57k; Transparenz- und Publizitätsgesetz **52/1** 2; Übergangsvorschriften **50a** 34; Verjährung von Ansprüchen **52** 43, des Anspruchs auf Leistung der Einlagen **52** 19; Verschmelzung von durch Aufnahme **52a** 46 ff., durch Neugründung **52a** 56 ff.; Verteilung des Gesellschaftsvermögens **52** 72, neuer Geschäftsanteile **52** 57j; Vertretung **52** 35 ff.; Zwangsgelder **52** 79; Zweigniederlassung im Ausland **50** 13g

Gesellschaften, Antragspflicht nach der InsO **110** 15a f., Regelungen während der COVID-19-Pandemie **110d**; börsennotierte, Veröffentlichungen **51** 124a; **51a** 26q; als Kostenschuldner **119** 23; Löschung wegen Nichtigkeit **112** 397; ohne Vermögen, Löschung **112** 394

Gesellschafter der GbR, Aufwendungsersatz **20** 716; Ausscheiden **20** 723 ff., Ansprüche **20** 728, Haftung **20** 728a f.; Ausschließung **20** 727; Einwendungen/Einreden der **20** 721b; Gesellschafterklage **20** 715b; Gesellschaftsanteile, Übertragung und Übergang **20** 711a; Haftung **20** 721 ff., Verjährung **20** 739; Informationsrechte/-pflichten **20** 717; Insolvenz **110** 93; Insolvenz des **20** 730; Kündigung durch **20** 725, 731; Tod des **20** 730; Übertragbarkeit der Rechte **20** 711a; Vollmacht **20** 169; Wechsel **20** 712 f.; Zwangsvollstreckung gegen die **20** 722

Gesellschafter der GmbH *s. GmbH-Gesellschafter*

Gesellschafter der KGaA **51** 282 f., 288

Gesellschafter der oHG *s. OHG-Gesellschafter*

Gesellschafterdarlehen, Anfechtbarkeit **111** 6; Insolvenzanfechtung **110** 135

Gesellschafterliste **52** 40; **52/1** 8; der GmbH **52** 8

Gesellschafterversammlung, Beratung, Geschäftswert **119** 120

Gesellschaftrechtliche Satzungen, Geschäftswert **119** 107

Gesellschaftsanteile, Pfändung **100** 859; Wertbestimmung **119** 54

Gesellschaftsvermögen der AG, Haftung **51** 1; der GmbH, Haftung **52** 13; Zwangsvollstreckung in **100** 736; **101** 45

Gesellschaftsvertrag, Auflösung der Gesellschaft wegen Gesellschaftsvertragsmangels **112** 399; der GmbH **52** 2 f., Änderungen **52** 53 ff., Nichtigkeit **52** 75 f.; der OHG **50** 108 ff.

Gesetz iSd BGB **21** Art. 2; iSd StPO **90a** 7; Übergang einer Forderung kraft **20** 268, 408, 412, 1143, 1225, 1249, 1251; iSd ZPO **101** 12

Gesetzestexte, kein Urheberrechtsschutz **65** 5

Gesetzgebende Versammlung, strafrechtlicher Schutz **85** 36 f.; Vernehmung der Mitglieder **100** 382
Gesetzgebungsorgane, Indemnität **85** 36
Gesetzliche Erben, Einsetzung **20** 2066; als Vor- und Nacherben **20** 2104 f.
Gesetzliche Erbfolge 20 1924 ff.
Gesetzliche Rentenversicherung 48 2; Sondervorschriften für Anrechte nach dem VersAusglG **48** 43
Gesetzliche Rücklage der AG **51** 150; bei verbundenen Unternehmen **51** 324
Gesetzliche Schriftform 20 126
Gesetzliche Unfallversicherung, Haftung des Arbeitgebers bei Arbeitsunfall **20** Anm. zu 618
Gesetzliche Vollmacht, Versicherungsvertreter **62** 69
Gesetzlicher Güterstand 20 1363 ff.; Gütertrennung bei Ausschluss **20** 1414; Wirkung von Änderungen **20** 1412
Gesetzlicher Vertreter, Anwesenheit bei Hauptverhandlung in Jugendstrafsachen **89** 50; Einlegung von Rechtsmitteln im Strafverfahren **90** 298, 330; der Genossenschaft **53** 24 ff.; Haftung für **20** 278; Handeln für einen anderen **85** 14; **94** 9; im Jugendgerichtsverfahren **89** 67, vor Gerichten für allgemeine Strafsachen **89** 104, notwendige Unterrichtung **89** 67a; der Kapitalgesellschaften, Vorlagepflichten **50** 320; von Kindern **20** 1626, 1629; Mitwirkung bei Rechtsgeschäften Minderjähriger **20** 107 ff.; Privatklage **90** 374; iSd PublizitätsG **52b** 4; Strafantrag **85** 77; bei Testamentserrichtung **20** 2229; Vertretungsberechtigung bei Beurkundung **23** 12; Wohnsitzbestimmung **20** 8; Zugang von Willenserklärungen **20** 131
Gesetzliches Pfandrecht *s. Pfandrecht*
Gesetzliches Veräußerungsverbot 20 135
Gesetzliches Verbot, Vermächtnis entgegen **20** 2171; Zuwiderhandlung **20** 134, 309, 819
Gestaltungsurteil, Erklärung der Erbunwürdigkeit **20** 2342, 2344
Geständnis, Verlesung des Protokolls **90** 254; Wiederaufnahme des Verfahrens **90** 362; im Zivilprozess, Berufungsrechtszug **100** 535, Feststellung zum Protokoll **100** 510a, gerichtliches **100** 288 ff.
Gestohlene Sachen 20 935, 1006 f.
Gesundheit, Grundrecht auf körperliche Unversehrtheit **1** 2; Schadensersatz wegen Verletzung **20** 823, 833, 836, 843, 845 ff.
Gesundheitsdaten, Erhebung bei Dritten **62** 213
Gesundheitskarte, Beschlagnahmeverbote **90** 97
Gesundheitswesen, Bestechlichkeit und Bestechung im **85** 299a ff., als Wirtschaftsstrafsache **95** 74c
Gesundheitszeugnisse, Fälschung **85** 277 ff.
Getrenntleben der Ehegatten **20** 1567, Scheidung vor Ablauf der Jahresfrist **20** 1566, vorzeitiger Zugewinnausgleichsanspruch **20** 1385, Zerrüttungsvermutung **20** 1566 f.
Gewährleistung, Ausschluss bei Miete **20** 536d, bei öffentlicher Versteigerung **108** 56; bei Erbschaftskauf **20** 2376, 2385; bei Hingabe an Erfüllungs Statt **20** 365; beim Kauf wegen Rechtsmängeln **20** 435, wegen Sachmängeln **20** 434; keine bei Pfandveräußerung **100** 806; bei Leihe **20** 600; bei Miete **20** 536 ff.; bei Schenkung **20** 523 f., 526; bei Vermächtnis **20** 2182 f.; beim Viehkauf **50** 382; beim Werkvertrag **20** 633 ff.; bei Zuteilung eines gemeinschaftlichen Gegenstandes **20** 757
Gewährleistungsansprüche *s. Mängelansprüche*
Gewährleistungsausschluss, Verbot **20** 309
Gewährleistungsmarken 72 106a ff.; Anmeldung **72** 106d ff.; Nichtigkeit **72** 106h; Verfall **72** 106g
Gewährleistungsmarkensatzung 72 106d; Änderung **72** 106f
Gewährzeichen als Schutzhindernisse iSd MarkenG **72** 8
Gewalt, Anwendung durch Gerichtsvollzieher **100** 758; Aufforderung zu Gewaltmaßnahmen **85** 130; höhere bei Gastwirtshaftung **20** 701, Hemmung der Verjährung **20** 206, Verhinderung der Inventarfrist **20** 1996; tatsächliche des Besitzers **20** 854 f.; gegen verbotene Eigenmacht **20** 859 f.; zur Wahlbehinderung **85** 107
Gewaltenteilung 1 20
Gewaltschutzsachen, Anhörung des Jugendamtes **112** 213; Durchführung der Endentscheidung **112** 215; einstweilige Anordnung in, Rechtsmittel nach mündlicher Erörterung **112** 57, Vollstreckung vor Zustellung **112** 53; Familiensachen **112** 111; Mitteilungen an Polizeibehörden **112** 216a; Verfahren **112** 210 ff.; Verfahrenswert **118** 49; Vergleich in und Bestätigung durch Gericht **112** 214a; Vollstreckung in **112** 96; Wirksamkeit, Vollstreckung **112** 216
Gewalttaten, Verherrlichung **85** 131

Gewässer, Begriff **85** 330d; Verunreinigung **85** 324
Gewerbe, Straftaten bei Ausübung eines, Eintragung ins Zentralregister **92** 18
Gewerbebetrieb, Leistungsort **20** 269 f.; Sicherheitsleistung **21** Art. 90; Zahlungsort **20** 270
Gewerbegeheimnis, Zeugnisverweigerung **100** 384
Gewerbeordnung 50 7
Gewerberecht 21 Art. 74
Gewerbeuntersagung 85 61, 70b; Eintragung ins Zentralregister **92** 10
Gewerbezentralregister, kostenfreie Amtshandlungen **120** 3
Gewerbliche Anlagen als Zubehör **20** 98
Gewerblicher Rechtsschutz *s. UWG*
Gewerbsmäßigkeit der Beherbergung **20** 701
Gewerkschaften, Garantie **1** 9; Parteifähigkeit im arbeitsgerichtlichen Verfahren **83** 10; Vertreter der als Prozessvertreter **83** 11
Gewicht, vertragsmäßiges **50** 361
Gewinn, entgangener **20** 252
Gewinn- und Verlustrechnung 50 275 ff., 284 ff., 305; Anhang, Pflichtangaben **50** 285; **50a** 85; Erläuterungen der **50** 284, 313; jährliche des Kaufmanns **50** 242
Gewinnabführungsverträge, Abfindung von Aktionären **51** 305; Ausgleichszahlung an Aktionäre **51** 304; Ertrag in Bilanz **51** 158; gesetzliche Rücklage **51** 300; Gläubigerschutz bei Beendigung **51** 303; Verlustübernahme **51** 302
Gewinnabschöpfung nach GWB **74** 34 f.; bei unlauteren geschäftlichen Handlungen **73** 10, Verfahrenskosten **115** 51
Gewinnanteil des persönlich haftenden Gesellschafters der KGaA **51** 288; Verteilung unter Bezugsberechtigte **20** 101
Gewinnanteilscheine 20 804; **21** Art. 174; Ausgabe neuer **51** 75; Hinterlegung **20** 234; Kraftloserklärung **20** 799, der Aktien **51** 72; Nießbrauch **20** 1081, 1083; Pfandrecht **20** 1296; Vorlegungsfrist **20** 801
Gewinnbeteiligung der persönlich haftenden Gesellschafter bei der KGaA **51** 288
Gewinngemeinschaft einer AG und KGaA **51** 292
Gewinnrücklage 50 272; **51** 58, 152; im Prüfungsbericht **51** 170; Umwandlung in Grundkapital **51** 208
Gewinnschuldverschreibungen, Ausgabe durch Aktiengesellschaft **51** 221
Gewinnspiele, Textform bei Verträgen zu **20** 675
Gewinnsucht, Straftat aus **85** 41
Gewinnzusagen 20 661a
Gewissensfreiheit 1 4
Gewohnheitsmäßigkeit, Grund für Maßregeln der Besserung und Sicherung **85** 64
Gewohnheitsrecht, Ermittlung **100** 293
Gift, Beimischung **85** 314; Freisetzen von **85** 330a
Giro *s. Indossament*
Glaubensfreiheit 1 3, 4, 33
Glaubhaftmachung der Forderung **20** 1994; in Verfahren nach dem FamFG **112** 31; im Zivilprozess **100** 294, des Ablehnungsgrundes **100** 406, der Berufungssumme **100** 511, von Entschuldigungsgründen **100** 531 f., bei Nichtigkeits- und Restitutionsklage **100** 589, Verhinderung zur Vorlegung einer Urkunde in Urschrift **100** 435, Verpflichtung zur Vorlegung einer Urkunde **100** 424, 430, Zeugnisverweigerungsgrund **100** 386
Gläubiger, Annahmeverzug **20** 264, 274, 293 ff., 424, 429, und Hinterlegung **20** 372, 383 f.; Antrag auf Eröffnung des Insolvenzverfahrens **110** 14; eines BGB-Gesellschafters, Kündigung der Gesellschaft **20** 726; eines Ehegatten bei Gütergemeinschaft **20** 1437; des Erben **20** 2214; Grundpfandrechte **62a** 5; Mehrheit **20** 420 ff.; des Nießbrauchbestellers **20** 1086 ff.; Recht der **20** 241; eines Vereins, Sicherung **20** 52; Verpflichtung des Schuldners zur Leistung an **20** 241 ff.; vom zu vertretendes Unmöglichwerden **20** 326; vorsätzliche Benachteiligung **110** 133; **111** 3, Regelungen während der COVID-19-Pandemie **110d**; Wahl zwischen Leistung oder Schadensersatz **20** 281; *s. a. Insolvenzgläubiger, Nachlassgläubiger*
Gläubigerausschuss, Aufgaben **110** 69; Beschlüsse **110** 72; Einsetzung **110** 67; Entlassung von Mitgliedern **110** 70; Erlöschen des Amtes **110** 259; Haftung der Mitglieder **110** 71; Mitwirkung bei Eigenverwaltung **110** 276 f.; Vergütung der Mitglieder **110** 73, nicht nach RVG **117** 1; vorläufiger **110** 21, 22a, Beteiligung bei Verwalterbestellung **110** 56a; Wahl der Mitglieder **110** 68; Zusammenarbeit in Verfahren über Unternehmensgruppe **110** 269b; **110a** 102c; Zustimmung zu Rechtshandlungen des Insolvenzverwalters **110** 160
Gläubigerschutz bei Eingliederung einer AG **51** 321; bei Formwechsel iSd UmwG **52a** 204, 249, 257; bei grenzüberschreitendem Formwechsel iSd UmwG **52a** 341; bei Kapitalherabsetzung **51** 225, 233;

bei Liquidation der AG **51** 272; bei Spaltung **52a** 133 f.; bei Übertragung von Stiftungen **20** 86h; bei Verschmelzung **52a** 22; bei grenzüberschreitender Verschmelzung **52a** 314
Gläubigerversammlung, Antrag auf Einberufung **110** 75; Beschlüsse **110** 76, Aufhebung **110** 78; Einberufung **110** 74; Entscheidung über Fortgang des Insolvenzverfahrens **110** 157; Unterrichtung **110** 79
Gläubigerverzeichnis im Insolvenzverfahren **110** 152
Gläubigerverzug *s. Verzug*
Glaubwürdigkeit eines Zeugen **100** 395
Gleichbehandlung im Insolvenzverfahren **110** 226; Klagen wegen Benachteiligung **83** 61b
Gleichbehandlungsgesetz, Allgemeines **34**, *s. a. dort*
Gleichbehandlungsgrundsatz, Angaben in Lageberichten **50** 289c
Gleichberechtigung von Frauen und Männern **1** 3, 117
Gleichheit vor dem Gesetz **1** 3
Gleichstellung nichtehelicher Kinder **21** Art. 227, Art. 234 § 12
Glücksspiel 85 284 ff.; Durchsuchungen **90** 104
GmbH *s. Gesellschaft mit beschränkter Haftung*
GmbH-Geschäftsführer 52 6, 35 f.; Angaben auf Geschäftsbriefen **52** 35a; befristeter Widerruf der Bestellung **52** 36; beschränkte Vertretungsbefugnis **52** 37; disqualifizierte Personen **50** 9c; **52** 6; Haftung **52** 43; Kündigung **84** 14
GmbH-Gesellschafter, Aufbringung von Fehlbeträgen **52** 24; Einsichts- und Auskunftsrecht **52** 51a f.; Gewinnrückzahlung **52** 32; Liste der **52** 40; **52/1** 8; Nachschusspflicht **52** 26 ff.; Rechte **52** 45 f.; Rechtsverhältnisse **52** 13 ff.
GmbH-Gesetz 52 1; Einführungsgesetz **52/1**
Gnadenerweise, Eintragung ins Zentralregister **92** 14
Gnadensachen, kostenfreie Amtshandlung **120** 3
Goldsachen als Pfand **20** 1240
Gräben als Grenzvorrichtung **20** 921 f.
Gravieren als Verarbeitung **20** 950
Grenzbäume 20 923
Grenze, Abmarkung **20** 919; Bauen über die **20** 912 ff.; Verwirrung der **20** 920
Grenzmerkmale 20 921 f.
Grenzverhältnis bei Grundstücken **20** 919 ff.
Grenzverwirrung 20 920
Grenzzeichen 20 919; **85** 274
Grob anstößige Handlungen als OWi **94** 119
Grobe Fahrlässigkeit 20 277; bei Annahmeverzug **20** 300; beim Dienstvertrag **20** 617; bei Leihe **20** 599; *s. a. Fahrlässigkeit*
Grobe Pflichtverletzung des Vereinsvorstandes **20** 27
Grobe Unbilligkeit, Verweigerung der Ausgleichsforderung **20** 1381
Grober Undank, Widerruf der Schenkung **20** 530
Großbritannien, Austritt aus der EU und Verschmelzungen **52a** 319
Große Strafkammer, Besetzung **95** 76
Großeltern, Erbrecht **20** 1926, 1931; Ersatz für Unterhalt **20** 685; Umgangsrecht **20** 1685; Unterhalt **20** 1601, 1603
Großer Senat beim BGH **95** 132
Großhandel mit Gas oder Strom, Markttransparenzstelle **74** 47a ff., Mitteilungspflichten **74** 47a ff.; für Kraftstoffe, Markttransparenzstelle **74** 47k, 186
Großrisiken 62 65; keine Versicherungsvertragsfreiheit **62** 210
Grundbuch, Abschrift **114** 12, 131, 133a; Anlegung **21** Art. 186; **114** 3; Ausdrucke **114** 131; und ausländische Insolvenzverfahren **110** 346; Berichtigung **20** 894 ff., 1144, 1155, 1157, 1167; **21** Art. 113; **108** 130 f.; **114** 14, 22; Berichtigungsanspruch des Ehegatten bei Gütergemeinschaft **20** 1416; Berichtigungszwang **114** 82 ff.; Berücksichtigung der Grundbucheinträge bei Zwangsversteigerung **108** 34, 114; Datenschutz **114** 126; Einsicht **114** 12, in Orginale **114** 12b; Einsicht des Notars **23** 21; Eintragung **20** 311b, 416; **100** 941 f.; **108** 130 f.; **114** 13 ff., des Dauerwohnrechts **37** 32, der Insolvenzeröffnung **110** 32, des Miteigentums **20** 1010, von Sondereigentum **37** 4, von Zusammenschlüssen alten Rechts **21** Art. 233, des Zwangsversteigerungsvermerks **108** 19, im Zwangsvollstreckungsverfahren **100** 895; elektronische Grundakte **114** 135; Formvorschriften **114** 30 f.; Kosten **20** 448, 897; landesrechtliche Vorbehalte **114** 143, 149; Liegenschaftskataster **114** 2; Löschungen **114** 23 ff., 46, 53, 71, 87; maschinell geführtes **114** 126 ff.; mehrere **114** 145 f.; Nachweis der Erbfolge **114** 35; öffentlicher Glaube **20** 892 f., 1138 ff.; Reihenfolge der Eintragungen **114** 45; Richtigkeitsvermutung **20** 891, 1148; Übergangsvorschriften **21** Art. 229 § 39; **114** 142 ff.; Unrichtigkeit **20** 1140; Vermerk der Beschlagnahme nach StPO **90**

111c; Voreintragung **114** 39 f.; Vormerkung **20** 883 ff.; Wiederherstellung **114** 148

Grundbuchamt, Aufbewahrung geschlossener Grundbücher auf Datenträgern **114** 10a, von Urkunden **114** 10, Vorschriften **114** 12b; Beschwerde gegen Entscheidungen **114** 71 ff.; Eigentümerverzeichnis **114** 12a; Einreichung von notariellen Urkunden **23** 53; elektronischer Rechtsverkehr **114** 135 ff.; Erklärungen und Anträge **20** 873, 875 f., 878; Führung des Grundbuchs **114** 1; Haftungsausschluss **114** 12a; Löschung gegenstandsloser Eintragungen **114** 84 ff.; Rangverhältnisse **114** 90 ff.

Grundbuchangelegenheiten, automatisiertes Abrufverfahren, Kosten **120** 1

Grundbuchbeamte, Ausschließung **114** 11

Grundbuchberichtigung, Eigentümer als Kostenschuldner **119** 23; keine Kostensicherung **119** 16

Grundbuchbezirke 114 2

Grundbuchblatt 114 3 f., 28, 85, 90 f.; Anlegung **114** 116 ff.; Nummer im Hypothekenbrief **114** 57

Grundbuchdaten, Übermittlung **114** 134a

Grundbuchordnung 114; Datenschutz **114** 12d

Grundbuchregister, Eintragungen, Geschäftswert **119** 69

Grundbuchsachen, Zuständigkeit des Amtsgerichts **95** 23a

Grunddienstbarkeit 20 1018 ff.; Beeinträchtigung **20** 1027 ff., durch Überbau **20** 916; Besitzschutz **21** Art. 191; Streitwert **100** 7; Übergangsvorschriften **21** Art. 187; am Vermächtnisgrundstück **20** 2182; Zusammentreffen mehrerer **20** 1024

Grundgesetz 1

Grundkapital der AG **51** 1, 6 f., 150; **51a** 2, Erhöhung **51** 182 ff., Erhöhung, bedingte **51** 192 ff., Herabsetzung **51** 222 ff., 229 ff., Herabsetzung durch Einziehung von Aktien **51** 237 ff., in Jahresbilanz **51** 152; Rückwirkung bei Herabsetzung **51** 234

Grundpfandrechte in ausländischer Währung **108** 145a; Befriedigung aus nach Verjährungseintritt **20** 216; Geschäftwert bei Mithaft **119** 44; Mithaft eines Grundstücks **119** 44; Rechte der Gläubiger **62a** 5; Wertbestimmung über Nennbetrag **119** 53

Grundrechte 1 1 ff.; Einschränkung nur durch Gesetz **1** 19, im Verteidigungsfall **1** 12a; Kernbereich privater Lebensgestaltung **90** 100d

Grundschuld 20 1191 ff.; **21** Art. 53, Art. 60, Art. 117, Art. 195; Beseitigung bei Grundstücksverkauf **20** 442; bei Dauerwohnrecht **37** 40; des Eigentümers **20** 1177, 1196 f.; Gerichtsstand **100** 25; Kündigung des Kapitals **20** 1193; Löschung **20** 1196; Nießbrauch an einer **20** 1080; Rangänderung **20** 880; Sicherheitsleistung **20** 232, 238; Umwandlung **20** 1198, 1203, der Hypothek in **20** 1177; Urkundenprozess wegen **100** 592; Urteil über Ansprüche aus **100** 325; Verfügung des Vorerben über **20** 2114; auf dem Vermächtnisgrundstück **20** 2165, 2168; Verpfändung **20** 1291; Verurteilung zur Bestellung einer **100** 897; Zinszahlung durch Nießbraucher **20** 1047; im Zwangsversteigerungsverfahren **108** 50, 53, 64, 67, 83, 126 f., 131, 136, 184; bei Zwangsverwaltung **108** 158 f.

Grundschuldbrief 21 Art. 195; **114** 42, 70; Eigentum am **20** 952; Geschäftswert bei nachträglicher Erteilung **119** 71; auf den Inhaber **20** 1195; Vorlegen zur Grundbuchberichtigung **20** 896, bei Notar **23** 21

Grundschuldgläubiger, Aufgebot **112** 447 ff.

Grundstücke, Abschreibung von Teilen an **114** 2, 7; Änderung des Inhalts von Rechten an **20** 877; Aneignung **21** Art. 190, aufgegebener **21** Art. 129; Arrestvollziehung **100** 932; Aufgabe des Besitzes **20** 303; Aufgebot des Eigentümers **112** 442 ff.; Ausbesserung des Nießbrauchgrundstücks **20** 1043 f.; beeinträchtigende Auswirkungen **21** Art. 44; Belastung **20** 873, 1009, 1123 mit Anm.; **41** 1; Belastungsbeschränkung **21** Art. 117; Belastungsverbote **21** Art. 115; Beschlagnahme zur Sicherung der Einziehung **90** 111c, bei Zwangsversteigerung. **108** 20 ff.; beschränkte persönliche Dienstbarkeit **20** 1090 ff., *s. a. dort;* Besitzberechtigungsfrist **21** Art. 233; Besitzschutz **20** 859, 867; Bestandteile **20** 94 ff., 890; Bodenreform **21** Art. 233 §§ 11 ff.; Eigentum **20** 905 ff.; Eigentumserwerb durch Einigung und Eintragung **20** 873; Eigentumsübertragung **20** 925 ff.; Ersitzung **20** 900; Erwerb, entgeltliche Finanzierungshilfen **20** 506 ff., entgeltlicher Zahlungsaufschub **20** 506 ff., des Zubehörs **20** 926; Formvorschrift des Landes **21** Art. 11; freiwillige Versteigerung, Geschäftswert **119** 116; Frist zur Ausübung des Vorkaufsrechts **20**

469; Gefahrübergang bei Zwangsversteigerung **108** 56; Gegenstand des Vorkaufs, Sicherheitsleistung **20** 468; Gemeinheitsteilung **21** Art. 113; gerichtliche Verwaltung **108** 94 f.; Gerichtsstand **100** 24 ff.; Grundbucheintrag **114** 48; ohne Grundbucheintragung **21** Art. 127; **114** 3; Grunddienstbarkeiten **20** 1018 ff.; Grundschuld **20** 1191 ff.; Haftung für Hypothekenzinsen **20** 1118 f., bei öffentlichem Gebrauch **21** Art. 106; herrenlose, Vertretung im Prozess **100** 58, Zwangsvollstreckung **100** 787; Höchstbetrag des Wertersatzes bei Erlöschen einer Belastung **20** 882; im internationalen Insolvenzverfahren **110** 336, 349; Kauf **20** 311b, 435; landesrechtliche Vorbehalte **21** Art. 126; Miete **20** 578; Miteigentumsanteile **114** 3; Nießbrauch **20** 1030 f., 1048, 1055 f.; Pacht eines landwirtschaftlichen **20** 585; Rangfolge der Belastungen **21** Art. 118; Rangverhältnisse **20** 879 ff.; Rechte an **20** 873 ff., Erwerb und Verlust **21** Art. 189; Rechtsgeschäft mit Buchberechtigtem **20** 893; Scheinbestandteile **20** 95; Sicherungshypothek des Bauunternehmers **20** 650e; subjektiv-dingliche Rechte **114** 9; Teilung **20** Anm. zu 890, bei Dienstbarkeiten **20** 1025 f.; Teilungsbeschränkung **21** Art. 119; Übereignungsvertrag **20** 925; Veräußerung **20** 311b, während des Rechtsstreits **100** 266, 325, des vermieteten **20** 566 ff.; Veräußerungsbeschränkung **21** Art. 119; Vereinigung **114** 5, oder Teilung **20** 890 mit Anm.; Verfügung bei Gütergemeinschaft **20** 1424; Verfügungsbeschränkung **20** 878; Verjährung **20** 438, der Rechte an **20** 196; Verkauf **20** 435 f., 448; Vermächtnis **20** 2165 ff., 2182; Vermögensarrest zur Sicherung der Wertersatzeinziehung iSd StGB **90** 111e ff.; Verpachtung mit Inventar **20** 582; Verzeichnis **114** 2; Vorerbschaft **20** 2113, 2135; Vorkaufsrecht **20** 1094 ff.; **23** 20; Vormerkung **20** 884 f.; Wiederkaufsfrist **20** 462; Zusammenlegung **21** Art. 113; Zuschreibung **20** 1131; **114** 6; Zwangsversteigerung und Zwangsverwaltung **108** 1 ff., 172 ff.; Zwangsverwaltung gärtnerischer **108** 149; Zwangsvollstreckung **100** 864 ff., in mit Erbbaurecht belastete **41** 25

Grundstückseigentümer, Aufgebot des **112** 442 ff.; als Kostenschuldner **119** 23; Schadensersatzpflicht **100** 799a; keine Vollstreckung wegen Risikobegrenzung **101** 37

Grundstücksgleiche Rechte, Bewertung **119** 49; Zwangsvollstreckung **100** 870

Grundstückslasten bei Dauerwohnrecht **37** 33

Grundstücksschätzer 21 Art. 79

Grundstücksversteigerung, besonderer Kostenschuldner **119** 31

Grundstückswert bei Zwangsversteigerung **108** 74a, 114a

Gründungsprüfung, Geschäftswert **119** 123

Grünpfeil an Ampeln **35a** 37

Gruppenangehörige Schuldner 110 3a; gruppeninterne Sicherheiten **110** 217, *s. a. dort*

Gruppenausgebot bei Zwangsversteigerung **108** 63

Gruppen-Gerichtsstand iSd InsO 110 3a; Antrag zur Begründung des **110** 13a; gruppenangehöriger Schuldner **96** 18; **110** 3a

Gruppenhandlungen, strafbare, Landfriedensbruch **85** 125, Nebenklage **90** 395, sexuelle Belästigung **85** 184j

Gruppeninterne Sicherheiten 110 217; im Insolvenzplan **110** 223a, 230, Stimmrechte **110** 238b, Veröffentlichungen im Internet **110** 235

Gruppenversicherungen für Restschuldversicherungen **62** 7d

Gutachten in Betreuungssachen **112** 280, Unterbringungsbeschluss **112** 284; durch das DPMA **72** 58; bei Erteilung der Fahrerlaubnis **35** 2; im Jugendgerichtsverfahren **89** 68 ff.; medizinische in einem Strafverfahren zur Schuldunfähigkeit **92** 11; des Medizinischen Dienstes in Betreuungssachen **112** 282; im Strafverfahren **90** 75 ff.; vor Unterbringungsmaßnahme **112** 321; im Zivilprozess **100** 402 ff., *s. a. Sachverständige; s. a. Sachverständigengutachten*

Gute Sitten, Rechtsgeschäft gegen die **20** 138; Verstoß **20** 817, 819, 826

Güteantrag, Hemmung der Verjährung **20** 204

Güter, Beförderung von, Gerichtsstand **100** 30, an Sonn- und Feiertagen **35a** 30

Gütergemeinschaft 20 1415 ff.; Antragsrecht gem. InsO **110** 318; Aufgebotsverfahren der Ehegatten **112** 462; Aufhebung, Antrag **20** 1447 ff., 1469 ff., der fortgesetzten **20** 1495; Auseinandersetzung **20** 1497 ff.; **112** 373, 487, des Gesamtguts **20** 1471 ff.; Ausschließung der Fortsetzung **20** 1509 ff.; Beendigung **20** 1470 ff., der fortgesetzten **20** 1492 ff.; **112** 342; Forderungen und Schulden **20** 1446; fortgesetzte **20** 1483, 1485, Ablehnung **20** 1484, Verurteilung unter Vorbehalt beschränkter Haftung **100** 305; gemein-

schaftliche Gesamtgutsverwaltung **20** 1450 ff.; Gesamtgut, Grundbuchberichtigung **20** 1416, Nachlassinventar **20** 2008; Gesamtgutsverbindlichkeiten **20** 1459 ff., nach Beendigung der **20** 1475; Geschäftswert bei Fortsetzung **119** 40; Haftung **20** 1438 ff.; Lastenverteilung **20** 1441 ff.; im Nachlassinsolvenzverfahren **110** 332 ff.; nicht mitwirkungsbedürftige Rechtsgeschäfte **20** 1455; Rechte des nichtverwaltenden Ehegatten **20** 1432; Schulden eines Ehegatten zum Gesamtgut **20** 1468; Teilungsanordnungen **20** 1515; Unpfändbarkeit des Anteils eines Ehegatten am Gesamtgut **100** 860; Unterhaltspflicht **20** 1604; Verbindlichkeiten im Innenverhältnis **20** 1463; Widerspruchsklage bei Zwangsvollstreckung **100** 774; Zeugnis **20** 1507; Zuwendungen aus Gesamtgut **20** 2054, 2351; Zwangsvollstreckung **100** 740 ff., 750; zwingende Regelung der fortgesetzten **20** 1518

Güterrecht, eheliches **20** 1363 ff., *s. a. Eheliches Güterrecht;* einheitliche Entscheidung **112** 265; der Lebenspartnerschaft **21** Art. 229 § 47; Rechtskraft der Entscheidung **112** 264; Übergangsregelung bei Auslandsberührung **21** Art. 220; vertragliches **20** 1408 ff.; Zahlungspflicht trotz Stundungsantrag **112** 264; *s. a. Güterstand*

Güterrechtsregister, Abschaffung des, Übergangsvorschriften **21** Art. 229 § 64; Eintragung von Eheverträgen, Wirkung gegenüber Dritten **20** 1412, der eingeschränkten Geschäftsbesorgung **20** 1357

Güterrechtsregistersachen 112 374

Güterrechtssachen, Familiensachen **112** 111; als Folgesache **112** 137; Verfahren **112** 261 ff.; Verfahrenswert **118** 52; Zuständigkeit des Rechtspflegers **96** 25

Güterstand 21 Art. 236 § 3; Einfluss auf Unterhaltsverpflichtung **20** 1583; gesetzlicher **20** 1363 ff., *s. a. Zugewinngemeinschaft;* Regelung durch Ehevertrag **20** 1408 ff.; Verjährung von Herausgabeansprüchen **20** 1390; der Wahl-Zugewinngemeinschaft **20** 1519

Gütertrennung 20 1414; kraft Urteil **20** 1388; nach richterlicher Aufhebungsentscheidung der Gütergemeinschaft **20** 1449, 1470

Gütestellen, Einigungsversuch vor **101** 15a; Güteantrag und Hemmung der Verjährung **20** 204; landesrechtliche Regelungen **101** 15a; Vergleiche vor, Vollstreckung **100** 797a

Güteverfahren vor dem Amtsgericht **101** 15a; vor dem Arbeitsgericht **83** 80; bei den Gütestellen und Hemmung der Verjährung **20** 204

Güteverhandlung im arbeitsgerichtlichen Verfahren **83** 54; im Zivilprozess **100** 272, 278

Gutgewicht 50 380

Gutgläubiger Erwerb 20 932; **21** Art. 61; bei Abtretung des Herausgabeanspruches **20** 934; bei Besitz **20** 933; bei Ersitzung **20** 937, 945; bei Erwerb durch Eigenbesitzer **20** 955 ff.; bei Fahrniserwerb **20** 926; in der Zwangsvollstreckung **100** 898

Gutgläubigkeit bei Besitzerwerb **20** 990 f., 1007; Dritter bzgl. Kindesvermögen **20** 1698a; des Erbschaftsbesitzers **20** 2024 f.; des Ersatzleistenden **20** 851; bei Forderungserwerb **20** 405; bei Handelsgeschäften **50** 366 f.; bei Nießbrauch **20** 1058; bei Pfandrechtserwerb **20** 1207 f.; bei Pfandveräußerung **20** 1244; bei Veräußerungen und Verpfändungen eines Kaufmanns **50** 366 f.

Gütliche Beilegung des Rechtsstreits, Versuch **100** 278

Gütliche Erledigung von Arbeitsstreitigkeiten **83** 57

Gutsübernahme 20 330

Gutsvorsteher bei Errichtung eines Nottestaments **20** 2249

Haft zur Erzwingung von Geldbußen **94** 96 f.; des Insolvenzschuldners **110** 98; Untersuchungshaft **90** 112 ff., *s. a. dort;* Vollziehung des persönlichen Sicherheitsarrestes durch **100** 933; *s. a. Freiheitsstrafe*

Haftbefehl 90 114; Aufhebung **90** 120 ff.; bei Ausbleiben des Angeklagten **90** 230, 236, 329; Aushändigung bei Verhaftung **90** 114a; Aussetzung des Vollzugs **90** 116 f., 122; zur Erzwingung einer Vermögensauskunft **100** 802g; bei Freiheitsentzug **1** 104; Haftprüfungsverfahren **90** 117 ff., 122; für Hauptverhandlung **90** 127b; zwecks Vollstreckung einer Freiheitsstrafe **90** 457; Zuständigkeit **90** 125 ff., für Aussetzung **90** 126

Haftgründe 90 112 f.

Haftkosten 115 73; in Familiensachen **118** 64

Haftpflicht beim Betrieb eines Bergwerks, Steinbruchs, Gräberei, Fabrik **33** 3 ff.; der Eisenbahn **33**; Leistungspflicht **62** 100; Leistungsumfang **62** 101; nach dem StVG **35** 7 ff., Höchstbeträge **35** 12

Haftpflichtgesetz 33; Zuständigkeit für Klagen **33** 14

Haftpflichtige, Mehrheit **33** 13

Haftpflichtversicherung 62 100 ff.; des Kfz-Halters **63**, *s. a. Kfz-Haftpflichtversicherung;* mehrere Geschädigte **62** 109
Haftprüfungsverfahren 90 117 ff., 122
Haftstrafe *s. Freiheitsstrafe*
Haftsumme, Genossenschaft **53** 119 ff.
Haftung bei Abänderungsklage **100** 323b; von Abschlussprüfern von Kapitalgesellschaften **50** 323; des Absenders beim Frachtgeschäft **50** 414; des Arbeitgebers bei Arbeitsunfall **20** Anm. zu 618, bei Betriebsübergang **20** 613a, nach dem UrhG **65** 99; des Arbeitnehmers bei Arbeitsunfall **20** Anm. zu 618, Beweislast **20** 619a; von Aufsichtsratsmitgliedern **51** 116; des auftraglosen Geschäftsführers **20** 677 ff.; Ausfallhaftung nach dem GWB **74** 81e; Ausschluss des Herstellers **27** 1, bei höherer Gewalt **28** 4, bei Nuklearunfall **28** 18, bei Unfällen mit Kraftfahrzeugen **63a** 4; für Beamte **1** 34; der Beamten **20** 839, 841; **21** Art. 78; des Besitzers gegenüber Eigentümer **20** 987 ff.; beim Betrieb von Kraftfahrzeugen mit Anhängern **35** 19 f., 65; **62** 78; bei Betriebsübergang **20** 613a; für Buchungsfehler im Reiserecht **20** 651x; Deckungsvorsorge gemäß UmweltHG **28** 19; für Dritte **20** 278, 831 ff.; der Ehegatten **20** 1359, 1459 ff., im Nachlassinsolvenzverfahren **110** 334; des Eigentümers bei Reallast **20** 1108; für Einsturz eines Gebäudes **20** 836 ff.; vor Eintragung der AG ins Handelsregister **51** 41; der Eltern für Ausübung der elterlicher Sorge **20** 1664; des Empfängers beim Frachtgeschäft **50** 425; des Erben für Nachlassverbindlichkeiten **20** 1967 ff., 2058 ff., 2206; **50** 27, nach Teilung des Nachlasses **20** 2060, unbeschränkte **20** 1993 ff., 2005 f., 2013, für Unterhaltsverpflichtung **20** 1586b; des Erbschaftsbesitzers **20** 2029, 2032 ff.; des Erbschaftskäufers **20** 2036 f.; des Erbschaftsverkäufers **20** 2376; Erlöschen von Ansprüchen **27** 13; des Erwerbers eines Handelsgeschäfts **50** 25; für Fehler eines Produkts **27** 1, 7; des Finders **20** 968; des Fiskus für Beamte **20** 89; bei fortgesetzter Gütergemeinschaft **20** 1489, 1504; des Frachtführers **50** 425 ff., 431; beim Frachtgeschäft **50** 428, Ausschluss **50** 426; des Gastwirts **20** 701 ff.; von Genossenschaften **53** 2, 119; von Genossenschaftsmitgliedern **53** 23, im Insolvenzverfahren **53** 105 ff.; der Genossenschaftsvorstandsmitglieder **53** 34; für Gerichtskosten **115** 22 ff., 29 ff., in Familiensachen **118** 21 ff.; des Gesamtguts **20** 1438 ff., 1459 ff.; für Gesamtgutsverbindlichkeiten **20** 1489, nach Teilung **20** 1480 ff.; der Gesamtschuldner bei Insolvenz **110** 43; des Geschäftsherrn **20** 831; des Geschäftsnachfolgers **50** 25; bei GmbH **52** 13, 22; für GmbH **52** 43; des Grundstücks für Zinsen und Kosten der Hypothek **20** 1118; der Grundstücksschätzer **21** Art. 79; bei Gründung der AG *s. dort;* aus Handelsgeschäften **50** 347; des Handelsmaklers **50** 98; des Herstellers **27** 1, 7; Höchstbetrag **27** 10; **28** 15; **33** 9, beim Frachtgeschäft **50** 431, 433; bei Insolvenzverschleppung **110** 15a f., Regelungen während der COVID-19-Pandemie **110d**; des Insolvenzverwalters **110** 60, bei Zusicherung iSd VO (EU) 2015/848 **110a** 102c; einer juristischen Person nach Erlöschen **20** 613a, für Organe **21** Art. 231; des Käufers eines Erbteils **20** 2036 f.; der Kommanditisten **50** 171 ff.; beim Kreditauftrag **20** 778; beim Lagergeschäft **50** 475; der Liquidatoren eines Vereins **20** 53; der Minderjährigen **20** 1629a, aus unerlaubten Handlungen **20** 828 f.; **21** Art. 229 § 15; bei missbräuchlicher Geltendmachung von Ansprüchen nach dem UWG **73** 8c, 13, 15a; bei missbräuchlicher Nutzung von Zahlungsinstrumenten **20** 675v; der Miterben **20** 2058 ff.; der Mitglieder des Gläubigerausschusses **110** 71; Mitverurteilter **90** 466; des Nacherben **20** 2144; NachhaftungsbegrenzungsG **50a** 35 ff.; des Nachlassverwalters **20** 1985; eines neueintretenden Gesellschafters **50** 28; bei nichtsrechtsfähigen Vereinen **20** 54; des Nießbrauchers **20** 1088; der OHG-Gesellschafter **50** 126 ff.; einer Partnerschaftsgesellschaft **50b** 8, 10; persönlich haftender Gesellschafter bei Formwechsel **52a** 224, 237, bei Verschmelzung **52a** 45; des Pfandes **20** 1210; des Pfandgläubigers **20** 1251; für Prozesskosten **100** 100; für Rechtsmängel **20** 435 f., 523, der Mietsache **20** 536, bei Vermächtnis **20** 2182; für Sachmängel bei Vermächtnis **20** 2183; für Sachschaden, Anspruchskonkurrenz **33** 12; des Sachwalters bei Eigenverwaltung **110** 280; des Schenkers **20** 521; des Schuldners **20** 276 ff., 287, bei Gläubigerverzug **20** 300; seerechtlich beschränkte **100** 305a; Selbstbeteiligung **27** 11; für Sorgfalt wie in eigenen Angelegenheiten **20** 277, 690, 2131; des Spediteurs **50** 461 f.; der Stiftungen, Körperschaften und Anstalten des öffentlichen Rechts für Organe **20** 89; nach dem StVG **35** 7 ff., Höchstbeträge **35** 12, mehrere Verursacher **35** 17, unabwendbare Ereignisse **35** 17; des Tierhalters **20** 833;

Umfang bei Tötung oder Körperverletzung **27** 7 ff.; **28** 12 ff.; **33** 10 f.; bei Umwelteinwirkungen **28** 1 f.; für unerlaubte Handlungen **20** 823 ff.; bei ungerechtfertigter Bereicherung **20** 818 ff.; für Unterhaltsleistung **20** 1586a; mehrerer Unterhaltspflichtiger **20** 1584; von Unternehmern bei Dienstverträgen **20** Anm. zu 618; der Urkundsbeteiligten **119** 30; für Verbindlichkeiten der AG **51** 1; Verbot des Ausschlusses oder der Beschränkung **27** 14; **33** 7; des Verbrauchers beim Frachtgeschäft **50** 414; bei verbundenen Unternehmen **51** 309 f., 317 f., 323; des Vereins für Organe **20** 31; der Vereinsmitglieder **20** 31b; des Vereinsvorstandes **20** 31a, bei Insolvenz **20** 42; des Verleihers **20** 599; des Verpächters **20** 586; verschärfte in Unterhaltssachen **112** 241; des Vertreters ohne Vertretungsmacht **20** 179; des Verwahrers **20** 690 f.; Verwandter für Unterhalt **20** 1606; Vorbehalt beschränkter Haftung im Urteil **100** 305; des Vorerben **20** 2131, 2145; weitergehende bei Umweltschäden **28** 18; des Wiederverkäufers **20** 457; Zahlungsdienstevertrag **20** 675u ff.; des Zwangsverwalters **108** 154; *s. a. Gesamtschuldnerische Haftung, Unbeschränkte Haftung*

Haftungsbeschränkung **20** 276; bei elterlicher Sorge **20** 1629a; des Erben **20** 1973 f., 2063, 2144, 2206, Kürzung des Vermächtnisses **20** 2188 f.; des Erbschaftskäufers **20** 2382 f.; des Miterben **20** 2063; des Reiseveranstalters **20** 651p

Haftungsklage, Bekanntmachung **51** 149

Haftungsverhältnisse, Angabe in Bilanz **50** 268

Halbes Jahr, halber Monat als Frist, Berechnung **20** 189

Halmtaxe **20** 596a

Haltbarkeitsgarantie **20** 443

Halter von Kraftfahrzeugen *s. Kraftfahrzeughalter;* von Tieren **20** 834

Halterdaten, Übermittlung **35** 35 ff., an ausländische Stellen **35** 37 ff., an EU-Behörden **35** 37b f.

Hamburg, Bestimmung der Stellen iSd GVG **95a** 4a; Rechtspfleger in **96** 36a

Handeln auf Befehl für einen anderen **94** 9, im Strafrecht **85** 14

Handelsbücher **50** 238 ff.; Aufbewahrung **50** 257; **50a** 94; Vorbehalt landesrechtlicher Vorschriften **50** 263; Vorlegung bei Gericht **50** 258 ff.

Handelsfirma **50** 17 ff.; Anmeldungs- und Eintragungsänderungen **50** 34; Begriff **50** 17; *s. a. Firma*

Handelsgeschäfte **50** 343 ff.; Anwendung des Wechselrechts **50** 365; einseitige **50** 345; Fortführung **50** 22; Gewohnheiten und Gebräuche **50** 346; Haftung aus **50** 347, Erben **50** 27; Leistungszeit **50** 358 f.; Stillschweigen als Annahme **50** 362; Vermutung der Betriebszugehörigkeit von Geschäften **50** 344; Zinsen **50** 352 f.

Handelsgesellschaften **50** 6; AG **51** 3; GmbH **52** 13, *s. a. Gesellschaft mit beschränkter Haftung;* KG **50** 161 ff., *s. a. Kommanditgesellschaft,* auf Aktien **51** 278 ff.; Kontrolle und Transparenz, Übergangsvorschriften **50a** 46; offene (OHG) **50** 105 ff., *s. a. Offene Handelsgesellschaft;* Übergangsvorschriften **50a** 34

Handelsgesetzbuch **50**; Einführungsgesetz **50a**; und Finanzmarktintegritätsstärkungsgesetz **50a** 86; gleichberechtigte Teilhabe von Frauen und Männern **50a** 73; und Landesrecht **50a** 15; Ordnungsgeld **50** 335 ff., 340o, 341o, 341y, 342p; Ordnungswidrigkeiten **50** 340n, 341n, 341x, 342o; privates Rechnungslegungsgremium **50** 342q f.; Strafvorschriften **50** 340m; Verhältnis zum BGB **50a** 2

Handelsgewerbe, Begriff **50** 1

Handelskauf **50** 373 ff.; Annahmeverzug des Käufers **50** 373 f.; Anzeige von Mängeln **50** 377 f.; Aufbewahrung der Ware **50** 379; Berechnung des Kaufpreises **50** 380; Bestimmung des Käufers bezüglich der Ware **50** 375; Taragewicht **50** 380; Untersuchung der Ware **50** 377 f.

Handelsmakler **50** 93 ff.; Aufbewahrung von Proben **50** 96; Inkassovollmacht **50** 97; Maklerlohn **50** 99; Schlussnote **50** 94 f.; Tagebuch **50** 100 ff.; Verkauf der geschuldeten Sache **20** 385, des Pfandes **20** 1221; Verkauf durch **20** 450 f.

Handelsplattformen, kriminelle im Internet **85** 127; *s. a. Online-Marktplätze*

Handelsregister **50** 8 f.; Amtssprache **50** 11; Anmeldungen, Form **50** 12; Beglaubigung übermittelter Daten **50** 9; Bekanntmachung der Eintragungen **50** 10; Bezeichnungsschutz **50** 8; Einreichungen **50** 12; Einsichtnahme **50** 9, nach Europarecht **50** 10a; Einsichtnahme im Internet **50** 9; Eintragung betr. GmbH **52** 9c ff., 39, 54, 57, 67, Auflösung **52** 65; Eintragungen **50** 8 ff., 12, 28 ff., 53; **51** 37 ff., 81, 184, 188, 195, 201, 223, 227, 238 f., 266, 273, 277, 282, 285, 289, 294, 298, 398, bei Formwechsel **52a** 202, bei Spaltung **52a** 19 f., 130 ff., von Verschmelzungen **52a** 16 f.; elektronisches **50a** 61; Europäisches System der Registervernetzung

50 9b; Führung **50** 8; Gebühren **119** 58; Kapitalerhöhungsbeschluss **51** 184; Löschen einer Firma **112** 393; Löschung nichtiger Beschlüsse **112** 398; Löschung unzulässiger Eintragungen **112** 395; Löschung vermögensloser Gesellschaften **112** 394; Mitteilung im Insolvenzverfahren **110** 31; negative Publizität **50** 15

Handelsregistersachen **112** 374; **119** 23

Handelssachen, Kammer für **95** 71 f., Besetzung und Vorsitz der Kammer für **95** 105, bei den Landgerichten **95** 93 ff.

Handelsschiffe, Kündigungsschutz für Arbeitnehmer **84** 24

Handelsstand **50** 1 ff.

Handelsvertreter **50** 84 ff.; als Arbeitnehmer **83** 5; Ausgleichsanspruch **50** 89b; außerhalb der EG **50** 92c; Mindestarbeitsbedingungen **50** 92a; im Nebenberuf **50** 92b; Pflichten des Unternehmers gegenüber **50** 86a; Verträge **50a** 29; Vollmachten **50** 55

Händler von geschützten Werken, Vergütungspflicht **65** 54b

Handlungen, unerlaubte **20** 823 ff., *s. a. Unerlaubte Handlungen;* vorsätzliche und fahrlässige **85** 15; **94** 10; Zwangsvollstreckung zur Erwirkung von **100** 887 f.

Handlungsbevollmächtigter **50** 54 ff.; einer Genossenschaft **53** 42; Zeichnung des **50** 57

Handlungsgehilfe **50** 59 ff.; Konkurrenzverbot **50** 60; Vertragsstrafe **50** 75c; Wettbewerbsverbot **50** 74 f.

Handlungsvollmacht **50** 54 ff., *s. a. Handlungsbevollmächtigter*

Handwerksinnungen, Ausschüsse zur Beilegung von Streitigkeiten **83** 111

Handwerkskammer, Anhangsrecht nach UKlaG **105** 3; Antragsrecht nach UWG **73** 8

Handzeichen, beglaubigte **20** 126, 129; **100** 416, 440; Beglaubigung **119** 121

Härteklausel bei der Ehescheidung **20** 1568

Hass, Aufstachelung zum gegen Teile der Bevölkerung **85** 130

Hasskriminalität, Bekämpfung **90a** 18

Hauptniederlassung von Unternehmen **50** 13, im Ausland **50** 13d, Verlegung **50** 13h

Hauptsacheverfahren nach Erlass der einstweiligen Anordnung **112** 52

Haupttermin *s. a. Verhandlung*

Hauptverfahren, Ablehnung der Eröffnung **90** 204 f., 211; Beweiserhebung vor Eröffnung **90** 202; Entscheidung über Eröffnung **90** 199 ff.; Erörterung des Verfahrensstands *s. dort;* nach Jugendstrafrecht **89** 47 ff.; Mitteilung der Anklageschrift an Angeschuldigten **90** 201; im OWiG **94** 71 ff.; Vorrang des Jugendgerichts **89** 47a

Hauptverhandlung **90** 226 ff.; Abgabe von Erklärungen **90** 257; gegen abwesenden Angeklagten **90** 232 ff.; Anberaumung im Verfahren **90** 408; Änderung des rechtlichen Gesichtspunktes **90** 265; gegen mehrere Angeklagte, Entfernung eines Angeklagten aus **90** 231c; Anzahl und Dauer der Unterbrechungen **90** 229; mit ärztlichen Sachverständigen bei Therapieweisung **90** 246a; Aussetzung bei Ausbleiben des Verteidigers **90** 145, wegen verspäteten Beweisantrages **90** 246; Beendigung ohne Angeklagten **90** 231; im beschleunigten Verfahren **90** 418; Besetzung der Strafkammer bzw. Strafsenate **95** 139; Besetzung des Gerichts **90** 222a f., 338; Durchführung ohne Angeklagten **90** 231a; bei Einspruch gegen Strafbefehl **90** 411; Entbindung von Verpflichtung zum Erscheinen **90** 233; Erörterung des Verfahrensstands *s. dort;* Fortsetzung nach Unterbrechung **90** 229; Freispruch ohne weitere **90** 371; Gang der **90** 243 ff.; nach dem JGG **89** 48 ff., Neubeginn **89** 51a; Leitung **90** 238; Niederschrift **90** 271 ff.; im Privatklageverfahren **90** 383; im strafrechtlichen Revisionsverfahren **90** 350 f.; Unterbrechung, Höchstdauer **90** 229, wg. technischer Störung **90** 229, durch Verhandlungsunfähigkeit des Angeklagten **90** 231a; ununterbrochene Gegenwart in **90** 226; Urteil **90** 260; Verbot der Entfernung des Angeklagten **90** 231; Verfahren nach Ablehnung eines Richters **90** 29; Verlesung von Schriftstücken **90** 249; Verständigung mit Verfahrensbeteiligten **90** 257c; Vorbereitung **90** 212 ff., Terminsbestimmung **90** 213; Weiterführung nach Entfernung des Angeklagten **90** 231b; Zuständigkeitsänderung **90** 225a

Hauptverhandlungshaft **90** 127b

Hauptversammlung der Kommanditgesellschaft auf Aktien **51** 285

Hauptversammlung der Aktiengesellschaft **51** 118 ff.; Aufsichtsratswahlen **51** 101; Beratung, Geschäftswert **119** 120; Beschlüsse, Anfechtung **51** 243 f., 254 f., 257, notarielle Beurkundung **51** 130, Stimmenmehrheit **51** 133 ff.; Bestellung von Prüfern **50** 318; **51** 142 ff.; Einberufung **51** 121 ff., 123 ff., 175, Bekanntmachungen **51** 124, bei Verlust, Überschuldung, Zahlungsunfähigkeit **51** 92; elektronische Stimmabgabe **51** 118; Ent-

lastung von Aufsichtsrat und Vorstand **51** 119 f.; Geschäftsordnung **51** 129; Nichtigkeit von Beschlüssen **51** 241 ff.; ordentliche **51** 175 f.; Rechte **51** 119 ff.; Satzungsänderung **51** 179 ff.; Stimmrechte **51** 134 ff., Ausschluss von **51** 136, Ausübung durch Dritte **51** 135, Ausübung durch Intermediäre **51** 135; Stimmrechtsnachweis **51** 123; Tagesordnung **51** 124; Übergangsvorschriften **51a** 16; Unternehmensverträge **51** 293f, 293g; Veröffentlichungen im Internet **51** 124a; **51a** 26q; bei Verschmelzung **52a** 63 ff.; Vorschläge zur Beschlussfassung **51** 124; Wahl des Aufsichtsrats **51** 124; Zustimmung zur Eingliederung von Gesellschaften **51** 320, zur Nachgründung **51** 52, zu Unternehmensvertrag **51** 293

Haus- oder Umbau, Abschlagszahlungen **21** Art. 244

Hausfriedensbruch 85 123 f.

Hausgewerbetreibende, Lohnpfändung **100** 850 mit Anm.

Haushalt, Besitz **20** 855

Haushaltsgegenstände, Behandlung bei Scheidung **20** 1568b; im Nachlass **20** 1932 f., 1969; Nutzung **21** Art. 17a; Verfügungen über **20** 1369; Verteilung bei Getrenntleben **20** 1361a

Haushaltssachen, Antragsverfahren **112** 203; besondere Vorschriften **112** 206 f.; Familiensachen **112** 111; als Folgesache **112** 137; Tod eines Ehegatten **112** 208; Verfahren **112** 200 ff.; Verfahrenswert **118** 48

Häuslerrecht 21 Art. 63

Häusliche Gemeinschaft mit Erblasser, Auskunftspflicht **20** 2028

Hausratssachen, Entscheidung, Durchführung und Wirksamkeit **112** 209

Hausstand, Zugehörigkeit **20** 1969

Haustiere, Aneignung **20** 959

Haustürgeschäfte *s. Verbraucherverträge*

Havarei, Weigerung des Dispacheurs bei Nichtvorliegen einer **112** 403

Hecken zwischen Grundstücken **20** 921

Hehlerei 85 259 ff.; mit Daten **85** 202d; gewerbsmäßige **85** 260 f.

Heil- und Pflegeanstalt *s. Psychiatrisches Krankenhaus*

Heilbehandlung als Bewährungsauflage **85** 56c, 56e

Heilberufe, Berufsverbot, europaweite Unterrichtung durch Gerichte (Vorwarnmechanismus) **90a** 9; strafbare Verletzung von Privatgeheimnissen **85** 203

Heilerzieherische Behandlung als Auflage nach JGG **89** 10

Heilung der Nichtigkeit von Jahresabschlüssen der AG **51a** 21

Heilungskosten, Ersatz nach dem HaftpflichtG **33** 5 f.

Heimarbeiter als Arbeitnehmer **83** 5; Lohnpfändung **100** 850 mit Anm.

Heimfallanspruch bei Dauerwohnrecht **37** 36; des Grundstückseigentümers bei Erbbaurecht **41** 3, 32; Verjährung **41** 4

Heiratsvermittler 20 656

Helgoland, Verkehrsverbot auf **35a** 50

Hemmung des Arrestes durch Hinterlegung **100** 923; der Verjährung **20** 203 ff.; **62** 15, bei Einrede der Vorausklage **20** 771, bei Gesamtschuld **20** 425, bei Legitimationspapieren **20** 808, durch Musterfeststellungsklage **20** 204; **74** 33h, Wirkung **20** 209

Herabsetzung des Maklerlohnes **20** 655; der Vertragsstrafe **20** 343

Heranwachsende 89 1; Anwendung des allgemeinen Strafrechts **89** 106, des GVG **89** 107 ff., des Jugendstrafrechts **89** 105 ff.; Beseitigung des Strafmakels durch Richterspruch **89** 111; Geltung des StGB **85** 10; Strafverfahren **89** 109; Vollstreckung und Vollzug von Strafen **89** 110

Herausgabe von Akten durch Sachverständige **100** 407a; **122** 1; beschlagnahmter Gegenstände **90** 94, 111n f., an Verletzten **90** 459j; beweglicher Sachen **100** 854, 886; entzogener Sachen **20** 848; des Ersatzes oder Ersatzanspruchs **20** 285; fehlender Rechtsgrund **20** 812, 819, 821; der Früchte **20** 102, 2020, 2023; eines Gegenstandes **20** 273; von Geschenken eines Ehegatten **20** 1390; des Grundstücks **20** 303, 998; eines Inbegriffes von Gegenständen **20** 260; des Kaufgegenstandes an Dritte **20** 440; der Kaufsache bei Eigentumsvorbehalt **20** 448; eines Kindes **20** 1632; Klage auf **100** 254; des Nachlasses **20** 1973, 1990, 1992; der Nutzungen **20** 302, 987 f., 2020, 2023; von Personen, Vollstreckung **112** 88 ff.; des Pfandes **20** 1231 ff., 1251, für überwiesene Forderung **100** 838; nach Rücktritt **20** 346; der Sache **20** 985 ff., 1000, 1007, zur Pfändung **100** 847; der Schenkung **20** 516, 527 ff., 2329; unbeweglicher Sachen **100** 848, 855, 885; bei ungerechtfertigter Bereicherung **20** 812 ff., 1434, 1457; Unmöglichkeit **20** 346; von Urkunden **100** 422; Zwangsvollstreckung zur Erwirkung der von Sachen **100** 883 ff.

Herausgabeanspruch 20 292, 440, 1007; Abtretung des **20** 931; und Besitzrecht **20** 1000; des Eigentümers **20** 985; des Erben

20 2018; des früheren Besitzers **20** 1007; des Nacherben **20** 2363; des Testamentvollstreckers **20** 2363; des für tot Erklärten **20** 2031; bei ungerechtfertigter Bereicherung **20** 812 ff.; Verjährung **20** 197; nach Verjährung **20** 852; des Vermieters und Selbsthiflerecht **20** 562b
Herausgabepflicht 20 273, 292; des Beauftragten **20** 667; bei Beschlagnahme von Gegenständen **90** 95; von Gegenständen, eidesstattliche Versicherung **112** 410; bei Geschäftsführung ohne Auftrag **20** 682, 684; einer verbleibenden Bereicherung **20** 346; bei Verfügung eines Nichtberechtigten **20** 816; des Vorerben **20** 2130, 2138
Herkunftsangaben, geographische iSd MarkenG **72** 1, *s. a. dort*
Herrenlose Sachen, Aneignung **20** 958 ff.
Hersteller, Begriffsbestimmung **27** 4; von Kfz mit autonomer Fahrfunktion **35** 1f; von Tonträgern, Urheberschutz **65** 85 f.; von Vervielfältigungsgeräten, Vergütungspflicht **65** 54b
Herstellung einer Sache, Werkvertrag **20** 631
Herstellungskosten, Bewertungsmaßstäbe in Bilanz **50** 255
Herstellungsvertrag 50 381
Hessen, Wiederherstellung von Grundbüchern **114** 148
Hilfe zur Aufklärung schwerer Straftaten **85** 46b; zu Straftaten **85** 27
Hilfeleistung, unterlassene **85** 323c
Hilfsanspruch, Streitwertberechnung **115** 45; Verfahrenswert **118** 39
Hilfskassen, Aufrechnung **20** 394
Hilfsschöffen *s. Schöffen*
Hinterbliebene von Arbeitnehmern, Rechtsweg bei Streitigkeiten mit Arbeitgebern **83** 2; von Beamten **21** Art. 80; bei Unfällen **20** Anm. zu 618
Hinterbliebenenbezüge für AG-Vorstandsmitglieder **51** 87; als Arbeitseinkommen **100** 850
Hinterbliebenengeld, Übergangsvorschriften **21** Art. 229 § 43
Hinterbliebenenversorgung, Teilhabe **48** 25 f.
Hinterlegung, Abwendung der Zwangsvollstreckung **100** 720, 839, 868; auf Anordnung des Nachlassgerichts **20** 1960; Aufhebung des Arrestes gegen **100** 923, 934; bei Auflösung eines Vereins **20** 52; bei Auslobung **20** 660; als Ausschluss zur Befriedigung des Hypothekengläubigers **20** 1171; zur Befriedigung des Gläubigers **20** 268, des Hypothekengläubigers **20** 1142, des Pfandgläubigers **20** 1224; bei einem Dritten **20** 691; bei Einsetzung eines Nacherben **20** 2114; Empfangsberechtigung **20** 380; zur Erfüllung **20** 372 ff.; Erlöschen des Gläubigerrechts **20** 382; des Erlöses verkaufter beweglicher Sachen **100** 885, der Zwangsvollstreckung **100** 805, 854; Ersatzpflicht des Hinterlegenden **20** 694; von Geld und Wertpapieren, Sicherheitsleistung **20** 232 ff.; durch Gesamtschuldner **20** 422; beim Handelskauf **50** 373 f.; von Inhaber- oder Orderpapieren **20** 1082; im Insolvenzverfahren **110** 198; Kosten **20** 381; von Nachlasssachen **20** 1960, 2039; beim Nießbrauch **20** 1077, 1082; des Pfanderlöses **20** 1219; des Pfandes **20** 1217; bei Pfandrecht an einer Forderung **20** 1281; Rückgabe bzw. Rücknahme **20** 695 f.; Rücknahmerecht **20** 376 ff.; Rückwirkung **20** 375; des Schuldbetrags einer überwiesenen Forderung **100** 839, 853; als Sicherheitsleistung **20** 232 ff.; **90** 116a; **108** 69; bei Streit der Gläubiger **20** 660; einer unteilbaren Leistung **20** 432; Verfahren bei Ausschluss mittels **112** 451; Verjährungsbeginn **20** 695; bei Vermögensarrest zur Sicherung der Wertersatzeinziehung iSd StGB **90** 111g; Versteigerung bei **20** 383; bei Vorerbschaft **20** 2114; eines Vorschusses für Zeugengebühren **100** 379; von Wertpapieren durch Vorerben **20** 2116; Wirkung **20** 233, 378 f.; *s. a. Verwahrung*
Hinterlegungsort 20 374
Hinterlegungsvertrag 20 688 ff.
Hochseekabel, Unpfändbarkeit **100** Anm. zu 811
Hochstapelei 85 132a
Höchstbetrag für Haftung des Gastwirts **20** 702 f.; für Registeranmeldungen **119** 106
Höchstbetragshypothek 20 1190; **100** 932
Höchstgeschwindigkeit im Straßenverkehr **35a** 3, 18, 45
Höchstmaß der zeitigen Freiheitsstrafe **85** 38 f.
Höchstpersönlicher Lebensbereich, Verletzung durch Bildaufnahmen **85** 201a, Privatklage **90** 374
Höchststimmrechte, Zulässigkeit **51a** 5
Hochverrat 85 81 ff.; im Ausland **85** 5; gegen den Bund **85** 81
Hochzeitsgeschenke 20 1932 f.
Höhere Gewalt 33 1; bei Gastwirtshaftung **20** 701; und Haftung nach dem StVG **35** 7 ff.; Hemmung der Verjährung **20** 206; bei Umwelthaftung **28** 4; Verhinderung der Inventarfrist **20** 1996

Holschuld 20 295, 697
Homophobie, Berücksichtigung bei der Strafbemessung **85** 46; **85a** 316n f.
Hör- oder sprachbehinderte Personen, Beurkundung von Willenserklärungen **23** 22 ff.; Verständigung vor Gericht **95** 186
Hybride Veranstaltungen, Mitgliederversammlungen von Vereinen **20** 32; Vertreterversammlung der Genossenschaft **53** 43b
Hymnen, strafbare Verunglimpfung **85** 90a, 90c
Hypnose, Verbot der eines Beschuldigten **90** 136a
Hypothek 20 1113 ff.; **21** Art. 53, Art. 60, Art. 91, Art. 117, Art. 192; Aufgabe bei Bürgschaft **20** 776; Aufhebung **20** 1183; Auswechslung der Forderung **20** 1180; Befriedigung aus nach Verjährungseintritt **20** 216; Beseitigung bei Grundstücksverkauf **20** 442; Bestellung **20** 1188; bei Dauerwohnrecht **37** 40; und Eigentum **20** 1163, 1168; Eintragung **20** 1115, neuer Gläubiger **100** 837; am Erbbaurecht **41** 18; Erlöschen **20** 1181; Gefährdung **20** 1133 ff.; Gerichtsstand **100** 25; Grundbuch **114** 43, 50; Höchstbetrags- **20** 1190; Kollision **20** 1176; Kündigung **20** 1141; Löschung **20** 1187; Löschungsanspruch bei eigenem Recht **20** 1179b, bei fremdem Recht **20** 1179a; Löschungsvormerkung **20** 1179; mehrere **20** 1176; Nebenleistungen **20** 1158 f.; Nießbrauch **20** 1074; Pfändung **100** 830, 837; Rangänderung **20** 880; Sicherheitsleistung durch **20** 232, 238; Sicherungs- **20** 1184 ff.; Tilgung **41** 20; Übergang **20** 401, 1153 ff.; Übernahme **20** 416; Umwandlung **20** 1186, 1198; Urkundenprozess wegen **100** 592; Verfügung des Vorerben über Forderung **20** 2114; am Vermächtnisgrundstück **20** 2165 ff.; Versicherung des belasteten Gegenstandes **20** 1127 ff.; Verurteilung zur Bestellung einer **100** 897; Verzicht **20** 418; Wiederherstellung des Gegenstandes **20** 1130; Wirkung des rechtskräftigen Urteils bei Ansprüchen aus **100** 325; im Zwangsversteigerungsverfahren **108** 50, 53, 64, 67, 83, 126 f., 131, 136, 184; bei Zwangsverwaltung **108** 158 f.
Hypotheken im Beitrittsgebiet **21** Art. 233 § 6
Hypothekenbrief 20 1116 f., 1144 f., 1152, 1154, 1160, 1163, 1170, 1185; **21** Art 192; **114** 56 ff.; Aushändigung **20** 1167 f.; Eigentum **20** 952; Geschäftswert bei nachträglicher Erteilung **119** 71; Kraftloserklärung **20** 1162; Übergabe bei Pfändung **100** 830; Verzicht auf **20** 1116, 1154, 1160; Vorlegen **114** 41, zur Grundbuchberichtigung **20** 896, bei Notar **23** 21
Hypothekenforderung, Teilung unter Miterben **20** 2059 f.
Hypothekengläubiger, Aufgebot **20** 1170 f.; **112** 447 ff.; Ausschluss unbekannter **20** 1170 f.; Befriedigung **20** 1147; Zahlungswirksamkeit **62** 94
Hypothekenzinsen 20 1118 f.; Zahlung durch Nießbraucher **20** 1047

Idealkonkurrenz 85 52
Idealvereine 20 21; Eintragung ins Vereinsregister **20** 55
Identifikation des Antragstellers bei elektronischen Anträgen **35** 30; **92** 30c; bei Registrierung nach der SchuFV **102** 7; bei Teilnahme an öffentlichen Versteigerungen **100** 814; des Verwenders von elektronischen Formularen **83** 46f; **94** 110b
Identitätsfeststellung 90 163b f.; nach dem BZRG **92** 20b
Immaterieller Schaden, Ersatz **20** 253, 825, 847; Ersatz nach dem UrhG **65** 97
Immissionen 20 906
Immobiliar-Verbraucherdarlehensvertrag 20 491 ff.; Bedenkzeit **20** 495; Beratungsleistungen **20** 511; Bewertungsgrundlagen **50a** 75; Darlehensvermittler bei **21** Art. 247 § 13; in Fremdwährung **20** 503; Gesamtfälligkeit **20** 498; Informationspflichten **21** Art. 247a, vorvertragliche **20** 491a; **21** Art. 247, Art. 247 § 1, Art. 247 § 18, Anlage 6 zu 247 § 1, Widerrufsrecht **21** Anlage 8 zu 247 § 6; Kopplungsgeschäfte **20** 492a f.; Pflicht zur Kreditwürdigkeitsprüfung **20** 505a ff.; Schriftform, Formmängel **20** 494; Verzug des Darlehensnehmers **20** 497; Vorfälligkeitsentschädigung **20** 502; vorzeitige Rückzahlung **20** 500; Widerrufsrecht **20** 495; **21** Art. 247
Immobilien im internationalen Insolvenzverfahren **110** 336, 349
Immobilienmakler 50 93
Immobilienverzehrkreditverträge 20 491; Übergangsvorschriften **21** Art. 229 § 40
Immunität der Abgeordneten **1** 46; **85** 36; **90** 152a; *s. a. Indemnität*
Impfausweise, verbote Fälschung **85** 275
Inbegriff von Gegenständen **20** 260; von Sachen **20** 92, Nießbrauch **20** 1035
Indemnität der Abgeordeneten **85** 36; von Abgeordneten **1** 46
Individualabrede, Vorrang vor Allgemeiner Geschäftsbedingung **20** 305b

Indossable Papiere 50 363 ff.; Hypothek **20** 1187 ff.; Pfandrecht **20** 1292, 1294 ff.
Indossament 50 363 ff.; Übertragung der Namensaktie durch **51** 68
Industrie- und Handelskammer, anspruchsberechtigt nach dem UKlaG **105** 3; Antragsrecht nach UWG **73** 8; Vorschlag von ehrenamtlichen Richtern **95** 108
Information des Versicherungsnehmers **62** 7 ff.
Informations- und Kommunikationstechnologien, sexueller Missbrauch von Kindern mit Hilfe der **85** 176
Informationspflichten beim Behandlungsvertrag **20** 630; im elektronischen Geschäftsverkehr **21** Art. 246c f.; bei Fernabsatzverträgen **20** 312d f.; **21** Art. 229 § 11, Art. 246b §§ 1, 2, Anlage 3b zu 246b; bei Geschäftsbesorgungsvertrag **20** 675a; bei Immobiliar-Verbraucherdarlehensvertrag **20** 491a; **21** Art. 247; von Reiseveranstaltern **20** 651d; bei Teilzeit-Wohnrechteverträgen **21** Art. 242; bei Verbraucherdarlehensverträgen **21** Art. 247; bei Verbraucherverträgen **21** Art. 246, Anlage 1, Anlage 2, nach dem UWG **73** 5b; nach dem VVG **62** 7 ff.; bei Zahlungsdiensteverträgen **20** 675d; **21** Art. 248
Informationstechnische Systeme, Online-Durchsuchungen **90** 100b
Ingenieurverträge 20 650p ff.; Gesamtschuldnerhaftung **20** 650t; Sonderkündigungsrecht **20** 650r
Inhaber einer geschäftlichen Bezeichnung iSd MarkenG, Auskunftsansprüche **72** 19, Schadensersatzansprüche **72** 15, 153, Sicherung **72** 19b, Unterlassungsansprüche **72** 15, Vorlage- und Besichtigungsansprüche **72** 19a; Leistung an **20** 808; von Marken **72** 7, *s. a. dort*
Inhaberaktien 51a 26h; Nachweis der Stimmberechtigung **51** 123
Inhabergrundschuld 20 1195
Inhaberhypothek 20 1187 ff.
Inhaberkarten/-marken 20 807
Inhabermarken 20 807
Inhaberpapiere 20 248, 793 ff.; **21** Art 174; Aufgebotsverfahren **112** 467 ff.; Eigentumsvermutung bei Ehegatten **20** 1362; Erwerb abhanden gekommener **20** 935, 1006 f.; **50** 367; Hinterlegung zur Sicherheitsleistung **20** 234; Nießbrauch **20** 1081 ff.; Pfandrecht **20** 1293 ff.; Sicherungshypothek **20** 1187 ff.; Umschreibung auf Namen des Vorerben **20** 2117; Verpfändung **20** 1293, 1296; Wiederinkurssetzung **100** 823; Zahlungssperre **112** 480 ff.; *s. a. Inhaberschuldverschreibung*
Inhaberschuldverschreibung 20 793 ff.; Haftung des Ausstellers **20** 794; und Inhaberkarten/-marken **20** 807; Kraftloserklärung im Aufgebotsverfahren **20** 799 f.; und Namenspapiere mit Inhaberklausel **20** 808; Übertragung **20** 929; Umschreibung **20** 806; Verjährung **20** 801; Zahlungssperre **20** 802; Zinsscheine **20** 803 ff.
Inhaberzeichen 20 807
Inhaftierte, Beschränkungen in der Untersuchungshaft **90** 119
Inhalt der Schuldverhältnisse **20** 241 ff.
Inhalte iSd StGB 85 11; öffentliche Aufforderung zu Ordnungswidrigkeiten **94** 116, zu Straftaten durch **85** 111; Bedrohung durch **85** 187; und Bekanntgabe von Verurteilungen **85** 165, 200; Beleidigungen durch **85** 185; und Beschimpfung von Bekenntnissen, Religionsgesellschaften, Weltanschauungsvereinigungen **85** 166; Beschlagnahme **90** 111q; Einziehung gem. OWiG **94** 123; und sexueller Missbrauch von Kindern **85** 176; strafbare Verbreitung mit Anleitung zu Straftaten **85** 130a; Üble Nachrede durch **85** 186; Verbreitung zur Störung des öffentlichen Friedens **85** 130a; zur Verherrlichung von Gewalttaten **85** 131; Verleumdung durch **85** 187
Inkassovollmacht des Handelsmaklers **50** 97
Inland, Firmenrecht bei Sitzverlegung **50** 13h; Straftaten **85** 3
Inline-Skaten auf Straßen und Wegen **35a** 31
Innenverhältnis bei Gütergemeinschaft **20** 1441 ff., 1463 ff.; bei mehreren Haftpflichtigen **33** 13
Inseln 21 Art 65
Insolvenz eines Genossenschaftsmitglieds, Kündigung **53** 66a, Ausschluss **53** 67c; der KG **50** 179; des Übernehmers **20** 418; Verkauf aus Insolvenzmasse **20** 450; Versicherungsnehmer **62** 110; Vorkaufsrecht **20** 471
Insolvenzanfechtung 110 129 ff., 280; Ausschluss bei Maßnahmen nach der VO (EU) 648/2012 **110a** 102b; bei Bargeschäften **110** 142; bei Eigenverwaltung **110** 280; bei inkongruenter Deckung **110** 131; im internationalen Insolvenzverfahren **110** 336; bei kongruenter Deckung **110** 130; maßgeblicher Zeitpunkt **110** 140; bei Nachlassinsolvenz **110** 322; nahe stehende Personen **110** 138; Rechtsfolgen **110** 143 f.; gegen Rechtsnachfolger **110** 145; Rückgewähr **110** 143; stille Gesell-

schaft **110** 136; Überleitungsvorschrift **110a** 103j; **111** 20; unentgeltliche Leistung **110** 134; unmittelbar nachteilige Rechtshandlungen **110** 132; nach Verfahrenseröffnung **110** 147; Verjährung **110** 146; vorsätzliche Gläubigerbenachteiligung **110** 133; **111** 3; bei Wechsel- und Scheckzahlungen **110** 137

Insolvenzantrag 110 13 ff.; Ablehnung mangels Masse **110** 26; Antragspflicht während der COVID-19-Pandemie **110d**, für Gesellschaften **110** 5, nicht für Stiftungen **110** 5, nicht für Vereine und Stiftungen **110** 5; auf Eröffnung des Nachlassinsolvenzverfahrens **110** 317 ff.; auf Eröffnung des Verbraucherinsolvenzverfahrens **110** 305; durch Gläubiger **110** 14, Regelungen während der COVID-19-Pandemie **110d** 3; durch gruppenangehörige Schuldner **110** 13a

Insolvenzeröffnungsverfahren, Auskunfts- und Mitwirkungspflichten **110** 20; Haftung für Kosten **115** 23 ff.; Hinweis auf Restschuldbefreiung **110** 20; Streitwertberechnung **115** 58; vorläufige Maßnahmen **110** 21, Bekanntmachung **110** 23

Insolvenzforderungen, Anmeldung **110** 174 ff.; Feststellung **110** 178 ff.

Insolvenzgericht, Anordnung der Eigenverwaltung **110** 270 ff., *s. a. dort,* der Nachtragsverteilung **110** 203, der Zustimmungsbedürftigkeit **110** 277; Aufhebung der Überwachung des Insolvenzverfahrens **110** 258 f., der Planerfüllung **110** 268; Aufsicht über Insolvenzverwalter **110** 58; Bestätigung der Annahme des Insolvenzplans **110** 248 ff.; Einsetzung des Gläubigerausschusses **110** 67; Entscheidung über Restschuldbefreiung **110** 303; Festsetzung der Vergütung des Insolvenzverwalters **110** 64; in Verfahren über Unternehmensgruppe **96** 18; **110** 269b, Koordinationsgericht **110** 269d ff., und VO (EU) 2015/848 **110a** 102c; Zurückweisung des Insolvenzplans **110** 231; Zusammenarbeit **110** 248, 348; Zuständigkeit **110** 2 ff., im ausländischen Insolvenzverfahren **110** 348, bei gruppenangehörigen Schuldnern **96** 18; **110** 3a

Insolvenzgläubiger, Antrag auf Nachtragsverteilung **110** 203; Befriedigung **110** 187 ff.; Begriff **110** 38; Forderungen **110** 87; Gleichbehandlung bei Restschuldbefreiung **110** 294; Rangordnung **110** 39, 265 f., 327; Rechte bei Insolvenzplan **110** 224 ff., Stimmrecht **110** 237 ff., nach Verfahrensaufhebung **110** 201; Unterrichtung bei Eigenverwaltung **110** 281

Insolvenzmasse, Begriff **110** 35; Eigenverwaltung *s. a. dort;* Gesamtgut **110** 37; gesicherte Darlehen **110** 44a; Sicherung durch Insolvenzverwalter **110** 148 ff.; unpfändbare Gegenstände **110** 36; Verteilung **110** 187 ff.; Verwaltung und Verwertung **110** 148 ff.

Insolvenzordnung 110; Anwendung **20** 1984; Einführungsgesetz zur **110a**; GmbH-Modernisierung und Missbrauchsbekämpfung **110a** 103d

Insolvenzplan 110 217 ff.; Abstimmungstermin **110** 235 f.; Annahme und Bestätigung **110** 235 ff., Abstimmung **110** 242; Anteilsinhaberrechte **110** 225a; Aussetzung **110** 233; bedingter **110** 249; darstellender Teil **110** 220; bei Eigenverwaltung **110** 284; einer Genossenschaft **53** 116; gestaltender Teil **110** 221, 263 f.; Gleichbehandlung der Beteiligten **110** 226; Gruppenbildung **110** 222, während der COVID-19-Pandemie **110d** 7; gruppeninterne Sicherheiten **110** 217, *s. a. dort;* Inhalt **110** 219 ff.; im Insolvenzverfahren nach der VO (EG) 1346/2000 **110a** 102, nach der VO (EU) 2015/848 **110a** 102c; Kreditrahmen **110** 264; bei Masseunzulänglichkeit **110** 210a; Niederlegung **110** 234; Obstruktionsverbot bei Abstimmung **110** 245; Rechtsfolgen **110** 254 ff.; Rechtsmittel gegen Bestätigungsbeschluss **110** 253; Überwachung der Erfüllung **110** 260 ff.; Vollstreckung **110** 257; Vorlage **110** 218; Zurückweisung durch Insolvenzgericht **110** 231

Insolvenzrecht, internationales **110** 335 ff.

Insolvenzstatistik 95a 39

Insolvenzstraftaten 85 283 ff.

Insolvenzverfahren, Abweisung des Antrags mangels Masse **110** 26; der Aktiengesellschaft, Ablehnung **51** 262; Anfechtung **110** 129 ff.; **111** 16 ff., anfechtbare Rechtshandlung **110** 135; Antrag auf Eröffnung, Regelungen während der COVID-19-Pandemie **110a** 103k f., 107; **110d** 3, Übergangsvorschriften **110a** 103m f.; Antrag auf Eröffnung **110** 13 ff., durch gruppenangehörige Schuldner **110** 13a; Aufhebung **110** 258 f.; Auflage zur einstweil. Einstellung der Zwangsverst. **108** 30e; Aufrechnung (Liquidationsnetting) **110** 104; ausländisches **110** 343 ff.; Aussonderung **110** 47 f.; Befriedigung der Insolvenzgläubiger **110** 174 ff.; und Durchführung der VO (EU) 648/2012 **110a** 102b; Eigenverwaltung bei Genossenschaft **53** 115e, durch Schuldner *s. a. dort;* Einstellung der Zwangsversteigerung

108 30d; Einstellung mangels Masse **110** 207 ff., 289; Eintragung des ins Handelsregister **50** 32; Erfüllung der Rechtsgeschäfte **110** 103 ff.; Ermittlungsgrundsatz **110** 5; Eröffnungsbeschluss **110** 27 ff.; Eröffnungsgrund **110** 16 ff.; Eröffnungsvoraussetzungen **110** 11 ff.; Feststellung als Beginn der Verjährung **20** 201; Finanzleistungen **110** 104; und Finanztermingeschäfte **110a** 105; Fixgeschäfte **110** 104; Gegenstandswert für Rechtsanwaltsgebühren **117** 28; der Genossenschaft **53** 98 ff.; Grundbucheintragungen nach Vormerkung **20** 883; Gruppen-Folgeverfahren **96** 18; **110** 3c; Hemmung der Verjährung **20** 204; Insolvenzplan **110** 217 ff., *s. a. dort;* internationale **110** 335 ff., *s. a. dort,* Richtervorbehalt **96** 19a; Kosten **110** 54; **115** 1; Kostenstundung **110** 4a ff., 63; Marken im **72** 29; über den Nachlass **110** 315 ff., *s. Nachlassinsolvenzverfahren;* von natürlichen Personen **110** 245a, 251, 253; öffentliche Bekanntmachung **110** 9; Partikularverfahren über Inlandsvermögen **110** 354 ff.; Restschuldbefreiung **110** 286 ff., *s. a. dort;* Richtervorbehalt **96** 18; Ruhen des **110** 306; Sanierung und Schutzschirm **110** 270d; schriftliches **110** 5; Statistik **95a** 39; einer Stiftung oder Körperschaft **20** 89; Straftaten **110** 15a f., Regelungen während der COVID-19-Pandemie **110d**; Straftaten im **110** 297; Überleitungsvorschriften **110a** 103 ff.; Unionsmarken im **72** 125; Unterbrechung eines Rechtsstreits wegen **100** 240; über Unternehmensgruppe **96** 18; **110** 3a ff., 269a ff., Koordinationsplan **110** 269h f., Koordinationsverfahren **110** 269d ff., Verfahrenskoordinator **110** 269e ff., und VO (EU) 2015/848 **110a** Art. 102c, *s. a. dort;* der Verbraucher **110** 304 ff., *s. a. Verbraucherinsolvenz;* bei Vereinen **20** 42, 75; Vereinfachung des **110a** 103c; Verfahrenskosten, Streitwertberechnung **115** 58; Verjährung von Ansprüchen aus **20** 197; über Vermögen des Hauptschuldners **20** 773; Vermögensarrest im **90** 111i, 459m; des Versicherers **62** 16; des Versicherungsnehmers **62** 17; Verwaltung und Verwertung der Insolvenzmasse **110** 148 ff.; Verweisung an Gericht des Gruppen-Gerichtsstandes **110** 3d; Vorzugsrecht im **20** 401; Wirkungen der Eröffnung **110** 80 ff.; Ziele **110** 1; Zusicherung iSd VO (EU) 2015/848 **110a** 102c; Zwangsverst. **108** 172 ff.

Insolvenzverfahren nach der VO (EG) 1346/2000, Aussetzung der Verwertung **110a** 102; Bekanntmachungen **110a** 102; Eintragung in öffentliche Bücher und Register **110a** 102; Eröffnungsbeschluss **110a** 102; Insolvenzplan **110a** 102; Rechtsmittel **110a** 102; Unterrichtung der Gläubiger **110a** 102; Vermeidung von Kompetenzkonflikten **110a** 102; Vollstreckung **110a** 102; Zuständigkeit **110a** 102

Insolvenzverfahren nach der VO (EU) 2015/848 110a Art. 102c ff.; Aussetzung der Verwertung **110a** Art. 102c § 16; Bekanntmachungen **110a** Art. 102c § 7, § 12; Eintragung in öffentliche Bücher und Register **110a** Art. 102c § 8; Eröffnungsantrag **110a** Art. 102c § 5; Insolvenzplan **110a** Art. 102c § 15; Rechtsmittel **110a** Art. 102c; Sekundärinsolvenzverfahren **110a** Art. 102c; Unterrichtung der Gläubiger **110a** Art. 102c; Vermeidung von Kompetenzkonflikten **110a** Art. 102c § 2; Vollstreckung **110a** Art. 102c § 10; Zuständigkeit **110a** Art. 102c § 1, § 6

Insolvenzverschleppung 110 15a f.; Aussetzung der Insolvenzantragspflicht während der COVID-19-Pandemie **110d**

Insolvenzverwalter, Abwahl **110** 57; Aktivlegitimation **110** 85; Antrag auf einstweilige Einstellung der Zwangsversteigerung **108** 153b, auf Nachtragsverteilung **110** 203, auf Zwangsversteigerung **108** 172 ff.; Anzeige der Masseunzulänglichkeit **110** 208; Anzeigepflicht **110** 262; Aufsicht des Insolvenzgerichts **110** 58; Bestellung **110** 56 ff., bei gruppenangehörigen Schuldnern **110** 56b; elektronisches Gläubigerinformationssystem **110** 5; Entlassung **110** 59, in Gruppen-Folgeverfahren **110** 3d; Erlöschen des Amtes **110** 259; Gerichtsstand **100** 19a; Haftung **110** 60 f., bei Zusicherung iSd VO (EU) 2015/848 **110a** Art. 102c § 22 ff.; aus Mitgliedstaaten der EU **110a** 102a; Passivlegitimation **110** 86; Rechnungslegung **110** 66; Sicherung der Insolvenzmasse **110** 148 ff.; Überwachung der Planerfüllung **110** 260 ff.; in Verfahren über Unternehmensgruppe **110** 269a, und VO (EU) 2015/848 **110a** 102c; Verfolgung von Anfechtungsansprüchen **111** 16; Verfügungen **20** 161, 184, über Gegenstand des Wiederkaufs **20** 458; Vergütung **110** 63, nicht nach RVG **117** 1; Vorkaufsrecht **20** 1098; vorläufiger **110** 21 f., Vergütung **110** 26a; Wahlrecht **110** 103; Zwangsmittel **110** 98

Instandsetzungsarbeiten, Unpfändbarkeit der zur benötigten Mittel **100** 851b

Institutionelle Anleger iSd AktG **51** 134a ff., Offenlegungspflichten **51** 134c

Intelligenzminderung und Verantwortlichkeit iSd OWiG **94** 12
Interesse, berechtigtes bei Vertragsstrafe **20** 343; negatives **20** 122; rechtliches **20** 810, 2010, 2081, 2146, 2228, 2384; an Wirksamkeit des Vertrags **20** 179
Intermediäre iSd AktG **51** 67a; **51a** 26j, Datenverarbeitung durch **51** 67e, Informationspflichten **51** 67a ff., Stimmrechtsausübung durch **51** 135, Übermittlung von Informationen an **51** 67a, Übermittlung von Informationen durch **51** 67b f.
International geschützte Rechtsgüter, Auslandstaten gegen **85** 6
Internationale Erbrechtsverfahren, Gerichtskosten **115** 1; **119** 18; Zuständigkeit der Rechtspfleger **96** 3, 20
Internationale Insolvenzverfahren 110 335 ff., 343 ff.; **110a** 102 ff.; Bekanntmachungen **110** 345; Gläubigerrechte **110** 341; Richtervorbehalt **96** 19a
Internationale Organisationen, Kennzeichnungen von als Schutzhindernisse iSd MarkenG **72** 8
Internationale Rechtshilfe, Kosten **120** 1, 14
Internationale Verfahren in Arbeitssachen **83** 13a
Internationaler Erbschein 21 Art 36
Internationaler Strafgerichtshof, Ersuchen **95** 21
Internationales Familienrechtsverfahrensgesetz 118 13
Internationales Gericht, falsche Angaben vor einem **85** 162
Internationales Insolvenzrecht 110 335 ff.
Internationales Privatrecht 21 Art. 3; **21a**; **21b**; im Beitrittsgebiet **21** Art. 236; ordre public **21** Art. 6; Personalstatut **21** Art. 5; Übergangsvorschriften **21** Art. 220; Verweisung auf Recht eines anderen Staates **21** Art. 4; wesentlich engere Verbindung **21** Art. 46
Internet, ergänzende Online-Dienste der Sendeunternehmen **65** 20c; kriminelle Handelsplattformen **85** 127; Straftaten im *s. Inhalte iSd StGB;* Unternehmensregister im **50** 8b; Veröffentlichungen von Aktiengesellschaften **50** 289f; **51** 124a; **51a** 26q, im Insolvenzverfahren **110** 235, Genossenschaftssatzung **53** 15, Jahresabschluss und Lagebericht **53** 48, von multinationalen Unternehmen **50** 342n, Tagesordnung zur Generalversammlung nach dem GenG **53** 46, Unterlagen der Genossenschaft vor Verschmelzung **52a** 82; Vertriebstätigkeit von Versicherern **62** 1a; Zugangsdienste iSd UrhG **65** 20b, 137p; Zulassungsverfahren bei Kraftfahrzeugen **35** 6g
Invalidität, Anpassung des Versorgungsausgleichs **48** 35 f.
Inventar, amtliche Aufnahme durch Notar **20** 2003; Befreiung bei Einzelkaufleuten **50a** 76; Bezugnahme auf **20** 2004; Einsicht **20** 2010; eines Erbschaftsgrundstückes **20** 2111; Errichtung **20** 1993 ff., durch Ehegatten **20** 2008, durch Erben **20** 2014, durch Erbschaftskäufer oder -verkäufer **20** 2383, durch Miterben **20** 2063, durch Vorerben **20** 2144; Erstellung **50** 240; eines gepachteten Grundstücks **20** 582, 582a; Inhalt **20** 2001; Mitwirkung des Testamentsvollstreckers **20** 2215; des Nießbrauchgutes **20** 1048; Übernahme zum Schätzwert **20** 582a; Verfügungsbeschränkung **20** 583a; Wirkung der Errichtung **20** 2009
Inventarfrist 20 1994 ff.; Bestimmung **112** 360; gegenüber Fiskus **20** 2011; Hemmung **20** 1997; gegenüber Nachlasspfleger **20** 2012; Verlängerung **20** 1995; Versäumung **20** 1996
Inventarverfehlungen 20 2005 f.
Inventurvereinfachungsverfahren 50 241 f.
Inzident(zwischen)feststellungsklage und -widerklage **95** 99
Ionisierende Strahlen, Missbrauch **85** 309 ff.
Irrtum, Anfechtung wegen **20** 119, 2078, 2080; bei Ansatz von Gerichtsvollzieherkosten **123** 6; über Berufungsgrund der Erbschaft **20** 1949; bei Bestimmung der Leistung durch Dritte **20** 318; bei Erbschaftsannahme **20** 1949; bei Geschäftsführung ohne Auftrag **20** 686; bei letztwilliger Verfügung **20** 2078, 2080; bei Selbsthilfe **20** 231; beim Testament **20** 2078, 2080; unvermeidbarer bei entschuldigendem Notstand **85** 17, 35; beim Vergleich **20** 779; vermeidbarer, bei fehlender Einsicht **94** 11; über wesentliche Tatumstände **85** 16; **94** 11; Widerruf des Geständnisses **100** 290; bei Willenserklärungen **20** 119 f.
Istkaufmann 50 1

Jahresabschluss 50a 75, 80 f., 83 f.; **52** 46; **53** 48; der AG **51** 170; Anfechtung **51** 257; Ansatzvorschriften **50** 246 ff.; Auskunftsrecht der Aktionäre **51** 131; Bewertungsgrundsätze **50** 252; Feststellung **51** 172 f.; Formblätter **50** 330; formelle Erfordernisse **50** 244; der Genossenschaft **50** 336; Gliederung **50** 265; der Konzerne **50**

264; und Lagebericht **51** 150 ff.; und MindestbesteuerungsRL **50a** 91; Nichtigkeit **51** 253, 256 f.; Offenlegung **50** 325 ff.; **51** 236, Formalia und Inhalt **50** 328, Formblätter **50** 330, bei Genossenschaften **50** 339; der Pensionsfonds **50** 341 ff.; Pflicht zur Aufstellung **50** 264; Prüfung **50** 316 ff., 340k; **51** 171, 258 ff., Bestätigungsvermerk **50** 322, Ordnungsgelder **50** 340o, Prüfungsbericht **50** 322, Straf- und Bußgeldvorschriften **50** 340m f.; Prüfungsbericht **50** 321; nach dem PublG **52b** 5, Feststellung **52b** 8, Offenlegung **52b** 9, Prüfung durch Aufsichtsrat **52b** 7; Stichtag **50** 299; Wahl des Abschlussprüfers **50** 318; Währungsumrechnung **50** 256a; Zugangs- und Folgebewertung **50** 253

Jahresende, Beginn der Verjährung **20** 199

Jahresfrist, Berechnung **20** 188 f., 191

Jahresgebühren, Fälligkeit **119** 8

Jugend- und Auszubildendenvertretung, unzulässige Kündigungen **84** 15

Jugendamt, Anhörung in Abstammungssachen **112** 176, in Adoptionsverfahren **112** 194, in Ehewohnungssachen **112** 205; Ausübung der Jugendgerichtshilfe **89** 38; Beistandschaft **20** 1712 ff.; als Beteiligter in Gewaltschutzsachen **112** 212; Mitwirkung in Kindschaftssachen **112** 162; Mitwirkungspflicht **20** 1678, 1680 ff.; Übertragung der Beistandschaft **21** Art. 144; Vertretung eines Kindes **112** 173; als Vormund **20** 1786 ff.; Vormundschaftsbescheinigung **112** 190

Jugendarrest 89 8, 11, 13, 16, 86 ff.; Anrechnung und Fürsorgeerziehung **89** 8, von Untersuchungshaft **89** 52; neben Jugendstrafe **89** 16a; Vollstreckung **89** 85; Vollzug **89** 90; als Zuchtmittel **89** 13

Jugendgerichte 89 33; besondere funktionelle Zuständigkeit **90** 209a; Vorrang **89** 47a; Zuständigkeit **89** 39 ff.

Jugendgerichtsgesetz 89; Anwendungsbereich **89** 1, 116, vor Gerichten für allgemeine Strafsachen **89** 104

Jugendgerichtshilfe 89 38; Berichterstattung und Anklage **89** 46a; in der Hauptverhandlung **89** 50; im Jugendgerichtsverfahren, U-Haft **89** 72a f.; Mitteilungen an **89** 70; im OWiG **94** 46

Jugendgerichtsverfahren, Beseitigung des Strafmakels durch Richterspruch **89** 97; Pflichtverteidiger **89** 68a ff.; Vollstreckung **89** 82 ff.

Jugendgruppen im Straßenverkehr **35a** 27

Jugendhilfe, Kostenfreiheit nach dem GvKostG **123** 2; *s. Jugendamt*

Jugendkammer 89 33; Besetzung **89** 33b; Zuständigkeit **89** 41, 108; **95** 74b

Jugendliche 89 1; Auferlegung besonderer Pflichten **89** 13, 15; Beeidigung **100** 393; Belehrung im Jugendstrafverfahren **89** 70a f.; Beseitigung des Strafmakels durch Richterspruch **89** 97; vor Erwachsenengerichten **89** 102 ff.; Erziehungsmaßregeln **89** 9; Freiheitsentziehung bei, Information der Erziehungsberechtigten **89** 67a; Geltung des StGB **85** 10; in der Hauptverhandlung **89** 50; sexueller Missbrauch **85** 180, 182; Sicherungsverwahrung **89** 81a; strafrechtliche Verantwortlichkeit **89** 3; Unterbringung zur Beobachtung **89** 73; Untersuchungshaft **89** 72 ff.; Vernehmung im Jugendstrafverfahren **89** 44, 70c; Vollstreckung der U-Haft **89** 89c; Zuchtmittel **89** 13; Zutritt zu Gerichtsverhandlungen **95** 175

Jugendpornographische Schriften, Verbreitung, Erwerb und Besitz **85** 184c

Jugendrichter 89 34, 37; Berufung gegen Urteile **89** 41; als Vollstreckungsleiter **89** 82 ff.; Zuständigkeit **89** 42, 108

Jugendschöffen 89 35

Jugendschöffengericht 89 33 f.; Zuständigkeit **89** 40, 108

Jugendschutz 1 5, 13

Jugendschutzsachen, Zuständigkeit des Gerichts **95** 26, 74b

Jugendstaatsanwalt 89 36 f.

Jugendstrafanstalt 89 114

Jugendstrafe 89 17 f.; Anrechnung von Untersuchungshaft **89** 52a; Aussetzung zur Bewährung **89** 88, Vorbehalt **89** 89, der Verhängung **89** 62 ff.; Aussetzung der Verhängung **89** 27 ff.; Aussetzung zur Bewährung **89** 21 ff., 57 ff., Anfechtung **89** 59; Dauer **89** 18; Eintragung ins Zentralregister **92** 4, 6; Erlass **89** 26a; und Freiheitsstrafe **89** 89a; bei Heranwachsenden **89** 105 ff.; nachträgliche Entscheidungen, Eintragung ins Zentralregister **92** 13; Rechtsbehelfe im Vollzug **89** 92; Verhängung **89** 5, trotz Bewährungszeit **89** 30; Vollstreckung **89** 85; Vollzug **89** 90; Widerruf der Strafaussetzung **89** 26

Jugendstrafrecht 89; Anwendung auf Heranwachsende **89** 105 ff.; Sondervorschriften für Soldaten der Bundeswehr **89** 112a ff.; Ziel **89** 2

Jugendstrafsachen 89 39 ff.; Verbindung mit allg. Strafsachen **89** 103 ff., 112

Jugendstraftat, Folgen **89** 5; Nebenfolgen **89** 6

Jugendstrafverfahren, kein Adhäsionsverfahren **89** 81; Beistand **89** 69; Belehrun-

gen **89** 70a f.; Bestellung eines Pflegers **89** 67; Beteiligte, Anwesenheit **89** 50, Ausschließung **89** 51; Hauptverfahren **89** 47 ff.; Hauptverhandlung **89** 48 ff., Neubeginn **89** 51a; Jugendgerichtshilfe im **89** 50; Kosten **115** 1; Mitteilung über Einleitung **89** 70; notwendige Verteidigung **89** 51a, 68 ff.; Pflichtverteidiger **89** 68a f.; Überweisung an Familiengericht **89** 53; Verbot des beschleunigten Verfahrens **89** 79, des Strafbefehls **89** 79; vereinfachtes **89** 76 ff.; Vollstreckung **96** 31, 33a; Vorverfahren **89** 43 ff.

Jugendstrafvollzug **89** 90 ff.; Ausnahme **89** 89b; Zuständigkeit **89** 93

Jugendwohlfahrtsausschuss, Vorschlagsliste für Jugendschöffen **89** 35

Jugendwohlfahrtsgesetz, Anwendung der Vorschriften **89** 12

Jugenstrafe, Aussetzung zur Bewährung, Anfechtung **89** 59

Juristische Personen, Aktiengesellschaften **51**, *s. a. dort;* Antragspflicht nach der InsO **110** 15a f., Regelungen während der COVID-19-Pandemie **110d**; Auflösung oder Erlöschen **53** 77a; Ausfallhaftung nach dem GWB **74** 81e; ausländische, Aufhebung von Erwerbsbeschränkungen **21** Art. 86; eingetragene Genossenschaften **53** 17; Eintragung ins Handelsregister **50** 33 ff.; Erbrecht **20** 2101, 2105 f.; Festsetzung einer Geldbuße **90** 444, 472b; **94** 30, 88; Gerichtsstand **100** 17, Vereinbarungen über **100** 38; Geschäftswert von Beschlüssen **119** 108; GmbH **52** 13, *s. a. Gesellschaft mit beschränkter Haftung;* Grundrechte **1** 19; Haftung für Organe **21** Art. 231; Insolvenzverfahren **110** 15 ff.; Kündigung von Organmitgliedern **84** 14; als Miterben **20** 2044; Mitglieder, keine Arbeitnehmer **83** 5; als Nacherben **20** 2109; Nießbrauch **20** 1059a ff., 1061; öffentliche Zustellung **50** 15a; Übergangsvorschriften **21** Art. 163; Vereine **20** 21 ff.; als Vermächtnisnehmer **20** 2163; Vorkaufsrecht **20** 1098; Zwangsvollstreckung gegen **100** 882a

Juristische Personen des öffentlichen Rechts **20** 89; **101** 15; **110** 12; Beteiligung an Aktiengesellschaften **51** 393a ff.; Beteiligung an GmbH **52** 77a; Erklärungen von **23** 72; Mietverträge mit **20** 578; Zwangsvollstreckung gegen **100** 882a

Justizbehörden, Auskünfte und Akteneinsicht **90** 474; Kostenerhebung **120** 1

Justizbeitreibungsgesetz **122**; Kosten der Mahnung **120** 17; Vollstreckung **122** 6, Beginn **122** 5, von Geldstrafen **90** 459g, von Nebenfolgen **90** 459g; Vollstreckungsschuldner **122** 4; Zustellungen **122** 3

Justizielle Zusammenarbeit in der EU, RL 2003/8/EG – PKH **100** 1076 ff.; VO (EG) Nr. 805/2004, europäische Vollstreckungstitel **100** 1079 ff., 1082 ff.; VO (EG) Nr. 861/2007, geringfügige Forderungen, Verfahren **100** 1097 ff.; VO (EG) Nr. 1896/2006, Europäischer Zahlungsbefehl **100** 1092 ff., europäisches Mahnverfahren **100** 1087 ff.; VO (EU) 2020/1783, Beweisaufnahmen **100** 1072 ff.; VO (EU) Nr. 1215/2012, Anerkennung und Vollstreckung von Entscheidungen **100** 1110 ff.

Justizvergütungs- und -entschädigungsgesetz **116**, *s. a. Entschädigung nach dem JVEG, Vergütung nach dem JVEG*

Justizverwaltungsabgaben, Beitreibung **122** 1

Justizverwaltungsakte, Rechtsweg **95a** 23 ff.

Justizverwaltungskostengesetz **120**; Fälligkeit der Kosten **120** 6 ff.; Kosten gerichtlicher Verfahren **120** 22; Kostenerhebung **120** 10 ff.; Kostenfreiheit **120** 2; Kostenhaftung **120** 14 ff.; mehrere Kostenschuldner **120** 19

Kabelunternehmen, Urheberrechtsschutz **65** 87

Kabelweitersendung, Urheberrecht **65** 20b, 137p

Kaduzierung bei der GmbH **52** 21

Kalender, Bestimmung für die Leistung **20** 286

Kammern des Arbeitsgerichts, Verhandlung vor **83** 57; für Handelssachen **95** 71 f., 93 ff., Befugnisse des Vorsitzenden **100** 349, Besetzung **95** 105, Vorsitz **95** 105; spezialisierte an den Landgerichten **95** 72a; **95a** 40a, an den Oberlandesgerichten **95** 119a f.; **95a** 40a

Kampagnebetriebe, Kündigungen **84** 22

Kannkaufmann **50** 2 f.

Kapital, eingefordertes **50** 272; statt Geldrente **20** 843; genehmigtes **51** 202 ff.; gezeichnetes **50** 272

Kapitaladäquanzrichtlinie, Umsetzung **50a** 69

Kapitalanlagebetrug **85** 264a

Kapitalanleger-Musterverfahren **95** 118; Musterentscheid **100** 325a; Übergangsvorschriften **101** 31; Verfahrenskosten **115** 1, 51a, Entschädigungen **116** 23, RA-Gebühren **117** 15, 23b, 41a

Kapitalbeschaffung, Maßnahmen zur **51** 182 ff.

Kapitalerhaltung von Leistungen der GmbH-Gesellschafter **52** 30

Kapitalerhöhung, Anmeldungsbeschluss, Handelsregister **51** 184; bedingte **51** 192 ff., mit Sacheinlagen **51** 194; aus Gesellschaftsmitteln **51** 207 ff.; **51a** 3; mit Sacheinlagen **51** 183, ohne Prüfung **51** 183a; Wirksamwerden **51** 189; zusätzliche Aktien **51** 255a f.; **51a** 26p; **52a** 72b; *s. a. Grundkapital*

Kapitalersetzende Darlehen im Insolvenzverfahren **110** 30, 264

Kapitalgesellschaften, Bekanntmachung des Jahresabschlusses **50** 325 ff.; Bilanzerleichterung für Anhangsangaben nach Größenklassen **50** 276, 288, bei Gewinn- und Verlustrechnung **50** 276, für kleine **50** 274a; Formwechsel **52a** 190 ff., 226 ff., in andere Form einer **52a** 238 ff., und Größenklasse **50** 267; **50a** 93; Geheimhaltungspflichtverletzung **50** 333; Gerichtsstand bei falschen, irreführenden oder unterlassenen Kapitalmarktinformationen **100** 32b; Geschäftswert von Beschlüssen **119** 108; große **50** 267; **50a** 93, Bilanz **50** 266; größenabhängige Erleichterung bei Offenlegung **50** 326 f.; Größenklassen **50** 267; **50a** 93; Jahresabschluss **50** 264 ff., Offenlegung **50** 325 ff.; kapitalmarktorientierte **50** 264d, *s. a. dort;* kleine **50** 267; **50a** 93, Bilanzerleichterungen **50** 266, 274a, 276, 288, Jahresabschluss **50** 264, Offenlegungsvorschriften **50** 326; Konzernabschluss *s. dort;* Konzernlagebericht *s. dort;* Lagebericht **50** 289 ff., *s. dort;* mittelgroße **50** 267; **50a** 93, Bilanzerleichterungen **50** 266, 276, 288, 327; Prüfung **50** 316 ff.; Prüfungsausschuss **50** 324; Spaltung **52a** 123 ff.; Straf- und Bußgeldvorschriften **50** 331 ff.; Teilnahme am organisierten Markt **50** 267; **50a** 93; Unternehmen des Rohstoffsektors iSd HGB **50** 341q f., *s. a. dort;* Vermögensübertragungen auf die öffentliche Hand **52a** 176 f.; Verschmelzung von **52a** 3, grenzüberschreitende **52a** 305 ff., mit Vermögen des Alleingesellschafters **52a** 120 ff.; Zweigniederlassung im Ausland **50** 13e ff., 325a

Kapitalherabsetzung bei AG **51** 222 ff.

Kapitalkonsolidierung **50** 301 f.; **50a** 27

Kapitalmarktorientierte Genossenschaften **50** 336; Aufsichtsrat **53** 36 ff., Prüfungsausschuss **53** 170; Pflichtprüfung **53** 53 ff., und Qualitätssicherung **53** 57a; Prüfungsbericht **53** 58; Prüfungsverbände **53** 53 ff.

Kapitalmarktorientierte Kapitalgesellschaft **50** 264d, 327a; Aufsichtsrat **51a** 12, Empfehlung zum Abschlussprüfer **51** 124; Offenlegungsvorschriften **50** 327a, Frist **50** 341w; Ordnungsgeld gegen **50** 335 ff.; Pflichten nach dem PublG **52b** 1, 5 ff., 9; Prüfung des Jahresabschlusses **50** 317; Prüfungsausschuss **50** 324

Kapitalrücklage **50** 270, 272; der AG **51** 150, 152, 231, Umwandlung in Grundkapital **51** 208

Kapitalzahlungen, Ausgleichsanspruch **48** 22

Kappungsgrenze bei Miete **20** 558

Karenz, bezahlte **50** 74

Kartellbehörden **74** 48 ff.; Anerkennung von Wettbewerbsregeln **74** 24 ff.; Auskunftsverlangen **74** 59 ff.; Befugnisse gegenüber der Wasserwirtschaft **74** 31b, bei Zuwiderhandlungen **74** 32 ff.; Beschlagnahme **74** 58; Beteiligung/Benachrichtigung durch Gerichte **74** 90 f.; Bindungswirkung der Entscheidungen **74** 33b; Durchsuchungen **74** 59b; einstweilige Anordnungen **74** 60; einstweilige Maßnahmen **74** 32a; Ermittlungen im europäischen Netzwerk der **74** 50a; Gruppenfreistellungen, Entzug bei Verstößen **74** 32d; Rechtsbehelfsverfahren **74** 63 ff., Beschwerden **74** 73 ff., Nichtzulassungsbeschwerden **74** 78 ff., Rechtsbeschwerden **74** 77 ff.; Sektoruntersuchungen **74** 32e f.; Verfahren vor den **74** 54 ff., Abschluss **74** 61; Vollstreckungsmaßnahmen **74** 86a; Vorteilsabschöpfung **74** 34; Zusammenarbeit mit anderen Behörden **74** 50f; Zuständigkeit im Bußgeldverfahren **74** 82 f.

Kartelle, Mittelstandskartelle **74** 3; Verbote **74** 1

Kartellgesetz **74**; Bundeskartellamt **74** 51 ff.; bürgerliche Rechtsstreitigkeiten **74** 87 ff.; und Digital Markets Act **74** 32g; Monopolkommission **74** 44 ff.; Ordnungswidrigkeiten **74** 81 ff.; Vollzug europäischen Rechts **74** 50; Zuwiderhandlungen und Sanktionen **74** 32 ff.

Kartellsenat beim BGH **74** 94; bei den Oberlandesgerichten **74** 91

Kartellverträge, Verbot **74** 1 f.

Karten, Inhaberkarten **20** 807; **21** Art. 102

Katastrophenschutz, Sonderrechte im Straßenverkehr **35a** 35

Kauf **20** 433 ff.; einer Erbschaft **20** 2371 ff.; Ersatz vergeblicher Aufwendungen **20** 437; Folgen bei Mängeln **20** 437; Handelskauf **50** 373 ff.; und Mietvertrag **20** 566 ff.; Minderung des Kaufpreises **20** 437, 441; Nacherfüllung **20** 437, 439; auf Probe **20** 454 f.; nach Probe **50** 96; von

Rechten **20** 453; Rückgriff des Verkäufers **20** 445a f., 478; Rücktritt **20** 437, 440; Schadensersatz **20** 437, 440; von Schiffen **20** 452; vom Unternehmer **20** 474; Verkehrswert einer Sache **119** 47; Vorkauf **20** 463 ff.; Vorkaufsrecht **20** 1094 ff.; Wechsel des Vertragspartners **20** 309; Wiederkauf **20** 456 ff.; von Wohneigentum, Maklerverträge über **20** 656a ff.; **21** Art. 230 § 53

Käufer, Ansprüche und Rechte bei Mängeln **20** 437; ausgeschlossene K. **20** 450 f.; eines Grundstücks, Kosten der Übertragung **20** 448; Kenntnis des Mangels **20** 442; Pflichten **20** 433; Rechte **20** 437 ff., bei digitalen Produkten **20** 327i ff., beim Vorkaufsrecht **20** 1100; eines Schiffes, Kosten der Übertragung **20** 452

Kaufleute 50 1 ff.

Kaufmann 50 1 ff.; Aufbewahrung von Unterlagen **50** 257 ff.; **50a** 94; Firma **50** 17 ff.; Führung von Handelsbüchern **50** 238 ff.; Gerichtsstandsvereinbarung **100** 38; Geschäftsbriefe **50** 37a; im Insolvenzverfahren, Eintragung ins Handelsregister **50** 32; Inventarerstellung **50** 240; als Kostenschuldner **119** 23

Kaufmännische Anweisungen 50 363 f.

Kaufmännische Begutachtung durch Kammer für Handelssachen **95** 114

Kaufmännische Verpflichtungsscheine 50 363

Kaufmännischer Geschäftsbetrieb 50 2

Kaufpreis, Stundung **20** 449

Kaufrecht und Werkvertrag **20** 650

Kaution zur Entlassung aus Untersuchungshaft **90** 116a; bei Miete **20** 551, 566a; Verfall **90** 124

Kennen und Kennenmüssen 20 122; der Anfechtbarkeit **20** 142; bei arglistiger Täuschung **20** 123; Beginn der Verjährung **20** 199; der Gefahr bei Hinterlegung **20** 694, eines hohen Schadens **20** 254; der Unmöglichkeit der Leistung **20** 311a; betr. Vereinsvorstand **20** 68; bei Vertretung **20** 166, 169, 173, 178 f.

Kenntnis vom Mangel der Kaufsache **20** 442

Kennzeichen für Kraftfahrzeuge **35** 6b ff.; **35a** 23, automatische Erfassung **90** 163g, Missbrauch **35** 22 f., Verlust **35** 5; sonstige iSd MarkenG **72** 1; verfassungswidriger Organisationen **85** 86a

Kennzeichenrechte, Beschlagnahme bei Verletzung durch Zollbehörden **72** 146 ff.

Kennzeichenstreitsachen 72 140 ff.

Kennzeichnungspflicht im Urheberrecht **65** 95d

Kernbrennstoffe, Umgang **85** 328

Kernenergie, Umgang **85** 328; unerlaubtes Betreiben einer Anlage **85** 327

Kernenergieexplosion 85 307, 310

Kernenergieverbrechen im Ausland **85** 6

Kerntechnische Anlagen, Begriff **85** 330d; Herstellung fehlerhafter **85** 312

Kfz-Haftpflichtversicherung, Ausnahmen für bestimmte Fahrzeuge **63** 2a, für Körperschaften **63** 2; Dauer des Versicherungsverhältnisses **63** 5a; Haftungsausschluss **63a** 4; Leistungspflicht des Versicherers **63** 3; Mindestversicherungsschutz **63** 4, 5d, Anlage; Obliegenheiten **63a** 5 ff.; PflichtversicherungsVO **63a**; räumlicher Geltungsbereich **63a** 1; sachlicher Deckungsumfang **63a** 2 f.; Schadenregulierung **63** 3a; Schadensverlauf **63** 5c; Versicherungsbestätigung **63** 5b; vorläufiger Deckungsschutz **63a** 9; zugelassene Versicherer **63** 5

Kies, Gewinnung **20** 1037

Kilometerzähler in Kfz, Missbrauch **35** 22b

Kinder, Abstammung **21** Art. 19 ff., Anfechtung **21** Art. 20; Annahme als Kind *s. a. dort;* Ansprüche zwischen Eltern und, Verjährung **20** 207; Ausbildung **20** 1631a, bei Tod eines Ehegatten **20** 1371; Ausstattung durch Eltern **20** 1624 f.; Ausstattungskosten bei Gütergemeinschaft **20** 1444, 1466; Berücksichtigung von Kindesinteressen bei Adoption **20** 1769; Beschränkung des Anteils an fortgesetzter Gütergemeinschaft **20** 1511 ff.; Bestellung eines Pflegers **20** 1630; Betreuung **20** 1688; eheliche **21** Art. 203; Einstellung der Zwangsversteigerung zur Abwendung von Gefährdung der **108** 180; Einwilligung bei Adoption **20** 1746; elterliche Sorge *s. dort;* Erörterung des Gerichts zum Kindeswohl **112** 157; Erziehung **20** 1631; Erziehungsrecht der Eltern **1** 6; Familienpflege **20** 1688; fortgesetzte Gütergemeinschaft **20** 1483 ff.; Haftungsbeschränkung **20** 1629a; Herausgabe des **20** 1632, an den anderen Elternteil **112** 57, als Kindschaftssache **112** 151; internationales Privatrecht **21** Art. 19 ff.; JGG **89**; Jugendamt als Beistand in Unterhaltssachen **112** 234; Kindeswohlprinzip **20** 1697a; Mitnahme auf Fahrrädern **35a** 21; Mitteilungspflicht des Nachlassgerichts bei Vermögenserwerb von Todes wegen **112** 356; Name bei Adoption **20** 1757, 1765; Namen von, Übergangsvorschriften **21** Art. 224; nicht miteinander verheirateter Eltern, Unterhalt **20** 1615a ff.;

nichteheliche **21** Art. 208; aus nichtigen Ehen **21** Art. 207; in der Personenbeförderung **35a** 21; persönliche Anhörung gem. FamFG **112** 68, 159; Pflichtteilsrecht **20** 2303; als Radfahrer im Straßenverkehr **35a** 2; rechtliches Verhältnis zu Eltern **20** 1616 ff., 1618 ff.; **21** Art. 21; Schuldunfähigkeit **85** 19; Schutz **1** 6; sexualisierte Gewalt gegen **85** 176 ff.; **85a** 316l; Sorgeerklärungen **20** 1626a; Strafbarkeit von **89** 1; Testament **20** 2068; Umgangsrecht **20** 1684 f.; ungeborene, Pflegschaft **20** 1810; unter 7 Jahren **20** 104, 828 f.; unter 18 Jahren **20** 828 f.; Unterbringung mit Freiheitsentzug **20** 1631b; **112** 167, Verfahren **112** 151; Unterhaltsanspruch **20** 1601 ff., Mindestunterhalt **20** 1612a, Rangfolge **20** 1609, Regelunterhalt **20** 1610; Unterhaltspflicht gegenüber Eltern und Voreltern **20** 1606; mit Varianten der Geschlechtsentwicklung **20** 1631e; **21** Art. 229 § 55, Genehmigungsverfahren **112** 167b; Verbleib bei Pflege- oder Bezugsperson, Rechtmittel nach mündlicher Erörterung **112** 57; Verbleibensanordnung zugunsten Bezugsperson **20** 1682; Verbot der Sterilisation von **20** 1631c; Verbot der Vernehmung in Kindschaftssachen **112** 163a; Verfahrensbeistand **112** 158 ff.; Vermögenssorge **20** 1638 ff.; Vernachlässigung der Fürsorgepflichten **85** 171; vertraulich geborene **20** 1674a, Amtsvormund für **20** 1787; Vertretung durch Jugendamt **112** 173; Vormundschaft für **20** 1773 ff.; Wohnsitz **20** 11; Zustimmung zur Vaterschaftsanerkennung **20** 1595 ff.

Kinder- und Jugendhilfe, Betreuung **20** 1688; *s. Jugendhilfe*

Kinderbetreuung, Verträge über **20** 312

Kinderehen, Bekämpfung von **21** Art. 229 § 44

Kinderfahrräder, keine Fahrzeuge iSd StVO **35a** 24

Kindergeld, Anrechnung auf Unterhalt **20** 1612b; Barbedarfsdeckung **20** 1612b

Kindergruppen im Straßenverkehr **35a** 27

Kinderhandel 85 236

Kinderpornographische Schriften, Verbreitung, Erwerb und Besitz **85** 184b

Kinderwagen, keine Fahrzeuge iSd StVO **35a** 24

Kindesalter 20 104

Kindesentziehung 85 5, 235

Kindesherausgabe, Kindschaftssache **112** 151

Kindesvermögen, Herausgabe, Nutzungen **20** 1698; Sorge **20** 1626; Unterhalt bei **20** 1603; Verwendung für Unterhalt **20** 1649

Kindeswohl, Gefährdung des **20** 1666

Kindeswohlprinzip 20 1697a

Kindschaftsrechtsreform, Übergangsvorschriften **21** Art. 224

Kindschaftssachen, Abänderung und Überprüfung von gerichtliche Entscheidungen und Vergleichen **112** 166; Anerkenntnis ausländischer Urteile **100** 328; Anhörung von Eltern und Kind **112** 159 f.; deutsche Zuständigkeit **112** 99; einstweilige Anordnung bei Kindeswohlgefährdung **112** 157; Einvernehmlichkeit als Ziel **112** 156; Entscheidungsbekanntmachung **112** 164; Familiensachen **112** 111; als Folgesache **112** 137; Gutachten **112** 163; Mitwirkung der Pflegeperson **112** 161; örtlich zuständiges Gericht **112** 152 ff.; Richtervorbehalt **96** 14; Unterbringung **112** 167; Verbot der Vernehmung des Kindes **112** 163a; Verfahren **112** 151 ff.; Verfahrensbeistand **112** 158 ff.; Verfahrenswert **118** 45 f.; Vorrang- und Beschleunigungsgebot **112** 155

Kirchen 21 Art. 133; Rechtsstellung **1** 140; Sammlungen für den religiösen Gebrauch und Urheberrecht **65** 46; Stiftungen der **20** 88

Kirchenbaulast 21 Art. 132

Kirchliche Verpflichtungen in Ansehung der Ehe **20** 1588

Klage beim Arbeitsgericht wegen Kündigung **84** 4 ff., *s. a. Kündigungsschutzklage;* wegen Benachteiligung **83** 61b; eines Dritten gegen Zwangsvollstreckung **100** 771 ff.; wegen Einwendungen gegen vollstreckbaren Anspruch **100** 767; auf Erbunwürdigkeitserklärung **20** 2342; auf Erteilung der Vollstreckungsklausel **100** 731; auf Feststellung aus gegenseitigem Vertrag **20** 322, eines Rechtsverhältnisses **100** 256; gegen Hauptversammlungsbeschlüsse *s. Anfechtungsklage;* auf Hinterlegung oder Herausgabe **100** 856; auf künftige Zahlung oder Räumung **100** 257 ff.; auf Leistung des Interesses **100** 893; Rücknahme der *s. Klagerücknahme;* Unterbrechung der Verjährung durch **20** 204; auf Unterlassung von Besitzstörungen **20** 862, 1004, von Einwirkungen auf Hypothekengegenstand **20** 1134; Unzulässigkeit bei Schiedsabrede **100** 1032; wegen Unzulässigkeit der Vollstreckungsklausel **100** 768; im Urkundenprozess **100** 593; Verhandlung über Zulässigkeit der **100** 280; auf Vorlegung einer Urkunde **100** 429 f.; auf vorzeitigen Zugewinnausgleich **20**

1385 f.; auf vorzugsweise Befriedigung aus Erlös **100** 805; zur Wiederaufnahme des Verfahrens **100** 587 f.; auf Zustimmung des Mieters zur Mieterhöhung **20** 558b
Klageantrag, bestimmter **111** 13
Klageerhebung, Absehen von der **90** 153 ff.; als Eröffnung der gerichtlichen Untersuchung **90** 151; vor dem EuGH, Subsidiaritätsklage **1** 23; Hemmung der Verjährung **20** 204; als Mahnung **20** 286; bei Privatklage **90** 381; Zuständigkeit **90** 152
Klageerzwingungsverfahren **90** 172 ff.; Kosten **90** 177; Rechtsanwaltsgebühren **117** 53; Sicherheitsleistung **90** 176
Klagefrist, Anfechtung von OHG-Beschlüssen **50** 112
Klagerücknahme **90** 156; im arbeitsgerichtlichen Verfahren **83** 55; im Zivilprozess **100** 269
Klageverzicht im arbeitsgerichtlichen Verfahren **83** 55; unwirksame AGB-Klausel **20** 309
Klagezulassungsverfahren für Aktionäre **51** 148, Streitwertberechnung **115** 53
Kleider der Ehegatten **20** 1362
Kleinanlegerschutzgesetz, Übergangsvorschriften zum **50a** 74
Kleinbetragsinstrumente, Informationspflichten **21** Art. 248 § 11; als Zahlungsinstrumente **20** 675i
Kleinbetriebe, Kündigungsschutz in **84** 23
Kleinstgenossenschaften, Bilanz **50** 337
Kleinstkapitalgesellschaften **50** 264, 266, 267a, 326; **50a** 93; **51** 160; **51a** 26f; Bewertungsvorschriften **50** 253; Bilanzierungsvorschriften **51** 152; Jahresabschluss **50** 264; Offenlegungsvorschriften **50** 326; Übergangsvorschriften **50a** 69
Knappschaftskassen, Aufrechnung **20** 394
Kollektivmarken **72** 97 ff.; Anmeldung **72** 102 ff.; Nichtigkeit **72** 106; Verfall **72** 105
Kollektivmarkensatzung **72** 102; Änderung **72** 104
Kolonnen von Kraftfahrzeugen **35a** 27
Kommanditaktionäre **51** 278, 280, 285; Aufsichtsrat **51** 287; Konkurs **51** 289
Kommanditgesellschaft **50** 161 ff.; Anmeldungen zum Handelsregister **50** 162; Einlagen **50** 171 f.; Firma **50** 19; Geschäftsbriefe der **50** 177a; Geschäftsführung **50** 164; Gesellschaftsvertrag der **50** 163; Gewinn und Verlust **50** 167 ff.; Haftung vor Eintragung **50** 176, der Kommanditisten **50** 161, 171 ff., der Komplementäre **50** 161; Insolvenz **50** 179; **110** 11, 15, 84, 93, 118; Jahresabschluss **50** 264a ff.; **50a** 48 f.; Liquidation **50** 178; Spaltung **52a** 123 ff.; Straf-, Bußgeld- oder Ordnungsgeldverfahren gegen **50** 335b; Verschmelzung von **52a** 3; Vertretung **50** 170
Kommanditgesellschaft auf Aktien **51** 278 ff.; **51a** 26; Abwicklung **51** 290; Auflösung **51** 289, wegen Satzungsmangels **112** 399, durch Urteil **51** 396 ff.; Aufsichtsrat **51** 287; Entnahmen der persönlich haftenden Gesellschafter **51** 288; Errichtung **51** 280; Ertragsteuerinformationsberichte **51** 283; **51a** 26o; Firma **51** 279; Formwechsel **52a** 242; Formwechsel in eine **52a** 221; Gewinn- und Verlustrechnung **51** 286; Gewinnabführungsvertrag **51** 291; Gewinngemeinschaft **51** 292; Gründung **51** 280; Hauptversammlung **51** 285; Insolvenz **110** 15, 93, 118; Insolvenzverfahren **51** 289; Jahresabschluss **50** 264 ff.; **51** 286; Konzernlagebericht **50** 315a, *s. a. dort;* Kündigung durch Kommanditaktionäre **51** 289; Lageberichte **50** 289a; **51** 286, nichtfinanzielle Erklärungen **50** 289c ff.; **51** 26i, 283, Prüfung **50** 316 ff.; Löschung wegen Nichtigkeit **112** 397, vermögensloser **112** 394; Satzung **51** 280 f.; Spaltung **52a** 123 ff., 141 ff.; Stimmrecht **51** 285; Strafbarkeit der persönlich haftenden Gesellschafter **51** 408; Übergangsvorschriften **50a** 34; Unternehmensverträge **51** 291 ff.; Verbindung mit anderen Unternehmen **51** 291 ff.; Verschmelzung **52a** 78; Verschmelzung von **52a** 3; wechselseitige Beteiligungen an anderen Unternehmen **51** 328; Wettbewerbsverbot der persönlich haftenden Gesellschafter **51** 284
Kommanditisten **50** 161 ff.; Einlagen **50** 167; Haftung **50** 171 ff.; Informationsrecht **50** 166; Tod eines **50** 177
Kommissionär **50** 384 f.; Haftung **50** 390, 394; Pfandrecht **50** 366, 397; Pflichten **50** 387, 401 f.; Provision **50** 394, 396; Rechte **50** 389, 393, 396, 399, 403; Wechselankauf durch **50** 395
Kommissionsgeschäft **50** 383 ff., 406; Delkredereprovision **50** 394; Einkaufskommission **50** 391; Forderungsabtretung **50** 392; Haftung des Kommissionärs **50** 390, 394; Kreditgewährung **50** 393 f.; limitiertes **50** 386 f.; Provision **50** 394, 396; Schadensersatz **50** 385, 388; Selbsteintrittsrecht **50** 400 ff.; Sorgfaltspflicht **50** 390, 401; Stundung des Kaufpreises **50** 393; Verkauf unter festgesetztem Preis **50** 386; Versicherung **50** 390; nicht vertretbare Sachen **50** 406; Vorschussgewährung **50** 393; Widerruf **50** 405

Kommunalbank, Hinterlegung von Wertpapieren **20** 1082
Kommunalverbände, Aufrechnung **20** 395; Grundstücksübertragungen **21** Art. 126; Zwangsvollstreckung gegen **101** 15
Kommunen, Beteiligung an Aktiengesellschaften **51** 393a ff.; Beteiligung an GmbH **52** 77a; Falschbezeichnung von in der ehemaligen DDR **21** Art. 231
Kompetenzkonflikte 101 9, 15
Komponist, Urheberrechtsschutz **65** 2
Konditionenkartelle 74 2
Konkurrenzen 85 52 ff.; **94** 21; von Jugend- und allgemeinem Strafrecht **89** 32
Konkurrenzklausel *s. Wettbewerbsverbot*
Konkurrierendes Verschulden 20 846
Konnossement 50 363; gutgläubiger Erwerb **50** 397
Konsolidation, Ausschluss bei dinglichen Rechten **20** 889; beim Pfandrecht **20** 1256
Konsolidierung im Konzernabschluss **50** 300 ff., anteilmäßige **50** 310
Konsolidierungskreis, Einbeziehung **50** 294 ff.
Konsul, Gerichtsstand **100** 15
Konsularbeamte, Beweisaufnahme durch **100** 363
Kontaktperson, Beiordnung eines Rechtsanwalts als **95a** 34a
Kontaktsperre für Gefangene **95a** 31 ff., Zuständigkeit **95a** 37; Maßregelvollzug **95a** 38; Unterbringungsbefehl **95a** 38; Verdacht der Bildung einer kriminellen Vereinigung **95a** 38a
Kontaktverbot 20 1666
Kontenpfändung, Datenschutz bei der **100** 947; grenzüberschreitende vorläufige **100** 946 ff., Kosten **115** 1; **119** 1, Rechtsbehelfe **100** 953 ff., Richtervorbehalt **96** 20, Streitwertberechnung **115** 53; Pfändungsumfang **100** 833a
Kontoguthaben auf Pfändungsschutzkonto **100** 850k f.; Pfändungsumfang **100** 833a
Kontokorrent 50 355 f.
Kontoverträge 21 Art. 232
Kontrollen, Schuldnerverzeichnislöschungen **102a** 15; auf Straßen **90** 111
Konventionalstrafe *s. Vertragsstrafe*
Konversion *s. Umdeutung*
Konzernabschluss 50 290 ff.; **50a** 75, 83 f., 85; und Abschlüsse aus Drittländern **50** 292; Abschlussprüfer **50** 318 ff.; anteilmäßige Konsolidierung **50** 310; assoziierte Unternehmen **50** 311 f.; Behandlung von Zwischenergebnissen **50** 304; Beteiligungen **50** 313; Bewertungsvorschriften **50** 308 ff.; Eigenkapital, „nicht beherrschende Anteile" **50** 307; Erläuterungen **50** 313 f.; Erleichterungen **50** 298; und EU-/EWR-Konzernabschlüsse **50** 291 f.; Form und Inhalt **50** 297 ff.; größenabhängige Befreiungen **50** 293; Inhalt **50** 297 ff.; nach internationalen Rechnungslegungsstandards **50** 315e; Konsolidierungsgrundsätze **50** 300 ff., 310; Konsolidierungskreis **50** 294 f.; Konzernanhang **50** 313 f.; Konzernlagebericht **50** 315, *s. a. dort;* der Kreditinstitute **50** 340i f., nichtfinanzielle Erklärung **50** 340i; und MindestbesteuerungsRL **50a** 91; Offenlegung **50** 325 ff., Formalia und Inhalt **50** 328, Formblätter **50** 330; Pflichtangaben **50** 314; Prüfung **50a** 25; nach dem PublG **52b** 13, Offenlegung **52b** 15, Prüfung **52b** 14; Stichtag **50** 299; der Versicherungsunternehmen **50** 341i f.; Verzicht auf Einbeziehung **50** 296; Vollständigkeitsgebot **50** 300
Konzernanhang 50 313 ff.; Pflichtangaben **50** 314
Konzernbilanz, Erläuterungen **50** 313 f.; latente Steuern **50** 306
Konzerne 51 18, 291 ff.; Aufwands- und Ertragskonsolidierung **50** 305; gesetzliche Rücklage **51** 300; Gläubigerschutz bei Beendigung des Unternehmensvertrages **51** 303; Jahresabschluss **50** 264, *s. a. Konzernabschluss;* Konzernbericht **51** 312 ff.; multinationale **50** 342 ff., *s. a. dort;* Mutter-/Tochterunternehmen **50** 290; Rechnungslegung nach dem PublG **52b** 11 ff.; Sicherung der Aktionäre **51** 304; Unternehmensgruppe iSd InsO **110** 3a ff., *s. a. dort;* Verlustübernahme **51** 302; Verschmelzung von **52a** 62; Zustimmung der Hauptversammlung zu Konzernvertrag **51** 293; Zweckgesellschaften **50** 290
Konzernlagebericht 50 315 ff.; **50a** 75, 83 f.; befreiende EU/EWR-Lageberichte **50** 291 ff.; der börsennotierten Aktiengesellschaft **50** 315a, Prüfung **50** 316 ff.; Erklärung zur Unternehmensführung **50** 315d; der Kommanditgesellschaft auf Aktien **50** 315a, Prüfung **50** 316 ff.; der Kreditinstitute **50** 340i f., nichtfinanzielle Erklärung **50** 340i; nichtfinanzielle Erklärung **50** 315b f.; **50a** 80 f.; **51** 26i, 170 f., Prüfung **50** 316 ff., Vorlagepflicht **50** 320; Offenlegung, Formalia und Inhalt **50** 328, Formblätter **50** 330; nach dem PublG **52b** 13; der Versicherungsunternehmen **50** 341i f.
Konzernzahlungsberichte 50 341s ff.
Konzessionen 74 105; über soziale und andere besondere Dienstleistungen **74**

153; mit unterschiedlichen rechtlichen Regelungen **74** 111; Vergabeverfahren **74** 97 ff., *s. a. dort;* für verschiedene Leistungen **74** 110; für verschiedene Tätigkeiten **74** 112

Kopplungsgeschäfte bei Verbraucherdarlehensverträgen **20** 492a f.

Körperliche Sachen, Anschlusspfändung **100** 826; Versteigerung **100** 814 ff.; Verwertung **100** 825; Zwangsvollstreckung **100** 808 ff.

Körperliche Unversehrtheit 85 223 ff.

Körperschaft als Erbe **21** Art. 128; Zwangsvollstreckung gegen **100** 882a; **101** 15

Körperschaften des öffentlichen Rechts, Formwechsel **52a** 190 ff., 301 ff.; Haftung für Organe **20** 89; Pflichten nach dem PublG **52b** 3 ff.; Vorschlagsrecht für Zwangsverwalter **108** 150a

Körperverletzung 85 223 ff.; im Amt **85** 340; im Ausland begangen **85** 5; durch Beschädigung von Anlagen **85** 318; durch Einsturz eines Gebäudes **20** 836 ff.; gefährliche **85** 224; Schadensersatz **20** 249, 823, 826, 842 ff., 847; **33**, nach dem StVG **35** 11, Umfang **33** 6; mit Todesfolge **85** 227; Umfang der Haftung **33** 12; durch Verstümmelung weiblicher Genitalien **85** 226a

Korporationen, Gerichtsstand **100** 17, 22

Korrespondentreeder, Zwangsvollstreckung in Schiffspart **100** 858

Korruption, Angaben zur Bekämpfung in Lageberichten **50** 289c

Kostbarkeiten, Haftung des Gastwirts **20** 702 f.; Hinterlegung **20** 372; Schätzung **100** 813

Kosten in Angelegenheiten der freiwilligen Gerichtsbarkeit **112** 80 ff.; in arbeitsgerichtlichen Verfahren **83** 12a; der Beerdigung **20** 1615; des Beschwerdeverfahrens **119** 1; in Betreuungssachen **112** 307; der Beurkundung **20** 448; bei Dauerpflegschaft **118** 22; Entscheidung über Justizverwaltungsakte **95a** 30; Erinnerung **123** 5; in Familiensachen **112** 80 ff., Haftung **118** 21 ff., Verjährung **118** 7; Festsetzung durch Rechtspfleger **96** 21, 23; Gebühren und Auslagen nach GNotGK **119** 1; Gerichtskosten *s. dort;* Haftung für **115** 29 ff.; Höhe in Familiensachen **118** 3; der Hypothek, Haftung des Grundstückes **20** 1118; im Insolvenzverfahren **110** 54, 171, 269, 310; im Jugendstrafverfahren **89** 74; Justizverwaltung **120**; der Nachlassverwaltung **20** 1988; für Rechtshilfe **95** 164; in Scheidungs- und Folgesachen **112** 150; Überprüfung **123** 5; in Unterbringungssachen **112** 337; in Unterhaltssachen **112** 243; der Vaterschaftsanfechtung **112** 183; Verfahren nach AktG **119** 1, vor dem Bundespatentgericht **72** 71, vor dem DPMA **72** 63, 64a, nach OWiG **94** 105 ff.; Verjährung des Anspruchs auf Nebenleistungen **20** 217, der Gerichtsvollzieherkosten **123** 8, des Rückerstattungsanspruchs **118** 7; der Vollstreckung nach dem JBeitrG **122** 10; der Vorlegung von Sachen **20** 811; der Zwangsverwaltung **108** 155; der Zwangsvollstreckung **100** 788, 803, 811a

Kosten im Strafverfahren, Beschwerdewert **90** 304; bei Entscheidung über Rechtmäßigkeit von Ermittlungsmaßnahme **90** 473a; falsche Anzeigen **90** 469; bei Freispruch **90** 467; Nebenklage **90** 472; Privatklage **90** 471; Rechtsmittel **90** 473; bei Rücknahme des Strafantrags **90** 470; Verfahrenskosten **90** 464 ff.; einer vom Verteidiger verschuldeten Aussetzung der Hauptverhandlung **90** 145

Kosten nach dem GKG, Haftung für **115** 22 ff.; bei Verweisung eines Rechtsstreits **115** 4

Kosten- oder Gebührenfreiheit 119 2

Kostenansatz in Familiensachen **118** 18 ff.; Nichterhebung wegen unrichtiger Sachbehandlung **118** 20

Kostenanschlag, keine Vergütung für **20** 632; beim Werkvertrag **20** 649

Kostenfestsetzung 112 85; Erinnerung gegen **115** 66 ff.; in Strafsachen **90** 464b; Zuständigkeit **96** 21

Kostenfestsetzungsbeschluss 100 103 ff.; als Vollstreckungstitel **100** 795a

Kostenfreiheit nach FamGKG **118** 2; bei Gerichtskosten **119** 2

Kostenhaftung der Erben **119** 24; für Gerichtskosten **119** 22 ff.; in weiteren Fällen **119** 27

Kostenrechliches Verfahren 119 7

Kostenrechnung mit Rechtsbehelfsbelehrung **119** 7a

Kostenrecht, Anwendung für Straf- und Bußgeldsachen **85a** 319

Kostenregelung 35a 51

Kostenschuldner in Antragsverfahren **119** 22; besonderer **119** 31; in bestimmten gerichtlichen Verfahren **119** 23; in Familiensachen **118** 21 ff.; mehrere als Gesamtschuldner **119** 32; im Rechtsmittelverfahren **119** 25; für Tätigkeit des Gerichtsvollziehers **123** 3

Kostenübernahmeerklärung eines Notars **119** 16

Kostenvorauszahlung, Beschwerde gegen Anordnung **115** 67; nach dem GKG **115** 10 ff.

Kostenvorschuss 120 8; Ausnahmen, arbeitsgerichtliche Verfahren **83** 12; Fortdauer der Vorschusspflicht **115** 18; nach dem GKG **115** 10 ff.; im Nebenklageverfahren **115** 16; im Privatklageverfahren **115** 16; im Zwangsversteigerungs- und Zwangsverwaltungsverfahren **115** 15

Kraftfahrstraße, Benutzung **35a** 18

Kraftfahrt-Bundesamt, automatisiertes Anfrage- und Auskunftsverfahren **35** 30b, 36a, 54, an EU-Behörden **35** 37b f.; Datenübermittlung, Information der Halter **35** 63d, durch Meldebehörden **35** 64; Fahreignungsregister beim **35** 28 ff.; Mitteilungen an die Fahrerlaubnisbehörden **35** 2c; Zentrales Fahrerlaubnisregister **35** 48 ff., *s. a. dort;* Zentrales Fahrzeugregister beim **35** 31 ff., *s. a. dort*

Kraftfahrzeugbrief, Verlust **35** 5

Kraftfahrzeuge, Anschnallpflicht **35a** 21a; mit autonomer Fahrfunktion **35** 1d ff., in Betriebsbereichen **35** 1d, Erprobung im öffentlichen Bereich **35** 1i, Haftpflichtversicherung für Technische Aufsicht **63** 1, nachträgliche Aktivierung **35** 1h, im nicht-zivilen Bereich **35** 1k; Begriff **35** 1; Carsharingfahrzeuge *s. dort;* Datenverarbeitung zu immissionsschutzrechtlichen Zwecken **35** 63c; Diebstahlsicherung **35a** 14; Einziehung nach verbotenen Straßenrennen **85** 315f; Fahrerlaubnis **35** 2 ff., *s. a. dort;* Fahrverbot **85** 44, 51; Führer, Haftung **35** 18, Pflichten **35a** 23; Haftpflicht des Halters **35** 7 ff.; Haftpflichtversicherung **63**; **63a**, *s. a. Kfz-Haftpflichtversicherung;* Haftung bei Unfällen mit Anhängern und Gespannen **35** 19 f., 65; **62** 78; mit hoch- oder vollautomatisierter Fahrfunktion **35** 1a ff., Datenverarbeitung bei **35** 63a f., Haftungshöchstbeträge **35** 12; Höchstgeschwindigkeit **35a** 45; Ladung **35a** 22; Liegenbleiben **35a** 15; Parken **35a** 13; Personenbeförderung **35a** 21; Promille-Grenze beim Führen von **35** 24a; Straßenbenutzung **35a** 2; unbefugter Gebrauch **85** 248b; Verbot der Nutzung ohne Haftpflichtversicherungsschutz **63** 6, Strafbarkeit **63** 30; Warnanstrich von Straßenbaufahrzeugen **35a** 35; Winterausrüstung **35a** 2; Zerstörung militärischer **85** 305a; Zulassung **35** 1, internetbasiertes Verfahren **35** 6g

Kraftfahrzeughalter, Haftpflichtversicherung **63**, *s. a. Kfz-Haftpflichtversicherung;* Haftung **35** 7 ff., bei Unfällen mit Anhängern und Gespannen **35** 19 f., 65; **62** 78; von Kfz mit autonomer Fahrfunktion **35** 1f ff.; Kostentragungspflicht **35** 25a

Kraftfahrzeugkennzeichen 35 6b ff.

Kraftfahrzeugregister, zentrales **35** 31 ff., *s. dort; s. Fahrzeugregister*

Kraftfahrzeugrennen, verbotene **85** 315d, Einziehung der Kfz **85** 315f, Entziehung der Fahrerlaubnis **85** 69

Kraftfahrzeugschein, Verlust **35** 5

Kraftfahrzeugunfälle, Entschädigungsfonds nach dem PflVG **63** 12 ff.

Kraftfahrzeugverkehr *s. Straßenverkehr*

Kraftloserklärung von Aktien **51** 72 f., 226; von Grundpfandbriefen **108** 136; von Hypothekenbriefen **20** 1162; von Inhaberpapieren **20** 799 f.; **21** Art. 174

Kraftomnibusse, Linienverkehr **35a** 20

Krafträder, Abschleppverbot **35a** 15a; Helmpflicht **35a** 21a; Personenbeförderung **35a** 21; Verbot des Anhängens an Fahrzeuge **35a** 22

Kraftstoffe 74 47k, 186; Großhandel mit, Markttransparenzstelle **74** 47k, 186

Krankenfürsorgepflicht des Dienstherrn **20** 617

Krankenhäuser, Verkehrsbeschränkungen in der Nähe von **35a** 45; Zusammenschluss iSd GWB **74** 187

Krankenkasse, Aufrechnung gegenüber **20** 394

Krankenversicherung 62 192 ff.; **62a** 2; Auskunftspflicht **62** 202; Beitragsschulden **62** 193; **62a** 7; Leistungen für schwangere Frauen und Mütter **62** 192; Tarifwechsel **62** 204; Versicherungspflicht **62** 193; Wartezeiten **62** 197

Krankheit bei Beurkundung **23** 11; des Dienstverpflichteten **20** 617; des verwaltenden Ehegatten **20** 1429; von Zeugen oder Sachverständigen **90** 223

Kreditanstalten, Hypotheken **20** 1115; landschaftliche **21** Art. 167; Zinseszinsen **20** 248

Kreditauftrag 20 778; handelsrechtlicher **50** 349

Kreditbetrug 85 265b

Kreditgefährdung 20 824

Kreditgewährung aus Gesellschaftsvermögen **52** 43a; an Komplementär der KGaA **51** 288

Kreditinstitute, allgemeine Bankenrisiken **50** 340e ff.; Aufsichtsrat **51a** 12, Empfehlung zum Abschlussprüfer **51** 124; Ausübung des Stimmrechts für Aktien **51** 135; Bewertung von Vermögensgegenständen **50** 340e; Datenabruf durch das Bundeszentralamt für Steuern in Beitreibungs-

sachen **122** 6; Handelsbücher **50** 340e ff.; Jahresabschluss, Lagebericht **50** 340 ff., nichtfinanzielle Erklärung **50** 340a; Konzernabschluss **50** 291, 340i f., nichtfinanzielle Erklärung **50** 340i; Konzernlagebericht **50** 340i f., nichtfinanzielle Erklärung **50** 340i; Offenlegungspflichten **50** 340l; Prüfung von Jahresabschluss und Lagebericht **50** 340k; Sonderprüfung **51** 258; Übergang von volkseigenen Forderungen u. a. **21** Art. 231; Übergangsvorschriften **50a** 30 f., nach Restrukturierungsgesetz **51a** 24; vorübergehende Eintragung **51** 66

Kreditkartenfälschung 85 152a

Kreditkartenmissbrauch 85 266b

Kreditrahmen im Insolvenzplan **110** 264

Kreditverträge 21 Art. 232; Verbraucherdarlehensvertrag **20** 491 ff., *s. a. dort*

Kreditwürdigkeit, Pflicht zur Prüfung, Grundlagen **20** 505b, bei Immobiliar-Verbraucherdarlehensvertrag **20** 505a ff., Bewertungsgrundlage **20** 505c, bei Verbraucherdarlehensvertrag **20** 505a ff., Pflichtverletzung **20** 505d

Kreuzungen, Freihalten **35a** 11; Vorfahrtsrecht im Straßenverkehr **35a** 8, 18

Kreuzverhör im Strafverfahren **90** 239

Kriminelle Vereinigungen 85 129; Aufnahme von Beziehungen **85** 89b; im Ausland **85** 129b; Kontaktsperre bei Verdacht der Bildung einer **95a** 38a

Krisenintervention 85 67h

Kronzeugen iSd GWB, Straffreiheit **74** 33e

Kronzeugenregelung im GWB **74** 81h ff., europarechtliche **74** 81n, Marker **74** 81m

Kryptowertpapierregister, Eintrag von Aktien **51** 10

Kulturerbe-Einrichtungen, Nutzungsrechte gem. UrhG **65** 61d

Kündigung bei Abtretung einer Forderung **20** 410; des Arbeitsverhältnisses *s. dort;* des Auftrags **20** 671; der BGB-Gesellschaft **20** 725 f., 731; durch Darlehensnehmer **20** 489; von Dauerschuldverhältnissen **20** 314; des Dienstverhältnisses **20** 620 ff., im Insolvenzverfahren **110** 113; von Dienstwohnungen **20** 576 ff.; der Gemeinschaft **20** 749; bei Gesamtschuldverhältnissen **20** 425; der Grundschuld **108** 54; des Handelsvertreters **50** 89, 91; der Hypothek **20** 1141, 1156, 1160, 2114; **108** 54, Kosten **20** 1118; im Insolvenzverfahren eines Genossenschaftsmitglieds **53** 66a, Ausschluss **53** 67c; des Kapitals der Grundschuld **20** 1193; Kosten der, Haftung des Bürgen **20** 767, des Pfandes **20** 1210; des Landpachtverhältnisses **20** 593a; bei Leihe **20** 605; unter Miterben **20** 2044; der Mitgliedschaft in Genossenschaft **53** 65 ff., Hinweis in Beitrittserklärung **53** 15a, nach Insolvenzverfahren **53** 118; der Nießbrauchforderung **20** 1074, 1077 f.; des Pachtverhältnisses **20** 584 f., 594a ff., im Insolvenzverfahren **110** 112, bei Nießbrauch **20** 1056; des Pauschalreisevertrages **20** 651l; der Rentenschuld **20** 1202; **108** 54; des Sachdarlehensvertrags **20** 608; Schriftformerfordernis **20** 623, 650h; Sonderkündigungsrecht beim Architekten- und Ingenieurvertrag **20** 650r; Teilkündigung **62** 29; Übergangsvorschriften **21** Art. 222; bei Unterpacht **20** 584a; einer verpfändeten Forderung **20** 1283, 1286; durch Versicherer **62** 24, nach Versicherungsfall **62** 92, 111; Verzug **20** 296; vorzeitige von Landpachtverträgen **20** 595a; beim Werkvertrag **20** 643, 648 f., aus wichtigem Grund **20** 648a; aus wichtigem Grund, Dienstverhältnis **20** 626 f., Werkvertrag **20** 648a

Kündigung des Arbeitsverhältnisses 20 622, 626; Abfindung bei betriebsbedingter **84** 1a; Änderungskündigung **84** 2, *s. a. dort;* während Arbeitskämpfen **84** 25; Auflösung des Arbeitsverhältnisses durch Urteil **84** 9; außerordentliche **84** 13; besondere Prozessförderung **83** 61a; wegen Betriebsübergangs **20** 613a; Einspruch beim Betriebsrat **84** 3; fristlose des Dienstverhältnisses **20** 626 f.; Kündigungsschutzklage **84** 4 ff., *s. a. Kündigungsschutzklage;* bei leitenden Angestellten **84** 14; bei Massenentlassungen **84** 17 f.; sittenwidrige **84** 13; soziale Rechtfertigung **84** 1; Unwirksamkeit **84** 1; unzulässige bei Arbeitnehmervertretern **84** 15; aus wichtigem Grund **20** 626 f.; Wirksamwerden **84** 7

Kündigung von Mietverhältnissen 20 543 f., 561, 564, 568 ff.; Fortsetzung **20** 574 ff.; fristlose **20** 543, 569; Härtefälle **20** 574, 576a; im Insolvenzverfahrens **110** 112; Kündigungsfristen **20** 573c; bei Nießbrauch **20** 1056; ordentliche des Vermieters **20** 573 ff.; Rückerstattung verlorener Baukostenzuschüsse **20** Anm. zu 546; Widerspruch des Mieters **20** 574; und Zwangsversteigerung **108** 183

Kündigungsausschluss bei Wohnungsgenossenschaften **53** 67c

Kündigungsfristen bei Arbeitsverhältnissen **20** 622; beim Darlehensvertrag **20** 488; beim Dienstverhältnis **20** 627; bei Miete über Wohnraum **20** 573c f., 576; bei Mitgliedschaft in Genossenschaft **53** 65; Pachtverhältnisse **20** 594a ff.

Kündigungsrecht bei Verbraucherdarlehensvertrag **20** 499 f.
Kündigungsschutz für Abgeordnete **1** 48; für Arbeitnehmer **84**; für Arbeitnehmervertreter **84** 15; in Kleinbetrieben **84** 23
Kündigungsschutzklage nach Änderungskündigung **84** 4; nach Kündigung des Arbeitsverhältnisses **84** 4; bei sittenwidriger Kündigung **84** 13; verspätete **84** 5
Künftige Leistungen, Klagen auf **100** 257 f.
Kunst, Freiheit der **1** 5; Urheberrecht an Werken der bildenden **67**; Urheberrechtsschutz **65** 1, 120
Kunstfehler, Berufsverbot **85** 70
Kunstgeheimnis, Zeugnisverweigerung **100** 384
Künstler, ausübende in Filmwerken **65** 92 f., gemeinsame Darbietung **65** 80, Nutzungsrechte **65** 77 ff., Urheberrechtsschutz **65** 73 ff., 125, Dauer **65** 76, 137c, Vergütungsanspruch **65** 79a f.; Urheberrechtsschutz **65** 82
Künstliche Befruchtung, genetische Untersuchung zur Klärung der Abstammung, Anspruch auf Einwilligung **20** 1598a; keine gerichtliche Feststellung der Vaterschaft **20** 1600d; **21** Art. 229 § 46
Kunstwerke, Urheberrechtsschutz **65** 2
Kurorte, Verkehrsbeschränkungen **35a** 45
Kurswert von Wertpapieren bei Sicherheitsleistung **20** 234, 236
Kurzarbeit und Massenentlassungen **84** 19

Ladeschein beim Frachtgeschäft **50** 444 ff.; gutgläubiger Erwerb **50** 397; Übertragung durch Indossament **50** 363
Ladung durch Angeklagten **90** 220; des Beschuldigten **90** 145a, zur Vernehmung **90** 133; durch das Bundespatentgericht **72** 75; zur Hauptverhandlung **90** 214 ff.; eines Kraftfahrzeuges **35a** 22; im Privatklageverfahren **90** 385 f.; Rechtshilfe **95** 160; in Teilungssachen **112** 365; unmittelbare im Strafverfahren **90** 38; des Verteidigers **90** 218; von Zeugen und Sachverständigen **83** 56, im Strafverfahren **90** 48, 323; im Zivilprozess **100** 214 ff., von Amts wegen **100** 389, im Beweisverfahren **100** 377, 389, 491, zur mündlichen Verhandlung **100** 321, der Parteien **100** 274, wegen Einigung **100** 492, im Verfahren vor den Amtsgerichten **100** 497 f., zur Verhandlung über Berichtigung des Tatbestandes **100** 320, zur Vernehmung **100** 450, von Zeugen und Sachverständigen **100** 377 ff.
Ladungsfrist im Privatklageverfahren **90** 385; im Strafprozess **90** 217, 228
Lagebericht **50a** 75, 83 f.; der börsennotierten Aktiengesellschaft **50** 289a, Erklärung zur Unternehmensführung **50** 289f, Prüfung **50** 316 ff.; der Genossenschaft **50** 336; **53** 33, 170; der GmbH, Vorlage **52** 42a; der Kapitalgesellschaft **50** 289 ff., nichtfinanzielle Erklärung **50** 289b ff.; **50a** 80 f., Prüfung **50** 316 ff., Vorlagepflicht **50** 320, Prüfung **50** 316 ff.; der Kommanditgesellschaft auf Aktien **50** 289a, Prüfung **50** 316 ff.; Offenlegung **50** 325 ff., bei Genossenschaften **50** 339; Prüfung **50** 316 ff., Bestätigungsvermerk **50** 322; nach dem PublG **52b** 5, Offenlegung **52b** 9, Prüfung durch Aufsichtsrat **52b** 7; der Versicherungsunternehmen **50** 341a ff.
Lagergeld **50** 354
Lagergeschäft **50** 467 ff.; Aufwendungsersatz **50** 474; Begleitpapiere **50** 468; Dauer **50** 473; Haftung **50** 475; Lagerschein **50** 475c; Orderlagerschein **50** 475g; Pfandrecht **50** 475b; Sammellagerung **50** 469; abweichende Vereinbarungen **50** 475h; Verjährung **50** 475a; Versicherung **50** 472
Lagerschein **50** 475c ff.; gutgläubiger Erwerb **50** 397; Übertragung durch Indossament **50** 363; Wirkung **50** 475d
Lagervertrag **50** 467
Land- und Forstwirtschaft, Betriebswert bei Zugewinnausgleich **20** 1376; Kannkaufmann **50** 3; Pfändung **100** 813; Pfändungsschutz **100** 851a; und Wettbewerbsrecht **74** 28
Land- und forstwirtschaftliches Vermögen, Bewertung **119** 48
Länder, Aufrechnung gegen Forderungen der **20** 395; Befreiung von Kfz-Haftpflichtversicherungspflicht **63** 2; Begnadigungsrecht **90** 452; als gesetzlicher Erbe **20** 1936; Hochverrat gegen ein Land **85** 82 ff.; Kostenfreiheit nach dem GvKostG **123** 2; länderübergreifendes staatsanwaltliches Verfahrensregister **90** 492 ff.; Verleihung der Rechtsfähigkeit an Verein **20** 22; Zwangsvollstreckung gegen **100** 882a
Landesarbeitsgerichte, Errichtung und Organisation **83** 33 ff.; Zuständigkeit **83** 8
Landesbehörden, Auflösung einer Genossenschaft **53** 81; Kartellbehörden **74** 48 f.
Landesdatenschutzbeauftragte, Zusammenarbeit mit anderen Behörden nach dem GWB **74** 50f
Landesgesetze **21** Art. 1; Abmarkung von Grundstücken **20** 919; Änderungsbefugnis **21** Art 218; Eisenbahnen **100** 871; Nachbarrecht **20** 907; prozessrechtliche Vor-

schriften **101** 14 f.; Verhältnis zum BGB **21** Art. 55

Landeshymnen, strafbare Verunglimpfung des Staates und seiner Symbole **85** 90a

Landesjugendamt, Anhörung in Adoptionsverfahren **112** 195; *s. Jugendamt*

Landesjustizverwaltung, auswärtige Strafkammern **95** 78; Dienstaufsicht **95** 22; Einrichtung einer Geschäftsstelle **95** 153; Vertretung der Gerichtsmitglieder **95** 70

Landesrecht, Anpassung der Strafvorschriften **85a** 288 ff.; Fortgeltung (BeurkG) **23** 66; Geltung des OWiG **94** 2; Grundbuchrecht **114** 143; und GWB **74** 170; und Strafprozessordnung **90a** 6; Strafrecht **85a** 2 ff.; Zuweisungen nach dem GVG **95** 13a, 60; **95a** 4a

Landesrechtliche Schuldtitel, Vollstreckung **100** Anm. zu 801

Landesregierungen, Mitglieder, Vernehmung **90** 50, 54; **100** 376, 382, Verweigerung der Vernehmung **100** 408; Zuständigkeit bei Kontaktsperre **95a** 32 f.

Landesstaatsanwaltschaft und Generalbundesanwalt **95** 142a

Landesverrat und Gefährdung der äußeren Sicherheit **85** 93 ff.; Straftaten im Ausland **85** 5

Landesverteidigung, Straftaten gegen **85** 109 ff.

Landesverweisung, Absehen von Strafvollstreckung bei **90** 456a

Landfriedensbruch 85 125

Landgericht 95 12, 59 ff.; Anwaltszwang **100** 78 ff.; Auflösungsklage gegen Genossenschaft **53** 81; Beschwerdegericht in Betreuungssachen **95** 72, in Freiheitsentziehungssachen **95** 72; Kammern für Handelssachen **95** 93 ff.; spezialisierte Spruchkörper **95** 72a; **95a** 40a; Staatsanwaltschaft **95** 142; Staatsschutzkammern beim, Zuständigkeit **95** 74a; Strafvollstreckungskammern beim **95** 78a; Unionsmarkengerichte beim **72** 122; Urheberrechtsstreitsachen **65** 105; Verfahren **100** 253 ff.; Verweisung **100** 281, vom Amtsgericht an **100** 506; Zuständigkeit **90** 209; **95** 71 ff., ausschließliche **95** 71, durch Zuweisung bei Wirtschaftsstrafsachen **95** 74c

Landgut, Auseinandersetzung bei fortgesetzter Gütergemeinschaft **20** 1515; Erbfolge **20** 2049; Ertragswert **20** 2049; **21** Art. 137; Nießbrauch **20** 1055; Pflichtteil **20** 2312; bei Vorerbschaft **20** 2130; Zubehör **20** 98

Landpacht 20 585 ff.; Anzeigepflicht **20** Anm. zu 581

Landpachtverträge, Änderung **20** 593; Textform **20** 585a; vorzeitige Kündigung **20** 595a

Landtag, Mitglieder, Immunität **85** 36; **90** 152a, Vernehmung **90** 50; **100** 382

Landwirtschaftliche Erzeugnisse 20 94, 593; als Zubehör **20** 98

Landwirtschaftliche Grundstücke 21 Art. 164; Anerbenrecht **21** Art. 64; Herausgabe **20** 998; Nießbrauch **20** 1055; Pacht **20** 585 f.; bei Vorerbschaft **20** 2130; Zwangsversteigerung **108** 21; Zwangsverwaltung **108** 149

Landwirtschaftssachen, Zuständigkeit des Amtsgerichts **95** 23a

Lärm vom Nachbargrundstück **20** 906; Ordnungswidrigkeit **94** 117; unnötiger im Straßenverkehr **35a** 30

Lärmbelästigung 85 325a

Lasten der Erbschaft **20** 2022, 2126; des gemeinschaftlichen Gegenstandes **20** 748; Haftung für beim Erbschaftskauf **20** 2379; bei Herausgabe an Eigentümer **20** 995; beim Kauf **20** 436, 446; auf Mietsache **20** 535; beim Nießbrauch **20** 1047; Übergang bei Zwangsversteigerung **108** 56; des Vermächtnisgegenstandes **20** 2185; Verteilung unter mehrere Verpflichtete **20** 103

Lastkraftwagen, Linksfahrverbot **35a** 18; Personenbeförderung **35a** 21

Laufbilder, Schutz **65** 128; Urheberrechtsschutz **65** 95

Lautsprecher, Betrieb auf Straßen **35a** 33

Leben, Schadensersatz wegen Verletzung **20** 823; Verbrechen und Vergehen gegen das **85** 211 ff.

Lebensalter, Berechnung **20** 187

Lebensbedarf, Maß des Unterhalts **20** 1578; Unterhaltspflicht **20** 1610

Lebensgemeinschaft und Annahme eines Kindes **20** 1766a; eheliche *s. dort;* verfestigte **20** 1766a

Lebenspartner als Angehörige **85** 11; Aufgebot bei Nachlass eines Gesamtguts der Gütergemeinschaft **112** 462; Beteiligte in Adoptionsverfahren **112** 188; Eintrittsrecht in Mietvertrag **20** 563; Enterbung **20** 1938; Erlöschen des Unterhaltsanspruchs **20** 1586; Hemmung der Verjährung von Ansprüchen zwischen **20** 207; Rechtsstellung bei Zwangsvollstreckung gegen den anderen **100** 739 ff.; Umgangsrecht mit Kind **20** 1685; Vorrang der Haftung **20** 1608; Zuhälterei gegenüber **85** 181a

Lebenspartnerschaft, Auseinandersetzung der Gütergemeinschaft **112** 373; Beendigung einer Gütergemeinschaft **112** 342;

und bestehende Ehe **20** 1306; deutsche Zuständigkeit **112** 103; eingetragene, Güterrecht **21** Art. 229 § 47, und internationales Privatrecht **21** Art. 17b, Versorgungsausgleich **21** Art. 17b; Ende der fortgesetzten Gütergemeinschaft **20** 1493; Hemmung der Verjährung während der **20** 207; Strafbarkeit der doppelten **85** 172
Lebenspartnerschaftssachen, Familiensachen **112** 111; Kosten **118** 5; Richtervorbehalt **96** 14; Verfahren **112** 269f.; Zuständigkeit des Rechtspflegers **96** 25
Lebenspartnerschaftsverträge, Geschäftswert **119** 100
Lebensunterhalt und Geldstrafe **85** 40; *s. a. Unterhalt*
Lebensversicherungen **62** 1ff., 150ff.; **62a** 4; und betriebliche Altersversorgung **62** 150; Bezugsberechtigung **62** 159f.; fondsgebundene **50** 341d; Fortsetzung nach Elternzeit **62** 212; Kündigung durch Versicherer **62** 166, durch Versicherungsnehmer **62** 168; Rückkaufswert **62** 169; Selbsttötung **62** 161; Standmitteilung **62** 155; Überschussbeteiligung **62** 153; Umwandlung **62** 173; Widerruf des Versicherungsnehmers **62** 152
Lebenszeit, Dienstverhältnis auf **20** 624; Mietvertrag auf **20** 544
Legitimation nichtehelicher Kinder **21** Art. 209, Art. 234 § 12
Legitimationspapiere **20** 808; **21** Art. 102, Art. 177
Lehm, Gewinnung **20** 1037
Lehre, gesetzlich erlaubte Nutzung geschützter Werke in der **65** 60a f.
Lehrer, Abtretung des Gehalts **20** 411; vermögensrechtliche Ansprüche **21** Art. 80
Lehrfreiheit **1** 5
Lehrstelle, Annahme auf Weisung des Jugendrichters **89** 10
Leibesfrucht **20** 844; als Erbe **20** 1923, 1963, 2101, 2105f.; als Nacherbe **20** 2108, 2141; als Vermächtnisnehmer **20** 2178; Vertreterbestellung als Kindschaftssache **112** 151
Leibgedingsvertrag **21** Art. 96
Leibrente **20** 759ff.; Nießbrauch **20** 1073; zugunsten Dritter **20** 330
Leibzuchtsvertrag **21** Art. 96
Leiche, Leichenschau und -öffnung **90** 87ff.; eines Neugeborenen **90** 90
Leichenfund **90** 159
Leichenzüge im Straßenverkehr **35a** 27
Leihe **20** 598ff.
Leistung **20** 241; Abhängigkeit von Gegenleistung **20** 298; des Angewiesenen **20** 787f.; Annahme **20** 363f.; gegen Aushändigung der Schuldverschreibung **20** 797; Befreiung von Gegenleistung bei Unmöglichkeit **20** 326; Bestimmung durch Dritte **20** 317ff., durch eine Partei **20** 315; Bewirken der **20** 362, 407; durch Dritte **20** 267f.; an eingetragene Berechtigte **20** 893; an Erbscheinsberechtigten **20** 2367; an Erfüllung Statt **20** 364f., 422; erfüllungshalber **20** 364; Forderung durch Versprechensempfänger **20** 335; bei Gesamtschuldverhältnissen **20** 421ff.; an Miterben **20** 2039; Pfandrecht am Anspruch auf **20** 1275; an Quittungsüberbringer **20** 370; an Samstag, Sonn- oder Feiertag **20** 193; Schadensersatz bei nichterbrachter **20** 280ff.; an Schuldner bei Insolvenz **110** 82; des Schuldners an Nießbraucher **20** 1075; Teilbarkeit **20** 420, 427; Teilleistung **20** 266; nach Treu und Glauben **20** 242; unmittelbare iSd InsO **110** 142; Unmöglichkeit der **20** 265, 275, 283, 308f., 311a; Vermächtnis **20** 2169; Verpflichtung des Schuldners zur **20** 241ff.; Versprechen an Dritten **20** 328ff.; Verzögerung der **20** 280; Zeit der **20** 271f., 299; Zug um Zug **20** 274, 322; Zwangsvollstreckung in Ansprüche auf **100** 846, körperliche Sachen **100** 883ff.
Leistungsausschluss durch Geltendmachung von Schadensersatz **20** 281
Leistungsbeschreibung bei öffentlichen Aufträgen **74** 121
Leistungsbestimmungsrecht, einseitiges **20** 321ff.
Leistungsfreiheit wegen Gefahrerhöhung **62** 26; teilweise **62** 29
Leistungsfrist **20** 283
Leistungsgegenstand **50** 360
Leistungshindernis bei Vertragsschluss **20** 311a
Leistungsklage **100** 257ff.
Leistungsort **20** 269, 697, 700, 811; bei Aufrechnung **20** 391; für Grundschuld **20** 1194; bei Hinterlegung **20** 374; Versicherungsprämie **62** 36
Leistungspflicht, Ausschluss **20** 275
Leistungsverweigerung, Schadensersatzpflicht **20** 281
Leistungsverweigerungsrecht **20** 309, 321; eines Beschäftigten **34** 14; Hemmung der Verjährung **20** 205; bei Verbraucherdarlehensvertrag **20** 499; nach Verjährungseintritt **20** 214
Leistungszeit **20** 271f., 299
Leitende Angestellte, Kündigung des Arbeitsverhältnisses **84** 14
Leitungen zum Nachbargrundstück **20** 906
Leseunkundige *s. Handzeichen*

Letztes Wort des Angeklagten **90** 258, im Berufungsverfahren **90** 326, im Revisionsverfahren **90** 351
Letztwillige Verfügungen **20** 332; Anfechtung **20** 2078 ff.; Anfechtungsberechtigte **20** 2080; Anfechtungsfrist **20** 2082; Aufhebung durch Erbvertrag **20** 2289; Ausführung durch Testamentsvollstrecker **20** 2203 ff.; Auslegung **20** 2084; Bedenken des Ehegatten **20** 2077, 2268, 2279; Begriff **20** 1937; Entziehung des Pflichtteils **20** 2336; im Erbvertrag **20** 2278; Ergänzung **20** 2086; Form der Anfechtung **20** 2081; Testament **20** 2064 ff.; Unwirksamkeit **20** 2085; Widerruf **20** 2253 ff.
Letztwillige Zuwendung **20** 1939 f.
Leumundszeugnis, Unzulässigkeit der Verlesung **90** 256
Lichtbildaufnahmen zur Aufklärung von Straftaten **90** 100h
Lichtbilder, Schutz **65** 124; Urheberrechtsschutz **65** 72
Lichtbildwerke, Urheberrechtsschutz **65** 2, 137a
Lichtzeichen zur Verkehrsregelung **35a** 37, 43 f.
Lieferbedingungen und Wettbewerbsbeschränkungen **74** 2
Lieferfrist beim Frachtgeschäft **50** 423
Liefersperren, Verbot von **74** 21
Lieferung unbestellter Sachen **20** 241a
Lieferverträge **20** 312, *s. a. Werklieferungsvertrag*
Liegenbleiben von Fahrzeugen **35a** 15
Liegenschaftskataster **114** 2
Liquidation der AG **51** 262 ff.; der BGB-Gesellschaft **20** 735 ff.; einer Genossenschaft **53** 83 ff.; der KG **50** 178; einer Partnerschaftsgesellschaft **50b** 10; eines Vereins **20** 47 ff.
Liquidationsnetting im Insolvenzverfahren **110** 104
Liquidatoren, Angabe auf Geschäftsbriefen **52** 71; Anmeldepflicht **50** 34; einer Genossenschaft, Strafbarkeit **53** 147 f.; der GmbH **52** 66 ff.; des Vereins **20** 53, Zwangsgeld **20** 78
Literatur, Schutz **65** 120; Urheberrechtsschutz **65** 1
Lizenzen nach MarkenG **72** 30, 155; Zwangslizenz zur Herstellung von Tonträgern **65** 42a
Lobbyisten, unzulässige Interessenwahrnehmung **85** 5, 108f
Lohn des Maklers **20** 653
Lohnpfändung bei Heimarbeitern und Hausgewerbetreibenden **100** 850 mit Anm.; Pfändungsschutz **100** 850 ff.
Lohnpfändungstabelle **100** 850c, Anlage
Lokaltermin **90** 86, *s. a. Augenschein*
Los, Entscheidung bei Aufhebung einer Gemeinschaft **20** 752, bei Auslobung **20** 659; Verteilung bei Nachlassteilung **112** 369; *s. a. Lotterie*
Löschung von Daten zur Erteilung der Fahrerlaubnis **35** 2; Eigentümergrundschuld **20** 1196; einer Eintragung im Aktienbuch **51** 67; des Erbbaurechts **41** 16; einer Firma **50** 31; im Grundbuch **20** 875 f., 891, 901; von Grundpfandrechten nach Befriedigung bei Zwangsverwaltung **108** 158; der Hypothek **20** 1144 f., 1179 ff., 1187; einer Markeneintragung **72** 9 ff., 48 ff., 156 f., durch das DPMA **72** 53 f., Verfahren **72** 55; eines Pfandrechts **21** Art. 194; aus Schuldnerverzeichnis **102a** 14; des Versteigerungsvermerks **108** 34
Löschungs- und Auflösungsverfahren **112** 393 ff.
Löschungsanspruch des Hypothekengläubigers **20** 1179a f.
Löschungsvormerkung bei Hypothek **20** 1179
Lösegeld, Menschenraub zur Erlangung von **85** 239a
Lotterie, unbefugte Veranstaltung **85** 287
Lotterievertrag **20** 763
Luft, strafbare Verunreinigung **85** 325
Luft- und Seeverkehr, Angriffe auf **85** 6
Luftfahrzeuge im Ausland **21** Art. 45; Straftaten in deutschen **85** 4; Zwangsversteigerung **108** 171a ff., 181
Luftverkehr, Gefährdung **85** 315 f.; Kündigungsschutz für Arbeitnehmer **84** 24
Luftverunreinigung, Verkehrsverbot **35a** 41

Madrider Markenabkommen **72** 107 ff.; internationale Registrierungen, Schutzentziehung **72** 115, Umwandlung **72** 118, Widerspruch gegen **72** 114, 116, Wirkung **72** 112
Mahnbescheid **20** 286; **100** 692 ff.; im Arbeitsgerichtsverfahren **83** 46a; Kraftloswerden **100** 701; Scheck-/Urkunden-/Wechselmahnbescheid **100** 703a; Widerspruch **100** 694, streitiges Verfahren **100** 696; Zustellung **100** 693, und Hemmung der Verjährung **20** 204
Mahnung **20** 309; durch den Abtretungsempfänger **20** 410; bei Forderungseinziehung, Kostenhaftung **120** 17; des Hypothekenschuldners bei Briefhypothek **20** 1160 f.; als Voraussetzung für Verzug **20** 286

Mahnverfahren **20** 286; **83** 46a; **100** 688 ff.; elektronisches **100** 689, 703c; europäisches nach der VO (EG) Nr. 1896/2006 **100** 1087 ff.; nach FamFG, Kosten **115** 1; **118** 1; Gebührenvorschuss **115** 12; Kosten **100** 699; **115** 1; Mahnantrag **100** 690 ff.; Mahnbescheid **100** 692 ff., *s. a. dort;* maschinelle Bearbeitung im **100** 703b; Rechtsanwaltsgebühren **117** 17; Verfahren nach Widerspruch **100** 696; Verfahrensvorschriften **100** 702; Vollstreckungsbescheid **100** 699 ff., *s. a. dort;* Zuständigkeit **100** 689, bei fehlendem inländischen Gerichtsstand **100** 703d, des Rechtspflegers **96** 20

Makler **20** 652 ff.; Handelsmakler **50** 93 ff.; Lohnanspruch **20** 652 ff., 656c f.; **21** Art. 230 § 53

Maklervertrag **20** 652; betreffend Wohneigentum **20** 656a ff.; **21** Art. 230 § 53

Malen als Verarbeitung **20** 950 f.

Mandatsträger, Bestechlichkeit und Bestechung von **85** 108e f.; **95** 120b, im Ausland **85** 5; Mitteilungen in Strafsachen gegen **90a** 8; Straftaten im Amt **85** 234b

Mangel beim Erbschaftskauf **20** 2376; Kenntnis des Käufers **20** 442; der Mietsache **20** 536 ff.; der Pachtsache, Haftung **20** 586; im Recht *s. Rechtsmangel;* der Sache *s. Sachmangel;* der Vertretungsmacht **50** 75h; des Werkes, Abnahme **20** 640

Mängelansprüche, Beschränkung auf Nacherfüllung durch AGB **20** 309; beim Kauf **20** 437 ff., digitaler Produkte **20** 327j ff., Rückgriff des Verkäufers **20** 445a f., 478, Verjährung **20** 327j, 438; aus Pauschalreisevertrag **20** 651i ff., Abhilferecht **20** 651k, Kündigung **20** 651l, Minderung **20** 651m, Schadensersatz **20** 651n, Verjährung **20** 651j; beim Verbrauchsgüterkauf, Beweislastumkehr **20** 477; beim Werkvertrag **20** 634, Verjährung **20** 634a

Mängelanzeige **50** 377 f.; des Mieters **20** 536c; bei Pauschalreisevertrag **20** 651o

Mängelgewähr beim Erbschaftskauf **20** 2385; bei der Hingabe an Erfüllungs Statt **20** 365; beim Kauf **20** 442; bei Leihe **20** 600; bei Miete **20** 536 ff.; bei Schenkung **20** 523 f., 526; bei Zuteilung einer Sache **20** 757

Mängelhaftung des Verkäufers **20** 437 ff.

Mängelobliegenheit beim Handelskauf **50** 377 f.

Mängelrüge gegenüber Handelsvertreter **50** 91

Manipulation von Sportwettkämpfen **85** 265d f., als strafbare Auslandstat **85** 5, Überwachung der Telekommunikation **90** 100a

Männer, gleichberechtigte Teilhabe an Führungspositionen **50a** 73, in Aktiengesellschaften **51** 76, 96, 250; **51a** 25, 26l, in der Genossenschaft **53** 9, 168, in der GmbH **52** 36, 52; **52/1** 5, 10; Gleichberechtigung **1** 3, 117

Marken, Ansprüche wegen Verletzung **72** 128; Benutzung **72** 25 f., mangelnde **72** 25; Eintragung *s. Markeneintragung;* geschützte **72** 1, in Nachschlagewerken/Datenbanken **72** 16; Gewährleistungsmarken **72** 106a ff., *s. a. dort;* Inhaber von **72** 7, *s. Markeninhaber;* Inhabermarken **20** 807; **21** Art. 102; im Insolvenzverfahren **72** 29; internationale Registrierung **72** 107 ff., Schutzentziehung **72** 115, Umwandlung **72** 118, Widerspruch gegen **72** 114, 116, Wirkung **72** 112; Kollektivmarken **72** 97 ff., *s. a. dort;* Löschung wegen absoluter Schutzhindernisse **72** 157; nachträgliche Schutzentziehung **72** 115; notorisch bekannte **72** 10; Nutzung für Waren **72** 24; Schutz *s. Markenschutz;* schutzfähige Zeichen **72** 3; Schutzhindernisse, absolute **72** 8, 50, 54, 106, 106h, 156, relative **72** 9; Unionsmarken **72** 119 ff., *s. a. dort;* Urteilsbekanntmachung **72** 19c; als Vermögen **72** 27 ff.; Vorlage- und Besichtigungsansprüche **72** 19a; Zeitrang **72** 6, 12 f., 22; Zwangsvollstreckung in **72** 29, 154

Markenangelegenheiten, elektronisches Verfahren **72** 95a; Inlandsvertreter **72** 96; Kosten **72** 64a, im Verfahren vor dem Patentamt **72** 63; Verfahren **72** 91 ff., vor dem Bundesgerichtshof **72** 83 ff., vor dem Bundespatentgericht **72** 66 ff.; Verfahrenskostenhilfe **72** 81a; Wahrheitspflicht **72** 92

Markeneintragung, Akteneinsicht **72** 62 f.; Anmeldung der **72** 32 ff., *s. a. dort;* Klage auf Bewilligung der **72** 44; Löschung **72** 9 ff.; Nichtigkeit wegen älterer Rechte **72** 51, wegen Schutzhindernissen, Verfahren **72** 50, 54; Teilung **72** 27, 46, der Anmeldung **72** 40; Verfall **72** 49, Verfahren **72** 53, Wirkung **72** 52; Veröffentlichung **72** 41; Verzicht auf **72** 48; als Voraussetzung für Markenschutz **72** 4; Weiterbehandlung nach Fristablauf **72** 91a; Widerspruch gegen **72** 42

Markengesetz **72**; Bußgeldvorschriften **72** 145; nationales Einspruchsverfahren **72** 130; Strafvorschriften **72** 143 ff.; Streitwertberechnung **115** 51; Übergangsvorschriften **72** 152 ff., 158; zwischenstaatliches Einspruchsverfahren **72** 130

Markeninhaber 72 7; Ansprüche gegen Lizenzinhaber **72** 30; Auskunftsanspruch **72** 19; Gewährleistungsmarken **72** 98; von Kollektivmarken **72** 98; Schadensersatzansprüche **72** 14, 153, Sicherung **72** 19b; Unterlassungsansprüche **72** 14; Vermutung der Rechtsinhaberschaft **72** 28; Vernichtungs- und Rückrufansprüche **72** 18; Vorlage- und Besichtigungsansprüche **72** 19a
Markenregister beim DPMA **72** 32 ff., Einsichtnahme **72** 62 f., Datenschutz **72** 62a, Eintragungen **72** 41
Markenschutz, Dauer **72** 47, 159; Entstehung **72** 4; Inhalt **72** 14 ff.; nach dem Madrider Markenabkommen **72** 107 ff.; Schranken des **72** 20 ff., bei Kollektivmarken **72** 100; Schutzhindernisse **72** 8 ff., Prüfung bei Anmeldung **72** 37; Verjährung **72** 20; Verlängerung **72** 47; Verwirkung von Ansprüche **72** 21; und weiterer Schutz **72** 19d
Marktbeherrschende Unternehmen, Gleichbehandlungspflicht aller **74** 21; verbotenes Verhalten **74** 18
Marktbeherrschung iSd GWB **74** 18; Missbrauch der **74** 19
Marktmacht, relative **74** 20; überlegene **74** 20
Marktpreis der geschuldeten Sachen **20** 385; beim Pfandverkauf **20** 1221, 1295
Marktteilnehmer iSd UWG **73** 2
Markttransparenzstelle für Großhandel mit Strom und Gas **74** 47a ff., Befugnisse **74** 47d, Berichtspflichten **74** 47h, Datenverarbeitung **74** 47b ff., Evaluierung **74** 47l, Vertraulichkeit **74** 47j, Zusammenarbeit mit anderen Stellen **74** 47i; für Kraftstoffe **74** 47k, 186
Marschierende Abteilungen im Straßenverkehr **35a** 27
Maschinelle Bearbeitung im vereinfachten Verfahren nach dem FamFG **112** 258
Maschinen als Zubehör **20** 98
Maße, vertragsmäßige **50** 361
Massegläubiger, Ausschluss von Befriedigung **110** 206; Befriedigung **110** 53, 209; Schadensersatzanspruch **110** 61
Massenentlassungen, Ausnahmebetriebe **84** 22; in Betrieben von Bundesministerien **84** 21; und Kurzarbeit **84** 19; Pflichten des Arbeitgebers **84** 17 f.
Masseschulden, Anzeige bei Unzulänglichkeit **110** 208
Masseunzulänglichkeit, Insolvenzplan **110** 210a
Masseverbindlichkeiten 110 53, 55; beim Nachlassinsolvenzverfahren **110** 324; Nichterfüllung **110** 61; Vollstreckungsverbot **110** 89
Maßnahmen iSd StGB **85** 11, bei mehreren Straftaten **85** 52
Maßregeln der Besserung und Sicherung 85 61 ff.; Anordnung **85a** 306, bei Undurchführbarkeit des Strafverfahrens **85** 71; Führungsaufsicht **85** 61; als Maßnahme iSd StGB **85** 2, 11; Strafverfolgungsverjährung **85** 78a; Verbindung von **85** 72; Verhältnismäßigkeit der Anordnung **85** 62; Vollstreckung **90** 463; Vollstreckungsverjährung **85** 79 ff.; Wechsel beim Vollzug **85** 67a
Maßregelungsverbot des Arbeitgebers **20** 612a; gegenüber Beschäftigten **34** 16
Maßregelvollzug, Anrechnung auf Freiheitsstrafe **85a** 302
Mauern zwischen Grundstücken **20** 921 f.
Mediation, Arbeitsgerichtsverfahren **83** 54a; Begriff **106** 1; FamFG **112** 36a; Rechtsanwaltsgebühren **117** 34; in Urheberrechtsstreitigkeiten **65** 32f, 35a; nach dem UrhG **65** 32f; Verfahren **106** 2; Zivilprozess **100** 278a
Mediationsgesetz 106; Übergangsbestimmungen **106** 9
Mediator, Aufgaben **106** 2; Aus- und Fortbildung **106** 5; Begriff **106** 1; Verschwiegenheitspflicht **106** 4; zertifizierter **106** 5
Medizinische Gutachen in einem Strafverfahren zur Schuldunfähigkeit **92** 11
Medizinischer Dienst, Gutachten in Betreuungssachen **112** 282
Mehraufwendungen bei Annahmeverzug **20** 304
Mehrerlös, Anordnung der Abführung **88** 10; aus Wirtschaftsvergehen **88** 8 f.
Mehrheit bei Abstimmungen und Beschlüssen der Gemeinschaft **20** 745; Auseinandersetzung **20** 2204; von Bedachten **20** 2151; von Besitzern **20** 866; von Erben **20** 2032 ff., 2088 ff., 2148, 2319 ff., 2355; von Forderungen, Aufrechnung **20** 396; von Gläubigern und Schuldnern **20** 420 ff.; von Grundstücken als Einheit **20** 890; von Haftpflichtigen **33** 13; von Pfandrechten an einer Forderung **20** 1290; von Tätern **85** 25; **94** 14, bei unerlaubten Handlungen **20** 840; von Testamentsvollstreckern **20** 2199; von Verbindlichkeiten, Anrechnung **20** 366; von Vermächtnisnehmern **20** 2148, 2151, 2157 ff.; von Vorkaufsberechtigten **20** 472; von Wiederkaufsberechtigten **20** 461; von Wohnsitzen **20** 7
Mehrheitsbeteiligung 51 16
Mehrstimmrechte von Aktien, Unzulässigkeit **51a** 5

Mehrwertsteuer und Provision des Handelsvertreters **50** 87b
Meineid **85** 154; **90** 359, 362; im Ausland begangener **85** 5; im Zivilprozess **100** 452
Meinungsfreiheit **1** 5, 18
Meinungsverschiedenheiten zwischen Arbeitsbehörde und Justizverwaltung **83** 117
Meistgebot im Zwangsversteigerungsverfahren **108** 49, 73 f., 81, 85, 114a
Meldebehörden, Datenübermittlung an das Kraftfahrt-Bundesamt **35** 64
Meldepflicht als Bewährungsauflage **85** 56c, 56e; nach dem UrhG **65** 54e; für Verträge der Wasserwirtschaft **74** 31a
Menschen mit Behinderung, Barrierefreiheit des Gerichtsverfahrens **95** 191a; Beurkundung von Willenserklärungen **23** 22 ff.; Diskriminierungsverbot **1** 3; **34** 1 ff.; notwendige Verteidigung **90** 140; Rückhaltesysteme für Rollstühle in Kraftfahrzeugen **35a** 21a; Sehbehinderung, Testamentserrichtung **20** 2233, Vervielfältigungsrechte nach dem UrhG **65** 45b; Vereidigung **90** 66; Vervielfältigungsrechte nach dem UrhG **65** 45a f.; in Werkstätten für, arbeitsgerichtliches Verfahren **83** 83, Rechtsweg bei Streitigkeiten **83** 2
Menschenhandel **85** 6, 232
Menschenmenge, öffentliche Zusammenrottung **85** 124
Menschenraub **85** 234; als Erpressungsmittel **85** 239a
Menschenrechte **1** 1 ff.; Angaben in Lageberichten **50** 289c; Kernbereich privater Lebensgestaltung **90** 100d
Menschenrechtskonvention, Recht auf Leben **85** Anm. zu 32
Menschenwürde, Unantastbarkeit **1** 1
Mergel, Gewinnung **20** 1037
Meuterei von Gefangenen **85** 121
Miete **20** 535 ff.; **21** Art. 232; Betriebskosten **20** 556; digitaler Produkte **20** 548a, 578b, 580a; bei Insolvenzverfahren **110** 108 ff.; Mietminderung **20** 536; bei Nießbrauch **20** 1056, 1059d; Räumungsfrist **21** Art. 93; **100** 721; Vermieterpfandrecht **20** 562 ff.; bei Vorerbschaft **20** 2135; Werkwohnungen **20** 576 f.; und Zwangsversteigerung des Grundstücks **108** 57 ff.; *s. a. Mietverhältnis*
Mieter, Anzeige von Mängeln **20** 536c; als Besitzer **20** 868 f.; Duldungspflichten **20** 555a, 555d; Rückerstattung verlorener Baukostenzuschüsse **20** Anm. zu 546; Rückgabe der Mietsache **20** 546; Schadens- und Aufwendungsersatzanspruch **20** 536a; Tod des **20** 563; Verhinderung an Gebrauchsüberlassung **20** 537; Verjährung von Ansprüchen **20** 548; Vorkaufsrecht **20** 577; Wegnahmerecht von Einrichtungen **20** 539; Widerspruch gegen Kündigung **20** 574; Zustimmung zur Mieterhöhung **20** 558b
Mieterhöhung **20** 557 ff.; Form und Begründung der Erhöhung **20** 558a; Indexmiete **20** 557b; Kappungsgrenze **20** 558; Mietdatenbank **20** 558e; Mietspiegel **20** 558c; nach Modernisierungsmaßnahmen **20** 559 ff., Einbau einer Heizungsanlage **20** 559e, vereinfachtes Verfahren **20** 559c; **21** Art. 229 § 49; ortsübliche Vergleichsmiete **20** 558; **21** Art. 229 § 50; qualifizierter Mietspiegel **20** 558d; Staffelmiete **20** 557a, für Wohnungen in Gebieten mit angespannten Wohnungsmärkten **20** 557a; Zustimmung zur Erhöhung **20** 558b
Miethöhe bei Mietbeginn **20** 556d ff.; für Wohnungen in Gebieten mit angespannten Wohnungsmärkten **20** 556d ff.
Mietminderung, Dreimonatsausschluß **20** 536
Mietpreisüberhöhung, Ordnungswidrigkeit **88** 5
Mietrecht, dingliches **21** Art. 188; Übergangsvorschriften **21** Art. 229 § 29, Art. 229 § 35
Mietsache, Abnutzung **20** 538; Barrierefreiheit **20** 554; bauliche Veränderungen für behindertengerechte Nutzung **20** 554, in missbräuchlicher Weise als Ordnungswidrigkeit **88** 6, Steckersolargeräte **20** 554; Erhaltung **20** 535; Fehler **20** 536; Gebrauchsüberlassung an Dritte **20** 540, 553; Lasten **20** 535; Rückgabe **20** 546; Veräußerung im Insolvenzverfahren **110** 111; Veräußerung nach Überlassung an Mieter **20** 566; vor Überlassung an Mieter **20** 567a
Mietsicherheiten **20** 566a; Begrenzung und Anlage **20** 551
Mietspiegel **20** 558c; qualifizierter **20** 558d; Übergangsvorschriften zum ModernisierungsG **21** Art. 229 § 62
Mietstreitigkeiten, Gerichtsstand **100** 29a; Schiedsvertrag **100** 1030; Vollstreckbarkeit des Urteils **100** 708, 721; Zuständigkeit **95** 23
Mietverhältnisse über digitale Produkte **20** 548a, 578b; Ende **20** 542, 568 ff.; Erbbaurecht **41** 30; über Grundstücke **20** 578; Kündigung **20** 543 f., 561, 564, 568 ff., 573 ff., bei Zwangsversteigerung des Grundstücks **108** 183; über Räume **20** 578; Räumungsfrist **21** Art. 93; über andere Sachen **20** 578 ff.; stillschweigende

Verlängerung **20** 545; Streitwert **100** 8; Tod des Mieters **20** 563 ff.; Übergangsvorschriften **21** Art. 171; Unzumutbarkeit **20** 543; Vollstreckungsschutz **100** 721; Vorrang – und Beschleunigungsgebot während COVID-19-Pandemie **101** 44; Wechsel der Vertragsparteien **20** 563 ff.; nach Widerspruch **20** 574a ff.; über Wohnraum **20** 549 ff., in Gebieten mit angespannten Wohnungsmärkten **20** 556d ff.; **21** Art. 35, Auskunftspflichten **21** Art. 229 § 51, Indexmiete **20** 557b, Staffelmiete **20** 557a

Mietverträge 20 312; Änderung durch Gericht **100** 308a; Form **20** 550; Geschäftswert **119** 99; Hauptpflichten **20** 535; Unwirksamkeit einer Vertragsstrafe **20** 555; Vereinbarungen über Erhaltungs- oder Modernisierungsmaßnahmen **20** 555f; Zeitmietvertrag **20** 575 f.

Mietzins, Haftung für Hypothek **20** 1123 ff.; Pfändung wegen öffentlicher Lasten **20** Anm. zu 1123; Pfändungsschutz **100** 851b; Verteilung unter mehrere Berechtigte **20** 101

Milderung der Strafe **85** 49 ff.

Militär, Straftaten gegen Landesverteidigung **85** 109

Militäranlagen, Betreten **94** 114, als Ordnungswidrigkeit **94** 114, 131

Militärdienst, Anwerben zu ausländischem **85** 109h

Minderheitenschutz beim Insolvenzplan **110** 251

Minderjährige 20 2; Annahme als Kind **20** 1741; Arbeitsverhältnis **20** 113; beschränkte Geschäftsfähigkeit **20** 106 ff.; Beschwerderecht **112** 60; Ehe mit **21** Art. 13, Art. 229 § 68, Aufhebung **20** 1314 ff., Unwirksamkeit **20** 1303 ff.; Eheverbot **21** Art. 229 § 44, deutsche Zuständigkeit **112** 98; Ehevertrag **20** 1411; als Eltern, elterliche Sorge **20** 1673; Errichtung eines eigenhändigen Testaments **20** 2247; Erwerbsgeschäfte **20** 112 f.; Förderung sexueller Handlungen von **85** 180; Haftung aus unerlaubten Handlungen **20** 828 f.; **21** Art. 229 § 15; Haftungsbeschränkung **20** 1629a; JGG **89**; Kindesentziehung **85** 235; Pflegschaft für **20** 1809 ff.; Schadenszufügung **20** 832; Schutz bei Auslandsehen **21** Art. 229 § 68; Testamentserrichtung **20** 2233; Testierunfähigkeit **20** 2229; Unterbringung mit Freiheitsentzug **112** 167, Verfahren **112** 151; Unterhaltsanspruch **20** 1602, Mindestunterhalt **20** 1612a; vereinfachtes Unterhaltsverfahren **112** 249 ff.; Verfahrensbeistand **112** 158 ff., in Abstammungssachen **112** 174, in Adoptionsverfahren **112** 191; Vernehmung als Partei **100** 455, als Zeugen **100** 393; Vertragsschluss **20** 110; Vertragswiderruf **20** 109; Vertreterbestellung als Kindschaftssache **112** 151; Vormundschaft für **20** 1773 ff.; Willenserklärungen **20** 107; keine Zeugen bei Beurkundung **23** 26; Zulassung von Beiständen im Strafverfahren **90** 149

Minderkaufmann 50 351

Minderung beim Kauf **20** 437, 441; bei Miete **20** 536; im Reiserecht **20** 651m; des Schadensersatzes **20** 285; der Strafe **85** 50; beim Werkvertrag **20** 634, 638; beim Wiederkauf **20** 457

Minderungsanspruch bei gegenseitigem Vertrag **20** 326

Mindestgebot 100 817a; bei Versteigerung gepfändeter Sachen **108** 44, 85

Mindestkapital einer Genossenschaft **53** 8a

Mindestnennbetrag der Aktien **51** 8

Mindestunterhalt für Kinder **20** 1612a

Mineralien, Gewinnung **21** Art. 68

Minister, Vernehmung **90** 50; **100** 376, 382

Ministererlaubnis zum Zusammenschluss von Unternehmen **74** 42

Missbrauch von amtlichen Kennzeichen **35** 22 f.; des Berufs **85** 70; einer Firma **50** 37; der Forderung nach ehelicher Gemeinschaft **20** 1353; der Gesamtgutsverwaltung **20** 1447; von Notrufen, Notzeichen **85** 145

Misshandlung von Schutzbefohlenen **85** 225

Mitarbeit im Haushalt, Beruf oder Geschäft des Erblassers **20** 2057a, 2316

Mitbenutzungsrechte 21 Art. 233

Mitbesitz 20 866, 1081; Einräumung beim Pfandrecht **20** 1206

Mitbestimmung in Unternehmen durch Arbeitnehmer **51** 98, Zuständigkeit der Arbeitsgerichte **83** 2a, 82, und Spaltung iSd UmwG **52a** 132a

Mitbewerber iSd UWG **73** 2, Schutz vor unlauteren geschäftlichen Handlungen **73** 1, 4

Mitbürge, Aufgabe des Rechts **20** 776; Haftung **20** 744, 769

Miteigentum 20 1008 ff.; **21** Art. 131; Auseinandersetzung **110** 84; Hypotheken an **20** 1114; Nießbrauch **20** 1066; Pfandrecht **20** 1258; Reallast **20** 1106; durch Verbindung usw. **20** 947 f.; Vermächtnis **20** 2172; Vorkaufsrecht **20** 1095

Miterbe 20 2032 ff.; Anteil an Erbschaft **20** 1922; Anwachsung **20** 2094 f.; Auseinandersetzung **20** 2204; Ausgleichungspflicht

für Zuwendungen an Abkömmlinge **20** 2050 ff.; Auskunft **20** 2057; Ausschließung durch Ersatzerben **20** 2096 ff.; eidesstattliche Versicherung **20** 2057; Einsetzung **20** 2091 ff.; Erbschein **20** 2357; Inventarerrichtung **20** 2063; als Kostenschuldner nach öffentlicher Aufforderung an Nachlassgläubiger **119** 23; Rechtsverhältnis **20** 2033 f., bzgl. des Pflichtteils **20** 2319 ff., zu den Gläubigern **20** 2060; Rückgabepflicht **20** 2056; Verfügungsrecht **20** 2033 ff., 2039 ff.; Verwaltungsrecht **20** 2038 f.; Vorkaufsrecht **20** 2034 ff.; Zuweisung eines landwirtschaftlichen Betriebes **108** 185; Zwangsvollstreckung in den Anteil **100** 859

Mitglieder von Genossenschaften **53** 18, Auflösung der Genossenschaft **53** 75, Auseinandersetzung nach Ausscheiden **53** 73, Ausschluss **53** 68, Darlehenshingabe **53** 21b, Erlöschen einer juristischen Person **53** 77a, Haftung **53** 23, investierende **53** 8, im Aufsichtsrat **53** 36, Kündigung der Mitgliedschaft **53** 65 ff., außerordentliche **53** 67a, Liste der **53** 30 ff., 69, Nachschusspflicht **53** 22a, Tod **53** 77, Übertragung des Geschäftsguthabens **53** 76, Unternehmer als **53** 21b, 43, 65, Zahlungspflichten **53** 7

Mitgliederliste der Genossenschaft **53** 30 ff., Datenschutz bei Einsichtnahme **53** 31

Mitgliederversammlung bei Vereinen **20** 27, 32 ff., Berufung **20** 36 f., bei Formwechsel **52a** 274 ff., bei Verschmelzung **52a** 101 ff.

Mitgliedschaft in Vereinen **20** 38 f.

Mittäter 85 25; Verantwortlichkeit **20** 830, 840

Mitteilungspflichten der Behörden in Registersachen **112** 379; bei Beteiligungen der AG **51** 328; bei Eintragung eines Vereins **112** 400; der Gerichte und Behörden für Bundeszentralregister **92** 20; von Kapitalgesellschaften **51** 20 f.; bei Kenntnis von Verbrechen **85** 138 f.; gegenüber der Markttransparenzstelle **74** 47e; des Nachlassgerichts **112** 356, nach der GBO **114** 83; der Standesämter nach dem FamFG **112** 168a

Mittelbarer Besitz 20 868 f., 871; Anspruch des Eigentümers gegen **20** 986, 991; Einräumung **20** 930, 933, 936, 1205; Vermutung bei **20** 1006

Mittelbarer Eigenbesitz 20 941

Mittelbares Arbeitseinkommen, Pfändung **100** 850h

Mittelstandskartelle 74 3

Miturheber 65 8; Dauer des Urheberrechts **65** 65

Mitverschulden des Geschädigten **20** 254, 846; **27** 6; **28** 11; **33** 4, nach dem StVG **35** 9

Mitwirkung des Besteller eines Werkes **20** 642; der Ehegatten bei Verwaltungshandlungen **20** 1455; Verbot der als Notar **23** 26

Mitwirkungspflicht im Insolvenzeröffnungsverfahren **110** 20

Mobilfunkendgeräte, Ermittlungsmaßnahmen **90** 100i; Standortermittlung **90** 101i; Verbot der Nutzung im Straßenverkehr **35a** 23, Sonderrechte **35a** 35

Modernisierungsmaßnahmen 20 555b; Ankündigung, Pflichtverletzungen bei der **20** 559d; Ankündigungsfrist **21** Art. 229 § 49; Mieterhöhung **20** 559 ff., vereinfachtes Verfahren **20** 559c; **21** Art. 229 § 49

Molekulargenetische Untersuchungen im Strafverfahren **90** 81e f.

Monat, Anfang **20** 192; Ende **20** 192; Fristberechnung **20** 188, 191; halber **20** 189; Mitte **20** 192

Monitoring im Vergabeverfahren für öffentliche Aufträge **74** 114

Monopolkommission 74 44 ff.

Mord 85 211; Unverjährbarkeit **85** 78

Motorräder *s. Krafträder*

Motorsport, Mindestversicherungsschutz **63** 5d, Anlage

Mühlen 21 Art 164; Zubehör **20** 98

Mühlenrecht 21 Art. 65

Müllabfuhr, Sonderrechte im Straßenverkehr **35a** 35

Multinationale Konzerne/Unternehmen 50 342 ff.; Berichterstattungspflichten **50** 342b ff.; **50a** 90, Ertragsteuerinformationsberichte **50** 342g ff.; **51** 170; **51a** 26o f.; Offenlegungspflichten **50** 342m ff.; unverbundene Unternehmen **50** 342a; Zweigniederlassungen **50** 342e f.

Mündel, Hemmung der Verjährung während der Vormundschaft **20** 207

Mündelgeld 21 Art. 99

Mündelhypothek 41 18 ff.

Mündelsicherheit von Wertpapieren **21** Art. 212

Mündliche Verhandlung vor dem Bundespatentgericht in Markenangelegenheiten **72** 69; im Nachprüfungsverfahren nach GWB **74** 166; im Zivilverfahren **100** 137 ff., Beschränkung auf einzelne Angriffs- und Verteidigungsmittel **100** 146, Einlassungsfristen **100** 274, Entscheidungen ohne **100** 926, vor dem erkennenden

Gericht **100** 128 ff., Fortsetzung nach Beweisaufnahme **100** 370, Fragerecht **100** 396 f., Haupttermin **100** 279, Bestimmung durch Vorsitzenden **100** 272, Beweisaufnahme im **100** 279, Vorbereitung **100** 275, Ladung zum Termin **100** 214 ff., Ort **100** 219, Protokollierung **100** 159 ff., Terminsänderung **100** 227, bei Urteilsergänzung **100** 321, Versäumung des Termins **100** 220, Wiedereröffnung **100** 156
Mündliche Verhandlung im Strafverfahren über Haftbefehl **90** 118 ff.; Übertragung **90** 118a; Unmittelbarkeitsprinzip **90** 244, 250
Münzsorten bei Geldschuld **20** 245
Münzverbrechen im Ausland **85** 6
Museen, gesetzlich erlaubte Nutzung geschützter Werke **65** 60f
Musikkomposition mit Text, Urheberrechtsschutz **65** 65
Musikwerke, Urheberrechtsschutz **65** 2
Muster, Widerrufsbelehrung **21** Anl.
Musterfeststellungsklage, Aussetzung von Verfahren wegen **100** 148; Erhebung einer und Hemmung der Verjährung **20** 204; **74** 33h; Gerichtsstand **100** 32c; Streitwert **115** 48; iSd VDuG **105a** 41 f.; Zuständigkeit **95** 119
Musterverfahren nach KapMuG, Rechtsanwaltsgebühren **117** 23b, 41a, Zuständigkeit der OLG **95** 118; Zustellung der Anmeldung, Hemmung der Verjährung **20** 204
Mutter 20 1591; elterliche Sorge der **20** 1626a; Erbrecht **20** 1925; Schutz der **1** 6; Unterhaltsanspruch **20** 1963, 2141; Verdienstausfall während Schutzfristen, Krankentagegeldanspruch **62** 192; Zustimmung zur Vaterschaftsanerkennung **20** 1595 ff.
Mutterunternehmen 50 290; Erklärung zur Unternehmensführung **50** 315d; Konzernabschluss **50** 290 ff., nach internationalen Rechnungslegungsstandards **50** 315e; nichtfinanzielle Erklärung im Konzernlagebericht **50** 315b f.; **50a** 80 f.; **51** 26i, 170 f., Prüfung **50** 316 ff., Vorlagepflicht **50** 320; Rechnungslegung nach dem PublG **52b** 11 ff.

Nachbarrecht 20 906 ff.; **21** Art. 124, Art 183; Einigungsversuch vor Gütestelle **101** 15a
Nachbesserung als Nacherfüllung **20** 439
Nacherbe 20 2100 ff.; Angabe im Erbschein **20** 2363; Anzeigegebühr wegen Eintritt der Nacherbfolge **119** 23; Beeinträchtigung **20** 2113; Begriff **20** 2103; Beschränkung der Haftung **20** 2144, der Pfändung wegen Einsetzung eines **100** 863; Drittwiderspruchsklage gegen Zwangsvollstreckung in Vorerbschaft **100** 773; Einsetzung **20** 2306, 2338; Eintritt in Zivilprozess **100** 242; Einwilligung zu Verfügungen des Vorerben **20** 2120; Erbschaftskauf **20** 2373; Erbunwürdigkeit **20** 2340; als Ersatzerbe **20** 2102; Grundbuch **114** 51; Insolvenz **110** 329; für Überrest **20** 2137; Umfang **20** 2110; Vertretung durch Testamentsvollstrecker **20** 2222; vollstreckbare Ausfertigung für und gegen **100** 728; Wirksamkeit des Urteils für und gegen **100** 326
Nacherbfolge, Anzeigegebühr **119** 23; Aufgebotsverfahren der Nacherben **112** 461; Eintritt **20** 2106; Vererblichkeit **20** 2108
Nacherbschaft, Anfall **20** 2139; Ausschlagung **20** 2142; Zerstörung **20** 2111
Nacherfüllung, AGB-Regelungen zur **20** 309, Kosten der **20** 309; Frist bei gegenseitigem Vertrag vor Rücktritt **20** 323; beim Kauf **20** 437, 439, digitaler Produkte **20** 327l, Rückgriff des Verkäufers **20** 445a f., 478, und Rücktritt **20** 218; einer Leistungspflicht **20** 281; bei verbundenen Verträgen **20** 359; beim Werkvertrag **20** 635, und Rücktritt **20** 218
Nachfolger des Testamentsvollstreckers **20** 2199
Nachforderung von Gerichtsvollzieherkosten **123** 6
Nachfrist 20 281, 309; bei Aktieneinzahlungen **51** 64
Nachgründung einer AG **51** 52 f.
NachhaftungsbegrenzungsG, Übergangsvorschriften **50a** 35 ff.
Nachlass, Auseinandersetzung **20** 2032, 2042 ff.; **112** 487; **114** 36, Antrag auf **112** 363, Wirksamkeit durch Bestätigungsbeschluss **112** 371; Berechnung für Pflichtteil **20** 2310 ff.; Beschränkung der Haftung auf den **20** 1975; Betreuungsgericht **20** 1999; Dürftigkeit **20** 1982; eines Ehegatten bei fortgesetzter Gütergemeinschaft **20** 1483 f., bei Gütergemeinschaft **20** 1482; Ersitzung **20** 944; Fürsorge für **20** 1960; Haftung nach Teilung **20** 2060; Handelsgeschäft im **50** 27; Insolvenzverfahren **112** 457; Inventarerrichtung **20** 2215; Pfändung des Anteils eines Miterben **100** 859; Sicherung **112** 342; Sicherungsmaßregeln **21** Art. 140; Streit bei Verteilung, Aussetzung **112** 370; Teilungsvereinbarung **112** 366; Überschuldung **20** 1980, 1990 ff.; Verteilung

durch Los **112** 369; Vertrag über den eines noch lebenden Dritten **20** 311b; Verzeichnis der Nachlassgläubiger **112** 456; Vollstreckung einer Teilungsvereinbarung **112** 371; Vollstreckung in **20** 1984, 1990; Zuständigkeit eines Notars **112** 344; Zwangsversteigerung zur Auseinandersetzung **108** 175 ff.; Zwangsvollstreckung in **100** 747 f., 778 ff.

Nachlass- und Teilungssachen, Verfahren **112** 342 ff.; Zuständigkeit, örtliche **112** 343 f.

Nachlassforderungen, Einziehung **20** 2039 f.

Nachlassgegenstände, Herausgabe **20** 1973, 1992; Hinterlegung **20** 1960; Überlassung an Erben bei Testamentsvollstreckung **20** 2217; Verfügung über **20** 1959, 2040; Wert **20** 1973, 2001

Nachlassgericht, Ablieferung von Testamenten **20** 2259; amtliche Aufnahme des Inventars **20** 2003; Änderung von Anordnungen **20** 2216; Anmeldung von Nachlassforderungen **20** 2061; Anordnung der Nachlassverwaltung **20** 1981; Anzeige des Eintritts des Erbschaftskaufs **20** 2384, der Nacherbfolge **20** 2146; Ausstellung des Zeugnisses für Testamentsvollstrecker **20** 2368; Bestimmung der Inventarfrist **20** 1994; Einziehung des Erbscheins **20** 2361; Entlassung des Testamentsvollstreckers **20** 2227; Entscheidung zwischen Testamentsvollstreckern **20** 2224; Erklärungen gegenüber **20** 1945, 1955 f., 2081, 2198, 2202, 2226; **112** 342; Erlass von Sicherungsmaßregeln **21** Art. 140; Ernennung des Testamentsvollstreckers **20** 2200; Erteilung des Erbscheins **20** 2353 ff.; **112** 352e; Feststellung des Erbrechts des Fiskus **20** 1964 ff.; Fürsorge für Nachlass **20** 1960 ff.; Geschäftswert von Anträgen und Erklärungen **119** 103; Inventarfrist **20** 1996; Inventarfristmitteilung **20** 1999; Mitteilung der Anfechtung **20** 1957, der Ausschlagung **20** 1953; Mitteilungspflichten nach der GBO **114** 83; Stundung des Pflichtteilsanspruchs **20** 2331a; Übertragung von Aufgaben **21** Art. 147; Zeugnis über Fortsetzung der Gütergemeinschaft **20** 1507; Zuständigkeit für Nachlasspflegschaft **20** 1962

Nachlassgläubiger, Anmeldung der Ansprüche gegen Erben **20** 1958, 1961; Antrag auf Nachlassverwaltung **20** 1981; Antragsberechtigte gem. InsO **110** 317, Frist **110** 319; Aufgebot **20** 1970 ff., 1980; **112** 454 ff.; Aufgebotsverfahren **20** 2015 f.; Aufrechnung **20** 1977; Ausschließung **20** 1973 f.; Befriedigung **20** 1990; **108** 175, 179; Geltendmachung der Forderung **20** 1966, 1974, 1979; Inhalt des Aufgebots **112** 458; im Insolvenzverfahren **110** 331; Rechtsverhältnis zu den Erben **20** 2058 ff.

Nachlassinsolvenz 20 1975

Nachlassinsolvenzverfahren 20 1976 f., 1988 ff., 2000, 2060; **100** 782, 784; **110** 315 ff.; Anfechtung **110** 322; keine Anordnung der Zwangsversteigerung zur Nachlassauseinandersetzung **108** 178; Ansprüche der Erben **110** 326; Aufnahme eines Zivilprozesses **100** 243; Erbschaftskauf **110** 330; Eröffnung **110** 316 ff., Antrag **110** 317 ff.; gleichzeitige Insolvenz des Erben **110** 331; bei Gütergemeinschaft **110** 332 ff.; Masseverbindlichkeiten **110** 324; Nacherbfolge **110** 329; Nachlassverbindlichkeiten **110** 325; Verbindlichkeiten **110** 327; Zurückbehaltungsrecht der Erben **110** 323

Nachlassinventar 20 1960, 1993 ff., 2314; Gebühr **119** 23

Nachlasspfleger 20 1960 ff., 2017; Auskunftspflicht **20** 2012; Befugnisse **20** 2012; Inventarfrist **20** 2012; und Zivilprozess **100** 243; Zwangsvollstreckung **100** 779 f.

Nachlasspflegschaft 20 1975; **112** 342; Geschäftswert **119** 64; Nachlassgericht **20** 1962

Nachlasssachen, Begriff **112** 342; Hemmung der Verjährung **20** 211; des Rechtspflegers **96** 16; Richtervorbehalt **96** 16; Verfahren **112** 345 ff.; Zuständigkeit des Amtsgerichts **95** 23a, eines Notars **112** 492

Nachlassteilungssachen 112 363 ff.

Nachlassverbindlichkeiten, Aufnahme in Inventar **20** 2001, 2005; Begriff und Umfang **20** 1967 ff.; Berichtigung, Erfüllung **20** 1980, 2014, 2046, 2378; des Erbschaftskäufers **20** 2036; Geltendmachung **20** 1958, 1961, 1973 f.; Haftung der Erben **20** 1975, 1994, 2000, 2005 ff.; im Nachlassinsolvenzverfahren **110** 325; Unterhaltspflicht als **20** 1586b

Nachlassverwalter, Pflichten **20** 1985 f.; Vergütung **20** 1987, nicht nach RVG **117** 1

Nachlassverwaltung 20 1975 ff., 1984 ff., 1990, 2000, 2012 f., 2062; **112** 342, 358; Ablehnung **20** 1982; Anordnung während eines Rechtsstreits **100** 784; Ende **20** 1988; durch Testamentsvollstrecker **20** 2205; und laufendes Zivilverfahren **100** 241

Nachlassverzeichnis 21 Art. 140; Kosten **20** 2121, 2123, 2215

Nachlasszeugnis, Europäisches *s. Europäisches Nachlasszeugnis*
Nachrede, üble **20** 824
Nachrichten iSd UWG **73** 2, als unzumutbare Belästigungen iSd UWG **73** 7
Nachschussberechnung im Insolvenzverfahren der Genossenschaft **53** 114
Nachschüsse, Einziehung und Erstattung im Insolvenzverfahren **53** 115d
Nachschusspflicht von ausgeschiedenen Genossenschaftsmitgliedern **53** 115b
Nachstellung (Stalking) **85** 238
Nachträgliche Entscheidungen im Strafrecht, Eintragung ins Zentralregister **92** 12 f., Gesamtstrafenbildung **90** 460, 462a, nach JGG **89** 65 f.
Nachträgliche Erteilung eines Grundschuldbriefs, Geschäftswert **119** 71; eines Hypothekenbriefs, Geschäftswert **119** 71; eines Rentenschuldbriefs, Geschäftswert **119** 71
Nachträgliche Sicherungsverwahrung bei Verurteilung nach Jugendstrafrecht **89** 7
Nachträgliche Vernehmung von Zeugen **100** 398
Nachtragsanklage 90 266
Nachtragsverteilung im Genossenschaftsinsolvenzverfahren **53** 115; im Insolvenzverfahren **110** 203 ff.
Nachverfahren wegen der Einziehung von Gegenständen **90** 433 ff., Kosten **90** 473 ff.
Nachvermächtnis der Abkömmlinge des Pflichtteilsberechtigten **20** 2338
Name, Angleichung **21** Art. 47; der Ehegatten **20** 1355; Falschangabe **94** 111; des Kindes **21** Art. 224, bei Adoption **20** 1757, 1765; nichtehelicher Kinder **21** Art. 208
Namensaktien, Eintragung in Aktienregister **51** 67; *s. Aktien*
Namensänderung, Mitteilungspflicht **92** 20a; Versicherungsvertrag **62** 13
Namenserteilung, Zustimmung **21** Art. 23
Namenspapiere mit Inhaberklausel **20** 808, Aufgebotsverfahren **112** 483; Umschreibung **100** 822
Namensrecht 20 12; bei Eheschließung **20** 1355; internationales Privatrecht **21** Art. 10, Art. 48, Art. 229 § 67
Namensunterschrift 20 126; Erklärung über Echtheit **100** 439; *s. a. Unterschrift*
Namenswahl, EU **21** Art. 47
Nationalhymne, strafbare Verunglimpfung des Staates und seiner Symbole **85** 90a
Nationalsozialistische Straftaten, strafbares Leugnen **85** 130
Natura 2000-Gebiete, Straftaten gegen **85** 329
Naturalherstellung, Schadensersatz durch **20** 249
Naturalleistungen als Arbeitseinkommen **100** 850e
Natürliche Personen 20 1 ff.
Naturschutz, Gefährung schutzbedürftiger Gebiete, Strafbarkeit **85** 329
Ne bis in idem 1 103
Nebel, Beleuchtung von Fahrzeugen **35a** 17; im Straßenverkehr **35a** 3
Nebenforderungen, Entscheidung nur auf Antrag **100** 308; Erweiterung oder Beschränkung des Klageantrags **100** 264; Streitwertberechnung **115** 43; im Urteil übergegangene **100** 321; Verjährung **20** 213
Nebenintervention 100 265
Nebenklage 90 395 ff.; Kosten **90** 472; Kostenvorschuss **115** 16; Rechtsanwaltsgebühren **117** 53; Rechtsmittelbefugnis **90** 400; Rechtsmittelfrist **90** 401; Unzulässigkeit gegen Jugendliche **89** 80
Nebenkläger, Beistand **90** 397a, gemeinschaftliche Vertretung **90** 397b; **117** 53a; Kosten des **90** 467a; Mitteilung der Anklageschrift **90** 201; PKH **90** 397a; Tod des **90** 402
Nebenleistungen bei Hypothek **20** 1158 f.; nach Verjährungseintritt **20** 217; beim Vorkaufsrecht **20** 466
Nebenstrafen, Fahrverbot **85** 44; bei gemeingefährlichen Straftaten **85** 321 f.; nach JGG **89** 8, 39; bei Landesverrat **85** 101; bei mehreren Gesetzesverletzungen **85** 52 f.; bei Vergehen gegen Landesverteidigung **85** 109i
Negative Feststellungsklage 100 256
Negative Publizität des Genossenschaftsregisters **53** 29, 86; des Handelsregisters **50** 15; des Vereinsregisters **20** 68
Negatives Vertragsinteresse 20 122, 179
Nettogewicht 50 380
Netzwerk als Grund für Ausschluss des Abschlussprüfers **50** 319b
Netzwerk der europäischen Wettbewerbsbehörden 74 50a ff.
Neubeginn der Verjährung **20** 212 f.
Neue Bundesländer, Sonderregelung in der GBO **114** 1
Neue Tatsachen und Beweismittel im Berufungsrechtszug **90** 323; Wiederaufnahme des Strafverfahren **90** 359
Nichtanzeige geplanter Straftaten **85** 138 f.
Nichtberechtigter, Verfügung **20** 135 f., 161, 185, 816, 892 f., 932

Nichteheliche Kinder, Anspruch auf Ausbildung **20** 1371; Gleichberechtigung **1** 6; Gleichstellung **21** Art. 227
Nichterfüllung, Fristbestimmung für Schadensersatz **100** 255; jugendrichterliche Auflagen **89** 15; nichtgehörige Erfüllung, Vertragsstrafe **20** 340 f.; Schadensersatz **20** 338, 340; der wirtschaftlichen Verpflichtungen des Ehegatten **20** 1381, vorzeitiger Zugewinnausgleich **20** 1386
Nichtigerklärung der Aktiengesellschaft **51** 275 ff.
Nichtigkeit von Anordnungen des Erblassers **20** 2263; des Ausschlusses der Mängelgewähr **20** 639; des Eigentumvorbehalts **20** 449; des Erbvertrags **20** 2298; der Genossenschaft **53** 94 ff.; der GmbH **52** 60 ff.; des Jahresabschlusses **51** 256; Konversion (Umdeutung) bei Rechtsgeschäft **20** 140; einer Kündigung, Geltendmachung **84** 4 ff., Kündigungsschutzklage **84** 13; einer Markeneintragung **72** 50 ff., bei Gewährleistungsmarken **72** 106g, bei Kollektivmarken **72** 106, Verfahren **72** 54; von Rechtsgeschäften **20** 125, 134, 138 ff.; **51** 71a, teilweise **20** 139; von Veräußerungsverboten **20** 1136; von Vereinbarungen bei Gemeinschaft **20** 749; des Verfallvertrages bei Verpfändung **20** 1229; von Verfügungen von Todes wegen **20** 2270; der Verträge **20** 311a, 311b; der Wahl von Aufsichtsratsmitgliedern **51** 250 ff.; beim Werkvertrag **20** 639; von Willenserklärungen **20** 105, 116 ff., 122; *s. a. Unwirksamkeit*
Nichtigkeitsklage gegen Aktiengesellschaft **51** 275; im arbeitsgerichtlichen Verfahren **83** 79; gegen Genossenschaft **53** 94 f.; gegen GmbH **52** 75; gegen Hauptversammlungsbeschlüsse einer Aktiengesellschaft **51** 249; und Restitutionsklage, Verwerfung **100** 589; Übergangsvorschriften **51a** 17; Wiederaufnahmeverfahren **100** 578 ff.
Nichtrechtsfähige Vereine, Insolvenz **110** 11
Nichtvertretbare Sachen **20** 91; **50** 381
Nichtwissen, Erklärung mit **100** 439
Nichtzulassungsbeschwerde in Arbeitssachen **83** 72a; in Kartellsachen **74** 78 ff.; Wert der Beschwer **101** 26; im Zivilverfahren **100** 544
Niederlassung, Leistungsort **20** 269; Ort **20** 7; Zahlungsort **20** 270
Niederschrift, notarielle Beurkundung **23** 36 ff.; Übersetzung **23** 16, 50; *s. a. Protokoll*
Nießbrauch **21** Art. 219; am Anteil eines Miteigentümers **20** 1066; Ausübung **20** 1036; und Eigentum **20** 1063; an Erbschaft **20** 1089; Erlöschen **20** 1061, 1063; Ersitzung **20** 1033; an Forderungen **20** 1070, 1074 ff.; an Grundstücken im Zwangsversteigerungsverfahren **108** 92, 121; guter Glaube **20** 1058; am Handelsgeschäft, Firma **50** 22; einer juristischen Person **20** 1059a ff., 1059e; Kapitalanlage durch Nießbraucher **20** 1079; an Leibrente **20** 1073; und Nutzungsrechte **20** 1060; Pfändbarkeit **20** 1059b; an Pfandsachen **20** 1242; an Rechten **20** 1068 ff.; einer rechtsfähigen Personengesellschaft **20** 1059a, 1059e; Rechtsnachfolger **20** 1059a ff.; an Sachen **20** 1030 ff.; Verjährung der Ersatzansprüche **20** 1057; an Vermögen **20** 311b, 1085 ff., Zwangsvollstreckung **100** 737 f.; versicherte Sache **62** 99
Nießbraucher, mittelbarer Besitz **20** 868; Zwangsvollstreckung gegen **100** 750
Normwerke, private mit Urheberschutz **65** 5
Notare, Ablehnung der Beurkundung **23** 4, 11; Anmeldungen in Registersachen **112** 378; Aufgaben nach der VO (EU) Nr. 1215/2012 **100** 1110; Auflassung **20** 925; Behandlung der Urkunden **23** 44 ff.; Beurkundung von Rechtsgeschäften **20** 2276, von Willenserklärungen **23** 6 ff., mittels Videokommunikation **23** 16 ff.; eingeschränkte Vorlesungspflicht **23** 13a; Einreichung von Urkunden **23** 53; elektronische Urkundensammlung **23** 55 ff.; Ermittlungsmaßnahmen gegen **90** 160a; Erteilung von Grundbuchabdrucken **114** 133a; Inventarerrichtung **20** 1035, 2002 ff., 2121, 2215, 2314; Kosten der Amtstätigkeit **119**, *s. a. Notargebühren;* Kostenerhebung **119** 88 ff.; Mitteilungs- und Ablieferungspflichten **23** 34a; öffentliche Beglaubigung **20** 129, Beurkundungen **23** 1; Prüfungs- und Belehrungspflichten **23** 17 ff.; **114** 15; Testamentserrichtung vor **23** 27 ff.; Testamtentserrichtung **20** 2231 ff.; Verbot der Mitwirkung **23** 3, 6 f., 26; strafbare Verletzung von Privatgeheimnissen **85** 203; Versteigerung von GmbH-Geschäftsanteilen **52** 23; Verwahrung, elektronisches Verwahrungsverzeichnis **23** 59a, von Geld **23** 57 ff.; Vollstreckbarerklärung **100** 796c; Zeugnisverweigerungsrecht **90** 53 ff.; Zuständigkeit **23** 63; **112** 492, zur Abnahme eidesstattlichen Versicherungen **20** 2356 f., bei Nachlasssachen **112** 344
Notargebühren **119**; **119** 29 ff., 85 ff.; Abhängigmachung **119** 15; notwendige Berechnung **119** 19; Beurkundungen **119** 95 ff.; Bewertungsvorschriften **119** 46 ff.;

Einforderung **119** 19; Fälligkeit **119** 10; Gebührenvereinbarungsverbot **119** 125; Gebührenvorschriften **119** 34, 91 ff.; gerichtliche Entscheidung über **119** 127 ff.; Kostenschuldner **119** 29; keine Kostensicherung **119** 16; öffentlich-rechtlicher Vertrag über **119** 126; sonstige Geschäfte **119** 114 ff.; Wertvorschriften **119** 35 ff., 40 ff., 95 ff.

Notariat, Rechtsänderungen **1** 138

Notarielle Beurkundung **20** 126, 127a, 128 f., 152, 311b, 518, 873, 2033, 2290 f., 2371; **23** 1; der Beschlüsse der Hauptversammlung **51** 130; des Erbverzichts **20** 2348; der Rechtswahlvereinbarung des Ehegatten **21** Art. 46e; des Rücktritts vom Erbvertrag **20** 2296; der Satzung einer Aktiengesellschaft **51** 23; mittels Videokommunikation **23** 16 ff.; *s. a. Beurkundung*

Notarielle Verfahren, Kosten **119** 85 ff.

Notbedarf, Einrede **20** 519

Notbremsassistenzsysteme für Kraftfahrzeuge über 3,5t **35a** 23

Notfrist, Einspruch im arbeitsgerichtlichen Verfahren **83** 59

Notfristen im Zivilprozess **100** 224 ff., Berufung **100** 517, Einspruch gegen Versäumnisurteil **100** 339, Nichtigkeits- und Restitutionsklage **100** 586, Revision **100** 548, sofortige Beschwerde **100** 569, Wiedereinsetzung **100** 233 ff.

Nothilfe **20** 227, 904; **85** 32, 34; **94** 15 f.

Nötigung **85** 240; Opfer einer **90** 154c; als unlautere geschäftliche Handlung **73** 4a; von Verfassungsorganen oder deren Mitgliedern **85** 105; Wettbewerbsbeschränkung durch **74** 21

Notstand **20** 228; aggressiver **20** 904; Notwehr **85** 32 ff.; rechtfertigender **85** 34; **94** 16; Schuldausschließungsgrund **85** 35

Nottestament **20** 2249 ff.; gemeinschaftliches **20** 2266; Gültigkeitsdauer **20** 2252

Notveräußerung, beschlagnahmter Gegenstände **90** 111p; gepfändeter Gegenstände **90** 111p

Notverwaltung des Gesamtguts **20** 1429

Notweg **20** 917 f.; **21** Art. 116, Art. 123

Notwehr **20** 227; Notstand **85** 32 ff.; Rechtfertigungsgrund **85** 32; **94** 15

Notwehrexzess, Ahndungsausschluss **94** 15; Schuldausschließungsgrund **85** 33

Notwendige Verteidigung im Jugendstrafverfahren **89** 68 ff.; im Strafverfahren **90** 140, Bestellung eines Pflichtverteidigers **90** 141 ff.

Notwendige Verwendungen **20** 590b

nulla poena sine lege **1** 103; **85** 1; **94** 3

Nutznießer eines Wirtschaftsgutes, Gerichtsstand **100** 21

Nutzungen **20** 100; von Bodenflächen zur Erholung **21** Art. 232; beim Erbschaftskauf **20** 2379 f.; Ersatz **20** 292, 302, 818, 820, 987 f., 2020, 2023, 2184; eines Grundstücks, Bestreitung der Kosten der Zwangsverw. **108** 155; Herausgabe **20** 292, 302, 818, 820, 987, 2020, 2023, 2184; keine Berücksichtigung für Verfahrenswert **118** 37; des Kindesvermögens **20** 1698; des Pfandes **20** 1213 f.; Recht des Käufers auf **20** 446; bei Rücktritt **20** 346; Streitwert **100** 9; Teilung der bei Gemeinschaft **20** 745; Übergang beim Kauf **20** 446, bei Zwangsversteigerung **108** 56; Verjährung des Anspruchs auf **20** 217

Nutzungsrechte **21** Art. 233; des ausübenden Künstlers **65** 77 ff.; bäuerliche **21** Art. 197; bei Dauerwohnrecht **37** 33; Erwerb bei versicherter Sache **62** 99; Fruchterwerb **20** 955; im Urheberrecht **65** 31 ff., 137, für Kulturerbe-Einrichtungen **65** 61d; vererbliche und übertragbare **21** Art. 196; Verträge über **65** 31a; Zusammentreffen **20** 1024, 1060

Nutzungsverhältnisse, Streitwertberechnung **115** 41

Obduktion **90** 87 ff.

Oberlandesgericht **95** 12, 115 ff.; Anwaltszwang **100** 78 ff.; Beschwerde gegen Beschlüsse **90** 304, gegen Verfügungen **90** 304; Besetzung **95** 122; Entscheidung über Justizverwaltungsakte **95a** 25 ff.; Ermittlungsrichter am **90** 169; Kartellsenate **74** 91; Musterverfahren nach dem KapMuG **95** 118 ff.; Revision gegen Urteile **90** 333; **95** 135; spezialisierte Senate **95** 119a f.; **95a** 40a, Commercial Courts **95** 119b, 184a; Staatsanwaltschaft **95** 142; Vollstreckbarkeit der Urteile **100** 708, 717; Zivil- und Strafsenate **95** 116; Zuständigkeit **89** 102, 112; **95** 119 ff., 181, für Ausschließungsentscheidung **90** 138c, des Obersten Landesgerichts an Stelle des OLG **95a** 8 f., bei Rechtshilfe **95** 159, bei Schiedsverfahren **100** 1062

Oberste Gerichtshöfe **95** 12

Oberste Gerichtshöfe des Bundes **1** 95

Oberstes Landesgericht **95a** 8 ff.; Entscheidung über Justizverwaltungsakte **95a** 25; Zulassung der Revision durch Berufungsgericht **101** 7

Obliegenheitsverletzung durch VN **62** 28, 58

Observierungsmaßnahmen **90** 100c ff.; längerfristige Observationen **90** 163f; Un-

terrichtung des Bundestages **90** 101b; **90a** 18; außerhalb der Wohnung **90** 100f, 100h
Obstbäume 21 Art. 122
Obstruktionsverbot bei Abstimmung über Insolvenzplan **110** 245
Offenbarungseid *s. Eidesstattliche Versicherung*
Offenbarungspflicht von Verurteilungen **92** 53, 64; *s. a. Offenlegungspflichten*
Offenbarungsverbot nach dem Transsexuellengesetz und Mitteilungen der Meldebehörde **92** 20a
Offene Handelsgesellschaft 50 105 ff.; Anmeldungen zum Handelsregister **50** 106 ff., 141, 150, Statuswechsel **50** 107; Auflösung **50** 138 ff., und Fortsetzung **50** 142; Ausscheiden von Gesellschaftern **50** 130 ff.; Ausschließung eines Gesellschafters **50** 134; Beschlüsse der **50** 109 ff.; Einwendungen/Einreden der Gesellschafter **50** 128; Entstehung **50** 123; Errichtung **50** 105 ff.; Firma **50** 19, 106, Erlöschen **50** 150; freiberufliche **50** 107; Geschäftsbriefe **50** 125; Geschäftsführung **50** 114 ff., 116; Gesellschaftsvertrag **50** 108 ff.; Gewinnauszahlung **50** 122; Haftung der Gesellschafter **50** 126 ff., 136 f., bei Liquidation **50** 149; Insolvenz **110** 11, 15, 84, 93, 118; Jahreabschluss **50** 120 f.; Jahresabschluss **50** 264a ff.; **50a** 48 f.; kleingewerbliche **50** 107; Kündigung **50** 132 f.; Liquidation **50** 143 ff., Geschäftsunterlagen **50** 152; Nichtigkeitsklage **50** 114; Straf-, Bußgeld- oder Ordnungsgeldverfahren gegen **50** 335b; Tod von Gesellschaftern **50** 131; vermögensverwaltende **50** 107; Vertretung **50** 124, durch Liquidatoren **50** 144; Verzinsungspflicht bei Forderungen **50** 119; Wettbewerbsverbot **50** 117 f.; Zwangsvollstreckung **50** 129
Offenkundige Tatsachen im Prozess **100** 291
Offenlegung, Jahresabschluss, Formalia und Inhalt **50** 328, Formblätter **50** 330, der Genossenschaft **50** 339; Konzernabschluss, Formalia und Inhalt **50** 328, Formblätter **50** 330; des Prüfungsberichts **50** 321a
Offenlegungspflichten der Aktiengesellschaften **50** 285 f.; der Genossenschaften **50** 339, Straf- und Bußgeldvorschriften **50** 331 ff.; der Kapitalgesellschaften **50** 325 ff., 341w; **51** 236; der Konzerne **50** 328, nach dem PublG **52b** 15, Straf- und Bußgeldvorschriften **50** 331 ff.; multinationaler Unternehmen **50** 342m ff.; nach dem PublG **52b** 9; der Unternehmen des Rohstoffsektors **50** 341w
Öffentlich bestellte Sachverständige 100 404 ff.
Öffentliche Abgaben *s. Abgaben*
Öffentliche Ämter, Unfähigkeit zur Bekleidung **85** 45 ff., 101
Öffentliche Aufforderung der Erben **20** 1965, 2358; zu Straftaten **85** 111
Öffentliche Aufträge, Anzeigepflicht bei Ablehnung **20** 663; Auftragsänderungen **74** 132; Ausführung **74** 128 ff.; bergrechtliche **74** 143; Kündigungen **74** 133; Leistungsbeschreibung **74** 121; über Personenverkehrsleistungen im Eisenbahnverkehr **74** 131; über soziale und andere besondere Dienstleistungen **74** 130; mit unterschiedlichen rechtlichen Regelungen **74** 111; Unwirksamkeit **74** 135; Vergabeverfahren **74** 97 ff., *s. a. dort;* für verschiedene Leistungen **74** 110; für verschiedene Tätigkeiten **74** 112; verteidigungs- und sicherheitsspezifische **74** 117, 144 ff., 150, 173, 176
Öffentliche Auftraggeber iSd GWB **74** 98 ff.; Informationspflichten **74** 134; Sektorenauftraggeber *s. a. dort;* Vergabe öffentlicher Aufträge durch **74** 115 ff., *s. a. dort*
Öffentliche Beglaubigung 20 129, *s. a. Beglaubigung*
Öffentliche Bekanntmachung von Aufgebotssachen **112** 435 f.; im ausländischen Insolvenzverfahren **110** 345; der Nachlassverwaltung **20** 1983; von Strafurteilen **90** 463c; von Urteilen nach dem UWG **73** 12; *s. a. Bekanntmachung*
Öffentliche Beurkundung durch Notar **23** 1; *s. a. Beurkundung*
Öffentliche Blätter, Bekanntmachung der Beschlagnahme **90** 291 f.; *s. a. Bundesanzeiger*
Öffentliche Gewalt, Verletzung eines Grundrechtes **1** 93
Öffentliche Kassen, Aufrechnung gegen eine Forderung einer **20** 395
Öffentliche Klage 90 151 ff.; bei Privatklagedelikten **90** 376; Vorbereitung **90** 158 ff.
Öffentliche Lasten 20 436; keine Eintragung beim Nießbrauch **20** 1047; Grundbuch **114** 54; *s. a. Lasten*
Öffentliche Ordnung, Straftaten gegen **85** 123 ff.; Verstöße gegen als OWi **94** 116 ff.
Öffentliche Sicherheit, Gefährdung durch Taten im Zustand verminderter Schuldfähigkeit **85** 69; und Urheberrechte **65** 45
Öffentliche Urkunden, Beweiskraft **100** 417 f., 437 f.; als Beweismittel **100** 415;

Echtheit **100** 437 f.; zur Erteilung des Erbscheins **20** 2356; Gegenbeweis **100** 418; in der Zwangsvollstreckung **100** 726, 751; *s. a. Urkunden*
Öffentliche Verhandlungen vor den Gerichten **83** 52, 72; **95** 169, nicht in Familiensachen **95** 170, nicht in Jugendstrafverfahren **89** 48; *s. a. Verhandlung*
Öffentliche Verkehrsmittel, Haltestellen **35a** 20
Öffentliche Versteigerung von Fundgegenständen **20** 966, 979 ff.; einer gemeinschaftlichen Sache **20** 753; gepfändeter Sachen **100** 814; der geschuldeten Sache **20** 383 ff.; gestohlener Sachen, Eigentumsübergang **20** 935; Haftungsbegrenzung **20** 445; beim Handelskauf **50** 373, 376; Kosten **20** 386; von Pfändern **20** 1219 ff., 1235 ff., Bekanntmachung **20** 1237, Ort der **20** 1236; Verbot des Bietens **20** 450
Öffentliche Wiedergabe einer Darbietung, Recht des Künstlers **65** 78; von geschützten Werken **65** 52, bei Direkteinspeisung **65** 20d, in Geschäftsbetrieben **65** 56
Öffentliche Zugänglichmachung geschützter Werke **65** 19a, 22
Öffentliche Zustellung des Ausschließungsbeschlusses **112** 441; bei Forderungspfändung **100** 829; bei juristischer Person **50** 15a; von Willenserklärungen **20** 132; *s. a. Zustellung*
Öffentlicher Dienst, Aussagegenehmigung für Angehörige des **90** 54; Personenbegriff **85** 11
Öffentlicher Friede, Störung und Gefährdung **85** 130
Öffentlicher Glaube des Erbscheins **20** 2366 f.; des Grundbuchs **20** 892 ff., 1138 ff.; der Todeserklärung **20** 2370
Öffentliches Interesse bei Massenentlassungen **84** 20; bei Privatklagedelikten **90** 376; an Strafvollstreckung **85** 56
Öffentliches Recht **50** 7; Zwangsvollstreckung gegen juristische Personen **101** 15
Öffentlichkeit, Ausschluss der **95** 172 ff.; nicht bei Familiensachen **95** 170; von Gerichtsverhandlungen **83** 52, 72; **95** 169, Ausnahmen **95** 170 ff.; des Grundbuchs **20** 892 ff.; des Handelsregisters **50** 9 f.; nicht bei Jugendgerichtsverhandlungen **89** 48; im Strafverfahren, Übertragung von Vernehmungen **90** 58b; der Urteilsverkündung **83** 52, 72; **95** 169
Öffentlich-rechtliche Körperschaften *s. Körperschaft des öffentlichen Rechts*
Öffentlich-rechtliche Sondervermögen, Gerichtsstandsvereinbarung **100** 38
Öffentlich-rechtlicher Vertrag, Kosten **120** 20
Öffentlich-rechtliches Dienstverhältnis, allgemeines Gleichbehandlungsgesetz **34** 24; Sondervorschriften für Anrechte nach dem VersAusglG **48** 44, 47a
OHG-Gesellschafter, Ausscheiden **50** 130 ff.; Ausschließung **50** 134; Einwendungen/Einreden **50** 128; Haftung **50** 126 ff., nach Ausscheiden **50** 136 f., bei Liquidation **50** 149; Kündigung **50** 132 f., durch Gläubiger des **50** 133; Tod **50** 131; Wettbewerbsverbot **50** 117 f.
Omnibusse, Allgemeine Geschäftsbedingungen **20** 305a; Linienverkehr **35a** 20
Online-Durchsuchungen iSd StPO **90** 100b
Online-Marktplätze **20** 312i ff.; allgemeine Informationspflichten **20** 312k; **21** Art. 246d; und UrhDaG **68** 3; urheberrechtliche Verantwortlichkeit *s. Diensteanbieter iSd UrhDaG;* iSd UWG **73** 2
Opfer einer Erpressung **90** 154c; einer Nötigung **90** 154c; Täter-Opfer-Ausgleich **90** 155a f.; Vergleich über Entschädigung **90** 405
Opferschutz **85** 46; **90** 247, 395 ff., 403 ff., 406d ff.; **95** 171b, 172
Orchesteraufführungen, Urheberrechtsschutz **65** 80
Ordentliche Gerichte **95** 12 ff.; Zuständigkeit **95** 13, 17c
Ordentliche Gerichtsbarkeit **95** 12; Kosten **115**, *s. a. Gerichtskostengesetz*
Orderlagerschein **50** 475g
Orderpapiere, Eigentumsvermutung bei Ehegatten **20** 1362; der Erbschaft **20** 2116; Hinterlegung zur Sicherheitsleistung **20** 234; kaufmännische **50** 363; Nießbrauch **20** 1081 ff.; als Sicherheit **108** 69
Ordnungsgeld gegen ausgebliebene Zeugen **100** 380; Beitreibung **122** 1; gegen ehrenamtliche Richter **83** 28; bei Nichtbefolgen der Anordnung des persönlichen Erscheinens **100** 141; gegen Sachverständige **100** 407a, 409, 411; Umwandlung in Ordnungshaft **85a** 8; wegen unbefugten Firmengebrauchs **50** 37; **112** 392; bei Verletzung der Offenlegungspflicht iSd PublG **52b** 21; gegen Zeugen **100** 390
Ordnungsgelder, Festsetzung nach HGB **50** 340o, 341y, 342p; gegen Kapitalgesellschaften und deren Organe **50** 335 ff.
Ordnungsgeldverfahren nach dem HGB **50** 335 ff.
Ordnungshaft für Angeklagten in Hauptverhandlung **90** 231b; Umwandlung in

Ordnungsgeld **85a** 8; wegen Ungebühr in Gerichtssitzungen **95** 177; gegen Zeugen **100** 380, 390
Ordnungsmittel gegen Beschuldigte, Parteien, Sachverständige, Zeugen **95** 178 ff.; Beschwerde **90** 305, gegen Verhängung **95** 181; gegen Sachverständige und Zeugen **90** 51; **100** 380 ff., 390; Vollstreckung durch Rechtspfleger **96** 31; Vorschriften **85a** 5 ff.; im Zivilprozess **100** 890; bei Zuwiderhandlung gegen Vollstreckungstitel **112** 89
Ordnungswidrigkeiten nach dem StVG **35** 24 ff.; nach StVO **35a** 49
Ordnungswidrigkeitengesetz **94**; Bußgeldverfahren *s. dort;* Einschränkung der Grundrechte **94** 132; räumliche Geltung **94** 5; Zeit der Handlung **94** 6; Zusammentreffen mit Straftaten **94** 21
ordre public **21** Art. 6
Organ einer juristischen Person, Haftung bei Insolvenzverschleppung **110** 15a f., Regelungen während der COVID-19-Pandemie **110d**; eines rechtsfähigen Vereins **20** 26; Zurechnung einer Handlung für Vertretenen **85** 14; **94** 9, und Einziehung **85** 74e; **94** 29
Organ- und Gewebehandel, Strafbarkeit **85** 5
Organisierte Märkte iSd Wertpapierhandelsgesetzes und internationale Insolvenzverfahren **110** 340, Teilnahme von Kapitalgesellschaften **50** 267; **50a** 93
Originärer Einzelrichter **100** 348
Ort der Erfüllung **50** 361; im Firmenrecht **50** 30; der Hinterlegung **20** 374; der Leistung **20** 269, 374, bei Aufrechnung **20** 391; Recht des **21** Art. 11; der Rückgabe **20** 697, 700; einer Straftat, Begriff **94** 7; der Zahlung der Grundschuld **20** 1194
Örtliche Zuständigkeit *s. Gerichtsstand*
Ortsgebrauch **50** 59
Ortsüblichkeit bei Abmarkung **20** 919; von Einwirkungen vom Nachbargrundstück **20** 906

Pacht **20** 581 ff.; **21** Art. 232; Beschreibung der Pachtsache **20** 585b; Fortsetzung **20** 595; eines Handelsgeschäfts **50** 22; im Insolvenzverfahren **110** 108 ff.; Kündigungsfrist **20** 584; bei Nießbrauch **20** 1056, 1059d; Rückgabe **20** 596; Rücklassungspflicht **20** 596b; Unterpacht **20** 584a; versicherte Sache **62** 99; bei Vorerbschaft **20** 2135; Zwangsversteigerung des Grundstücks **108** 57 ff., 183; *s. a. Landpacht*
Pächter, Änderung der landwirtschaftlichen Bestimmung **20** 590; Besitzer **20** 868; Fortsetzung des Pachtverhältnisses **20** 595; Inventarübernahme **20** 582a; vertragswidriger Gebrauch durch **20** 590a; Wegnahme von Einrichtungen **20** 591a; eines Wirtschaftsgutes, Gerichtsstand **100** 21
Pachtjahr **20** 584
Pachtrecht, dingliches **21** Art. 188
Pachtsache, Änderung der landwirtschaftlichen Bestimmung **20** 590; Erhaltung **20** 588; Mängelhaftung **20** 586; Nutzungsüberlassung **20** 589; Veräußerung im Insolvenzverfahren **110** 111; Verbesserung **20** 588
Pachtstreitigkeiten, Gerichtsstand **100** 29a
Pachtverhältnisse, Erbbaurecht **41** 30; Tod des Pächters **20** 594d; Übergangsvorschriften **21** Art. 171, Art. 219; Vorrang – und Beschleunigungsgebot während COVID-19-Pandemie **101** 44
Pachtzins, Erhöhung **20** 558; Erstreckung der Hypothek **20** 1123 ff.; Pfändung **20** Anm. zu 1123; Pfändungsschutz **100** 851b
Pantomimische Werke, Urheberrechtsschutz **65** 2
Parkausweise **35a** 46; Datenübermittlung iZm **35** 35 f.
Parlament, Schutz des **85** 36 f., 106b f.
Parlamentsmitglieder *s. Abgeordnete*
Partei, Anordnung des persönlichen Erscheinens **83** 51; Bestimmung der Leistung **20** 315 f.; Maßnahmen gegen **95** 177; Ordnungsmittel **95** 178; im Zivilprozess, Angriffs- und Verteidigungsmittel **100** 282, Anhörung in Güteverhandlung **100** 278, Beweisaufnahme durch Ersuchen einer ausländischen Behörde **100** 364, Einigung über Sachverständige **100** 404, Erklärungen der, Feststellung im Protokoll **100** 510a, formlose Mitteilung von Beschlüssen und Verfügungen **100** 329, Ladung **100** 274, Parteifähigkeit **100** 50, persönliches Erscheinen **100** 278, Verzicht auf Tatbestand und Entscheidungsgründe **100** 313a
Parteien **1** 21
Parteifähigkeit im arbeitsgerichtlichen Verfahren **83** 10; der Genossenschaft **53** 17; im Zivilprozess **100** 50
Parteivernehmung, Beweis durch **100** 359, 445 ff., 510a, 536, 595
Partnerschaftsgesellschaften **50b**; Angehöriger Freier Berufe **50b** 1; Anmeldung **50b** 4; Auflösung **50b** 9; Ausscheiden eines Partners **50b** 9; Außenwirkung **50b** 7; Eintragung **50b** 5; Formwechsel **52a** 190 ff., 225a ff.; Geschäftswert von Beschlüssen **119** 108; Haftung **50b** 8, 10;

Insolvenz **110** 11; als Kostenschuldner **119** 23; Liquidation **50b** 10; Name **50b** 2, Löschung eines Namens **112** 393, Verfahren bei unbefugtem Gebrauch **112** 392; Vermögenshaftpflichtversicherung **50b** 4; Verschmelzung von **52a** 45a ff.; Vertrag über **50b** 6

Partnerschaftsregister, automatisiertes Abrufverfahren, Kosten **120** 1; Gebühren **119** 58; Mitteilung im Insolvenzverfahren **110** 31

Partnerschaftsregistersachen 112 374

Pass, Entziehung oder Versagung, Eintragung ins Zentralregister **92** 10

Passivlegitimation des Erben **20** 1958, 1966; Insolvenzverwalter **110** 86; bei Testamentsvollstreckung **20** 2213

Passwortdiebstahl 85 152c

Patentamt *s. Deutsches Patent- und Markenamt (DPMA)*

Patentanwalt, Beitreibung von Ansprüchen gegen **122** 1; strafbare Verletzung von Privatgeheimnissen **85** 203

Patentgericht, Verfahrenskosten **115** 51; Zuständigkeit des Rechtspflegers **96** 23; *s. a. Bundespatentgericht*

Patentsachen, Zuständigkeit des Rechtspflegers **96** 23

Patient, Behandlungsvertrag **20** 630a

Patientenakte, Einsichtnahme **20** 630g

Patientenverfügungen 20 1827 ff.

Pauschalreisen 20 651a; Europarecht **21** Art. 46c

Pauschalreiseverträge, Änderungsvorbehalte **20** 651f; Beistandspflicht des Reiseveranstalters **20** 651q; Haftungsbeschränkung **20** 651p; Informationspflichten **21** Art. 250, Anlage 11 zu 250; Insolvenzsicherung **20** 651r f.; **21** Art. 229 § 56; Klagen nach dem UKlaG **105** 2; Mängelansprüche **20** 651i, Abhilferecht **20** 651k, Kündigung **20** 651l, Minderung **20** 651m, Schadensersatz **20** 651n, Verjährung **20** 651j; Mängelanzeige **20** 651o; Online-Buchungsverfahren **20** 651c, Haftung für Buchungsfehler **20** 651x, Informationspflichten **21** Art. 250 § 4, Art. 250 § 8, Anlage 13 zu 250 § 8; Recht zur Vertragsübertragung **20** 651e; Reiseunterlagen **21** Art. 250 § 7; Rücktrittsrecht des Reisenden **20** 651h; unabdingbare gesetzliche Regelungen **20** 651y; erhebliche Vertragsänderungen **20** 651g; **21** Art. 250 § 10; Vorauszahlungen **20** 651t

Pension *s. Ruhegehalt*

Pensionsfonds, Berichtspflicht **50** 341 ff.; Jahresabschluss **50** 341 ff.; Straf-, Bußgeld-, Ordnungsgeldvorschriften **50** 341p

Pensionsgeschäfte 50 340b; und internationale Insolvenzverfahren **110** 340

Pensionskassen 62 211

Pensionsrückstellungen 50 249; **50a** 28

Personalratsmitglieder, strafbare Verletzung von Privatgeheimnissen **85** 203

Personalstatut von Flüchtlingen **21** Art. 7

Personen, Festnahme zur Selbsthilfe **20** 229 ff.; juristische **20** 21 ff., *s. a. dort;* natürliche **20** 1 ff.; des politischen Lebens **85** 188; Schadensersatz wegen Verletzung **20** 249; Vollstreckung der Herausgabe **112** 88 ff.; der Zeitgeschichte, kein Recht am eigenen Bild **67** 23

Personenbeförderung, entgeltliche und Haftung nach dem StVG **35** 8a; im Straßenverkehr **35a** 21 f.

Personenbeförderungsverträge, Allgemeine Geschäftsbedingungen **20** 305a; allgemeine Geschäftsbedingungen **20** 312a

Personenbezogene Daten, Dateiregelungen nach dem OWiG **94** 49c; im Grundbuch **114** 126; im Insolvenzverfahren **110** 27; missbräuchlicher Gebrauch **85** 238; Schutz in elektronischen Akten **94** 49d; Speicherung nach dem OWiG **94** 49c; Übermittlung durch Gerichte und Staatsanwaltschaft **95a** 13 ff., nach dem OWiG **94** 49a f., in Strafsachen **95a** 14, in Zivilsachen **95a** 15; Übermittlung zu Forschungszwecken **90** 476; unbefugte Offenbarung und Verwertung **85** 355; Verarbeitung nach Europarecht **92** 58a ff.; Verarbeitung nach der StPO **90** 483 ff., in elektronischen Akten **90** 496 ff.; gefährdendes Verbreiten **85** 126a; Verwendung für polizeiliche Zwecke **90** 481 f.

Personengesellschaften, Auflösung oder Erlöschen **53** 77a; Formwechsel **52a** 190 ff., 214 ff.; Formwechsel in eine **52a** 228 ff.; rechtsfähige **20** 1059a; Spaltung **52a** 123 ff.; Übergangsvorschriften zum ModernisierungsG **21** Art. 229 § 61; Verschmelzung von **52a** 3, 39 ff., grenzüberschreitende **52a** 305; Vorkaufsrecht rechtsfähiger **20** 1098

Personenhandelsgesellschaften, Formwechsel **52a** 190 ff., 214 ff.; Geschäftswert von Beschlüssen **119** 108; Jahresabschluss nach dem HGB **50** 264a ff.; Pflichten nach dem PublG **52b** 3 ff., Jahresabschluss/Lagebericht **52b** 5, Offenlegung **52b** 9; Spaltung **52a** 123 ff.; Verschmelzung von **52a** 3, 39 ff., grenzüberschreitende **52a** 305

Personensorge 20 1630; Aufwendungsersatz **20** 1648; der Eltern für Kinder **20**

1626, 1631, mit Varianten der Geschlechtsentwicklung **20** 1631e; **21** Art. 229 § 55; **112** 167b; Maßnahmen bei Kindeswohlgefährdung **20** 1666f; Umgangsbestimmungsrecht **20** 1632; des Vormunds **20** 1795 ff.
Personenstand, Fälschungen **85** 169
Personenvereinigungen, Festsetzung einer Geldbuße **90** 444, 472b; **94** 30, 88
Persönlich haftender Gesellschafter, Haftung nach Formwechsel **52a** 224, 237, nach Verschmelzung **52a** 45
Persönliche Anhörung, Pflicht nach dem FamFG **112** 34
Persönliche Dienstbarkeiten am Vermächtnisgrundstück **20** 2182
Persönliche Verpflichtung beim Dienstvertrag **20** 613
Persönlicher Abschluss eines Erbvertrags **20** 2274
Persönlicher Arrest **100** 918 ff.; Vollziehung **100** 933
Persönlicher Schuldner bei Hypothek **20** 1142 f., 1161, 1164 ff., 1174
Persönliches Erscheinen der Partei **83** 51; in Verfahren nach dem FamFG **112** 33
Persönlichkeit, Recht auf freie Entfaltung **1** 2
Persönlichkeitsrechte der ausübenden Künstler **65** 74 ff.
Petitionsausschuss des Bundestages **1** 45c
Petitionsrecht **1** 17
Pfand **20** 1210, 1212 ff.; Aktien als **51** 71; eigene Aktien als **51** 71e; Herausgabe zum Zwecke des Verkaufs **20** 1231; Rückgabe **20** 1223, 1253, Verkauf **20** 1233; mehrere Sachen **20** 1222, 1230; Verkauf **20** 1221
Pfandgeld **21** Art. 89
Pfandgläubiger **20** 1205, 1208, 1210 f.; Absonderungsrecht bei Insolvenz **110** 50; Befreiung von Anmeldung zum Nachlass **20** 1971; Besitzer **20** 868; Rechtsverletzung **20** 1217; vollstreckbarer Titel **20** 1233
Pfandkehr **85** 289
Pfandleihanstalten **21** Art. 94
Pfandleiher, unbefugter Gebrauch von Pfandsachen **85** 290
Pfandrecht, Befriedigung aus nach Verjährungseintritt **20** 216; Bestellung **20** 1205 f.; an beweglichen Sachen **20** 1204 ff.; Dritter **100** 805; Erlöschen **20** 418, 1250, 1252 f., 1255 f., 1276, 1278; an Forderungen **20** 1279 ff.; beim Frachtgeschäft **50** 441, 443; des Gastwirts **20** 704; an Gegenständen der Insolvenzmasse **110** 50; gesetzliches **20** 1257; **21** Art. 188; an Grund- und Rentenschulden **20** 1291; an Grundstücken **21** Art. 192; gutgläubiger Erwerb **20** 1207; **50** 366; an hinterlegtem Geld und Wertpapieren **20** 233; an Inhaberpapieren, Wechseln **20** 1292 ff.; des Kommissionärs **50** 397, 404; des Lagerhalters **50** 475b; an Miteigentumsanteilen **20** 1258; des Pächters **20** 583; Pfändungspfandrecht **100** 804, 832; an Rechten **20** 1273 ff.; an Schiffen *s. Schiffshypothek;* Schutz **20** 1227; des Spediteurs **50** 464; Übergang auf Erwerber der Forderung **20** 401, 1250; Vereinigung mit Eigentum **20** 1256; Verhältnis zur Bürgschaft **20** 772, 776; des Vermieters **20** 562 ff.; des Verpächters **20** 592; an Versicherungsforderung **62** 34; Verwertung des gewerblichen **20** 1259; Vollstreckungspfandrecht **20** 1990; Vorbehalt **20** 1253; des Werkunternehmers **20** 647; bei Zwangsvollstreckung in übriges Vermögen des Schuldners **100** 777
Pfandsiegelmarke, Anbringung zur Pfändung **100** 808
Pfändung, Änderung des Betrages **100** 850 f.; Anschlusspfändung **100** 826 f.; eines Anspruchs **50** 357; **100** 803 ff., ein Schiff betreffend **100** 847a; von Anteilen bei einer Gemeinschaft **20** 751; des Arbeitseinkommens **100** 850 ff., Freigrenzen **101** 20; eines Bankguthabens **100** 835; Beiseiteschaffen gepfändeter Sachen **85** 136; Beschlagnahme durch **90** 111c; betagte Ansprüche **100** 844; von beweglichem Vermögen **100** 720a; unpfändbare Bezüge **100** 850a; Forderungen **100** 829 ff., 930, unpfändbare **100** 850a, 851 f., 859 ff.; grenzüberschreitende vorläufige eines Kontos **100** 946 ff., Kosten **115** 53, Rechtsbehelfe **100** 953 ff., Richtervorbehalt **96** 20, Schadensersatz **100** 958, Vollziehung **100** 950 ff.; von Marken **72** 29; für mehrere Gläubiger **100** 853 ff.; einer noch nicht pfändbaren Sache **100** 811c; Privatpfändung **21** Art 89; unpfändbare Sachen **100** 811 mit Anm., 811a ff.; Schätzung des Verkaufswertes **100** 813; in Schifffahrtssachen, Zuständigkeit des Rechtspflegers **96** 20; einer Schiffshypothekenforderung **100** 830a; Umfang bei Kontoguthaben **100** 833a; unzulässige **20** 394, 400; **100** 811; Vermögensarrest durch **90** 111f; von Vermögensrechten **100** 857; Vollziehung des Arrestes durch **100** 930; Vorpfändung **100** 845; von Wechseln und indossablen Papieren **100** 831
Pfändungs- und Überweisungsbeschluss, Formular **100** 829; Vollstreckung nach dem JBeitrG **122** 6

Pfändungsbeschluss, Änderung **100** 850g
Pfändungsfreigrenzen 100 850c, Anlage
Pfändungspfandrecht 100 804, 832, 930; an eingebrachten Sachen des Mieters **20** 562d
Pfändungsschutz 100 811 ff.; bei Altersrenten **100** 851c; für Arbeitseinkommen **100** 850 ff.; Ausnahmefälle **100** 851; für Bankguthaben **100** 850k f.; bei steuerlich geförderten Altersvorsorgevermögen **100** 851d
Pfändungsschutzkonto 100 835, 850k f., 899 ff.; unpfändbare Erhöhungsbeträge **100** 902 ff.
Pfändungsversuch, Vermögensauskunft **100** 807
Pfandverkauf 20 450, 1003, 1228 ff., 1238 ff.; **50** 368; **112** 410; Vereinbarung über Art des **20** 1245 f.; in der Zwangsvollstreckung **100** 814 ff.
Pferde, Führen auf Straßen **35a** 28
Pflanzen, wesentliche Grundstücksbestandteile **20** 94
Pflege, Ausgleichspflicht **20** 2057a
Pflegeberufe, Berufsverbot, europaweite Unterrichtung durch Gerichte (Vorwarnmechanismus) **90a** 9
Pflegekinder, Angehörige **85** 11
Pflegepersonen als Pfleger und Vormund **20** 1777, 1796 f.
Pfleger für Angelegenheiten eines Kindes **20** 1630; Bestellung für Jugendstrafverfahren **89** 67; keine Vergütung nach RVG **117** 1; eines Kindes, Mitwirkung in Kindschaftssache **112** 161; eines Minderjährigen, Vernehmung im Zivilprozess **100** 455; sonstige **20** 1882 ff.; Übertragung der elterlichen Sorge **20** 1688
Pflegeverträge 20 312
Pflegezeit für AG-Vorstandsmitglieder **51** 84; für GmbH-GeschäftsführerInnen **52** 36
Pflegschaft über Abwesende **90** 292; anzuwendendes Recht **21** Art. 24; für Ausländer **21** Art. 24; Beistandschaft **20** 1716; im Beitrittsgebiet **21** Art. 234 § 15; betreuungsgerichtliche Zuweisungssache **112** 340; für Erwachsene, deutsche Zuständigkeit **112** 104; für gesammeltes Vermögen **119** 23; Hemmung der Verjährung während der **20** 207; für Minderjährige **20** 1809 ff.; für Minderjährige oder Vertreterbestellung als Kindschaftssache **112** 151; Nachlasspflegschaft **20** 1960 ff.; Richtervorbehalt **96** 14; sonstige für abwesende Volljährige **20** 1884 ff., für gesammeltes Verögen **20** 1883 ff., für unbekannte Beteiligte **20** 1882 ff.; und Vormundschaft **20** 1776 f., 1792; *s. a. Betreuung*
Pflichtangaben im Anhang von Bilanzen **50** 285; **50a** 85, der Gewinn- und Verlustrechnung **50** 285; **50a** 85; im Konzernanhang **50** 314
Pflichten, Recht zu verschaffen **20** 453; zur Vorlegung einer Urkunde **20** 810
Pflichtschenkungen 20 534
Pflichtteil 20 2303 ff.; Anfechtung gem. InsO **110** 322; Anrechnung auf **20** 2315 f.; Berechnung **20** 2310 ff.; Beschränkung **20** 2338; des Ehegatten und Zugewinnausgleich **20** 1371; Entziehung **20** 2294, 2297, 2333; Ergänzung **20** 2325 f., 2328, nach fortgesetzter Gütergemeinschaft **20** 1505; aus Gesamtgut **20** 1511; Vertrag über **20** 311b; Vervollständigung **20** 2316; Verzeihung **20** 2337; Verzicht bei Gütergemeinschaft **20** 1432, 1455, auf des Kindes **20** 1643
Pflichtteilsanspruch 20 2317; Berichtigung **20** 1991; Geltendmachung **20** 2213; Inhalt **20** 2304; Kürzung des Vermächtnisses **20** 2188 f.; Nachlassverbindlichkeit **20** 1967; Pfändung **100** 852; Stundung **20** 2331a; **112** 362; Verjährung **20** 2332; Verzicht **20** 2346; Zwangsvollstreckung wegen eines **100** 748
Pflichtteilsberechtigte 20 2303; Nichtberücksichtigung **20** 2281, Anfechtung des Testaments **20** 2079; Unwürdigkeit **20** 2345; Zuwendung an in gemeinschaftlichem Testament **20** 2271
Pflichtteilslast 20 2320 f.
Pflichtverletzungen von GmbH-Gesellschaftern **52** 38; Rücktrittsrecht **20** 324; im Schuldverhältnis **20** 280, 282, bei Modernisierungsmaßnahmen **20** 559d
Pflichtversicherungen 62 113 ff.; Direktanspruch **62** 115; gesamtschuldnerische Haftung **62** 116; Unfallversicherung **62a** 6
Pflichtversicherungsgesetz 63; Begriffe **63** 1a; Deutsches Büro Grüne Karte **63** 1a, 22; Entschädigungsfonds **63** 12 ff.; und Fahrzeug-ZulassungsVO **63** 33; Insolvenzfonds **63** 17 ff., Aufgabenwahrnehmung **63** 23 ff.; Strafvorschriften **63** 30; Tarifumstellung nach Insolvenz **63** 31; Unfälle im Ausland **63** 15 f.; Verkehrsopferhilfe **63** 24 ff.
Pflichtversicherungsverträge, Europarecht **21** Art. 46d
PflichtversicherungsVO für Kraftfahrzeuge **63a**
Pflichtverteidiger, Anwesenheit bei Zeugenvernehmung und Gegenüberstellung

90 58; Ausbleiben **90** 145; Bestellung **90** 141 ff., im Strafbefehlverfahren **90** 408b; im Jugendstrafverfahren **89** 68a ff.; Verteidigerwechsel **90** 143a; zusätzliche **90** 144
Pflichtwidrigkeit *s. a. Pflichtverletzung*
Pfründenrecht 21 Art. 80
Photographien, Urheberrecht an **67**; Urheberrechtsschutz **65** 2
Photokopien *s. a. Ablichtung*
Plädoyer des Staatsanwalts **90** 258, im Berufungsverfahren **90** 326, im Revisionsverfahren **90** 351; des Verteidigers **90** 258, im Berufungsverfahren **90** 326, im Revisionsverfahren **90** 351
Planke als Grenzeinrichtung **20** 921 f.
Plomben, Beschädigung amtlicher **85** 136
Plünderung, schwerer Landfriedensbruch **85** 125a
Politisch Verfolgte, Asylrecht **1** 16
Polizei, Aufgaben im Ermittlungsverfahren **90** 163 ff.; Aufgaben nach OWiG **94** 53; Ausschreibung zur Beobachtung **90** 163e; Dienstfahrerlaubnis **35** 2; Hilfe bei Zwangsvollstreckung **100** 758 f.; Sonderrechte im Straßenverkehr **35a** 35
Polizeiaufsicht 85a 304; Wegfall **85a** 14
Polizeibeamte, Beschlagnahme **90** 98; Durchsuchung **90** 98; als Hilfsbeamte der Staatsanwaltschaft **90** 161; **95** 152; tätlicher Angriff auf **85** 115; Verkehrsregelung **35a** 36, 44; Vernehmung des Beschuldigten **90** 163a; Widerstand gegen **85** 115
Polizeibehörde, Strafantrag bei **90** 158
Pornographische Darbietungen, Besuch **85** 184e; Veranstaltung **85** 184e
Pornographische Schriften, Verbreitung **85** 184 ff., im Ausland **85** 6; Verbreitung gewalt- oder tier- **85** 184a
Positive Forderungsverletzung 20 276, 280, 287, 325
Post, Allgemeine Geschäftsbedingungen **20** 305a; Beschlagnahme iSd StPO **90** 99 f.; Störung des Betriebs **85** 316b; Übersendung von Vollstreckungsmitteilungen **100** 763; Zustellung durch Aufgabe zur **100** 829
Postgeheimnis 1 10; Untersuchungsausschüsse des Bundestages **1** 44; strafbare Verletzung **85** 206; Verwirkung bei Missbrauch **1** 18
Postsendungen *s. Post*
Postspareinlagen, Pfändung **100** Anm. zu 831
Postsperre im Insolvenzverfahren **110** 21, 99
Postunternehmen, Sonderrechte im Straßenverkehr **35a** 35
Prämie bei Einlösung von Wertpapieren **20** 1083; Erhöhung wegen Gefahrerhöhung **62** 25, als Kündigungsgrund **62** 40; Herabsetzung **62** 41; Versicherung **62** 33 ff.
Präsidenten des Amtsgerichts **95** 22a; Aufsicht, Dienstaufsicht über Amtsgerichte **95** 22; des BGH **95** 124; des Landgerichts **95** 59; des OLG **95** 115
Preisausschreiben 20 661
Preisbindung bei Presseerzeugnissen **74** 30
Preiskartell *s. Kartell*
Preisüberhöhung, Ordnungswidrigkeit **88** 4
Preisvergehen, Mehrerlös **88** 8
Pressefreiheit 1 5; und Beschlagnahme iSd StPO **90** 97; und Dolmetscher für Pressevertreter **95** 185; Ermittlungsmaßnahmen und **90** 160a; Verwirkung bei Missbrauch **1** 18; und Zeugnisverweigerungsrecht **90** 53 ff.
Presse-Grossisten, Vereinbarungen und GWB **74** 30
Presseverlage, Preisbindungsvereinbarungen **74** 30
Presseverleger, Urheberrechtsschutz **65** 87f ff., 137r
Presseveröffentlichungen iSd UrhG **65** 87f
Priester, Ermittlungsmaßnahmen gegen **90** 160a; Zeugnisverweigerungsrecht **90** 53 ff.
Privatgeheimnis, Verletzung durch Amtsträger **85a** 311; strafbare Verletzung **85** 203
Privatgewässer, Fische **20** 960
Privatklage 90 374 ff.; Antrag auf richterliche Entscheidung **90** 172; Gebührenvorschuss **90** 379a; Klageerhebung **90** 381; Kosten **90** 471; Kostenvorschuss **115** 16; mehrere Berechtigte **90** 375; und Nebenkläger **90** 395; PKH **90** 379; Rechtsanwaltsgebühren **117** 53; Rechtsmittel **90** 390; Rücknahme **90** 391 f.; Stellung des Privatklägers **90** 385; erfolgloser Sühneversuch **90** 380; Unzulässigkeit gegen Jugendlichen **89** 80; Widerklage **90** 388
Privatrecht, internationales **21** Art. 3, *s. a. Internationales Privatrecht*
Privatsphäre, Ausschluss der Öffentlichkeit zum Schutz der **95** 171b; Verletzung durch Bildaufnahmen **85** 201a, Privatklage **90** 374; Verletzung der als Privatklagedelikt **90** 374
Privaturkunden, Beglaubigung des Vorlegens **23** 43; Echtheit **100** 439 f.
Privatversicherungen, Sondervorschriften für Anrechte nach dem VersAusglG **48** 46
Probe, Kauf auf **20** 454 f.; von Waren **50** 96

Probezeit vor Annahme als Kind **20** 1744; bei Fahrerlaubnis **35** 2a f., Alkoholverbot **35** 24c
Produkt, Begriffsbestimmung **27** 2
Produkthaftung, Erlöschen des Anspruchs **27** 13
Produkthaftungsgesetz 27
Prokura 50 48 ff.; bei Genossenschaft **53** 42
Prokurist der AG, Annahme von Krediten **51** 89; (Unter-)Zeichnung durch **50** 51; als Vertreter der AG **51** 78
Promille-Grenze 35 24a
Propaganda auf Straßen **35a** 33
Propagandamittel, den demokratischen Rechtsstaat gefährdende **85** 86
Prospektpflicht bei Teilzeit-Wohnrechteverträgen **20** 482
Prostituierte, strafbare Ausbeutung von **85** 180a
Prostitution, jugendgefährdende **85** 184g; Verbot durch Landesregierung **85a** 297; verbotene Ausübung als Ordnungswidrigkeit **94** 120, als Straftat **85** 184f
Protokoll der Belehrung vor Vernehmung **90** 168b; Beurkundung der Hauptverhandlung **90** 273, eines Vergleichs **20** 127a; der Hauptverhandlung **90** 271 ff.; Notwendigkeit **95** 182 f., 185; über richterliche Untersuchungshandlungen **90** 168 f.; über Untersuchungen der Ermittlungsbehörden **90** 168b; Urkundenbeweis durch Verlesung von **90** 251; Verlesung **90** 249 ff., 255; Vermerk über Augenscheinsbeweis **90** 86; im Zivilverfahren **100** 159 ff., Abgabe der eidesstattlichen Versicherung **100** 883, Beweiskraft **100** 165, Feststellungen von Parteierklärungen **100** 510a, Klage, Erklärungen zu **100** 496 ff., Sitzungsprotokoll *s. dort;* über Zwangsversteigerung **108** 78, 80, 127; über Zwangsvollstreckung über Zwangsvollstreckung **100** 762 f., 826; *s. a. Niederschrift*
Protokollführer, Ausschließung und Ablehnung im Strafprozess **90** 31; Verbot des Mitbietens **20** 450
Provision, Abrechnung **50** 87c; bei Handelsgeschäften **50** 65, 87, 354, 396
Prozess- oder Verfahrenskostenhilfe gemäß JVEG **115** 13 f.
Prozessakten, Archivierung **100** 299a; Einforderung **100** 541; Rücksendung **100** 541
Prozessbevollmächtigte, Ablehnung der Zulassung **83** 51; vor den Arbeitsgerichten **83** 11; Klagen von **100** 34
Prozessfähigkeit 100 51 ff.; Nichtigkeitsklage wegen mangelnder **100** 586; Parteiprozess **100** 79; Prozessunfähigkeit **100** 455; Verlust während des Zivilprozesses **100** 241
Prozessführung vor Annahme der Erbschaft **20** 1958; der Ehegatten **20** 1455; bei Gütergemeinschaft **20** 1454
Prozessgericht und Handelsregister **50** 16; Zuständigkeit **100** 260; *s. a. Vollstreckungsgericht*
Prozesskosten der Anfechtungsklage gegen Hauptversammlungsbeschlüsse der AG **51** 247; Beitreibung **122** 1; des Ehegatten **20** 1443; als Gesamtgutsverbindlichkeiten **20** 1441, 1443; bei Gütergemeinschaft **20** 1465, im Innenverhältnis **20** 1463; Haftung des Gesamtguts **20** 1438, 1460; des Zivilprozesses **100** 91 ff., bei Anerkenntnis **100** 93, Anfechtung von Kostenentscheidungen **100** 99, Entscheidung über ohne Antrag **100** 308, Erstattung **100** 91 ff., vor Erhebung einer neuen Klage **100** 269, Festsetzung **100** 103 ff., Mahnverfahren **100** 696, bei Nebenintervention **100** 101, Rechtsmittel **100** 97, bei Streitgenossen **100** 100, bei Vergleich **100** 98, bei Verweisung eines Rechtsstreits **100** 281, 506, Zeugenentschädigung **100** 380
Prozesskostenhilfe (PKH) 118 26; für Adhäsionsverfahren **90** 404; Antrag auf und Hemmung der Verjährung **20** 204; im arbeitsgerichtlichen Verfahren **83** 11a; innerhalb der Europäischen Union **100** 1076 ff.; im Klageerzwingungsverfahren **90** 172; kein Kostenvorschuss für Verfahren bei **115** 14; für Nebenkläger **90** 397a; im Privatklageverfahren **90** 379; für Rechtsbeschwerde **95a** 29; Übergangsbestimmung **101** 37a, 40; Verwendung des Erlöses aus Zwangsvollstreckung **123** 15; im Zivilprozess **100** 114 ff., Beiordnung von Rechtsanwälten **100** 121, Wirkung **100** 122; Zuständigkeit des Rechtspflegers **96** 20
Prozesskostenvorschuss in Ehesachen durch Ehegatten **20** 1360a
Prozesspfleger 100 57 f.
Prozessrechtliche Vorschriften der Landesgesetze **101** 14 f.
Prozessstandschaft des Ehegatten **20** 1368; bei Versicherermehrheit **62** 216
Prozessunfähigkeit, Parteivernehmung des gesetzl. Vertreters **100** 455
Prozessverschleppung 100 530 ff.; Ablehnung von Beweisanträgen **90** 244 f.
Prozessvollmacht im arbeitsgerichtlichen Verfahren **83** 11
Prozesszinsen 20 291
Prüfer, Abschlussprüfer der Kapitalgesellschaften **50** 318 f.; für AG **51** 49, bei Kapitalerhöhung und Aktienausgabe **51** 194,

205, Sonderprüfer **51** 142 ff.; einer Genossenschaft, Strafbarkeit **53** 150 f.
Prüfung, Fahrerlaubnis **35** 2; der Genossenschaft **53** 53 ff., 173, vereinfachte **53** 53a, 171; bei Kapitalerhöhung einer AG **51** 194
Prüfungsausschuss des Aufsichtsrats **51** 107; **51a** 12, Empfehlung zum Abschlussprüfer **51** 124; bei Kapitalgesellschaften **50** 324, Ordnungswidrigkeit durch Mitglied **50** 334, 340m, 341n, Meldung an Aufsichtsstelle **50** 335c
Prüfungsbericht, Genossenschaft **53** 58 ff.; Kapitalgesellschaft **50** 321 f.
Prüfungsgebühren, Beitreibung **122** 1
Prüfungsorgane, Aufgaben, Rechte, Pflichten **53** 62
Prüfungstermin im Insolvenzverfahren **110** 176 ff.
Prüfungsverbände der Genossenschaften **53** 54 ff., 173, Einberufungsrecht **53** 60, Entziehung des Prüfungsrechts **53** 64a, gerichtliche Bestellung **53** 64b, Prüfungsrecht **53** 63 f., Qualitätskontrolle **53** 63e ff., Rechtsform **53** 63b, Satzung **53** 63c, Spaltung **52a** 123 ff., 150, Teilnahmebescheinigung **53** 166, Umwandlung **52a** 105 ff., Vergütung **53** 61, Verschmelzung **52a** 3, 105 ff.
Prüfungsverfahren, Genossenschaft **53** 57
Prüfzeichen als Schutzhindernisse iSd MarkenG **72** 8
Psychiatrisches Krankenhaus, Ausschluss der Öffentlichkeit beim Unterbringungsverfahren **95** 171a; Maßregeln der Besserung und Sicherung **89** 7; Unterbringung Jugendlicher **89** 5; Unterbringung in einem **90** 331
Psychologe, strafbare Verletzung von Privatgeheimnissen **85** 203
Psychologische Psychotherapeuten, Berufsverbot, europaweiter Vorwarnmechanismus **90a** 9
Psychosozialer Prozessbeistand für Verletzten im Strafverfahren **90** 406g, Kosten **90** 465, 472
Psychotherapeuten, Berufsverbot, europaweiter Vorwarnmechanismus **90a** 9; Schweigerecht bei Kenntnis von Straftaten **85** 139; Zeugnisverweigerungsrecht **90** 53 ff.
Psychotherapie als Auflage im Strafverfahren **90** 153a, Sachverständigengutachten **90** 246a; als Bewährungsauflage **85** 56c
Publizität des Handelsregisters **50** 15; des Vereinsregisters **20** 68
Publizitätsgesetz **52b**; Anwendungsbeginn **52b** 22; Bußgeldvorschriften **52b** 20; Geltungsbereich **52b** 3 ff.; Strafvorschriften **52b** 17 ff.
Punktesystem im Straßenverkehr *s. a. Fahreignungs-Bewertungssystem*

Qualifizierte Einrichtungen, Antragsrecht nach UWG **73** 8; in der EU **105a** 2; im Musterfeststellungsverfahren und Hemmung der Verjährung **20** 204 f.
Qualifizierte Verbraucherverbände **105** 4 ff.; anspruchsberechtigt nach dem UKlaG **105** 3; grenzüberschreitende Verbandsklagen **105** 4d f.; Informationspflichten **105** 5a; klageberechtigte Stellen iSd VDuG **105a** 2, Informationspflichten **105a** 12; Musterfeststellungsklage eines und Hemmung der Verjährung **20** 204 f.; Verzeichnis bei der Europäischen Kommission **73** 8
Qualifizierte Wirtschaftsverbände iSd UWG **73** 8b, anspruchsberechtigt nach dem UKlaG **105** 3
Quellenangabe bei Nutzung geschützter Werke iSd UrhG **65** 63
Quittung **20** 368 ff.; des Schuldners **100** 757

Radioaktive Stoffe, unerlaubter Umgang **85** 328
Rahmenwerke für nichtfinanzielle Erklärungen von Kapitalgesellschaften **50** 289d
Rain zwischen Grundstücken **20** 921 f.
Rangänderung, Einigung **20** 880
Rangbescheinigung, Geschäftswert **119** 122
Rangeinräumung **20** 1180
Rangordnung eingetragener Grundstücksrechte **20** 879 ff.; im Insolvenzverfahren **110** 39, 209, 327; bei Vormerkung **20** 883; bei Zwangsversteigerung und Zwangsverwaltung **108** 10 ff., 110
Rangverhältnis des Erbbaurechts **41** 10; Geschäftswert **119** 45; Nießbrauch **20** 1060; für Pfändbarkeit von Unterhaltsansprüchen **100** 850; der Pfandrechte **20** 1208 f., 1232; von Rechten am Grundstück **21** Art. 233; von Teilhypotheken **20** 1151; der Überbaurente **20** 914; der Unterhaltsberechtigten **20** 1582, 1609; der Unterhaltsverpflichteten **20** 1584, 1606
Rangvorbehalt **20** 881
Rassismus, Berücksichtigung bei der Strafbemessung **85** 46
Rasterfahndung **90** 98a ff.
Rat, Haftung **20** 675
Ratenlieferungsverträge **20** 488, 510; Klagen nach dem UKlaG **105** 2; Widerrufsrecht **20** 356c

Ratenzahlung von Geldstrafen **85** 42
Raub 85 249 ff., 256
Räuberischer Angriff auf Kraftfahrer **85** 316a
Rauch vom Nachbargrundstück **20** 906
Räume, Besitzschutz **20** 865; Miete von **20** 549 ff.; Stellplätze als iSd WEG **37** 3
Räumung bewohnter Schiffe **100** 885; unbeweglicher Sachen **100** 885; Vollstreckbarkeit eines Urteils auf **100** 708; von Wohnraum durch einstweilige Verfügung **100** 940a; Zuständigkeit des Amtsgerichts für Klagen **95** 23
Räumungsfrist 21 Art. 93; Bestimmung im Urteil **100** 721; Verlängerung **100** 721
Räumungsklage 100 257; Sicherungsanordnung **100** 283a
Räumungssachen, vorrangig und beschleunigt **100** 272
Rausch *s. Vollrausch*
Rauschgift *s. Betäubungsmittel*
Realangebot 20 294
Realgemeinden 21 Art. 164
Realgewerbeberechtigungen 21 Art. 74
Realkonkurrenz 85 53; **89** 31 f., 66
Reallasten 20 1105 ff.; **21** Art. 121; Aufgebot des Berechtigten **20** 1112; **112** 453; bei Dauerwohnrecht **37** 40; dingliche **20** 1110; landesrechtliche Vorbehalte **21** Art. 113; persönliche **20** 1111; Urteile über Ansprüche aus **100** 325; am vermachten Grundstück **20** 2182; Wertersatz bei Zwangsversteigerung **108** 92, 121
Rechenschaftspflicht 20 259; des Beauftragten **20** 666; der Erben **20** 1978; des Geschäftsführers ohne Auftrag **20** 681; des Insolvenzverwalters **110** 66, 155; des Pfandgläubigers **20** 1214; wegen Verwaltung, eidesstattliche Vers. **112** 410; *s. a. Rechnungslegung*
Rechnung, laufende **50** 355 ff.; Verzug **20** 286
Rechnungsabschluss 50 355
Rechnungslegung der Betreuer **20** 1865 f.; im Insolvenzverfahren **110** 155; über Kindesvermögen **20** 1698; des WEG-Verwalters **37** 28; des Zwangsverwalters **108** 154; *s. a. Rechenschaftspflicht*
Rechnungslegung nach dem PublG, Beginn **52b** 2; Dauer **52b** 2; Geltungsbereich **52b** 3 ff.; Konzerne **52b** 11 ff.; Strafvorschriften **52b** 17; verpflichtete Unternehmen **52b** 1
Rechnungslegungsgremium, privates **50** 342q f.
Recht auf Leben nach der Menschenrechtskonvention **85** Anm. zu 32
Rechte, unzulässige Ausübung (Schikaneverbot) **20** 226; beschränkte an Sachen und Rechten **21** Art. 184; am eigenen Bild **67** 22 ff.; Erlöschen nicht eingetragener **20** 901, durch Zuschlag **108** 91 f.; Erwerb von mit Mitteln des Kindes **20** 1646; Früchte **20** 99, als Nutzungen **20** 100; an Grundstücken, Änderung **20** 877; als Grundstücksbestandteil **20** 96; Kauf eines zum Besitz einer Sache **20** 453; des Käufers bei Mängeln **20** 437; des Markeninhabers **72** 14 ff., 153 ff.; Nachlassbestandteil **20** 2041, 2111, 2113; Nießbrauch **20** 1068 ff.; Pfandrecht an **20** 1273 ff.; an einer Sache **21** Art. 43; der Sonderprüfer **51** 145; Übertragung **20** 413; Verteilung der Lasten **20** 103; Wiederaufleben von **20** 2175; Zurückweisung durch Dritten **20** 333
Rechtfertigungsgründe 85 32 ff.; **94** 15 f.
Rechtliches Gehör, Abhilfe bei Verletzung des Anspruchs auf **83** 78a; **100** 321a; **112** 44; **115** 69a; **116** 4a; **117** 12a; **118** 61; **119** 84, 131; des Angeklagten **90** 257; Anspruch von jedermann **1** 103; bei Auswahl von Sachverständigen **100** 404; für Betroffenen in Unterbringungssachen **112** 319; in Markenangelegenheiten **72** 83, Abhilfe bei Verletzung **72** 89a; im Strafverfahren **90** 33 ff.; Verletzung des Anspruchs im Revisionsverfahren **90** 356a, Wiedereinsetzung bei Verletzung **90** 33a; zur Wiedereintragung ins Zentralregister **92** 26, 50
Rechtsabbiegen im Straßenverkehr **35a** 9
Rechtsanwälte, Akteneinsicht **90** 147, im Privatklageverfahren **90** 385; Beiordnung in Arbeitsgerichtsverfahren **83** 11a, im Zivilverfahren **100** 121; Beitreibung von Ansprüchen gegen **122** 1; Bestellung **100** 271; elektronische Schriftsätze im arbeitsgerichtlichen Verfahren **83** 46g; Ermittlungsmaßnahmen gegen **90** 160a; Fragen des im Zivilprozess **100** 397; als Kontaktperson **95a** 34a; Kontaktsperre **95a** 31 ff.; mehrere Auftraggeber, Gebühren und Auslagen **117** 7; Nichtanzeige von Straftaten **85** 139; Parteiverrat **85** 356; als Prozesspfleger **117** 41; Vergütung **117**, *s. a. Rechtsanwaltsvergütung;* strafbare Verletzung von Privatgeheimnissen **85** 203; als Verteidiger **90** 138; Vertretung des Privatklägers **90** 378; Vollstreckbarerklärung durch **100** 796a; Vorschuss **117** 9, 47; Zeugnisverweigerungsrecht **90** 53 ff.; Zustellung nach der ZPO **100** 135, von Anwalt zu Anwalt **100** 133, 195
Rechtsanwaltsgebühren, Abgeltungsbereich **117** 15; Anrechnung **117** 15a,

von Vorschüssen, Zahlungen **117** 58; Anspruch gegen Beschuldigten oder Betroffenen **117** 52 ff.; und Auslagen und Aufwendungen **117** 46; außergerichtliche Beratung und Vertretung **117** 34 ff.; für beigeordnete oder gerichtlich bestellte RechtsanwältInnen **117** 39, 44 ff., 59a, Anspruch gegen Mandanten **117** 52 ff.; besondere Angelegenheiten **117** 18; in dieselber Angelegenheit **117** 16; Festsetzung **117** 11, durch Rechtspfleger **96** 21, der aus der Staatskasse **117** 55 f.; Gebührentabelle **117** Anl. 2; Gegenstandswert **117** 22 ff., bei Vollstreckung und Vollziehung **117** 25; für gemeinsamen Vertreter iSd VwGO **117** 40; gemeinschaftliche Nebenklagevertretung **117** 53a; Hilfeleistung in Steuersachen **117** 35; bei Inkassodienstleistungen **117** 13; kein Anspruch bei Verschulden **117** 54; Kostenerstattungsanspruch **117** 43; Mediationsverfahren **117** 34 ff.; mehrere Auftraggeber, Gebühren und Auslagen **117** 7; mehrere Rechtsanwälte **117** 6; für Prozesspfleger **117** 41; Rahmengebühren **117** 14; Rechtszug **117** 19 f., bei Verweisung **117** 20 ff.; schiedsrichterliche Verfahren **117** 36; in sozialrechtlichen Angelegenheiten **117** 3; in Straf- und Bußgeldverfahren **117** 42 ff., Feststellung durch den Rechtspfleger **96** 22, Pauschgebühren **117** 51; Übergang von Ansprüchen auf die Staatskasse **117** 59; Verfahren vor den europäischen Gerichten **117** 38 f., vor den Verfassungsgerichten **117** 37; Vergütungsvereinbarung **117** 3a ff., 34; Vergütungsverzeichnis **117** Anl. 1; in verschiedenen Angelegenheiten **117** 17; für Vertreter **117** 5; Wertfestsetzung in gerichtlichen Verfahren **117** 32 f.; Wertgebühren **117** 13, aus der Staatskasse **117** 49; zusammenhängende Tätigkeiten **117** 19

Rechtsanwaltsvergütung, Berechnung **117** 10; Fälligkeit **117** 8; Festsetzung **117** 11; Mediationsverfahren **117** 34 ff.; und PKH **117** 11, 50; Verjährung **117** 8; Vorschuss **117** 9, 47

RechtsanwaltsvergütungsG 117; Gebührentabelle **117** Anl. 2; Geltungsbereich **117** 1; Neufassungsbekanntmachungen **117** 59b; Übergangsvorschriften **117** 60 f.; Vergütungsverzeichnis **117** 2, Anl. 1

Rechtsbehelfe gegen Ansatz von Gerichtsvollzieherkosten **123** 5; gegen Entscheidungen nach dem GKG **115** 66 ff., des Rechtspflegers **96** 11, 31; gegen Entscheidungen der Kartellbehörden **74** 63 ff.; grenzüberschreitende vorläufige Kontenpfändung **100** 953 ff.; nach JBeitrG **122** 8; nach JGG **89** 73, 92; gegen Kostenansatz **120** 22; im Mahnverfahren **100** 694 ff.; im Zivilprozess, Berufung **100** 511 ff., Beschwerde **100** 567 ff.

Rechtsbehelfsbelehrung 116 4c; **118** 8a; **123** 3a; bei Beschluss **112** 39; im Einstellungsbescheid der Staatsanwaltschaft **90** 171; bei Haftbefehl **90** 115 f.; bei Kostenentscheidung nach GKG **115** 5b; bei Kostenrechnungen **119** 7a; im PKH-Verfahren **117** 12c; im Zivilprozess **100** 232

Rechtsbeistand, Parteiverrat **85** 356

Rechtsbeschwerde in Arbeitssachen **83** 8; Aufnahme durch Rechtspfleger **96** 24; gegen Beschluss des OLG **95a** 29; gegen Beschluss über Zulässigkeit der Berufung **100** 522; gegen Beschlüsse der Landesarbeitsgerichte **83** 92 ff.; Einlegung **83** 94; Entscheidung in Arbeitssachen **83** 96; gegen Entscheidung in Notarkostensachen **119** 129 ff.; nach dem FamFG **112** 70 ff.; in Familiensachen **112** 70 ff.; Gründe **83** 93; in Kartellsachen **74** 77 ff., Bußgeldverfahren **74** 84; in Markenangelegenheiten **72** 83 ff.; nach OWiG **94** 79 ff.; bei Schiedsverfahren **100** 1065; im Zivilverfahren **100** 574 ff.; Zurücknahme **83** 94; *s. a. Beschwerde*

Rechtsbeugung 20 839; **85** 339

Rechtsbruch als unlautere geschäftliche Handlung **73** 3a

Rechtsfähigkeit von Genossenschaften **53** 17; natürlicher Personen **21** Art. 7, Beginn **20** 1; von Vereinen **20** 21 f.; **21** Art. 82, bei Insolvenz **20** 42 ff., und Mindestmitgliederzahl **20** 73; der Wohnungseigentümergemeinschaft **37** 9a

Rechtsfahrgebot im Straßenverkehr **35a** 2

Rechtsgeschäfte 20 104 ff., 305, 311; Allgemeine Geschäftsbedingungen **20** 305 ff.; Anfechtbarkeit **20** 119 ff., 142 ff.; Aufforderung zur Genehmigung **20** 108; Befristung **20** 163; Bestätigung anfechtbarer **20** 141, 144, nichtiger **20** 141, 144; der Ehegatten **20** 1364 ff.; einseitige **20** 111, 143, 174, 180, durch Bevollmächtigten **20** 174, von Ehegatten **20** 1367; des Erben vor Ausschlagung **20** 1959; Ersetzung einer Erklärung, Wertberechnung **119** 60; Form **20** 125 ff., gemäß internationalem Privatrecht **21** Art. 11; Genehmigung, Wertberechnung **119** 60; gesetzwidrige **20** 134; bei Gütergemeinschaft, Haftung des Gesamtguts **20** 1460; hinsichtlich Gesamtgut **20** 1454; des Insolvenzschuldners **110** 103 ff., Anfechtung **110** 129 ff.; nicht mitwirkungsbedürftige bei Gütergemein-

schaft **20** 1455; Nichtigkeit **20** 125, 134, 138 ff., teilweise **20** 139; Regelung der Verjährung **20** 202; sittenwidrige **20** 138; Umdeutung bei Nichtigkeit **20** 140; des Vereins mit Mitgliedern **20** 34; des Vertreters mit sich selbst **20** 181; Wirksamkeit trotz ungerechtfertigtem Beschluss **112** 47; Zustimmung Dritter **20** 182 ff.

Rechtsgeschäftliches Veräußerungsverbot **20** 137

Rechtsgeschäftsähnliche Schuldverhältnisse **20** 311

Rechtshandlungen, Anfechtung außerhalb des Insolvenzverfahrens **111**

Rechtshängigkeit **20** 818; in Ehesachen **112** 124; Einrede der **100** 261; Eintritt **100** 261; im Mahnverfahren **100** 696 f.; des Scheidungsantrags, Zugewinnberechnung **20** 1384; nach Verweisung **95** 17b; Wirkungen **20** 286, 291 f., 407, 987 ff., 996, 1002, 1613, 2023; **21** Art. 152, prozessuale **100** 261 f., 506

Rechtshilfe **95** 156 ff.; Ablehnung **95** 158; der Arbeitsgerichte **83** 13; in Arbeitssachen **83** 53; unter Behörden verschiedener deutscher Länder **95** 164; Kosten **120** 1; in Markenangelegenheiten **72** 95

Rechtshilfeersuchen **95** 158; des Schiedsgerichts in Arbeitssachen **83** 106

Rechtsinhaberschaft oder Urheberschaft **65** 10

Rechtskauf **20** 453

Rechtskraft ausländischer Urteile **100** 328; Eintritt nach StPO **90** 34a, Hemmung durch Berufung **90** 316, durch Revision **90** 343; der Entscheidung, Verjährung **20** 201; formelle **100** 705, Begriff **101** 19, des Beschlusses **112** 45; materielle **100** 322; objektiver Umfang **100** 322; subjektiver Umfang **100** 325 ff.; Wirkung im Insolvenzverfahren **110** 183; Zeugnis über die **100** 706

Rechtskräftige Entscheidung zum Vollzug einer Auflage **20** 2193

Rechtskräftiges Urteil **20** 425; Wirkung gegen den neuen Gläubiger bei Forderungsabtretung **20** 407; *s. a. Urteil*

Rechtskraftzeugnis des Beschlusses **112** 46

Rechtsmängel beim Kauf **20** 433 ff., digitaler Produkte **20** 327g; der Mietsache **20** 536; bei Schenkung **20** 523, 526, 2385; des Vermächtnisgegenstandes **20** 2182; des Werkes **20** 633

Rechtsmittel bei Ablehnung eines Richters **90** 28; im Adhäsionsverfahren **90** 406a; in Arbeitssachen **83** 8 f.; Befristung nach Scheidung **112** 145; Berechnung des Streitwerts **100** 4; Berufung **90** 312 ff.; **100** 511 ff., *s. a. dort;* gegen Beschlüsse des DPMA **72** 66 ff., nach FamFG **112** 57 ff., über Verhandlung ohne Angeklagten **90** 231a; Beschwerde *s. dort;* in Ehe- und Familienstreitsachen **112** 117; gegen einstweilige Anordnung nach mündlicher Erörterung **112** 57; gegen Entscheidung des Einzelrichters **100** 350, im Insolvenzverfahren nach der VO (EG) 1346/2000 **110a** 102 § 7, nach der VO (EU) 2015/848 **110a** 102c § 9, § 21, des Schiedsgerichts **100** 1065, des Vorsitzenden für Handelssachen **100** 350; Erweiterung **112** 145; falsche Bezeichnung **90** 300; nach dem FamFG **112** 489; Frist **90** 299; Hemmung der Rechtskraft **100** 705; im Insolvenzverfahren **110** 6 f., 34, 75, 78, 184, 204, 216, 253; **110a** 102c § 6, 102c § 9, 102c § 20, 102c § 26; in Jugendstrafsachen **89** 55 f.; Kosten **90** 473; **100** 97; gegen Kostenfestsetzungsbeschlüsse **100** 104; des Nebenklägers **90** 400 f.; im Privatklageverfahren **90** 390; Revision **90** 333 ff.; **95** 121; **100** 542 ff., *s. a. dort;* im Strafprozess **90** 296 ff.; in Teilungssachen **112** 372; in Verfahren vor dem DPMA **72** 133; Verfahren der einstweiligen Anordnung in Familiensachen **112** 57; Verzicht im Strafverfahren **90** 267; Verzicht auf Anschluss- nach Scheidung **112** 144; gegen vollstreckungsrechtliche Entscheidungen nach Einziehung iSd StGB **90** 459o; wechselseitige, Streitwertberechnung **115** 45, Verfahrenswert **118** 39; Wertfestsetzung zur Bestimmung der Zulässigkeit **115** 62; Wiedereinsetzung **100** 233; im Zivilprozess **100** 511 ff.; Zurücknahme, Verzicht **90** 302 f.; Zwischenurteil als Endurteil **100** 280

Rechtsmittelbelehrung in Arbeitssachen **83** 9; in Einstellungsbescheid der Staatsanwaltschaft **90** 171; in Strafsachen **90** 35a, 115 f.; im Verfahren vor dem DPMA **72** 61

Rechtsmittelverfahren, Geschäftswertberechnung **119** 61; Kosten **115** 47, beim BGH **115** 1; Kostenschuldner **119** 25; Rechtsanwaltsgebühren **117** 17, 19; Verfahrenswert **118** 40

Rechtsnachfolge, Anrechnung der Verjährungszeit **20** 198; im Rechtsstreit **100** 265 f., 325, 799 f., Vollstreckungsklausel **100** 727 ff.; Verjährung **20** 198; von Todes wegen und internationales Privatrecht **21** Art. 25; bei Weitervermietung **20** 565; Wirkung eines rechtskräftigen Urteils **100** 325

Rechtsnachfolger, Anfechtung nach AnfG **111** 15; in die Gemeinschaft **20** 746, 751; bei Nießbrauch **20** 1059a ff.; Verwendungsansprüche **20** 999
Rechtsnormen 101 12
Rechtspflege, Übergangsvorschriften zur Entlastung **101** 32; und Urheberrechte **65** 45
Rechtspfleger 96; Ablehnung **96** 10; Amtshilfe **96** 24b; in Arbeitssachen **83** 46; Aufnahme von Erklärungen **96** 24; Ausschließung **96** 10; in Baden-Württemberg **96** 33, 35a; Beratungshilfe **96** 24a; Bezeichnung **96** 12; übertragene Geschäfte **96** 3 f.; in Hamburg **96** 36a; Pflichten **96** 27 f.; Rechtsbehelfe gegen Entscheidungen des **96** 11, 23, 31; Stellung der **96**; und Urkundsbeamte **96** 26 f., 36b; Verfahrenskostenhilfe **96** 25a; Vorbereitungsdienst **96** 2, 33; Vorlage an Richter **96** 4, nach Erinnerung **96** 11, bei übertragenen Geschäfte **96** 5 ff.; Wahrnehmung der Geschäfte bei Arbeitsgerichten **83** 9; Weisungsfreiheit **96** 9; Zuständigkeit, Aufhebung von Richtervorbehalten **96** 19, in Betreuungssachen **96** 15, in bürgerlichen Rechtsstreitigkeiten **96** 20, in Bußgeldverfahren **96** 31, in EU-Gewaltschutzverfahren **96** 25, in Familiensachen **96** 25, 29, in Insolvenzverfahren **96** 18, 19a, nach dem Internationalen ErbrechtsverfahrensG **96** 3, 20, im internationalen Rechtsverkehr **96** 29, in Jugendstrafverfahren **96** 33a, in Kindschafts- und Adopitionssachen **96** 14, in Mahnverfahren **96** 20, in Nachlass- und Teilungssachen **96** 16, in Patentsachen **96** 23, in Registersachen **96** 17, in schifffahrtsrechtlichen Verteilungsverfahren **96** 19b, und Staatsanwaltschaft **96** 31, in Straf- und Bußgeldverfahren **96** 22, in Strafverfahren **96** 31, in Unterhaltssachen **96** 20 f., 25, nach dem AuslandsunterhaltG **96** 29, in unternehmensrechtlichen Verfahren **96** 17, in Verfahrenskostenhilfeverfahren **96** 25a, in Vollstreckung in Straf- und Bußgeldsachen **96** 31
Rechtsprechung 1 92 ff.; Bindung an Gesetz und Recht **1** 20
Rechtsreferendare als Rechtspfleger **96** 2; Übertragung von Aufgaben eines Richters **95** 10, des Staatsanwalts **95** 142; als Verteidiger **90** 139
Rechtsschutz gegen Benachteiligung **34** 22; Haftpflicht **62** 101; in Kartellsachen **74** 63 ff., 73 ff., 77 ff.; bei überlangen Gerichtsverfahren **74** 73; **83** 9, in Markenangelegenheiten **72** 96a, in strafrechtlichen Ermittlungsverfahren **95** 198 ff.; vorläufiger im Schiedsverfahren **100** 1041
Rechtsschutzversicherung 62 125 ff.
Rechtsstaat, Gefährdung des demokratischen **85** 84 ff.
Rechtsstreit, Aufnahme über Erbrecht **20** 2354; Fortsetzung bei Eintritt der Gütergemeinschaft **20** 1433; Führung bei Gütergemeinschaft **20** 1422, 1454; Haftung des Gesamtguts für Kosten **20** 1438, 1441, 1443; Kosten und Unterhaltspflicht **20** 1360a; Kostentragung bei Gütergemeinschaft **20** 1465; Unterbrechung durch Insolvenzverfahren **110** 352
Rechtsverfolgung, Hemmung der Verjährung **20** 204
Rechtsverhältnis zwischen Eltern und Kind **20** 1616 ff., 1618 ff.; der Erben untereinander **20** 2032 ff.; Klage auf Feststellung **100** 506; nach Zivilgesetzbuch der DDR **21** Art. 233
Rechtsverletzung, Schadensersatz **20** 823 ff.; im Urheberrecht **65** 97 ff., betr. Computerprogramme **65** 69f
Rechtsverlust, Vergütung **20** 951; Vorbehalt **20** 354
Rechtsverwirkung, Vorbehalt des Verlustes der Rechte **20** 354
Rechtsvorgänger der GmbH, Haftung für **52** 22
Rechtswahl im IPR **21** Art. 42; bzgl. Rechtsnachfolge von Todes wegen, Geschäftswert **119** 104; in sonstigen Fällen, Geschäftswert **119** 104; bei Stellvertretung **21** Art. 8; Vertrag **21a** 3
Rechtswahlvereinbarung der Ehegatten, Geschäftswert **119** 104, notarielle Beurkundung **21** Art. 46e
Rechtsweg zur Anfechtung von Justizverwaltungsakten **95a** 23 ff.; kein Ausschluss **101** 4; Beschwerde gegen Beschluss bezüglich **95** 17a; Bindung an Beschluss bezüglich **95** 17a; Kosten der Verweisung **95** 17b; keine Überprüfung der Zulässigkeit bei Rechtsmittel **95** 17a; Urheberrechtsstreitsachen **65** 104; Verweisung **95** 17b, bei Unzulässigkeit **95** 17a; Wahl **95** 17a; Zulässigkeit **95** 17, Bindung an Entscheidung über **95** 17
Rechtswidrige Handlungen, Ordnungswidrigkeiten **94** 1
Rechtswidrige Taten 85 11; bei Geldwäsche und Verschleierung **85** 261
Rechtswidrigkeit, Ausschluss bei Notwehr **85** 32; **94** 15 f., bei Rechtfertigung **85** 34
Reden, Urheberrechtsschutz **65** 2, 48
Regalien 21 Art. 73

Regen, Beleuchtung von Fahrzeugen bei **35a** 17; Straßenverkehr und **35a** 3
Register, anonymer und pseudonymer Werke iSd UrhG **65** 138 f.; Einsicht **112** 385; Eintragung auf Grund eines Urteils **100** 896; iSd GenG **53** 155; Handelsregister *s. dort;* landesrechtliche Ermächtigung zur Einsicht und Ausdruckerteilung **112** 387; Markenregister beim DPMA **72** 62 f., *s. a. dort;* Nachweis von Eintragungen **114** 32; über staatsanwaltliche Verfahren **90** 492 ff.; vorsätzliche Vernichtung **85** 133
Registeranmeldung, Geschäftswert **119** 105; Höchstbetrag **119** 106
Registerbehörde, Hinweispflicht über Mitteilungen **92** 22
Registergericht 50 16; Androhung von Zwangsgeld **112** 388; Anfechtung von Beschlüssen **53** 51; Aufgaben nach dem HGB **50** 8, 13e; Auflösung der Genossenschaft **53** 80; Auflösung einer Gesellschaft wegen Satzungsmangels **112** 399; Bescheinigungen **112** 386; Beschluss gegen Eintragungsantrag **112** 382; Einreichen notarieller Urkunden **23** 53; Eintragung **112** 382; Löschung unzulässiger Eintragungen **112** 395; Mitteilung bei Ausscheiden aus Prüfungsverband **53** 54a; Mitteilungspflicht von Finanzbehörden **112** 379; Prüfungspflicht nach dem GenG **53** 11a; Verfahren **112** 381
Registerinformationen, internationaler Austausch **92** 53a ff., mit Mitgliedstaaten der EU **92** 57a f.
Registersachen 95 23a; Beschluss **112** 38; Richtervorbehalt **96** 17; Verfahren **112** 374 ff.; Zwangsgeldverfahren **112** 388
Registerverfahren in Markenangelegenheiten **72** 32 ff.
Regress *s. Rückgriff*
Reichsgesetze, Verhältnis zum BGB **21** Art. 50
Reichshaftpflichtgesetz *s. Haftpflichtgesetz*
Reichsversicherungsordnung 20 Anm. zu 618
Reiseleistungen 20 651a; verbundene **20** 651w; **21** Art. 229 § 56, und Europarecht **21** Art. 46c, Informationspflichten **21** Art. 251, Anlagen 14 ff. zu 251; Vermittlungen von **20** 651b, 651v f., Klagen nach dem UKlaG **105** 2
Reisende, Anspruch auf Preissenkung **20** 651f; Beistandspflicht des Reiseveranstalters **20** 651q; Mängelansprüche **20** 651i ff., Abhilferecht **20** 651k, Kündigung **20** 651l, Minderung **20** 651m, Schadensersatz **20** 651n, Verjährung **20** 651j; Mängelanzeige **20** 651o; Rechte und Pflichten **20** 651a; Sicherungsschein **20** 651r; **21** Art. 229 § 56, Art. 252, Anlage 18 zu 252; Vorauszahlungen **20** 651t
Reiseveranstalter, Haftungsbeschränkung **20** 651p; Informationspflichten **20** 651d; Insolvenzsicherungspflicht **20** 651r f.; **21** Art. 229 § 56; Pflichten **20** 651a ff., Beistandspflicht **20** 651q, bei Gastschulaufenthalten **20** 651u, Insolvenzsicherung **20** 651r f.; **21** Art. 229 § 56; Sicherungsschein **21** Art. 252, Anlage 18 zu 252; Vorauszahlungen **20** 651t
Reisevermittler 20 651b, 651v f.; Klagen nach dem UKlaG **105** 2
Reisevertrag 20 312; Gastschulaufenthalte **20** 651u; **21** Art. 250 § 9, Anlage 12 zu 250 § 9; Klagen nach dem UKlaG **105** 2; Pauschalreiseverträge **20** 651a ff., *s. a. dort;* unabdingbare gesetzliche Regelungen **20** 651y; zentrale Kontaktstelle gem. Art. 18 RL (EU) 2015/2302 – Reisevertragsrecht **21** Art. 253
Religion, unterschiedliche Behandlung **34** 9
Religionsfreiheit 1 4
Religionsgemeinschaften, Rechtsstellung **1** 140
Religionsgesellschaften, Beschimpfung von **85** 166 ff.
Rente, Anspruchspfändung wegen Unterhaltsrente **100** 850d; Leibrente **20** 759 ff.; Pfändungsschutz **100** 850; als Schadensersatz **20** 843; nach Unfall mit Kfz **63a** 8; Unterhaltsrente **20** 1612
Rentenanspruch, Haftpflicht **62** 107
Rentengüter 21 Art. 62
Rentenscheine 20 804; **21** Art. 174; Amortisation **20** 799; Hinterlegung mit Wertpapieren **20** 234; Nießbrauch **20** 1081; Pfandrecht **20** 1296; Vorlegungsfrist **20** 801
Rentenschenkung, Erlöschen **20** 520
Rentenschuld 20 1199 ff.; **21** Art. 53, Art. 117; Kündigung **20** 1202; Nießbrauch **20** 1047, 1080; Pfandrecht **20** 1291; Rangänderung **20** 880; Recht zur Ablösung **20** 1201; Sicherheitsleistung durch **20** 232, 238; Umwandlung in Grundschuld **20** 1203; Urkundenprozess **100** 592; Urteil über Ansprüche aus **100** 325; Verfügung des Vorerben **20** 2114; am Vermächtnisgrundstück **20** 2165 ff.; Verurteilung zur Bestellung einer **100** 897; im Zwangsversteigerungsverfahren **108** 50, 53, 64, 67, 83, 126 f., 131, 136, 184; bei Zwangsverwaltung **108** 158, 158a

Rentenschuldbrief 114 42, 70; Eigentum **20** 952; Geschäftswert bei nachträglicher Erteilung **119** 71; Vorlegung zur Grundbuchberichtigung **20** 896, bei Notar **23** 21
Rentenschuldgläubiger, Aufgebot **112** 447 ff.
Rentenversicherung, gesetzliche *s. dort*
Restitutionsklage 100 1059; Wiederaufnahmeverfahren **100** 580 ff.
Restschuldbefreiung 110 286 ff.; Antrag **110** 287; ausgenommene Forderungen **110** 302; und Berufsverbot **110** 301; Eintragungen in Schuldnerverzeichnis **110** 303a; Entscheidung des Insolvenzgerichts **110** 287a ff., 303; Entscheidung über **110** 300; Gleichbehandlung der Gläubiger **110** 294; Hinweis auf Möglichkeit der **110** 20; Pflichten des Schuldners **110** 295 ff.; Treuhänder **110** 288, 292 f.; Verkürzung **110a** 103h, Evaluierung **110a** 107; Verkürzung des Verfahrens **110a** 103k f.; Vermögenserwerb und **110** 300a; Versagung **110** 290, 296 ff., 303a, wg. Insolvenzstraftaten **110** 297; Widerruf **110** 303
Retentionsrecht, Verletzung **85** 289; *s. a. Zurückbehaltungsrecht*
Rettungsassistenten, Berufsverbot, europaweite Unterrichtung durch Gerichte (Vorwarnmechanismus) **90a** 9
Rettungsgasse bei stockendem Verkehr **35a** 11
Rettungsgeräte, Unbrauchbarmachung **85** 145
Reue 85 314a, 320, *s. a. Tätige Reue*
Reugeld 20 336; bei Rücktritt **20** 353
Revision im arbeitsgerichtlichen Verfahren **83** 8, 72 ff., Nichtzulassungsbeschwerde **83** 72a; im Jugendstrafverfahren **89** 55, Revisionsgericht **89** 59; beim OLG **95** 121; **101** 7; in Strafverfahren **85a** 312; **95** 135, Zuständigkeit des BGH **85a** 312; Urteil **83** 75; Verwerfung **83** 74; Zuständigkeit des BGH **95** 133, 135
Revision im Zivilverfahren 100 542 ff.; Anschlussrevision **100** 554; Begründung **100** 551; Bindung an tatsächliche Feststellungen **100** 559; Einlegung **100** 549, Frist **100** 548; Entscheidungen eines Commercial Court **100** 614; Kosten **100** 97; Leitentscheidungsverfahren **100** 552b, 565; mündliche Verhandlung **100** 553; Revisionsbegründungsfrist **100** 233; Revisionsgründe **100** 545 ff., absolute **100** 547; Sprungrevision **100** 566; Statthaftigkeit **100** 542; Streitwert **100** 4; Umfang der Prüfung **100** 557; Verfahren nach ZPO **100** 555 ff.; Verwerfung wegen Unzulässigkeit **100** 552; Zulassungsrevision **100** 543; Zurückweisung **100** 552a
Revision in Strafverfahren 90 333 ff.; Begründung **90** 344 f.; Frist **90** 341 f.; Hauptverhandlung **90** 350 f.; und Hemmung der Rechtskraft **90** 343; Privatklageverfahren **90** 390; Sprungrevision **90** 335; Umfang der Urteilsprüfung **90** 352; Verwerfung **90** 346, 349
Revisionsbeschwerde in Arbeitssachen **83** 77
Revisionsfrist im arbeitsgerichtlichen Verfahren **83** 74; im Strafverfahren **90** 341 f.
Revisionsgründe 83 73; **90** 337 ff.; absolute **90** 338
Revisionsschrift 90 347
Revisionssumme 83 72
Revisionsverfahren, einstweilige Unterbringung **90** 126a; Verletzung des rechtlichen Gehörs im strafrechtlichen **90** 356a
Richter 34 24; **85** 11; Ablehnung nach StPO **90** 24 ff.; am Amtsgericht als Einzelrichter **95** 22, Gültigkeit der Handlungen **95** 22d, als Vorsitzender der Kammer für Handelssachen **95** 106; Amtshandlungen außerhalb der Sitzung **95** 180; Amtspflichtverletzung **20** 839; Ausschließung im Strafverfahren **90** 22 f.; beauftragte *s. dort;* Bereitschaftsdienst **95** 22c; Bestechlichkeit und Bestechung **85** 335a; Dienstaufsicht über **95** 151; ehrenamtliche *s. dort;* Ermittlungsrichter **90** 162; am Familiengericht **95** 23b; Genehmigung zur Aussage als Zeuge **90** 54; vom Rechtspfleger vorgelegte Geschäfte **96** 4 ff.; Unabhängigkeit **1** 97; **95** 1; Untersuchungshandlungen im Strafverfahren **90** 165 f.; Vertretung **95** 22b, 70, 117; Vorteilsannahme **85** 331 ff., 335a; im Vorverfahren, Beschwerde gegen Verfügungen des **90** 304; Wiederaufnahme wegen Mängel in der Person **90** 359; im Zivilprozess, Ablehnung **100** 42 ff., Anwesenheit während Verhandlung **100** 309, Ausschließung **100** 41 ff., als Sachverständige **100** 408, Unterschrift auf Urteil **100** 315, Vernehmung als Zeuge **100** 376; Zuständigkeit nach dem RPflG **96** 28
Richter auf Probe bei Arbeitsgerichten **83** 18; Beiordnung **95** 70
Richter kraft Auftrags bei Arbeitsgerichten **83** 18; Beiordnung **95** 70
Richterliche Entscheidung zur Aufhebung der Ehe **20** 1313, der fortgesetzten Gütergemeinschaft **20** 1495
Richterliche Geschäfte, Übertragung an Staatsanwälte **95** 151

Richterlicher Durchsuchungsbeschluss für Wohnung **112** 91
Richterwahlausschuss 95 125
Richtzeichen im Straßenverkehr **35a** 42, Anlage 3
Risikobegrenzung, Übergangsvorschriften **50a** 64
Rodelschlitten, keine Fahrzeuge iSd StVO **35a** 24
Roller, keine Fahrzeuge iSd StVO **35a** 24
Rollschuhfahren auf Straßen und Wegen **35a** 31
Rollstühle, keine Fahrzeuge iSd StVO **35a** 24; Rückhaltesysteme in Kfz **35a** 21a
Rom I, Verordnung (EG) **21a**
Rom II, Verordnung (EG) **21b**
Rom III, Verordnung (EG) **21c**
Rückerstattung von Abgaben oder Kosten **21** Art. 104; eines Darlehens **20** 488; von Leistungen auf Grund Auflagen nach JGG **89** 26; des Mehrerlöses aus Wirtschaftsvergehen **88** 9 f.; des Mietzinses **20** 547; verlorener Baukostenzuschüsse **20** Anm. zu 546
Rückforderung der geliehenen Sache **20** 604; einer Leistung nach Eintritt der Verjährung **20** 214; bei Schadensersatz **20** 281; der Schenkung **20** 516, 527 ff.
Rückgabe der geliehenen Sache, Verjährungsbeginn **20** 604; der hinterlegten Sache **20** 695; der Mietsache **20** 546, 546a; der Nießbrauchsache **20** 1055; der Pachtsache **20** 596 f.; des Pfandes **20** 1223, 1253 f., 1278; des Schuldscheins **20** 371; der Vollmachtsurkunde **20** 175
Rückgewähr, keine von Einlagen bei der AG **51** 57
Rückgriff des Bürgen **20** 774; eines Mitverpflichteten **20** 426; des persönlichen Schuldners bei Hypotheken **20** 1174; *s. a. Regress*
Rückgriffsanspruch des Unternehmers **20** 445a f., beim Verbrauchsgüterkauf **20** 478
Rücklagen, gesetzliche bei den Aktiengesellschaften **51** 150
Rücknahme des Antrags auf Einleitung des Beschlussverfahrens **83** 81; der hinterlegten Sache **20** 376 ff., 696; Kostenpflicht **112** 83; des Strafantrags **85** 77d; des Versteigerungsantrags **108** 30
Rückruf von Marken o. ä. **72** 18; von Vervielfältigungsstücken **65** 98
Rückstellungen in der Bilanz **50** 253, Erläuterung im Anhang **50** 285, versicherungstechnische **50** 341e
Rücktritt, Aufrechnung nach **20** 352; Ausschluss der Wertersatzpflicht **20** 346; Form **20** 349; bei gegenseitigen Verträgen **20** 323 f.; beim Kauf **20** 437, 440; vom Pauschalreisevertrag **20** 651h; Reugeld **20** 353; Teilrücktritt **62** 29; bei teilweiser Unmöglichkeit **20** 280; bei Teilzahlungsgeschäften **20** 508; Unteilbarkeit des Rücktrittsrechts **20** 351; Unwirksamkeit bei Verjährungseintritt **20** 218; vom Versuch **85** 24; vom Vertrag **20** 346 ff.; beim Vorkauf **20** 465; beim Werkvertrag **20** 636; Wertersatz bei Umbildung oder Verarbeitung **20** 346; Wertersatzpflicht **20** 346 f.
Rücktrittsrecht, Frist **20** 350; gesetzliches **20** 346; bei Mietverhältnis **20** 572; des Versicherers **62** 19; vertragliches **20** 346
Rückübertragung eines Rechts nach Verjährungseintritt **20** 216
Rückversicherung 62 209
Rückwärtsfahren im Straßenverkehr **35a** 9, 18
Rückwärtsversicherung 62 2
Rückwirkung der Aufrechnung **20** 389; der Bedingung **20** 159; der Genehmigung **20** 184; des Versicherungsvertrags **62** 2
Rüge des Mieters wg. Verstoßes gegen Auskunftspflichten **21** Art. 229 § 51; wegen der Verletzung des Anspruchs auf rechtliches Gehör **100** 321a; **112** 48
Rügen im Zivilprozess wegen Unzulässigkeit der Klage **100** 532 ff.; Verfahrensrügen **100** 295 f.; wegen der Verletzung des Anspruchs auf rechtliches Gehör **100** 321a
Ruhegehalt 21 Art. 81; Pfändung **100** 850; für Vorstandsmitglieder der AG **51** 87
Ruhen der elterlichen Sorge **20** 1673 f., 1678; der Verjährung der Strafverfolgung **85** 78b
Rundfunk, Aufnahme von Gerichtsverhandlungen **83** 52, 72; **95** 169; **95a** 43; freie Berichterstattung **1** 5; Gefährdung des Betriebes **85** 317; Verbreitung von beleidigenden Inhalten **85** 194, von Schriften mit Anleitung zu Straftaten **85** 130a, volksverhetzender Inhalte **85** 130
Rundfunkanstalten, Nutzung verwaister Werke durch **65** 61c; Urheberrechtsschutz für Rundfunksendungen **65** 87
Rundfunkfreiheit 1 5
Rundfunkkommentare, Urheberrechtsschutz **65** 49
Rundfunksendungen, Urheberrechtsschutz **65** 22, 87; Vervielfältigung durch Sendeunternehmen **65** 55
Ruß vom Nachbargrundstück **20** 906

Sach- und Rechtsmangel *s. Rechtsmängel; s. Sachmangel*

Sachbeschädigung 85 303 ff.; Ersatzpflicht **33** 1 ff.; gemeinschädliche **85** 304; Schadensersatz **20** 249
Sachdarlehen 20 607
Sacheinlagen der Aktionäre **51** 27; als Geschäftsanteile an Genossenschaften **53** 7a; bei GmbH **52** 56; Kapitalerhöhung **51** 183; Leistung **51** 36a
Sachen 20 90 ff.; **21** Art. 231; Bestandteile **20** 93 ff.; Einbau oder Anbringung von und Nacherfüllung **20** 439; Einbringung bei Gastwirten **20** 701 ff.; Erwerb von Erzeugnissen und sonstigen Bestandteilen **20** 953 ff.; der Gattung nach bestimmte **20** 243; Nießbrauch **20** 1030 ff.; Scheinbestandteile **20** 95; unpfändbare bewegliche **100** 811; Veräußerung von versicherten **62** 95; verbrauchbare **20** 92; Versteigerung gebrauchter **20** 474; Verteilung der Lasten **20** 103; vertretbare **20** 91; Vorlegung von **20** 809 ff.; als Zubehör **20** 97
Sachenrecht 20 854 ff.; im Ausland **21** Art. 43; Übergangsrecht im Beitrittsgebiet **21** Art. 233
Sachliche Zuständigkeit der Amtsgerichte **95** 23; der ordentlichen Gerichte **100** 1 ff.; in Strafsachen **90** 1 ff.; nach dem UWG **73** 14; *s. a. Gerichtsstand*
Sachmangel beim Kauf **20** 433 f.; bei Leihe **20** 600; bei der Schenkung **20** 524; Verbot der Vorenthaltung von Mängelbeseitigung **20** 309; beim Verbrauchsgüterkauf, Beweislastumkehr **20** 477, über digitale Produkte **20** 475b f.; des Vermächtnisgegenstandes **20** 2183; des Werkes **20** 633
Sachschaden, mitwirkendes Verschulden **33** 4
Sächsisches Gesetz von 1868 21 Art. 166
Sachübernahmen durch AG **51** 27, 41
Sachversicherung 62 88 ff.
Sachverständige in Arbeitssachen **83** 9; Beitreibung von Ansprüchen gegen **122** 1; im Beschlussverfahren (Arbeitssachen) **83** 83; Beschreibung einer Pachtsache **20** 585b; Entschädigung/Vergütung nach dem JVEG **116** 6 f., Anl. 1, Anl. 2; Ernennung, Beeidigung, Vernehmung bzgl. Zustand und Wert einer Sache **112** 410; Feststellung des Werts oder Zustands einer Sache **20** 1034, 1067, 2122; Herausgabe der Akten **122** 1; im Jugendstrafverfahren **89** 43; Maßnahmen wegen Ungehorsams **95** 177 f.; Schadensersatz **20** 839a; Schätzung des Verfahrenswerts **118** 56; vor Schiedsgericht **83** 106; schriftliches Gutachten **101** 41; für Seeschadensberechnung und -verteilung, Auftragsverweigerung **112** 403; Unanfechtbarkeit der Entscheidung **112** 414; Vereidigung im Verfahren **83** 58; Vergütung **94** 59, in Markenverfahren **72** 93a; Vergütung nach dem JVEG **116** 1, 8 ff.; im Zivilprozess **100** 144, Ablehnung **100** 406, Anordnung der Begutachtung durch **100** 287, Auswahl **100** 404 ff., Benennung im Beweisbeschluss **100** 359 f., Beweis durch **100** 402 ff., Gebühren **100** 413, Herausgabe der Akten **100** 407a, Leitung der Tätigkeit **100** 404a, Nichterscheinen **100** 409, öffentlich bestellte **100** 404 ff., persönliches Erscheinen **100** 411, Pflichten **100** 407a, schriftliches Gutachten **100** 411, Schriftvergleichung **100** 442, Vereidigung **100** 410, Verzicht **100** 402 mit 391, Vergütung **100** 413, Verurteilung zu Ordnungsstrafen **100** 411, Verweigerung des Gutachtens **100** 407 ff., Verwertung von gerichtlichen Gutachten **100** 411a, Zuziehung beim Augenschein **100** 372
Sachverständige im Strafverfahren 90 72 ff.; Ablehnung **90** 74; Anhörung bei Sicherungsverwahrung oder Unterbringung **90** 246a; Anwesenheit bei richterlichem Augenschein **90** 168d; Beschwerde des **90** 304; Entlassung der **90** 248; bei Geld- oder Wertzeichenfälschung **90** 92; erneutes Gutachten **90** 83; Gutachtenerstattung bei Staatsanwaltschaft **90** 161a; Kreuzverhör **90** 239; Ladung **90** 219 ff.; Namhaftmachung durch Gericht und Staatsanwaltschaft **90** 222; notwendige Zuziehung **90** 87, 93; Pflichten **90** 75; Vereidigung **90** 79; Vergütung **90** 84; Vernehmung an anderem Ort **90** 247a; Verweigerungsrecht **90** 76 f., unberechtigte Verweigerung **90** 77
Sachverständige Zeugen 100 414
Sachverständigengutachten vor Genehmigung des Gerichts über ärztliche Maßnahmen **112** 298; in Kindschaftssachen **112** 163; im Strafverfahren **90** 75, 80 ff., erneutes Gutachten **90** 83, medizinische **92** 11, Vorverfahren **90** 82
Sachverständigenverfahren, Versicherung **62** 84
Sachwalter im Insolvenzverfahren **110** 274 f.; keine Vergütung nach RVG **117** 1
Saisonbetriebe, Kündigungen **84** 22
Saldoanerkennung 20 812
Samen als wesentlicher Grundstücksbestandteil **20** 94
Sammelwerke, Urheberrechtsschutz **65** 4
Sammlungen für den religiösen Gebrauch und Urheberrecht **65** 46
Samstag, Fristende an einem **20** 193

Sand, Gewinnung **20** 1037
Satellitensendung, Urheberrecht **65** 20a, 137h
Satzung der Aktiengesellschaft **51** 2, 23, Änderung **51** 179; der Genossenschaft **53** 5ff., Änderung **53** 16, Eintragung **53** 10, im Internet abrufbar **53** 15, Mindestinhalt **53** 6, Textform **53** 5, Veröffentlichung **53** 12; einer Gesellschaft, Auflösung wegen Mangels der **112** 399; des Vereins *s. Vereinssatzung*
Schaden bei Ausübung der elterlichen Sorge **20** 1664; Ermittlung gem. ZPO **100** 287, Schätzung **100** 287; Ersatz des immateriellen **20** 253, 847
Schadenminderungspflicht 20 254
Schadensabwendungspflicht 62 82
Schadensanzeige beim Frachtgeschäft **50** 438
Schadensermittlungskosten, Ersatz **62** 85
Schadensersatz bei Anlagen *s. dort;* bei Arrestanordnung **100** 945; für Beschäftigte **34** 15; bei Fehler eines Produkts **27** 1; wegen Firmenverletzung **50** 37; Forderungsübergang **20** Anm. zu 823; beim Frachtgeschäft **50** 425; bei gegenseitigen Verträgen **20** 325; eines gerichtlichen Sachverständigen **20** 839a; grenzüberschreitende vorläufige Kontenpfändung **100** 958f.; beim Kauf **20** 437, 440, digitaler Produkte **20** 327m, 327o; statt Leistung **20** 280ff.; bei Leistungsausschluss **20** 281, 283; bei Markenschutzverletzung **72** 14ff.; Minderung **20** 285; bei Missbrauch geographischer Herkunftsangaben **72** 128; bei Mitverschulden **33** 4; wegen Nichterfüllung **20** 338, 340; **100** 255; bei Rechtsmissbrauch iSd GWB **74** 180; bei Rücktritt vom Verlöbnis **20** 1298f.; trotz Rücktritts **20** 325; bei sittenwidriger Schädigung **20** 826; beim Speditionsgeschäft **50** 455; des Staates bei Amtspflichtverletzungen **1** 34; bei Umwelteinwirkungen **28** 1f.; bei Urheberrechtsverletzungen **65** 97ff.; Verjährung **20** 852, 902; beim Versendungskauf **20** 447; Versicherungsvermittler **62** 63; bei Verstoß gegen Vergabevorschriften **74** 179, 181; bei Verstößen gegen UmweltHG **28** 1f.; bei Vertragsstrafe **20** 340ff.; wegen Vollstreckung eines Vorbehaltsurteils **100** 600; beim Werkvertrag **20** 636; Wertersatz beim Frachtgeschäft **50** 429; wegen Zwangsvollstreckung oder Arrest **90** 111g
Schadensersatzansprüche bei ungerechtfertigter Beschlagnahme **72** 149; bei Formwechsel iSd UmwG **52a** 205ff.; bei missbräuchlicher Geltendmachung nach UKlaG **105** 2c; aus Pauschalreisevertrag **20** 651n; Sicherung im Urheberrecht **65** 101b; Sicherung nach MarkenG **72** 19b; bei Unfällen mit Kraftfahrzeugen **35** 7ff., mit Anhängern **35** 19f., 65; **62** 78, Geldrente **35** 13, Haftung des Fahrers **35** 18, mehrere Verursacher **35** 17, unabwendbare Ereignisse **35** 17; nach dem UWG, Bindungswirkung der Entscheidungen der Kartellbehörden **74** 33b, Kronzeugenregelungen **74** 33e, Vergleich **74** 33f, Verjährung **74** 33h; Verjährung **20** 197ff.; bei Verschmelzung **52a** 25ff.
Schadensersatzpflicht bei Amtspflichtverletzung **20** 839, 841; des Anlageninhabers **28** 1f.; bei Aufruhr u.ä. **21** Art. 108; beim Auftrag **20** 671; bei bedingten Rechten **20** 160; bei Benutzung öffentlicher Grundstücke **21** Art. 106; berechtigtes Interesse des Gläubigers **20** 281; bei Formwechsel iSd UmwG **52a** 205ff.; des Gastwirts **20** 701ff.; bei gefährlichen Betrieben **21** Art. 105; bei Geschäftsführung ohne Auftrag **20** 678; der gesetzlichen Vertreter herrschender Unternehmen **51** 309; des Gläubigers bei Arrest **100** 945, bei einstweiliger Verfügung **100** 945; bei Grundstücksschäden **21** Art. 107; des Hinterlegers **20** 694; Inhalt und Umfang **20** 249ff.; des Insolvenzverwalters **110** 61; bei Körperverletzungen **20** 842f.; **33** 6; bei Leihe **20** 601; wegen Leistung am unrichtigen Orte **20** 391; wegen Mangels **20** 524; bei Miete wegen Verschlechterung **20** 536a, 548; wegen Nichterfüllung **20** 280f.; wegen Nichtigkeit der Erklärung **20** 122; wegen Nichtziehung von Nutzungen **20** 347; bei Notstand **20** 904; bei Notstandshandlung **20** 228; beim Pfandverkauf **20** 1243; bei Pflichtverletzung **20** 280, bei Modernisierungsmaßnahmen **20** 559d; bei Produkthaftung **27** 1, 5; bei Schenkung **20** 523f.; bei Selbsthilfe **20** 231; des Staates wegen Amtspflichtverletzungen **20** 839; bei Tötung **20** 844; **33** 5; bei unerlaubten Handlungen **20** 823ff.; bei Unfällen mit Kraftfahrzeugen **35** 7ff., mit Anhängern **35** 19f., 65; **62** 78, Höchstbeträge **35** 12ff., mehrere Verursacher **35** 17, Mitverschulden **35** 9, unabwendbare Ereignisse **35** 17; bei unlauteren geschäftlichen Handlungen **73** 9; bei Unmöglichkeit der Leistung **20** 311a; beim Unterhaltsanspruch **20** 1613, 1615; der Unternehmer **20** Anm. zu 618; bei Urheberrechtsverletzungen **65** 97ff.; nach dem UWG **74** 33, Kronzeugenregelungen **74** 33e, bei Schadensabwälzung **74** 33c,

187, Vergleich **74** 33f; der Vereine für Organe **20** 31, und des Vereinsvorstands **20** 42; des Verletzten einer Straftat **90** 111g; bei Verschmelzung **52a** 25 ff.; des Vertreters **20** 179; bei Verzug **20** 280, 286, 288 f., Ausnahme **20** 281; bei Vollstreckung aus Urkunden durch andere Gläubiger **100** 799a, von Urteilen **100** 717; des Vorerben **20** 2138; des Wiederverkäufers **20** 457
Schadensminderungspflicht 62 82
Schadensversicherung 62 1 ff., 74 ff.; Mehrfachversicherung **62** 77 ff.; keine nachteiligen Vereinbarungen **62** 87
Schallzeichen beim Überholen **35a** 5
Schatz, Fund **20** 984; im Nießbrauchsgegenstand **20** 1040
Schätzung des Geschäftswerts **119** 80; des Inventars **20** 1048, bei Wiederkauf **20** 460; des Verkaufswerts gepfändeter Sachen **100** 813; im Zwangsversteigerungsverfahren **108** 74a
Scheck, Insolvenzanfechtung **110** 137
Scheckkartenmissbrauch 85 266b
Scheckprozess 100 605a
Scheidung 20 1564 ff.; **21** Art. 201; **112** 121; Abfindung **48** 23 f.; Anschlussrechtsmittelverzicht **112** 144; Antrag **20** 1564; Antragsschrift **112** 133; Ausgleichsansprüche nach der **48** 20 ff.; außergerichtliche Streitbeilegung über Folgesachen **112** 135; deutsche Zuständigkeit **112** 98; Ehewohnung **20** 1568a; einheitliche Endentscheidung oder Abweisung **112** 142; Einspruch gegen Versäumnisentscheidung **112** 143; der Eltern, elterliche Sorge **20** 1671; Erbrecht bei **20** 1933, 2077, 2268, 2279; erweiterte Aufhebung **112** 147; externe Teilung beim Wertausgleich **48** 14 ff.; Fortdauer der Schwägerschaft **20** 1590; bei Gütergemeinschaft **20** 1478; Härteklausel **20** 1568; Haushaltsgegenstände **20** 1568b; internationales Privatrecht **21** Art. 17; interne Teilung beim Wertausgleich **48** 10 ff.; letztwillige Verfügung **20** 2077, 2268, 2279; anzuwendendes Recht **21c**; Rücknahme des Antrags **112** 141; Unterhalt **20** 1569 ff.; Verfahrensaussetzung **112** 136; Versorgungsausgleich **20** 1587; Wertausgleich bei **48** 9 ff.; **112** 225, Durchführung **112** 226; Widerruf der Zustimmung **112** 134; Zerrüttungsprinzip **20** 1565; Zugewinnberechnung **20** 1384, und Höhe der Ausgleichsforderung **20** 1384; Zurückverweisung **112** 146; Zustimmung oder Rücknahmezustimmung **112** 134
Scheidungssachen 112 133 ff.; Abtrennung von Folgesachen **112** 140; Beiordnung eines Rechtsanwalts **112** 138; Folgekosten **115** 1; und Folgesachen als Verbund für Verfahrenswert **118** 44; Kosten **112** 150; Rechtskraft **112** 148; Verbund **112** 137; Verfahrenskostenhilfe **112** 149
Scheingeschäft, Nichtigkeit **20** 117
Schenker, Verarmung **20** 528 f.; Verzug **20** 522
Schenkung 20 516 ff.; nach Abschluss eines Erbvertrags **20** 2287; Anrechnung auf Pflichtteil **20** 2325; unter einer Auflage **20** 330, 525 ff.; Berücksichtigung bei Zugewinnausgleich **20** 1374 f.; an Ehegatten, Vorbehaltsgut **20** 1418; eines Ehegatten an Dritten **20** 1390, vorzeitiger Zugewinnausgleichsanspruch **20** 1386; einer Erbschaft **20** 2385; bei Feststellung des Nachlasses **20** 2327, 2330; aus Gesamtgut **20** 1425; Herausgabe bei Verlöbnis **20** 1301; zum Nachteil des Vermächtnisnehmers **20** 2288; Rückforderung **20** 527 ff.; des Testamentsvollstreckers **20** 2205, 2207; von Todes wegen **20** 2301; Verbrauchervertrag über bei digitalen Produkten **20** 516a; in Vertretung des Kindes **20** 1641; des Vorerben **20** 2113; Widerruf **20** 530 ff.
Schenkungsversprechen bei Gütergemeinschaft **20** 1425; von Todes wegen **20** 2301; Verweigerung der Erfüllung **20** 519; wiederkehrende Leistungen **20** 520
Schickschuld 20 270
Schiedsgericht in Arbeitsstreitigkeiten **83** 101 ff.; außervertragliches **100** 1066; Bildung **100** 1034 ff.; Verfahren **83** 104 ff.; Zuständigkeit **100** 1040
Schiedsgerichtsbarkeit, internationale **1** 24
Schiedsrichter, Ablehnung **100** 1036 f.; Bestechung und Bestechlichkeit **85** 331 ff., 335a; Bestellung **100** 1035; Ende des Amts als bei Untätigkeit oder Unmöglichkeit der Tätigkeit **100** 1038; Ersatzschiedsrichter **100** 1039; keine Vergütung nach RVG **117** 1
Schiedsrichterliches Verfahren 100 1025 ff.; Beendigung **100** 1052, 1056; Beginn und Hemmung der Verjährung **20** 204; Beweisaufnahme **100** 1050; Durchführung **100** 1042 ff.; Gleichbehandlung der Parteien **100** 1042; Klage und Klagebeantwortung **100** 1046; Kosten **100** 1057; mündliche Verhandlung **100** 1047; Ort **100** 1043; rechtliches Gehör **100** 1042; Rechtsanwaltsgebühren **117** 36; Rechtsmittel **100** 1065; Sachverständige **100** 1049; Säumnis **100** 1048; Übergangsvorschriften **101** 33; Verfahren **100** 1047; Vergleich **100** 1053; Widerklage **100** 1046

Schiedsspruch 83 108; **100** 1051, 1056; Aufhebungsantrag **100** 1059; Aufhebungsklage **83** 110; Form und Inhalt **100** 1054, 1058; Rechtsbehelf gegen **100** 1059; durch Stimmenmehrheit **100** 1052; Vergleich **100** 1053; Vollstreckbarerklärung **100** 1060 f.; Vollstreckbarkeit **100** 1064; Vollstreckung **83** 109
Schiedsvereinbarung/-vertrag 100 1029 ff.; in Arbeitsstreitigkeiten **83** 101 ff.; prozesshindernde Einrede **83** 102; **100** 1032
Schienenfahrzeuge, anwendbares Recht **21** Art. 45; besondere Lichtzeichen **35a** 37; Überholen **35a** 5; Vorrang **35a** 2, 9, 19
Schiffbauregister, automatisiertes Abrufverfahren, Kosten **120** 1; Eintragung, Geschäftswert **119** 69, der Insolvenzeröffnung **110** 33
Schiffbauwerkeigentümer, Aufgebotsverfahren **112** 446
Schiffe, Anspruch auf **100** 855a; Aufgabe des Besitzes **20** 303; ausländische **108** 171; Entschädigung **21** Art. 53a; Erlangung der Herrschaft über **85** 316c; Gegenstand der Veräußerung **20** 932a, des Vorkaufs, Sicherheitsleistung **20** 468; herrenlose, Vertretung im Prozess **100** 58, Zwangsvollstreckung **100** 787; Miete **20** 578a, 2135; Pacht **20** 2135; Pfändung **100** 931; Rechtsstreit über **100** 266; Schiffsbauwerke **20** 452, Zwangsversteigerung **108** 181; Selbsthilfeverkauf bei Hinterlegung **20** 383; Sicherungshypothek für Werft **20** 647a; Straftaten auf deutschen **85** 4, Gerichtsstand **90** 10; Übertragung des Eigentums **20** 1287; Verfügung im Insolvenzverfahren **110** 81, des Vorerben über **20** 2113; Verkauf **20** 452; Vermächtnis **20** 2168a; Vollziehung des Arrestes in **100** 931; Zwangsversteigerung **108** 162 ff., 181; Zwangsvollstreckung **100** 847a, 864, 870a, 885
Schiffer, Zuständigkeit des Amtsgerichts **95** 23
Schifffahrt, Gefährdung des Verkehrs **85** 315 f.; Kündigungsschutz für Arbeitnehmer **84** 24
Schifffahrtsrechtliches Verteilungsverfahren, Hemmung der Verjährung **20** 204; Kosten **115** 1, 13, Haftung **115** 25, Streitwert **115** 59; Richtervorbehalt **96** 19b
Schifffahrtsvertreter 50 92c
Schiffsbauwerke, Aufgabe des Besitzes **20** 303; Schiffshypothek an **20** 647a; Zwangsversteigerung **108** 162 ff.; Zwangsvollstreckung **100** 800a, 864, 870a
Schiffsbesatzung, Streitigkeiten aus Tarifvertrag **83** 101
Schiffseigentümer, Aufgebotsverfahren **112** 446
Schiffsgefährdung durch Bannware **85** 297
Schiffsgläubiger, Aufgebotsverfahren zur Ausschließung **112** 465
Schiffshypothek 20 1287; Anspruch im Urkundenprozess **100** 592; Aufgabe **20** 776; für Bauforderung **20** 647a; Befriedigung aus nach Verjährungseintritt **20** 216; Bestellung zum Zwecke der Sicherheitsleistung **20** 232; Eintragung **100** 720a, 870a; Forderung **20** 418; Forderungsübergang **20** 401; Pfändung **100** 830a; Überweisung einer Forderung bei bestehender **100** 837a; mit Unterwerfungsklausel **100** 800a; Wirkung des Urteils gegen Erwerber des Schiffs **100** 325; Zwangsvollstreckung **100** 864
Schiffshypothekenforderung, Vorerbschaft **20** 2114
Schiffshypothekengläubiger, Aufgebot **112** 452
Schiffskauf 20 452
Schiffspart, Zwangsvollstreckung **100** 858
Schiffsregister, automatisiertes Abrufverfahren, Kosten **120** 1; Berichtigung bei Gütergemeinschaft **20** 1416; Eintragungen ins **20** 452; **100** 895, 941 f.; **110** 33, Geschäftswert **119** 69; Übergangsvorschriften **21** Art. 229 § 39; Zuständigkeit des Amtsgerichts **95** 23a
Schiffswerft, Sicherungshypothek für Inhaber der **20** 647a
Schikaneverbot 20 226
Schlägerei 85 231
Schleppnetzfahndung 90 163d
Schleusen, Beschädigung **85** 318
Schlichtungsstelle nach dem UrhDaG **68** 13 ff.; nach dem UrhG **65** 36a; **68** 13 ff.
Schlichtungstelle für Versicherungsstreitigkeiten **62** 214
Schlichtungsverfahren nach § 57a LuftVG **120** 14, Kosten **120** 16a; Rechtsanwaltsgebühren **117** 17; nach dem UKlaG **105** 14; nach dem UrhDaG **68** 13 ff.
Schlussnote der Handelsmakler **50** 94 f.
Schlussverteilung im Insolvenzverfahren **110** 197 ff.
Schlussvorträge in der Berufung **90** 326; in der Hauptverhandlung **90** 258; in der Revision **90** 351
Schmiede, Zubehör **20** 98
Schöffen 95 30 ff.; Ausschuss für Wahl in Berlin **95a** 4a; Beratung und Abstimmung **95** 192; Entschädigung nach dem JVEG

95 55; Ergänzungsschöffen **95** 48, 192; Ersatzschöffen **95** 42, 49; Jugendschöffen **89** 33, 35; Reihenfolge der Stimmabgabe **95** 197; an den Strafkammern **95** 77; im Strafverfahren, Ausschließung und Ablehnung **90** 31, Fragerecht **90** 240 f., Protokollierung der Namen **90** 272, Wiederaufnahmeverfahren wegen fehlerhafter Mitwirkung eines **90** 359, 362; keine Verweigerung der Abstimmung **95** 195

Schöffengerichte 95 28 ff.; Abstimmung **95** 197; Berufung gegen Urteile des **90** 312; Zuständigkeit **95** 28

Schreibauslagen *s. Dokumentenpauschale*

Schreiben als Verarbeitung **20** 950 f.

Schreibunfähige, Beurkundung von Willenserklärungen **23** 25

Schriften iSd StGB 85 11; Einziehung **85** 74d; *s. a. Inhalte*

Schriftform für Abtretung der Hypothek **20** 1154; Bestätigung von Fernabsatzverträgen **20** 312f; des Darlehensvermittlungsvertrags **20** 655b; der Einwilligung des gesetzlichen Vertreters **20** 111; Formfiktion im Zivilprozess **100** 130e; für Kündigung **20** 623, 650h; **83** 46h; von Rechtsgeschäften, gesetzliches Erfordernis **20** 126, gewillkürte **20** 127; bei Teilzeit-Wohnrechteverträgen **20** 484; Verbraucherdarlehensvertrag **20** 492, Formmängel **20** 494; *s. a. Textform*

Schriftliches Verfahren im Insolvenzverfahren **110** 5

Schriftliches Vorverfahren 100 276

Schriftstücke, Begutachtung der Echtheit **90** 93; unbefugtes Öffnen **85** 202; Verlesung **90** 249

Schriftvergleich, Echtheitsbeweis **90** 93

Schriftwerke, Urheberrechtsschutz **65** 2

Schuld, Grundlage für Zumessung der Strafe **85** 46; Strafbarkeit nach **85** 29; Voraussetzung bei Strafschärfungsgründen **85** 18

Schuldanerkenntnis 20 781 f.; für Ehemaklerlohn **20** 656; handelsrechtliches **50** 350; schenkweise erteiltes **20** 518, 2301; für Spiel- und Wettschulden **20** 762

Schuldausschließungsgründe 85 19 f., 33

Schulden, Berichtigung nach Beendigung der Gütergemeinschaft **20** 1475; eines Ehegatten zum Gesamtgut **20** 1468, bei Gütergemeinschaft **20** 1437

Schuldenbereinigungsplan 110 305; Annahme durch Gläubiger **110** 308; Ersetzen der Zustimmung **110** 309; Scheitern **110** 305a; im Verbraucherinsolvenzverfahren **110** 305; Zustellung an Gläubiger **110** 307

Schuldenkonsolidierung 50 303

Schulderlass 20 397; bei Gesamtschuldverhältnis **20** 423

Schuldfähigkeit, verminderte **85** 21; und Vollrausch **85** 323a

Schuldfrage, Entscheidung über **90** 263; **95** 196

Schuldner, Abwendung der Zwangsvollstreckung durch Sicherheitsleistung **100** 711, 720a; Aufenthaltsortsermittlung **100** 755; Erklärung bei Hinterlegung **20** 380; bei Geldinstitut gepfändetes Guthaben **100** 835; gruppenangehöriger iSd InsO **110** 3a, *s. a. dort;* Haftung **20** 276; im Insolvenzverfahren **110** 10, 227, Eigenverwaltung **110** 270 ff., *s. a. dort,* Restschuldbefreiung **110** 286 ff., *s. a. dort;* Leistung an Nießbraucher **20** 1075; Leistungsverweigerungsrecht **20** 275; Mehrheit **20** 420 ff.; Pfändungsfreigrenze **100** 850c; Teilleistungen **20** 266; Unterhalt im Insolvenzverfahren **110** 100; Vermögensauskunft **100** 802c ff.; Verpflichtung zur Leistung **20** 241 ff.; vorsätzliche Gläubigerbenachteiligung **110** 133; **111** 3; Wahlrecht bei Wahlschuld **20** 262 ff.; als Zwangsverwalter **108** 150b, 150d

Schuldnerverzeichnis 100 882b ff.; **102**; **102a**; Abdrucke **100** 882g, Bewilligung **102a** 1 ff., und Listen **102a** 8 ff.; Auskunftsrechte **100** 882h; automatisiertes Abrufverfahren **102a** 16 f.; Datenschutz **100** 882f ff.; **102** 9; **102a** 6, für den Antragsteller **102a** 4; Einsicht in das **100** 882f; **102** 5 ff., Ausschluss **102** 10; **102a** 18, elektronische **102** 6 ff.; Einsichtsberechtigte **102** 11; Eintragung, Löschung **100** 882e, bei Restschuldbefreiung **110** 303a; Eintragungsanordnung **100** 882c f.; Form und Übermittlung von Anordnungen und Entscheidungen **102** 2 ff.; Inhalt **102** 1; Löschungen **102** 4; **102a** 14; Registrierung zur Einsichtnahme **102** 7

Schuldrechliche Verpflichtung, Wertbestimmung **119** 50

Schuldrecht, internationales Privatrecht **21** Art. 38; **21a**; **21b**

Schuldschein, Eigentum **20** 952; kaufmännischer **50** 344; Rückgabe **20** 371

Schuldspruch in Jugendsachen **89** 27; bei Strafaussetzung zur **89** 27; Tilgung **89** 63, nach JGG **89** 30

Schuldtitel, vollstreckbarer **100** 795, 801

Schuldübernahme 20 414 ff.; Ausgleichungsanspruch **20** 426; bei Zwangsversteigerung **108** 53

Schuldunfähigkeit 85 17 f., 20 f.; Anordnung von Maßregeln ohne Strafverfahren **85** 71; Anstaltsunterbringung **85** 63; **90**

126a; Eintragung ins Zentralregister **92** 3, 11; des Kindes **85** 19; des Täters, Sicherungsverfahren **90** 413; bei unerlaubter Handlung **20** 827 ff.; Vollrausch **85** 323a
Schuldverhältnisse 20 241 ff.; im Beitrittsgebiet **21** Art. 232; Erlöschen durch Leistung **20** 362 ff.; Schadensersatz bei Pflichtverletzungen **20** 280, 282; Übergangsvorschriften **21** Art. 170; Verbraucherverträge **20** 312 ff.
Schuldverschreibungen, Aufgebotsverfahren zwecks Kraftloserklärung **112** 483; Ausgabe **51** 221; Hypothek für Forderungen aus **20** 1187 ff.; auf Inhaber **20** 793 ff.; **21** Art. 100, *s. a. Inhaberschuldverschreibung,* Umschreibung auf Namen **20** 806; Kraftloserklärung **20** 799 f.; auf Namen **21** Art. 101; öffentlich-rechtlicher Körperschaften **21** Art. 100; auf Sicht **20** 799; Übergangsregelung im Insolvenzrecht **110a** 109; unverzinsliche auf Sicht **20** 799
Schuldversprechen 20 780, 782; handelsrechtliche **50** 350; schenkungsweise erteiltes **20** 518, 2301; für Spiel- und Wettschuld **20** 762
Schule, Anhörung der Lehrer im Jugendstrafverfahren **89** 43; gesetzlich erlaubte Nutzung geschützter Werke **65** 60a f.; Mitteilung des Jugendgerichtsverfahrens an **89** 70
Schüler, Gerichtsstand **100** 20
Schulfunksendungen, Urheberrechtsschutz **65** 47
Schulpflicht 20 1666
Schulwesen, Staatsaufsicht **1** 7
Schutz von ausübenden Künstlern im Urheberrecht **65** 137c; des Pfandrechts **20** 1227
Schutzbefohlene, Misshandlung **85** 225
Schutzdauer nach MarkenG **72** 47, 153
Schutzgesetz, Verstoß gegen als unerlaubte Handlung **20** 823
Schutzhelme 35a 21a
Schutzschirmverfahren gem. § 270b InsO **110** 270d, während der COVID-19-Pandemie **110d** 6
Schutzschriftenregister, Kosten **120** 1, Haftung **120** 15a
Schutzvorrichtungen, Unbrauchbarmachung **85** 145
Schutzwehre, Beschädigung **85** 318
Schwägerschaft 20 1590; **21** Art. 51
Schwangere Frauen, Unterhaltsanspruch **20** 1963, 2141; Verdienstausfall während Schutzfristen, Krankentagegeldanspruch **62** 192
Schwangerschaft, Aussetzung der Erbteilung **20** 2043
Schwangerschaftsabbruch 85 218 ff.; im Ausland **85** 5; Verbot der Werbung für, Aufhebung von Urteilen **85a** 316n
Schwarmfinanzierungsdienstleister für Unternehmen gem. VO (EU)2020/1503 **20** 513
Schwarzarbeit, Haftung des Unternehmers bei **20** Anm. zu 618; Zuständigkeit der Wirtschaftsstrafkammer **95** 74c
Schwebebahn, Gefährdung des Verkehrs **85** 315 f.; Haftung **33** 1
Schwebezeit bei Bedingung **20** 160 f.
Schweigen als Annahme **50** 362
Schweigepflicht über gerichtliche Verhandlung **95** 174; und Nichtanzeige von Straftaten **85** 139
Schwerbehindertenvertretung, arbeitsgerichtliches Verfahren **83** 83; Rechtsweg bei Streitigkeiten **83** 2a
Schwertransporte auf Straßen **35a** 29
Schwurgerichte, Besetzung **95** 76; gemeinsames mehrerer Landgerichte **95** 74b; Privatklage vor **90** 384; Revision gegen Urteil des **90** 333; keine Zuständigkeit bei Jugendlichen **89** 41
Seebetriebsrat, unzulässige Kündigungen **84** 15
Seefrachtrecht 50 450
Seelische Störungen und Verantwortlichkeit iSd OWiG **94** 12
Seelisches Leid bei Tötung eines Menschen, Entschädigung **20** 844; **27** 7; **28** 12; **33** 5; **35** 10
Seemannsamt, Zuständigkeit für vorläufige Entscheidungen in Arbeitssachen **83** 111
Seerechtliche Haftungsbeschränkung 100 786a; Urteil unter Vorbehalt **100** 305a
Seereise, Testamentserrichtung **20** 2251
Seeschaden, Berechnung und Verteilung, Einsichtsrecht **112** 404; Weigerung des Dispacheurs **112** 403
Seeschiffe, Eigentumsübertragung **20** 929a
Seeschifffahrt, Haftungsbeschränkung bei Zwangsvollstreckung **100** 786a; Kündigungsschutz für Arbeitnehmer **84** 24; Versicherung **62** 209
Seetestament 20 2251
Seeversicherung 62 209
Seitenstreifen von Fahrbahnen **35a** 2, Benutzung **35a** 41
Sektorenauftraggeber, Vergabe öffentlicher Aufträge durch **74** 136 ff., Arten **74** 141, bergrechtliche **74** 143
Selbständige Erwerbstätigkeit, Insolvenzmasse und Vermögen bei **110** 35; Zustimmung des Ehegatten **20** 1456

Selbständiges Beweisverfahren 100 485 ff.; zur Beweissicherung, Hemmung der Verjährung **20** 204; Entscheidungen **100** 490; und Hemmung der Verjährung **20** 204; Klagefrist **100** 494a; Vergleichsverhandlungen **100** 492; zuständiges Gericht **100** 486
Selbsthilfe 20 229 ff.; gegen verbotene Eigenmacht **20** 859 f.; des Vermieters **20** 562b
Selbsthilfeverkauf 20 450 f.; **50** 379, 388 f.
Selbstkontrahieren 20 181; **52** 35
Selbstschuldnerische Bürgschaft 20 773
Selbsttötung und Lebensversicherung **62** 161; Strafbarkeit der geschäftsmäßigen Förderung (Verfassungswidrigkeit) **85** 217
Selbstvornahme beim Werkvertrag **20** 637
Seminarerlaubnis Verkehrspädagogik 35 4a
Seminarerlaubnis Verkehrspsychologie 35 4a
Senate beim BGH **95** 130, Besetzung **95** 139; an den Oberlandesgerichten **95** 122, spezialisierte **95** 119a f.; **95a** 40a, Commercial Courts **95** 119b, 184a
Senderechte, Direkteinspeisung **65** 20d; iSd UrhG **65** 20 ff.
Sendeunternehmen, Direkteinspeisung und öffentliche Wiedergabe **65** 20d; ergänzende Online-Dienste **65** 20c; Urheberrechtsschutz **65** 87
SEPA-Überweisung, entgeltfreie **20** 270a
Sequester, Herausgabe unbewegl. Sachen an einen **100** 848, 855
Sequestration, Anordnung **100** 938
Seuchengefahr, Aufhebung von Grundrechten **1** 11, 13
Sexualisierte Gewalt gegen Kinder, Eintragungen im Führungszeugnis **92** 33 f., 41, 45 f., 69; Sicherungsverwahrung **85a** 316l
Sexuelle Belästigung, Nebenklage **90** 395; Strafbarkeit **85** 184i
Sexuelle Handlungen, Begriff **85** 184h; Bildaufnahmen des Intimbereichs **85** 184k; aus einer Gruppe **85** 184j, Nebenklage **90** 395, Opferbeistand **90** 397a; Schadensersatz bei Bestimmung zu **20** 825; verbotene Sexpuppen mit kindlichem Erscheinungsbild **85** 184l
Sexuelle Nötigung 85 177 f.; strafbare Androhung **85** 126
Sexuelle Selbstbestimmung, Straftaten gegen die **85** 174 ff.; **85a** 316g, im Ausland begangen **85** 5, und Ehewohnung **20** 1361b, Hemmung der Verjährung **20** 208
Sexueller Missbrauch 85 174 ff.; von Jugendlichen **85** 180, 182; von Kindern **85** 176 ff.; **85a** 316l, ohne körperlichen Kontakt **85** 176a, schwerer **85** 176c, mit Todesfolge **85** 176d, strafbare Vorbereitung **85** 176b; Schutzbefohlener **85** 174; Verjährung **85** 78b; Verjährungsfrist **21** Art. 229 § 31
Sexueller Übergriff, Strafbarkeit **85** 177 f., der Androhung **85** 126
Sicheres Geleit 90 295
Sicherheit, Gefährdung der äußeren durch Taten im Ausland **85** 5
Sicherheiten, Wertbestimmung über Nennbetrag **119** 53
Sicherheitsarrest, dinglicher **100** 917; persönlicher **100** 918, 933; bei Selbsthilfe **20** 230
Sicherheitsgurte, Ausnahmen von der Anschnallpflicht **35a** 21a; in der Personenbeförderung **35a** 21
Sicherheitsleistung wegen Amts- oder Gewerbebetriebs **21** Art. 90; Art und Weise **20** 232 ff.; für Ausgleichsforderung **20** 1382; bei Aussetzung des Vollzugs des Haftbefehls **90** 116a, 123; statt Befreiung von Verbindlichkeit **20** 257; für Bürgen **20** 775; des Erben **20** 2217; für Erbschaftsgläubiger **20** 1986; Ergänzung **20** 240; Forderung in laufende Rechnung **50** 356; bei Gefährdung des Kindesvermögens **20** 1667; für Geldrente **20** 843; **33** 8; für Gläubiger von Genossenschaften **53** 22, 120; im Klageerzwingungsverfahren **90** 176; für künftig entstehenden Schaden **100** 890; bei Miete **20** 551, 562c, 566a; Nachforderungsklage **100** 324; und Neubeginn der Verjährung **20** 212; des Nießbrauchers **20** 1039, 1051 f., 1067; bei Nutzungsänderung **20** 590; bei Pächterpfandrecht **20** 583; des Privatklägers **90** 379; bei Strafaufschub **90** 456; eines Unterhaltsverpflichteten **20** 1585a; bei verderblichem Pfand **20** 1218; Verfall **90** 124; für verjährten Anspruch **20** 214; bei Vermögensverschlechterung **20** 321; bei Verurteilung zur Zahlung einer Geldrente **35** 13; des Vorerben **20** 2128; beim Vorkauf **20** 468; bei Wegnahme von Einrichtungen **20** 258; im Zivilprozess, Rückgabe **96** 20; Zurückbehaltungsrecht, Abwendung durch **20** 273; bei Zwangsversteigerung von Grundstücken **108** 67 ff., 184
Sicherheitsleistung iSd ZPO 100 108; Abwendung der Vollstreckung **100** 720, 868; bei Arrest **100** 921 f., 925; Aufhebung des Arrestes gegen **100** 923, 927, 934; vor Beginn der Zwangsvollstreckung **100** 751; Einstellung der Vollstreckung gegen **100** 732, 769; bei einstweiliger Ver-

fügung **100** 939; Rückgabe **100** 715; bei Verurteilung zur Zahlung einer Geldrente **100** 324; bei Vollstreckung in Teilbetrag **100** 752; vorläufige Vollstreckbarkeit von Urteilen **100** 709; bei Zwangsvollstreckung aus Versäumnisurteil **100** 719
Sicherheitsmaßregeln für Nachlass **20** 1960
Sicherstellung der Kosten **119** 11 ff.; nach WirtschaftsstrafG **88** 1
Sicherung des Beweises *s. Beweissicherung;* des Nachlasses **20** 1960; Übertragung eines Rechtes zur **20** 216; des Verurteilten, vorläufige Maßnahmen **90** 453c
Sicherungsanordnung bei Räumungsklage **100** 283a
Sicherungseinziehung von Gegenständen **85** 74b
Sicherungsgrundschuld 20 1192
Sicherungsgut, Verwertung im Insolvenzverfahren **110** 282
Sicherungshypothek 20 1184 ff.; **21** Art. 192; des Bauunternehmers **20** 650e; Eintragung **100** 720a; Entstehung **100** 848; Erwerb **20** 1287; des Fiskus **21** Art. 91; Gläubiger und Ersteher als Kostenschuldner **119** 23; des Pfandgläubigers **20** 1287; Pfändung **100** 830; als Sicherungsmittel **20** 238; am Vermächtnisgrundstück **20** 2166; im Zwangsversteigerungsverfahren **108** 128 f.; Zwangsvollstreckung durch Eintragung einer **100** 866 f.
Sicherungsmaßnahmen im Insolvenzverfahren **110** 21 ff., 344, Aufhebung **110** 25; im Zwangsversteigerungsverfahren **108** 25
Sicherungsrechte, Übergang **20** 401
Sicherungsschein des Reiseveranstalters **21** Art. 252, Anlage 18 zu 252
Sicherungsübereignung 20 216, 930
Sicherungsverfahren statt Strafverfahren **90** 413 ff.
Sicherungsverwahrung 85 61, 66 ff.; **85a** 316l; Anhörung eines Sachverständigen vor **90** 246a; Ausgestaltung **85** 66c; Dauer **85** 67d; bei Heranwachsenden **89** 106; bei Jugendlichen **89** 81a; nachträgliche **89** 7; nachträgliche Anordnung **85** 66b; **85a** 316i; späterer Beginn **85** 67c; Übergangsvorschrift **85a** 316e f.; keine Vollstreckungsverjährung **85** 79; Vorbehalt der, Belehrung **90** 268d, als Urteilsbestandteil **90** 260, Verfahren über Entscheidung **90** 275a; Vorbehalt der Unterbringung **85** 66a; **85a** 316i; Zuständigkeit bei vorbehaltener Anordnung **95** 74f, 120a; keine Zuständigkeit des Amtsgerichts **95** 24
Sichtweite im Straßenverkehr **35a** 3
Siedlungsunternehmen, Vorschlagsrecht für Zwangsverwalter **108** 150a
Siegel, Anlegung von **100** 808; Beschädigung **85** 136; als Schutzhindernisse iSd MarkenG **72** 8
Siegelung der Insolvenzmasse **110** 150; des Nachlasses **20** 1960; **21** Art 140
Sielrecht 21 Art. 66
Signal, Missbrauch von Notsignalen **85** 145
Silbersachen als Pfand **20** 1240
Sitten, Verstoß gegen die guten durch eine Leistung **20** 819
Sittenwidrige Rechtsgeschäfte 20 138
Sittenwidrigkeit einer Kündigung, Kündigungsschutzklage **84** 13
Sittliche Pflicht, Erfüllung **20** 814; Schenkung zur Erfüllung einer **20** 2113
Sittliches Verschulden des Unterhaltsberechtigten **20** 1611
Sittlichkeit, Ausschluss der Öffentlichkeit wegen Gefährdung der **95** 172; Schadensersatz bei Verletzung der **20** 847
Sitz des Vereins **20** 24, 57
Sitzungspolizei 95 176 ff.
Sitzungsprotokoll 90 271 ff.; Ausschluss der Öffentlichkeit **95** 174; Feststellungen zum **100** 297, 389, 510a; Gegenbeweis gegen den Tatbestand **100** 314; bei Verhängung von Ordnungsmitteln **95** 182
Smog *s. Umwelt*
Sofortige Beschwerde in Arbeitssachen **83** 72b, 77, 92b; gegen Einspruch **94** 70; gegen einstweilige Einstellung der Zwangsversteigerung **108** 30b; im Insolvenzverfahren **110** 6, 34, 75, 78, 204, 216, 253; **110a** 102c § 6, 102c § 9, 102c § 20, 102c § 26, nach der VO (EG) 1346/2000 **110a** 102, nach der VO (EU) 2015/848 **110a** 102c; im Nachprüfungsverfahren **74** 171 ff.; bei Teilvollstreckung einer Einheitsstrafe gegen Jugendliche **89** 56; gegen Unterbringung zur Beobachtung **89** 73; im Zivilverfahren **100** 567 ff., Ablehnung des Sachverständigen **100** 406, gegen Aufhebung des Arrestes **100** 934, gegen Aussetzung des Verfahrens **100** 252, Berichtigung des Urteils **100** 319, bei Klagerücknahme **100** 269, gegen Kostenfestsetzung **100** 104, Räumung von Wohnraum **100** 721, wegen verhängter Ordnungsmittel **100** 380, 390, 409, Versäumnisverfahren **100** 336, gegen Zwischenurteile **100** 387; gegen Zurückweisung eines Mahnantrags **100** 691; im Zwangsvollstreckungsverfahren **100** 793
Sofortige Beschwerde nach StPO 90 46, 124, 210, 270, 311, 322; bei Ablehnung

eines Richters **90** 28; gegen gerichtliche Entscheidungen **90** 462; gegen Kostenentscheidungen **90** 464; gegen Kostenfestsetzung **90** 464b; im Wiederaufnahmeverfahren **90** 372
Sofortige weitere Beschwerde im Zwangsvollstreckungsverfahren **100** 793
Software 65 137d; Urheberrechtsschutz **65** 2, 69a ff., 137d, bei Dekompilierung **65** 69e; Vervielfältigung **65** 53
Soldaten, Bestechung von **85** 333 f.; Jugendstrafvorschriften **89** 112a ff.; Straftaten durch **85** 5; tätlicher Angriff auf **85** 114; Widerstand gegen **85** 113; Wohnsitz **20** 9
Sonderbedarf, Unterhalt für die Vergangenheit **20** 1585b, 1613
Sondereigentum, Inhalt **37** 5; Rechte aus dem **37** 13; Unselbständigkeit **37** 6; und Veräußerungsbeschränkung **37** 12; vertragliche Einräumung **37** 3 f.
Sondergerichte, Verbot von **1** 101
Sondergut eines Ehegatten bei Gütergemeinschaft **20** 1417, 1442, 1464; Erbschaft als **20** 1461; bei fortgesetzter Gütergemeinschaft **20** 1486; keine Haftung des Gesamtguts **20** 1440; Verwendungsersatz **20** 1467
Sonderkündigungsrecht des Mieters nach Mieterhöhung **20** 561, bei Modernisierungsmaßnahmen **20** 555e
Sonderprüfer, Bestellung und Kosten **51** 146; Bundesanstalt für Finanzdienstleistungsaufsicht **51** 261a; gerichtliche Entscheidung über abschließende Feststellungen, Geschäftswert **119** 72
Sonderprüfung bei Konzernen **51** 315
Sonderrechte im Straßenverkehr **35a** 35
Sondervorteile von Aktionären **51** 26
Sonnabend, Fristende an einem **20** 193
Sonntag, Fahrverbot an **35a** 30, 46; Fristende an einem **20** 193
Sorge, elterliche **20** 1626 ff., *s. a. dort;* für Kindesvermögen **20** 1626
Sorgeerklärungen 20 1626a ff.
Sorgerecht, Abänderung gerichtlicher Entscheidungen und gebilligter Vergleiche **20** 1696; elterliches **21** Art. 30, *s. a. dort;* gemeinsames **20** 1687
Sorgerechtsübertragung 20 1671
Sorgfaltspflicht der Ehegatten **20** 1359; wie in eigenen Angelegenheiten **20** 277; des Entleihers **20** 605; des Mieters **20** 543; eines ordentlichen Kaufmanns **50** 347; im Verkehr erforderliche **20** 276; bei Verwahrung **20** 690; bei Wertersatzpflicht **20** 347
Sorten und Markenschutz **72** 8
Sortenschutzgesetz, Verfahrenskosten **115** 51
Sozialarbeiter, strafbare Verletzung von Privatgeheimnissen **85** 203
Soziale Trainingskurse als Auflage im Strafverfahren **90** 153a
Sozialgerichte, Verfahrenskosten **115** 1 f., 42, 52 f.
Sozialleistungen bei Körper- oder Gesundheitsschaden **20** 1610a
Sozialpädagogen, strafbare Privatgeheimnisverletzung **85** 203
Sozialplan im Insolvenzverfahren **110** 123 f.
Sozialversicherung, Fälschung des Wahlausweises **85** 107b
Sozialversicherungsbeiträge, Vorenthaltung als schwere Straftat **85** 266a
Sozialversicherungsgesetze, Zuwiderhandlungen **85a** 318
Sozialwahl, Fälschung der Unterlagen **85** 107b
Spaltung von Rechtsträgern **52a** 123 ff., Aktiengesellschaften **52a** 141 ff., Anmeldung **52a** 129 ff., 140 ff., 146, 148, 329, zur Aufnahme **52a** 126 ff., Eintragung und Bekanntmachung **52a** 130 ff., Genossenschaften **52a** 147 f., Gläubigerschutz **52a** 133 f., GmbH **52a** 138 ff., grenzüberschreitende **52a** 320 ff.; **83** 2a, KGaA **52a** 141 ff., Kündigungsschutz **52a** 132, Mitbestimmung **52a** 132a, zur Neugründung **52a** 135 ff., Prüfungsverbände der Genossenschaften **52a** 141 ff., Urteile unter Vorbehalt **100** 305b, Vereine **52a** 149, Versicherungsvereine auf Gegenseitigkeit **52a** 151
Spaltungsbericht 52a 127
Spaltungsvertrag 52a 126
Spam-Mails als unzumutbare Belästigungen iSd UWG **73** 7
Spannungsfall, Sonderrechte im Straßenverkehr bei Einsätzen **35a** 35
Sparkassen, öffentliche **21** Art. 99; Prüfung von Jahresabschluss und Lagebericht **50** 340k; Zinseszinsen **20** 248
Sparkassenbücher 20 808
Sparkontoverträge 21 Art. 232
Spediteur, Pfandrecht **50** 366
Speditionsgeschäft 50 453 ff.; Begleitpapiere **50** 455; Haftung **50** 461 f., abweichende Vereinbarungen **50** 466; nachfolgender Spediteur **50** 465; Pfandrecht **50** 464; Sammelladung **50** 460; Schadensersatz **50** 455; Selbsteintritt **50** 458; Vergütung **50** 456, 459; Verjährung **50** 463; Versendung **50** 454
Speditionsvertrag 50 453
Sperre für Erteilung der Fahrerlaubnis **85** 69a

Sperrjahr nach Liquidation einer Aktiengesellschaft **51** 272, einer Genossenschaft **53** 90, eines Vereins **20** 51
Sperrvermerk für Buchforderungen **20** 2118; bei Eintragung ins Zentralregister **92** 20
Spezialitäten, traditionelle und Markenschutz **72** 8
Spezifikation einer Sache **20** 950
Spezifikationskauf 50 375
Spiel 20 762 ff.; auf Straßen und Wegen **35a** 31
Spionage 85 93
Sport und Spiel auf Straßen und Wegen **35a** 31
Sportveranstaltungen, Straftaten **85** 265c ff.
Sportwettbetrug 85 265c ff.; als strafbare Auslandstat **85** 5; Telekommmunikationsüberwachung **90** 100a
Sportwettbewerbe, Straftaten **85** 265c ff.
Sprache bei Beurkundung **23** 5, 16, 26, 32, 50; in Teilzeit-Wohnrechteverträgen **20** 483; *s. a. Gerichtssprache*
Sprachwerke, Urheberrechtsschutz **65** 2
Sprengstoffexplosion 85 308, 310
Sprengstoffverbrechen im Ausland **85** 6
Spruchverfahren, Gegenstandswert für Rechtsanwaltsgebühren **117** 31; Geschäftswert **119** 74; Kostenschuldner **119** 23; bei der Verschmelzung nach UmwG **52a** 34
Sprungrechtsbeschwerde 83 96a; **112** 75
Sprungrevision 83 76; **90** 335
Staat, Aufrechnung gegen **20** 395; als gesetzlicher Erbe **20** 1936; Grundstücksübertragungen **21** Art. 126; Haftung für Beamte **20** 839; **21** Art. 77; Hochverrat **85** 81 ff.; Sicherungshypothek **21** Art. 91; Straftaten gegen ausländischen **85** 102 ff.; strafbare Verunglimpfung des und seiner Symbole **85** 90a; Voraussetzungen des gesetzlichen Erbrechts **20** 1936
Staatenlose, Rechtsstellung **21** Art. 7; Urheberrechtsschutz **65** 122
Staatsangehörigkeit 1 16; Urheberrecht **65** 120 ff.
Staatsanwälte, Absehen von Verfolgung bei Jugendstrafverfahren **89** 45; Antrag auf vereinfachtes Jugendverfahren **89** 76; Dienstaufsicht **95** 147; Erhebung der Anklage vor Strafkammer **95** 24 ff., 74; in Jugendstrafsachen **89** 36; Übertragung von Aufgaben auf Referendar **95** 142; Weisungsgebundenheit **95** 146; Zustimmung zur Einstellung des Jugendstrafverfahrens **89** 47
Staatsanwaltschaft 95 141 ff.; Abgabe von Erklärungen **90** 257; Absehen von Klageerhebung **90** 153b; Anfechtung des Beschlusses über Arrest und Zwangsvollstreckung **90** 111g; Anhörung vor Entscheidungen **90** 309; Anordnung der Beschlagnahme **90** 98, der Durchsuchung **90** 105; Antrag auf Erlass von Strafbefehlen **90** 407 f., auf gerichtliche Untersuchungshandlung **90** 162; Anzeige bei der **90** 158; Ausführung der Zustellung und Vollstreckung von Entscheidungen **90** 36; Ausschreibung zur Beobachtung **90** 163e; Durchsicht, beschlagnahmter Papiere **90** 110; Einreichung der Anklageschrift **90** 199; Einrichtung einer Geschäftsstelle **95** 153; Einstellung des Verfahrens durch die **90** 170 f., 467a; Entscheidung über Anklageerhebung **90** 171; Erhebung der öffentlichen Klage **90** 152 ff.; Ermittlungen der **90** 160 f., Befugnisse **90** 161 f.; Ermittlungspersonen **95** 152; Erörterung des Verfahrensstands mit Verfahrensbeteiligten **90** 160b, *s. a. dort;* Europäische *s. dort;* Fragerecht **90** 240 ff.; in der Hauptverhandlung **90** 226, mehrere Staatsanwälte **90** 227; Ladung **90** 214; Mitteilungen an das Kraftfahrt-Bundesamt **35** 28; bei Nebenklagen **90** 396, 401; Nichtverfolgung von Auslandstaten **90** 153c; im Privatklageverfahren **90** 376 f.; Protokoll der Untersuchungshandlungen **90** 168b; Rechtsmittel **90** 296; und Rechtspfleger **96** 31; sachliche Zuständigkeit **95** 142; Schlussvortrag (Plädoyer) **90** 258, 326, im Revisionsverfahren **90** 351; Strafvollstreckung **90** 451; Unabhängigkeit **95** 150 f.; Verfahren **94** 63 f.; Vermerk über Ermittlungsabschluss **90** 169a; Vernehmung des Beschuldigten **90** 163a; Zurücknahme der Rechtsmittel **90** 302; Zuständigkeit, örtliche **95** 143; Zuständigkeit nach OWiG **94** 40 ff.; Zustellungen an **90** 41
Staatsanwaltschaftliches Verfahrensregister, länderübergreifendes **90** 492 ff.
Staatsaufsicht über Prüfungsverbände **53** 64
Staatsbeamte *s. Beamte*
Staatsbürgerliche Rechte und Pflichten 1 33
Staatsform der Bundesrepublik **1** 20
Staatsgebiet, Unternehmen gegen **85** 81 ff.
Staatsgefährdende Gewalttat, Anleitung zur Begehung einer schweren **85** 91; Aufnahme von Beziehungen zur Begehung einer **85** 89b; Vorbereitung einer schweren **85** 89a
Staatsgeheimnisse, Verrat **85** 93
Staatsgerichtshof, Rechtsanwaltsgebühren **117** 37

Staatsgewalt, Dreiteilung **1** 20
Staatshaftung 20 839; für Amtspflichtsverletzungen **1** 34
Staatskasse, Beschwerderecht des Vertreters in Betreuungssachen **112** 304; Erinnerung gegen Ansatz von Gerichtsvollzieherkosten **123** 5; Kostentragung **90** 467 f., 473
Staatsschuldbuch 21 Art. 97, Art. 100; Verpfändung von Forderungen **20** 232
Staatsschulden, Rückzahlung **21** Art. 98; Umwandlung **21** Art. 98
Staatsschutzdelikte, Absehen von Strafverfolgung **90** 153d f.
Staatsschutzkammer am Landgericht, Zuständigkeit **95** 74a
Staatssicherheit, Ausschluss der Öffentlichkeit **95** 172
Staatsverträge der Länder **21** Art. 56
Staffelmiete 20 557a; **21** Art. 35
Stalking als Straftat **85** 238
Stämme, Erbfolge nach **20** 1924, 1927
Stammgüter 21 Art. 59
Standesamt, Mitteilungspflichten **112** 168a
Standesbeamte, Zuständigkeit und Pflichten bei Eheschließung **20** 1310 ff.
Standlicht von Fahrzeugen **35a** 17
Standort, Wohnsitz des Soldaten **20** 9
Standortdaten, Datenerhebung **90a** 12
Statut, Ermittlung **100** 293; Personalstatut von Ausländern **21** Art. 7
Steckbrief 90 131; für Strafvollstreckung **90** 457
Steckersolargeräte 20 554; **37** 20
Steinbruch, Haftpflicht des Unternehmers **33** 3
Steine, Gewinnung **20** 1037
Stellvertreter von GmbH-Geschäftsführern **52** 44
Stellvertretung, anzuwendendes Recht **21** Art. 8; im Besitz **20** 855, 860; direkte und indirekte **20** 164 ff.; Wirkung **20** 164
Sterbekasse, Aufrechnung mit Ansprüchen aus **20** 394
Sterilisation bei Betreuten **112** 297; erlaubte als Dienstverhinderung **20** 617; Verbot bei Kindern **20** 1631c; eines Volljährigen und Betreuung **20** 1830
Steuerberater, strafbare Verletzung von Privatgeheimnissen **85** 203
Steuerbevollmächtigte, strafbare Verletzung von Privatgeheimnissen **85** 203
Steuergeheimnis, Verletzung **85** 355
Steuern in der Bilanz **50** 284; im Konzernanhang **50** 314; latente in der Bilanz **50** 274, 285, 306; als Masseverbindlichkeit **110** 55
Stiefeltern, Umgangsrecht **20** 1685
Stieffamilie, Schutz **20** 1682
Stiefkinder, Ausbildung **20** 1371; Ausstattungskosten bei Gütergemeinschaft **20** 1444, 1466
Stiftungen 20 80 ff.; **21** Art. 231; Anerkennung **20** 80, 82; Anmeldungen zum Register **20** 82b, 84d, 85b, bei Beendigung **20** 87d, bei Zusammenlegungen **20** 85i; keine Antragspflicht gem. InsO **110** 5; Aufhebung **20** 87a; Auflösung **20** 87, bei Insolvenz **20** 87b; Auseinandersetzung des Nachlasses **20** 2043; Ausgliederung aus dem Vermögen der **52a** 161 ff.; als Erben **20** 2101; **21** Art. 138; Gerichtsstand **100** 17; Haftung **20** 89; kirchliche **20** 88; Namenszusatz **20** 82c; Organe **20** 84 ff., Beschlussfassung **20** 84b, fehlende **20** 84c; Satzung **20** 81, Änderungen **20** 85; Stifterwille **20** 83; Stiftungsgeschäft **20** 81 f.; Überleitungsvorschriften **21** Art. 229 § 59; Verfassung **20** 83; Vermögen **20** 83b, Übertragung nach Anerkennung **20** 82a, Verwaltung **20** 83c; Vermögensanfall bei Auflösung/Auhebung **20** 87c; Verwaltungssitz **20** 83a; Zusammenlegung/Zulegung **20** 86 ff.
Stiftungen des öffentlichen Rechts, Pflichten nach dem PublG **52b** 3 ff.; Zwangsvollstreckung gegen **100** 882a
Stiftungsgeschäft 20 81 f.
Stiftungsorgane, Geschäftswert von Beschlüssen **119** 108
Stiftungsregister 20 82b; Anmeldungen zum Register **20** 84d, 85b, bei Beendigung **20** 87d, bei Insolvenz **110** 23, 31, Kosten **119** 106, bei Zusammenlegungen **20** 85i; Vertrauensschutz der Eintragung **20** 82d
Stiftungssachen vor dem Amtsgericht, Geschäftswert **119** 67
Stiftungszweck 20 81; Änderungen **20** 85 f.
Stille Gesellschaft 50 230 ff.; Auflösung **50** 234 f.; Auseinandersetzung **50** 235; Gewinn und Verlust **50** 231 f.; Informationspflicht **50** 233; Insolvenzverfahren **50** 236; Kündigung **50** 234; Tod des Gesellschafters **50** 234
Stille Gesellschafter, Informationsrecht **50** 233; Tod des **50** 234
Stillschweigen als Annahme **50** 362; als Genehmigung der Ware **50** 377
Stillschweigende Vereinbarung einer Vergütung für Dienste **20** 612
Stillschweigende Verlängerung des Dienstvertrags **20** 625
Stimmenkauf bei der Genossenschaft **53** 152

Stimmenmehrheit der Gemeinschaftsteilhaber **20** 745; *s. a. Mehrheit*
Stimmrecht der Genossenschaftsmitglieder **53** 43; bei Inhaberaktien, Berechtigungsnachweis **51** 123; im Insolvenzverfahren **110** 77, 237 ff.; bei Mehrheitsbeteiligung **51** 16; Mehrstimmrechte **51** 135a; **51a** 5; der Vereinsmitglieder **20** 34; Verlust durch Strafurteil **85** 45 ff., 101, 108c, 109i
Stimmrechtsberater iSd AktG **51** 134a ff., Offenlegungspflichten **51** 134d
Stimmrechtsmissbrauch 51 405; **51a** 26k
Stockwerkseigentum 21 Art. 131, Art. 182
Stoff, Lieferung bei Werkvertrag **20** 644 f.
Störung des Eigentums **20** 1004; der öffentlichen Sicherheit und Ordnung, Sonderrechte im Straßenverkehr bei Einsätzen **35a** 35
Strafandrohung im Zivilprozess 100 890; gegen Sachverständige **100** 411
Strafantrag 85a 308; **90** 158; durch Dienstvorgesetzten **85** 77a; Erfordernis zur Verfolgung von Straftaten **85** 77b, 104a, 123, 194, 205; Haftbefehl vor Stellung des **90** 130; Rücknahme **85** 77e; **85a** 16, 291, Kosten **90** 470; für Straftaten in DDR **85a** 315b
Strafanzeige, Kosten unbegründeter **90** 469; zuständige Behörden **90** 158
Strafaufschub bei Wiederaufnahmeantrag **90** 360
Strafausschließungsgründe, höchstpersönliche Wirkung **85** 28; bei Nichtanzeige von Verbrechen **85** 139
Strafaussetzung zur Bewährung 85 56 ff.; **89** 21 ff.; **90** 268a, 453; Beschwerde **90** 305a; nach dem JGG **89** 57 ff., Anfechtung **89** 59, Bewährungsplan **89** 60, Vorbehalt der nachträglichen Entscheidung **89** 61 ff.; bei lebenslanger Freiheitsstrafe **85** 57a; **90** 454
Strafbare Handlungen *s. Straftaten*
Strafbarkeit, Bestimmung der vor Begehung der Tat **94** 3
Strafbefehl nach Eröffnung des Hauptverfahrens **90** 408a; in Jugendstrafverfahren, Verbot **89** 79; Kostenentscheidung **90** 464; Mitteilung an gesetzlichen Vertreter **90** 409; Rechtskraft **90** 410; Verfahren **90** 407 ff.; Wiederaufnahme des Verfahren **90** 373a
Strafbemessung 85 46 ff.
Strafdrohungen, Änderung der bisherigen **85** 2
Strafe, Absehen von **85** 60; Anpassung **85a** 315c; Bestimmtheit vor Tat **94** 3; Eintragung ins Zentralregister **92** 4; Geltung zur Tatzeit **85** 2; Reihenfolge der Vollstreckung **85** 67; Strafbemessung bei mehreren Gesetzesverletzungen **85** 52 ff.; Verurteilung zu vorbehaltener **85** 59b; *s. a. Nebenstrafen, Strafschärfung*
Straferlass nach Bewährungszeit **85** 56g; **90** 453; nichtvollstreckter Strafen **85a** 313
Straffreiheit bei Beleidigung **85** 199; für Kronzeugen nach dem GWB **74** 33e
Strafgerichtliche Entscheidungen, Mitteilungen von gegen Mandatsträger **90a** 8; Übermittlung von Berufsverboten **90a** 9
Strafgerichtliche Verfolgung, Zeugnisverweigerung im Zivilprozess **100** 384
Strafgesetzbuch 85; Änderungen und Einstellung von Strafverfahren **90** 206b; Einführungsgesetz **85a**
Strafkammern 95 60; Besetzung **95** 76 f.; besondere **90** 6a; als gemeinsames Schwurgericht **95** 74d; als Jugendkammer **89** 33; in Jugendschutzsachen **95** 74b; Revision gegen Urteile der **90** 333; **95** 135; als Schwurgericht **95** 74; Vorrang bei Zuständigkeitsüberschneidungen **95** 74e; in Wirtschaftsstrafsachen **95** 74c; Zuständigkeit, besondere funktionelle **90** 209, beim Landgericht **95** 73 f.
Strafmakel, Beseitigung bei Heranwachsenden **89** 111, bei Jugendlichen **89** 97 ff.
Strafmaß bei versuchten Verbrechen **85** 23, Vergehen **85** 23
Strafmilderung 85 49; höchstpersönliche Wirkung **85** 12, 28; bei verminderter Schuldfähigkeit **85** 21
Strafprozessordnung 90; Anwendungsbereich **90a** 3; und BDSG **90** 500; Einführungsgesetz **90a**; und Landesrecht **90a** 6
Strafrahmen, Verständigung im Strafverfahren **90** 257c
Strafrecht im Ausland **85a** 1b; Geltungsbereich **85** 1 ff.; internationales **85** 3 ff., 9; Landesrecht **85a** 2 f.; *s. a. Strafgesetzbuch*
Strafrechtsänderungsgesetz, Übergangsvorschriften **85a** 316 ff.
Strafregister der DDR 92 64a f.
Strafrichter, Berufung gegen Urteile **90** 312; Erlass eines Strafbefehls **90** 407; in Handelssachen **95** 105; Zuständigkeit **95** 25
Strafsachen, Ausschließung der Gerichtsvollzieher **95** 155; Berufung **95** 74; Beschwerde **95** 73, 121; Datenübermittlung durch Gerichte und Staatsanwaltschaft **95a** 14; gemeinsames Amtsgericht **95** 58; Gerichtsbarkeit **95** 13; **95a** 3; Kosten, Fälligkeit der Gebühren **115** 8, des Verfahrens **90** 464 ff.; Kostenansatz durch Staats-

anwaltschaft **115** 19; Kostenrecht **85a** 319; Rechtsanwaltsgebühren **117** 42 ff., Pauschgebühren **117** 51; Rechtshilfe **95** 156 f.; Revision **95** 121, 135; Trennung/Verbindung **90** 2, 4 f., 237; zusammenhängende **90** 3; Zuständigkeit der Amtsgerichte **95** 24 ff., des BGH **95** 135, der OLG **95** 120 f., des Schöffengerichts **95** 28, der Strafkammern **95** 73 f., für Wiederaufnahmeverfahren **95** 140a; *s. a. Strafverfahren*

Strafschärfung, höchstpersönliche Wirkung **85** 12, 18, 28

Strafsenate beim BGH **95** 130; beim OLG **95** 116

Straftaten im Amt **85** 5; Anleitung zu **85** 130a; Anstiftung zu **85** 26; öffentliche Aufforderung zu **85** 111; im Ausland *s. Auslandstaten;* gegen ausländische Staaten, Absehen von Strafverfolgung **90** 153c; Begehen durch Unterlassen **85** 13; Besitzerwerb **20** 2025; gegen Bestand des demokratischen Rechtsstaats im Ausland **85** 5; Billigung und Belohnung **85** 140; in DDR **85a** 315; gegen Deutsche, Geltung deutschen Strafrechts **85** 6; eines deutschen Amtsträgers im Ausland **85** 5; Einziehung von Gegenständen **85** 101a, 109k, 201; Einziehung von Taterträgen **85** 73 ff.; **90** 459g; Erbunwürdigkeit **20** 2339; Erkennung auf Maßnahmen **85** 52 f.; und Fahreignung **35** 4; während Gerichtssitzung **95** 183; Haftung des deliktischen Besitzers **20** 992; Hilfe zur Aufklärung oder Verhinderung schwerer **85** 46b; Insolvenzverschleppung **110** 15a f.; **110d**; eines Jugendlichen **89** 4; gegen die körperliche Unversehrtheit *s. Körperverletzung;* nach Landesrecht **85a** 2 ff.; gegen das Leben **85** 211 ff., im Ausland **85** 5; mehrere **90** 3, nach JGG **89** 31 f., 66, Strafbemessung **85** 52 ff.; Nichtanzeige drohender **85** 138 f.; Nichtverfolgung **90** 153 ff.; und Ordnungswidrigkeit **94** 21; gegen die persönliche Freiheit **85** 232 ff., im Ausland **85** 5; aus rechtfertigendem Notstand **85** 34; gegen die sexuelle Selbstbestimmung **85** 174 ff.; **85a** 316g, im Ausland **85** 5; Strafbarkeit von versuchten **85** 23; Strafbemessung bei mehreren **85** 53; nach dem StVG **35** 21 ff.; mehrere Täter **90** 3; Telekommmunikationsüberwachung bei schweren **90** 100a; gegen die Umwelt **85** 5, 324 ff.; gegen Verfassungsorgane **85** 105 ff.; Vergleich im Strafprozess **90** 405; Verkehrsdatenerhebung bei besonders schweren **90** 100g; Versuch **85** 22; Vortäuschen von **85** 145d; bei Wahlen und Abstimmungen **85** 105 ff.; Wohnraumüberwachung bei besonders schweren **90** 100c ff.; Zweiteilung **85** 12

Straftäter, Einziehung von Taterträgen **85** 73 ff.; mehrere **85** 25, 29; **94** 14; Strafzumessung **85** 46 f.

Strafurteile, Auslegung bei Zweifeln **90** 458; Verlesung **90** 249; Vollstreckung **90** 449 ff., *s. a. Strafvollstreckung; s. a. Urteil*

Strafverbüßung *s. Strafvollstreckung*

Strafvereitelung **85** 258; im Amt **85** 258a

Strafverfahren **90**; Abtrennung des Verfahrens über die Einziehung iSd StGB **90** 422 f.; gegen Abwesende **90** 276 ff.; Akteneinsicht des Verteidigers **90** 147; Anhörung der Beteiligten **90** 33 ff.; Auskunftsrechte des Verletzten **90** 406d f.; beschleunigtes Verfahren **90** 417 ff.; besondere funktionelle Zuständigkeit **90** 209a; Beteiligung Verletzter am **90** 373a ff.; Beurlaubung des Angeklagten **90** 231c; Datenübermittlung über, Vorwarnmechanismus **90a** 9; Datenverarbeitung im **90** 474 ff., 483 ff.; und Disziplinarverfahren **90** 154e; Einziehungsbeteiligte am **90** 424 ff.; elektronische Aktenführung **90** 32 ff., Datenschutz **90** 496 ff.; Erörterung des Verfahrensstands mit den Verfahrensbeteiligten **90** 257b; Gerichtsstand **90** 7 ff.; Jugendstrafverfahren, keine Verfolgung **89** 45; Klageerzwingungsverfahren **90** 172 ff.; Kosten **115** 1; Ladungen **90** 38; Nebenbetroffene bei Einziehung **90** 438; psychoszialer Prozessbeistand für Verletzten **90** 406g, Kosten **90** 465, 472; Rechtskraft, Eintritt **90** 34a; Rechtsmittel gegen Entscheidungen **90** 296; Sicherungsverfahren statt **90** 413 ff.; Strafbefehl **90** 407 ff.; Täter-Opfer-Ausgleich **90** 155a f.; Untersuchungsgrundsatz im **90** 155, 244; Verständigung mit Verfahrensbeteiligten **90** 257c; verwaltungsrechtliche Vorfragen **90** 154d; Verweisung an Gericht höherer Ordnung **90** 225a, 270; bei Wirtschaftsvergehen, Abführung des Mehrerlöses **88** 11; zivilrechtliche Vorfragen **90** 154d; Zuständigkeit des Rechtspflegers **96** 22, bei Wiederaufnahme **90** 367; Zuständigkeitsänderung vor Hauptverhandlung **90** 225a; Zustellung wie im Zivilprozess **90** 37; *s. a. Straftaten*

Strafverfolgung, Beschränkung **90** 154a; Maßnahmen zur Sicherstellung **90** 132; Mitteilungen während Betreuungsverfahren zur **112** 311; von Straftaten gegen ausländische Staaten bei Gegenseitigkeit **85** 104a; Verjährung **85** 78 ff., Ruhen **85** 78b

Strafverlangen 85 77e; **85a** 308; ausländischer Regierungen **85** 104a
Strafverteidigung, Kosten und Unterhaltspflicht **20** 1360a
Strafvollstreckung 90 449 ff.; Aufschub oder Unterbrechung **90** 455a; Aussetzung zur Bewährung **85** 56 ff., des Strafrestes **85** 57, 57b; **90** 454; Eintragung ins Zentralregister **92** 15, 17; keine Hemmung bei Wiederaufnahmeantrag **90** 360, durch Wiedereinsetzung **90** 47; in Jugendstrafsachen **89** 82 ff.; Maßnahmen zur Sicherstellung **90** 132; mündliche Anhörung **90** 463e; durch Rechtshilfe **95** 162 f.; Reihenfolge **85** 67; **90** 454b; Überleitung **85a** 314; Unterbrechung **90** 454b; Verjährung **85** 79 ff.; Wechsel von Maßregeln **85** 67a; Zuständigkeit **90** 451, 462a
Strafvollstreckungskammer 90 451; Zuständigkeit **90** 462a; **95** 78a f.
Strafvorschriften nach HGB **50** 340m; nach MarkenG **72** 143 ff.; nach dem PublG **52b** 17 ff.; nach dem StVG **35** 21 ff.
Strafzumessung 85 46 f.; **90** 267
Strahlungsverbrechen 85 307 ff.; im Ausland **85** 6
Straßen, Benutzung durch Fahrzeuge **35a** 2; Kontrollstellen an **90** 111; übermäßige Benutzung **35a** 29; Veranstaltungen auf **35a** 29
Straßenbahnen, Allgemeine Geschäftsbedingungen **20** 305a; Gefährdung des Verkehrs **85** 315 f.; Haftung für Sachschaden **33** 1
Straßenbaubehörden, Verkehrsbeschränkungen **35a** 45
Straßenbaufahrzeuge, Sonderrechte im Straßenverkehr **35a** 35
Straßenreinigungsfahrzeuge, Sonderrechte im Straßenverkehr **35a** 35
Straßensperrungen, Umleitung des Verkehrs **35a** 42
Straßenunterhaltungsfahrzeuge, Sonderrechte im Straßenverkehr **35a** 35
Straßenverkehr, amtliche Verkehrszeichen **35** 5b; Autobahnen und Kraftfahrstraßen **35a** 18; Beleuchtung der Fahrzeuge **35a** 17; besondere Verkehrslagen **35a** 11; Ein- und Ausfahren aus Grundstücken **35a** 10; Fahrerlaubnis **35** 2 ff., zum Fahren in Begleitung **35** 6e; Gassenbildung **35a** 18; Geschwindigkeit **35a** 3; Grundregeln **35a** 1; Halten **35a** 12; Markierungen **35a** 39; Nebel im **35a** 3, 17; Parken **35a** 12 f.; Sonderrechte im **35a** 35; strafbare Gefährdung des **85** 315b f.; Überholen **35a** 5; Verkehrszeichen **35a** 39; Vorfahrt **35a** 8; Warnzeichen **35a** 16
Straßenverkehrsbehörde, Ausnahmegenehmigungen **35a** 46 f.; Zuständigkeit **35a** 44 f.
Straßenverkehrsgesetz 35; Ausführungsvorschriften **35** 6; berauschende Mittel **35** 24a, 24a Anlage; Bußgeldkatalog **35** 26a; Datenlöschung **35** 61; Datenverarbeitung **35** 43, 60, bei Fahrzeugen mit hoch- oder vollautomatisierter Fahrfunktion **35** 63a f., zu immissionsschutzrechtlichen Zwecken **35** 63c, Information der Halter **35** 63d, für das Verkehrsmanagement **35** 63e; Fahreignungsregister **35** 28 ff.; Fahrverbot **35** 25; Gebühren **35** 6a; Kosten **35** 25a; Ordnungswidrigkeiten **35** 24 ff.; Promille-Grenze **35** 24a; Rechtsweg bei Schadensersatzansprüchen **35** 20; Seminarerlaubnis Verkehrspsychologie **35** 4a; Straf- und Bußgeldvorschriften **35** 21 ff., Zuständigkeit **35** 26; Verkehrsvorschriften **35** 1 ff.
Straßenverkehrsordnung 35a; Ausnahmegenehmigungen **35a** 46 f.
Sträucher 20 907, 910 f.; **21** Art 124, Art. 183
Streik, Kündigungen während **84** 25
Streitbefangenheit der Sache **100** 265, 325
Streitbeilegung, außergerichtliche *s. dort*
Streitgegenstand, Wert in Arbeitssachen **83** 61, 76; *s. Gegenstandswert, Streitwert*
Streitgenossen 100 59 ff., 856; bei Drittwiderspruchsklage **100** 771; Haftung als Gesamtschuldner **118** 27; bei Klage auf vorzugsweise Befriedigung **100** 805; Kosten des Rechtsstreits **100** 100; Kostenhaftung **115** 32; iSd VDuG **105a** 7; Vernehmung **100** 449
Streitiges Verfahren über Unterhalt für Minderjährige **112** 255
Streitkräfte, Sonderrechte im Straßenverkehr **35a** 35
Streitverkündung 100 841; Hemmung der Verjährung **20** 204
Streitwert der Anfechtungsklage gegen Beschlüsse der Aktiengesellschaft **51** 247; in Arbeitssachen **83** 12, 61, 64; Höhe des für Zuständigkeit der Amtsgerichte **95** 23; im Insolvenzverfahren **110** 182; in Kennzeichenstreitsachen **72** 142; Sprungrevision in Arbeitssachen **83** 76; im Zivilprozess **100** 2 ff., 4 ff., Berechnung **100** 4 ff., Festsetzung **100** 3; *s. a. Gegenstandswert*
Streitwertberechnung 115 34 ff., Anl. 2; ohne Früchte, Nutzungen, Zinsen und Kosten **118** 37; im gewerblichen Rechtsschutz **115** 51; Wertfestsetzung **115** 61 ff.; Wertvorschriften **115** 39 ff., 48 ff.; Zeitpunkt **118** 34

Streitwertfestsetzung, Beschwerde gegen **115** 68
Strom, Entziehung von elektrischem **85** 248c; Großhandel mit, Markttransparenzstelle **74** 47a ff.
Studierende, Gerichtsstand **100** 20
Stufenklage, Streitwertberechnung **115** 44; im Zivilverfahren **100** 254
Stumme Personen, Beurkundung von Willenserklärungen **23** 22, 24; Testamentserrichtung **20** 2233
Stundung von Ausgleichszahlungen nach ehelicher Gemeinschaft **20** 1382; der Forderung nach dem JBeitrG im Verfahren **122** 9; im Güterrechtsverfahren **112** 264; und Hemmung der Verjährung **20** 205; des Kaufpreises **20** 449, 468; eines Pflichtteilanspruchs **112** 362
Subjektiv dingliche Rechte 20 1030 ff.
Subventionsbetrug 85 264
Suchscheinwerfer für Kraftfahrzeuge **35a** 17
Suchvermerke im Erziehungsregister **92** 62; im Zentralregister **92** 27 ff.
Sühneversuch als Voraussetzung für Privatklage **90** 380
Summenverwahrung 20 700
Surrogation *s. Unmittelbare Ersetzung*
Suspensiveffekt *s. a. Rechtsmittel*
Syndikusrechtsanwälte, keine Anwendbarkeit des RVG **117** 1; Zeugnisverweigerungsrecht **90** 53

Tabelle für Lohnpfändung **100** Anl. zu 850c
Tabularersitzung 20 900
Tage, Frist nach **20** 188
Tagebuch des Maklers **50** 100 ff.
Tagesreisen 20 651a
Tagessatz 85 40
Tankstellen, Pflichten der Betreiber nach dem GWB **74** 47k, 186
Tanzkunst, Urheberrechtsschutz **65** 2
Tariffähigkeit einer Vereinigung **83** 97
Tarifverträge, Allgemeinverbindlichkeit, Prüfung durch ArbG **83** 2a, 98; Anwendbarkeit, Beweisaufnahme **83** 58, Entscheidung des ArbG **83** 2a, 99; Festlegung der Zuständigkeit im Arbeitsgerichtsverfahren **83** 48; Schiedsvertrag für Streitigkeiten aus **83** 101
Tarifvertragsparteien, soziale Verantwortung **34** 17
Tarifzuständigkeit, Beschluss über **83** 97
Taschengeld des Minderjährigen **20** 110
Tatbestand, Irrtum über Umstände des gesetzlichen **85** 16; **94** 11; des Strafgesetzes, rechtswidrige Tat **85** 11; der Unterlassung, Garantenpflicht **85** 13
Tateinheit, Festsetzung der Geldbuße **94** 19; Strafbemessung **85** 52
Täter, Einziehung von Taterträgen **85** 73 ff.; mehrere **85** 25, 29; **94** 14, Haftung **20** 830; Strafzumessung **85** 46 f.
Täter-Opfer-Ausgleich 85 46a; **90** 155a f.; bei Einstellung des Verfahrens **90** 153a
Taterträge, Einziehung **85** 73 ff.; **90** 459g; **94** 29a, 99, 133, nach dem GWB **74** 34, Übergangsvorschriften **85a** 316h, Verjährung **85** 73 ff.
Tätige Reue 85 314a, 320, 330b; bei Staatsschutzdelikten **90** 153e; beim Versuch **85** 24
Tatmehrheit, Festsetzung der Geldbuße **94** 20; Strafbemessung **85** 53
Tatmittel, Einziehung **85** 74 ff., 92b, 101a, 109k, Übergangsvorschriften **85a** 316h
Tatobjekte, Einziehung **85** 74 ff., 92b, 101a, 109k, 184b, Übergangsvorschriften **85a** 316h
Tatort 85 9; Gerichtsstand nach der StPO **90** 7
Tatprodukte, Einziehung **85** 74 ff., 92b, 101a, 109k, selbständige **85** 76a, Übergangsvorschriften **85a** 316h
Tatsachen, nachträgliches Vorbringen **100** 531
Tatverdacht, dringender und Untersuchungshaft **90** 112
Tatzeit 85 8
Tauben, Aneignung fremder **21** Art. 130
Tausch 20 480
Tauschsystemverträge 20 312, 481b ff.; Informationspflichten **21** Art. 242; Klagen nach dem UKlaG **105** 2; Widerrufsrecht **20** 356a, 357b
Täuschung, arglistige **20** 318; bei Testamentserrichtung **20** 2339; als unlautere geschäftliche Handlung **73** 5; Verbot der eines Beschuldigten **90** 136a; bei Willenserklärungen **20** 123 f.
Taxe 62 77; beim Dienstvertrag **20** 612; beim Maklervertrag **20** 653; beim Werkvertrag **20** 632
Technik, Verletzung von Regeln der beim Bau **85** 319
Technische Aufzeichnungen, Fälschung **85** 268; Unterdrückung **85** 274
Teiche, Fische in **20** 960
Teilbare Leistungen *s. Teilleistungen*
Teilbeförderungsanspruch bei Frachtgeschäft **50** 416
Teilbesitz, Schutz **20** 865
Teile eines Grundstücks, Dienstbarkeit **20** 1023; einer Sache, Besitzschutz **20** 865
Teileigentum 37 1

Teileigentumsgrundbuch 37 7
Teilerbbaugrundbuch 37 30
Teilerbbaurecht 37 30, *s. a. Erbbaurecht*
Teilgewinnabführungsvertrag von Aktiengesellschaft und KGaA **51** 292
Teilhaber einer Gemeinschaft, Forderung gegen anderen **20** 756
Teilhypotheken 20 1145, 1151 f.
Teilhypothekenbrief 20 1152
Teilleistungen 20 266, 281, 311a, 320, 323, 326, 420, 427, 1145; Anrechnung beim Verbraucherdarlehensvertrag **20** 497; Aufrechnung **20** 389, an Gerichtsvollzieher **100** 757; im Insolvenzverfahren **110** 105
Teilnahme an Straftaten **85** 25 ff., Ort der Tat **85** 9, Strafmaß **85** 28
Teilnehmer an Straftaten, Beschlagnahme der Korrespondenz **90** 97, Einziehung von Taterträgen **85** 73 ff.
Teilnichtigkeit 20 139
Teilprodukt *s. Produkt*
Teilung, Anordnungen des Erblassers **20** 2048 f., 2306, 2376; außergerichtliche Vereinbarung bzgl. Nachlass **112** 366; der gemeinschaftlichen Sachen **20** 752 f., 1010; des Gesamtguts bei Auseinandersetzung **20** 1503, Schuldenhaftung **20** 1480 ff.; von Grundstücken **20** Anm. zu 890, Begründung von Wohnungseigentum **37** 2, 8, *s. a. dort,* bei Dienstbarkeiten **20** 1025 f., bei Reallasten **20** 1108 f.; der Hypothekenforderung **20** 1151, unter Miterben **20** 2052; durch Los bei Nachlass **112** 369; einer Markenanmeldung **72** 40; einer Markeneintragung **72** 27, 46; des Überschusses nach Beendigung der Gütergemeinschaft **20** 1476 ff.; Wiedereinsetzung in den vorigen Stand **112** 367
Teilungsanordnungen für fortgesetzte Gütergemeinschaft **20** 1515
Teilungsmasse im Zwangsversteigerungsverfahren **108** 106, 113 ff., 137 ff.; im Zwangsverwaltungsverfahren **108** 157 ff.
Teilungsplan 108 106, 113 ff., 137, 156 ff.; in der Zwangsvollstreckung **100** 874 ff., 878 f.
Teilungssachen 112 363 ff.; Begriff **112** 342; Geschäftswert **119** 118a; Richtervorbehalt **96** 16; Zuständigkeit des Amtsgerichts **95** 23a, des Notars **112** 363 ff., 492
Teilungsvereinbarung, Wirksamkeit durch Bestätigungsbeschluss **112** 371
Teilungsverfahren, neue Notarkosten bei Verweisung **119** 5
Teilvollstreckung einer Einheitsstrafe bei Jugendlichen **89** 56
Teilzahlung von Geldstrafen **85** 42; *s. a. Abschlagszahlung*
Teilzahlungsdarlehen 20 498
Teilzahlungsgeschäfte 20 506 ff.; Rücktritt **20** 508
Teilzeit-Wohnrechtevertrag 20 481 ff.; Begriff **20** 312, 481; Europarecht **21** Art 46b; Informationspflichten **21** Art. 242; Klagen nach dem UKlaG **105** 2; Übergangsvorschriften **21** Art. 229 § 25; Verbraucherschutz **20** 487; Widerrufsrecht **20** 356a, 357b, 485
Telefon, Gefährdung des Betriebs **85** 317; Vertragsantrag am **20** 147
Telefonwerbung als unzumutbare Belästigung iSd UWG **73** 7 f., Bußgeld **73** 20
Telekommunikation, Allgemeine Geschäftsbedingungen **20** 305a; Fernmeldegeheimnis **1** 10, 18, 44, G zur Beschränkung **1** 10; Überwachung **90** 100a ff., *s. a. dort*
Telekommunikationdaten, Erhebung und Speicherung **90a** 12
Telekommunikationsanlagen, strafbare Störung **85** 317
Telekommunikationsdienstleistungen, Verträge im Zusammenhang mit **20** 312, und UKlaG **105** 2
Telekommunikationsnetz, Erschleichen von Leistungen **85** 265a
Telekommunikationsüberwachung 90 100a ff.; Benachrichtigungspflichten **90** 101a; Bestandsdatenauskunft **90** 100j; **94** 46; Entschädigung nach dem JVEG **116** 23; Erhebung von Verkehrsdaten **90** 100g, 101a; Mobilfunkendgeräte **90** 100i; Nutzungsdaten **90** 100k; Online-Durchsuchungen **90** 100b; Verfahren **90** 100e; Verfahrensregelungen **90** 101
Telemedien, strafbare Verbreitung von beleidigenden Inhalten **85** 194, volksverhetzender Inhalte **85** 130
Termine, Auslegungsvorschriften **20** 186 ff.; im Berufungsrechtszug **100** 523; Bestimmung *s. Terminsbestimmung;* nach Einspruch gegen Versäumnisurteil **100** 341a; bei Erbeinsetzung **20** 2103 ff.; bei Rechtsgeschäften **20** 186, 193; im Verfahren **100** 497; im Verteilungsverfahren **100** 875 ff.
Terminsbestimmung von Amts wegen **100** 366, 368, 370, 523, 924; für Revisionsverhandlung im arbeitsgerichtlichen Verfahren **83** 74; im Zwangsversteigerungsverfahren **108** 36 ff.
Territorialitätsprinzip, Geltung deutschen Strafrechts **85** 3 ff.
Terrorismusfinanzierung durch Geldwäsche zur **85** 261; als Straftat **85** 89c

Terroristische Vereinigungen, Aufnahme von Beziehungen zu **85** 89b; im Ausland **85** 129b; Ausschluss des Verteidigers **90** 138a; Bildung **85** 129a; Durchsuchung **90** 105, von Wohnungen **90** 103; Finanzierung als Straftat **85** 89c; Kontaktsperre **95a** 30 ff.; Verteidigerverkehr **90** 148 f.

Testament 20 2064 ff.; Ablieferungspflicht **20** 2259; Anfechtungsberechtigter **20** 2080; Anteilsbeschränkung bei fortgesetzter Gütergemeinschaft **20** 1512 ff.; Aufhebung **20** 2229 ff., durch Minderjährige **20** 2247; Auflage **20** 1940; Auslegung **20** 2066 ff., 2084; Ausschließung der fortgesetzter Gütergemeinschaft **20** 1509 ff.; Bedingung **20** 2074; Beurkundung durch Notar **23** 27 ff.; eigenhändiges **20** 2231, 2247, 2267, amtliche Verwahrung **20** 2248; Erbeinsetzung **20** 1937; Errichtung **20** 2229 ff., durch Minderjährige **20** 2247, und Widerruf **21** Art. 26; Form der Anfechtung **20** 2081; gemeinschaftliches **20** 2265 ff., Eröffnung **112** 349; Mitteilungs- und Ablieferungspflichten **23** 34a; Nottestament **20** 2249 ff.; öffentliches **20** 2232 f.; Rückgabe **20** 2256; Rücknahme aus amtlicher Verwahrung **20** 2256, des gemeinschaftlichen **20** 2272; Rücktritt vom Erbvertrag durch **20** 2297; Sprachunkundiger **23** 32; Teilungsanordnungen **20** 1515; Übergangsvorschrift **20** Anm. zu 2229; keine Übertragung in elektronische Form **23** 34 f.; Unwirksamkeit **20** 2085; Veränderung **20** 2255; Vermächtnis **20** 1939, 2147 ff.; Vernichtung **20** 2255; Verwahrung, Zuständigkeit **112** 343; Verwahrung, Verschließung **23** 34 f.; Vorbehalt der Ergänzung **20** 2086; Widerruf **20** 2253 ff., 2271, durch späteres **20** 2258; Zuständigkeit für besondere amtliche Verwahrung **112** 344; Zwang zur Ablieferung **112** 358

Testamentsformen, ordentliche **20** 2231

Testamentsregister, zentrales **112** 347

Testamentsvollstrecker 20 2197 ff.; Angabe im Erbschein **20** 2364; **112** 352b; Anspruch auf Beschlussausfertigung bzgl. Ernennung oder Entlassung **112** 357; Aufgaben **20** 2203 ff.; kein Auseinandersetzungsantrag **112** 363; befreiter **20** 2220; Beschränkung der Rechte **20** 2208 ff.; Beschwerung des Pflichtteilsberechtigten **20** 2306; als Beteiligter in Nachlasssachen **112** 345; Einsetzung zur Pflichtteilsbeschränkung **20** 2338; Entlassung **20** 2227; Erbschaftskauf **20** 2376; Ernennung und Entlassung, Geschäftswert **119** 65; geschäftsunfähiger **20** 2201; Grundbuchvermerk **114** 52; Haftung **20** 2219; Kündigung **20** 2226; Mehrheit von **20** 2219, 2224; Rechenschaftspflicht **20** 2218; Vergütung **20** 2221; Vergütung, keine nach RVG **117** 1; Zeugnis über Ernennung **20** 2368; **112** 342; und Zivilprozess **100** 243, Urteilswirkung **100** 327; bei Zwangsvollstreckung in Nachlass **100** 728, 748 f., 779 f.

Testamentsvollstreckeramt, Ablehnung **20** 2202; Annahme **20** 2202

Testamentsvollstreckerzeugnis, Geschäftswert **119** 40

Testamentsvollstreckung 112 342, 355

Testierfähigkeit 21 Art. 26, Art. 215; Unbeschränkbarkeit **20** 2302

Testierunfähigkeit 20 2229

Text und Data Mining 65 44b; gesetzlich erlaubte Nutzung geschützter Werke **65** 60a f., 60d; Nutzung von Computerprogrammen **65** 69d

Textform 20 126b; Anmeldungen nach dem UmwG **52a** 22; Beschlussfassung im Verein **20** 32 f.; für Betriebskostenvereinbarung **20** 556a, 560; Erklärungen nach dem GenG **53** 65 ff., 177, nach dem UrhG **65** 31a, 40, 132 f.; bei Hypothekenübernahme **20** 416; bei Indexmiete **20** 557b; Landpachtverträge **20** 585a; **21** Art. 229 § 70; für Mieterhöhung **20** 559b; Satzung der Genossenschaft **53** 5; für Schadensanzeige bei Frachtgeschäft **50** 438; für Unterrichtung der Arbeitnehmer über Betriebsübergang **20** 613a; der Verbraucherbauverträge **20** 650i; Vereinbarungen mit Frachtführer **50** 437; für Vollmachten bei Beschlussfassung durch Gesellschafter **52** 47; Widerspruch des Mieters nach Kündigung **20** 574b

Therapie als Auflage im Strafverfahren **90** 152a, Sachverständigengutachten **90** 246a; als Bewährungsauflage **85** 56c

Therapieweisung 85 68b; ärztlicher Sachverständiger für die Hauptverhandlung **90** 246a

Tierärzte, Berufsverbot, europaweite Unterrichtung durch Gerichte (Vorwarnmechanismus) **90a** 9; strafbare Verletzung von Privatgeheimnissen **85** 203

Tieraufseher, Haftung **20** 834

Tiere 20 90a; Aneignung **20** 960 f.; Haftung für Schaden **20** 833 f.; Halten gefährlicher **94** 121; im Straßenverkehr **35a** 28; Umgangsverbot **90** 407; Vollstreckungsschutz **100** 765a; wilde, gezähmte und herrenlose **20** 960

Tiergarten, Eigentum an wilden Tieren **20** 960

Tierhalter, Haftung **20** 833
Tierschutz 1 20a
Tilgung von Eintragungen im Zentralregister **92** 45 ff., Rechtswirkungen **92** 51 f.; des Schuldspruchs bei Jugendlichen **89** 62
Titel, Bestätigung durch Rechtspfleger **96** 20; *s. Ausfertigung*
Titelmissbrauch 85 132a
Tochterunternehmen im Konzernabschluss und -lagebericht **50** 290 ff., 296
Tod nach Abgabe der Willenserklärung **20** 130; des Abkömmlings bei fortgesetzter Gütergemeinschaft **20** 1490; vor Ablauf der Inventarfrist **20** 1998; Annahme als Kind nach des Annehmenden **20** 1753; des Auftraggebers **20** 672; des Ausstellers von Inhaberschuldverschreibungen **20** 794; des Beauftragten **20** 673; des Beschenkten **20** 532; eines Ehegatten bei Gütergemeinschaft **20** 1472, 1482, Zugewinnausgleich **20** 1371; Eintritt der Erbfolge **20** 1922, der Nacherbfolge **20** 2106; eines Elternteils **20** 1677, 1680; des Entleihers **20** 605; des beim Erbvertrag Beteiligten **20** 2290, 2297; des Gemeinschaftsteilhabers **20** 750; des gesetzlichen Vertreters im Zivilprozess **100** 241; des Hauptschuldners **20** 768; des Kindes **20** 1698b; des Mieters **20** 563 ff.; der Mutter, Beerdigungskosten **20** 1615m; des Nebenklägers **90** 402; des Nießbrauchers **20** 1061; des Pächters **20** 594d; einer Partei im Zivilprozess **100** 239 ff.; des Privatklägers **90** 393 f.; des Schenkers, Widerruf der Schenkung **20** 530; des Schuldners nach Beginn der Vollstreckung **100** 779; des Testamentsvollstreckers **20** 2225; des Überlebenden bei fortgesetzter Gütergemeinschaft **20** 1494; des Unterhaltsberechtigten **20** 1615; des Unterhaltsverpflichteten **20** 1586b; des Vaters, Unterhaltsansprüche **20** 1615n; eines Verlobten **20** 1301; des Versprechensempfängers **20** 331; vor Vertragsannahme **20** 153; des Verurteilten und Wiederaufnahmeverfahren **90** 361, 371; des Vorerben **20** 2106
Todeserklärung 20 2031; **21** Art. 9; elterliche Sorge bei **20** 1681; eines Elternteils **20** 1677, 1681; des Erblassers **20** 1974; unrichtige **20** 2031, 2370; Wiederverheiratung nach **20** 1319 f.
Todesgefahr für einen Ehegatten, gemeinschaftliches Nottestament **20** 2266; Nottestament **20** 2249 f.
Todesstrafe, Abschaffung **1** 102
Ton, Gewinnung **20** 1037
Tonaufnahme von Gerichtsverhandlungen **83** 52, 72; **95** 169; **95a** 43; **110** 4
Tonkunst *s. Musikwerke*
Tonträger 85 11; Einziehung und Unbrauchbarmachung **85** 74d; als Inhalte iSd StGB **85** 11, *s. a. dort;* Schutz des Herstellers **65** 85 f., 126; Zwangslizenz zur Herstellung **65** 42a
Torf, Gewinnung **20** 1037
Tote, Verunglimpfung des Andenkens **85** 189
Totenruhe, Störung **85** 168
Totgeburt, Ansprüche der Mutter **20** 1615n
Totschlag 85 212 f.
Tötung durch Beschädigung von Anlagen **85** 318; des Erblassers, Erbunwürdigkeit **20** 2339; fahrlässige **85** 222; eines Menschen, Entschädigung nach dem StVG **35** 10, Ersatzpflicht **20** 823, 833, 836 ff., 844 ff.; **33** 5, Haftung nach dem StVG **35** 7 ff.; des Schenkers, Widerruf der Schenkung **20** 530; Selbsttötung *s. dort;* Totschlag **85** 212 f.; Umfang der Haftung **33** 12, des Schadensersatzes **33** 5; durch Vergiftung **85** 314; auf Verlangen **85** 216
Träger der Wohlfahrtspflege, Mietverträge mit **20** 578
Transparenz- und Publizitätsgesetz bzgl. GmbH **52/1** 2; Übergangsvorschriften **50a** 54
Transparenzrichtlinie-Umsetzungsgesetz 50a 62, 77
Transportbegleiter iSd StVO **35a** 36a, 44
Transportgefahr beim Kauf **20** 447; beim Werkvertrag **20** 644
Transportgefährdung 85 315a
Transportversicherung 62 130 ff.
Transportversicherungspolicen 50 363; elektronische **50** 365a
Transsexuelle Menschen, Offenbarungsverbot nach dem Transsexuellengesetz **92** 20a
Trauung 20 1312
Trennung der Ehegatten **20** 1361 ff., Haushaltsgegenständeverteilung **20** 1361a, von Tisch und Bett **21** Art 202, vorzeitiger Zugewinnausgleichsanspruch **20** 1385, Zerrüttungsvermutung **20** 1566; der Eltern, elterliche Sorge **20** 1671; von Justiz und Verwaltung **95** 13
Treu und Glauben bei Auslegung von Verträgen **20** 157; bei Bedingungen **20** 162; bei Leistung **20** 320; bei Leistungen **20** 242; Verhinderung des Erfolges wider **20** 815
Treuhandanstalt und Aktiengesetz **51a** 28a
Treuhänder, Herausgabe eines Schiffes an **100** 855a; im Insolvenzverfahren **110** 288, 292 f., 298 f.; keine Vergütung nach RVG **117** 1

Trunkenheit, Gefährdung des Verkehrs **85** 315a, 316; Straftaten im Zustand der Volltrunkenheit **85** 323a; Testamentserrichtung bei **20** 2229; bei unerlaubten Handlungen **20** 827, 829

Überbau 20 912 ff.; **21** Art. 116; Eigentumsübertragung **20** 915
Überbaurente 20 912 ff.
Überfahrtsgelder, Streitigkeiten mit Reisenden **95** 23
Überfall auf Kraftfahrer **85** 316a
Übergabe bei Bestellung des Nießbrauchs **20** 1032, des Pfandrechts **20** 1205; beweglicher Sachen **20** 929, 931; der Kaufsache **20** 433, 447 ff.
Übergang der Forderung bei Ablösungsrecht **20** 268; der Forderung kraft Gesetzes **20** 408, 412; der Gefahr beim Kauf **20** 446 f., 2380, beim Werkvertrag **20** 644; der Hypothek **20** 1164; des Nießbrauchs **20** 1059c; von Schadensersatzansprüchen auf Sozialversicherungsträger **20** Anm. zu 823
Übergebot im Zwangsversteigerungstermin **108** 72
Überholen im Straßenverkehr **35a** 5, 7, 16, 26
Überlange Gerichtsverfahren, kein Kostenvorschuss für Verfahren wegen **115** 12a
Überlange strafrechtliche Ermittlungsverfahren, Rechtsschutz **95** 198 ff.
Überlassung des Gebrauchs der Mietsache **20** 540, 553; eines Grundstücks **21** Art. 232; im Urheberrecht **65** 17; von Vervielfältigungsstücken **65** 98
Übermittlung von Daten *s. Datenübermittlung;* von Geld **20** 270; unrichtige von Willenserklärungen **20** 120
Übernahme der Befriedigung des Gläubigers eines Dritten **20** 329; der Geschäftsführung, Anzeige **20** 681; eines Handelsgeschäfts **50** 22; einer Hypothek in Anrechnung auf den Kaufpreis **20** 416; einer Schuld **20** 414 ff.; eines Vermögens **20** 330
Übernahmerecht bei Gesamtgutsauseinandersetzung **20** 1502
Übernahmerichtlinie-Umsetzungsgesetz 50a 60
Überschuldung, Begriff iSd InsO **110** 19, während der COVID-19-Pandemie **110d** 4; Enterbung des Abkömmlings **20** 2338; des Gesamtguts **20** 1447 f.; einer Körperschaft des öffentlichen Rechts **20** 89; des Nachlasses **20** 1980, 1990 ff.; eines Vereins **20** 42; als Voraussetzung für Nachlassinsolvenzverfahren **110** 320; Zahlungen trotz **110** 15b
Überschuss bei Auseinandersetzung der Erbschaft **20** 1973, 2047; nach Beendigung der Gütergemeinschaft **20** 1476
Überschussbeteiligung bei Lebensversicherungen **62** 153
Überschwemmung, Verursachung **85** 313
Übersetzer, Entschädigung nach dem JVEG **116** 6 f.; Vergütung **94** 59; Vergütung nach dem JVEG **116** 1, 8 ff.
Übersetzung, Gerichtsverhandlung **95** 185; der notariellen Niederschrift **23** 16; Urheberrechtsschutz **65** 3, 130
Übertragung des Auftrags **20** 664; des Eigentums an beweglichen Sachen **20** 929 ff., an Grundstücken **20** 873, Verpflichtung zur **20** 311b, an Schiffen **20** 932a; eines Erbanteils **20** 2035, 2037; der Forderung **20** 398 ff., durch Gesamtgläubiger **20** 429; des Grundstückseigentums **20** 925; von Hypothekenforderungen **20** 1153 ff.; des mittelbaren Besitzes **20** 870; des Nießbrauchs **20** 1059; des Pfandrechts **20** 1250; von Rechten **20** 413; des Vermögens **20** 311b; von Vermögensgegenständen **20** 1383; **112** 264; des Vorkaufsrechts **20** 473
Übertretungen, Anwendung des bisherigen Rechts **85a** 300; Umwandlung in Ordnungswidrigkeiten **85a** 13
Überversicherung 62 75
Überwachung von Beschuldigten **90** 148a; während der Bewährungszeit **90** 453b; bei geographischen Herkunftsangaben **72** 134; der Telekommunikation **90** 100a ff., *s. a. Telekommunikationsüberwachung;* von Wohnungen **1** 13, akustische *s. Akustische Wohnraumüberwachung*
Überwachungssystem der Aktiengesellschaft **51** 91
Überweisung der abgetretenen Forderung **20** 408; des Anspruchs auf Herausgabe körperlicher Sachen **100** 886; einer Forderung bei bestehender Schiffshypothek **100** 837a; von Geldforderungen **100** 835 ff., 853; SEPA-Überweisung, entgeltfreie **20** 270a; Verzicht auf Rechte aus **100** 843
Überweisungsgesetz, Übergangsvorschriften **21** Art. 228
Üble Nachrede 85 186; gegen Personen des politischen Lebens **85** 188
Umbildung einer Sache, Eigentumserwerb **20** 950, Nießbrauch **20** 1037, Vermächtnis **20** 2172, Wertersatz **20** 346
Umdeutung, Konversion nichtiger Rechtsgeschäfte **20** 140
Umgangspflegschaft für Kinder **20** 1684 f.; Kosten **118** 4

Umgangsrecht, Abänderung gerichtlicher Entscheidungen und gebilligter Vergleiche **20** 1696; des Kindes mit anderen Bezugsperonen **20** 1685; Kindschaftssache **112** 151; des leiblichen Vaters, Verfahren zur Klärung **112** 167a; Vollstreckung **112** 88 ff.
Umgehungsgeschäfte einer AG **51** 71a
Umherfahren auf Straßen zu Werbezwecken **35a** 33
Umlaufvermögen, Wertansatz **50** 253
Umlegungsverfahren, keine Revision **100** 542
Umleitung, Kennzeichnung **35a** 42; des Straßenverkehrs, Anordnung **35a** 45
Umsatzsteuer als Masseverbindlichkeit **110** 55; und Provision des Handelsvertreters **50** 87b
Umtauschrecht auf Aktien **51** 221
Umwandlung eines nichtigen Rechtsgeschäfts *s. Umdeutung;* von Ordnungsgeld in Ordnungshaft **85a** 8
Umwandlungsgesetz 52a; Ausgliederungen **52a** 152 ff., *s. a. dort;* Formwechsel **52a** 190 ff., *s. a. dort;* grenzüberschreitende Vorgänge **52a** 305 ff.; Spaltungen **52a** 123 ff., *s. a. dort;* Strafvorschriften **52a** 346 ff.; Übergangsvorschriften **52a** 351 ff.; und Umwandlungsrichtlinie **52a** 355; Vermögensübertragungen **52a** 174 ff., auf die öffentliche Hand **52a** 176 f.; Verschmelzungen **52a** 2 ff., *s. a. dort;* Zwangsgelder **52a** 350
Umwelt, Straftaten gegen die **85** 5, 324 ff.; Verkehrsverbotszone **35a** 41
Umweltgefährdung 85 330
Umwelthaftungsgesetz 28; Bußgeld **28** 22; Strafvorschriften **28** 21
Umwelthaftungssachen, Gerichtsstand **100** 32a
Umweltschädigungen, Europarecht **21** Art. 46a
Umweltschutz 1 20a; Angaben in Lageberichten **50** 289c; im Straßenverkehr **35a** 30
Umzugsgut, Beförderung von **50** 451 ff.
Umzugsvertrag 50 451 ff., 452c; Frist für Schadensanzeige **50** 451f; Haftung **50** 451c f.; Haftungsausschlussgründe **50** 451d; Haftungshöchstbetrag **50** 451e; Umfang **50** 451; abweichende Vereinbarungen **50** 451h; Wegfall der Haftungsbefreiungen und -begrenzungen **50** 451g
Unabdingbare gesetzliche Regelungen 20 619, 650o; im Reiserecht **20** 651y; im Urheberrecht **65** 60g; im Versicherungsrecht **62** 67, 171; beim Zahlungsdienstleistungsvertrag **20** 675e
Unabdingbarkeit der allgemeinen Gleichbehandlung **34** 31; der Ersatzpflicht **33** 7
Unabhängige Bundesbeauftragte für Antidiskrimierung 34 25 ff.
Unabwendbare Ereignisse iSd StVG **35** 17
Unausführbarkeit des Werkes **20** 645
Unbare Zahlungsinstrumente, Fälschung **85** 152a, Passwortdiebstahl **85** 152c
Unbedenklichkeitsbescheinigung beim Grunderwerb **23** 19
Unbefugtes Wählen als Wahlfälschung **85** 107a
Unbeschränkte Haftung des Erben **20** 185, 2000, 2016; *s. a. Haftung*
Unbewegliche Sache, Absonderung im Insolvenzverfahren **110** 49; Arrest in **100** 923; im internationalen Insolvenzverfahren **110** 336, 349; Zwangsvollstreckung **100** 810, 864 ff., Herausgabeansprüche **100** 848, 855, 885
Unbrauchbarmachung, Beitreibung **122** 1; Beteiligung Betroffener im Strafverfahren **90** 439; als Maßnahme iSd StGB **85** 2, Beschlagnahme zur Sicherung **90** 111b, bei Verwarnung mit Strafvorbehalt **85** 59, Vollstreckung nach dem JBeitrG **90** 459g; von Schriften iSd StGB, Vollstreckungsverjährung **85** 79 ff.; von Verkörperungen eines Inhalts **85** 74d
Undank, Widerruf der Schenkung **20** 530
Unentgeltliche Leistung, Anfechtbarkeit **111** 4; Insolvenzanfechtung **110** 134
Unentgeltliche Verfügung des Erbschaftsverkäufers **20** 2375
Unentgeltliche Zuwendung *s. Schenkung*
Unerfahrenheit, Ausbeutung **20** 138
Unerlaubte Handlungen 20 823 ff.; **21** Art. 232; im Ausland **21** Art. 40; **21b** 4 ff.; Ausschluss der Aufrechnung gegen Forderung wegen **20** 393; Besitzerwerb **20** 992; Erlangung einer Erbschaftssache **20** 2025; Gerichtsstand **100** 32; Gesamtgutsverbindlichkeiten **20** 1441; Haftung bei Gütergemeinschaft **20** 1463; Nachteile für Verletzten **20** 273; Schadensersatz bei Verarbeitung **20** 951; Zuständigkeit der Arbeitsgerichte **83** 2
Unfähigkeit zur Bekleidung öffentlicher Ämter **85** 45 ff., 101
Unfall, strafbare Behinderung der Rettungskräfte nach einem **85** 115; mündliche Testamentserklärung vor drei Zeugen **20** 2250; Verhalten nach **35a** 34
Unfallflucht 85 142; Entschädigungsfonds nach dem PflVG **63** 12 ff.
Unfallversicherung 62 1 ff., 178 ff.; Anrechnung der Bezüge **20** 616 f., Anm. zu

618; Haftung des Arbeitgebers bei Arbeitsunfall **20** Anm. zu 618; seitens des Nießbrauchers **20** 1045 f.; Pflichtversicherung **62a** 6
Ungebühr in der Sitzung **95** 177
Ungerechtfertigte Bereicherung 20 812 ff.; im Ausland **21** Art. 38; **21b** 10 ff.; eheliches Güterrecht **20** 1390; bei Fund **20** 977; des Gesamtguts **20** 1434, 1457
Ungewisser Erfolg, Herausgabepflicht bei Nichteintritt **20** 820
Ungewissheit der Person des Bedachten **20** 2073; von Rechten bei Berechnung des Pflichtteils **20** 2313
Unglücksfälle, Sonderrechte bei Einsätzen nach **35a** 35
Unionsmarken, Anwendung des MarkenG **72** 119 ff.; Feststellung der Ungültigkeit **72** 120; im Insolvenzverfahren **72** 125; Streitigkeiten **72** 122; Umwandlung **72** 121; strafbare Verletzung **72** 143a; Zwangvollstreckung **72** 125a
Unionsmarkengerichte 72 122
Unionsmarkenstreitigkeiten 72 122 ff.
Unkenntnis der Abtretung **20** 407; über Erklärungsgegner **20** 132; fahrlässige **20** 122, 1980; der Nacherbfolge, Verfügungen **20** 2140; von Tatumständen **85** 16; **94** 10; des Vertreters **20** 166; *s. a. Kennen und Kennenmüssen*
Unlautere geschäftliche Handlungen iSd UWG 73 3, 3 Anhang; Abmahnungen **73** 13 f., 15a; durch aggressive Handlungen **73** 4a; Beseitigungs- und Unterlassungsansprüche, Antragsrecht **73** 8, Verfahren **73** 12 ff.; Gewinnabschöpfung **73** 10, Verfahrenskosten **115** 51; durch Irreführung **73** 5 f.; missbräuchliche Geltendmachung von Ansprüchen **73** 8c; gegen Mitbewerber **73** 4; Rechtsbruch als **73** 3a; Rechtsfolgen **73** 8 ff., Verjährung **73** 11; Schadensersatzpflicht **73** 9; strafbare Werbung **73** 16; durch Unterlassen **73** 5a; Unzulässigkeit **73** 3; durch unzumutbare Belästigungen **73** 7; durch vergleichende Werbung **73** 6; Verjährung der Ansprüche nach UWG **73** 11
Unlauterer Wettbewerb, G gegen den **73**, *s. a. UWG*
Unmittelbare Ersetzung bei Erbschaft **20** 2041; beim Erbschaftskauf **20** 2374; bei Gesamtgut **20** 1473; bei Herausgabe wegen ungerechtfertigter Bereicherung **20** 818; beim Pfandverkauf **20** 1247; bei Schadensersatz **20** 285; beim Vermächtnis **20** 2164, 2288; bei Verwendung von Kindesvermögen **20** 1646; bei Vorerbschaft **20** 2111
Unmittelbarkeitsprinzip im Strafprozess **90** 244, 250
Unmöglichkeit des beabsichtigten Erfolges **20** 820; der Herausgabe **20** 292, 346 f., 457, 460, 815, 848, 2021, 2023; der Leistung **20** 265, 275, 280 ff., 286 f., 308, 311a, 326, Draufgabe **20** 338, bei Gesamtschuldverhältnissen **20** 425, und Rücktritt **20** 218, bei einem Vermächtnis **20** 2171 f., beim Vorkauf **20** 466; des Vollzugs einer Auflage **20** 2196; vorübergehende **20** 308
Unpfändbare Forderungen 20 398 ff., 1274; keine Aufrechnung **20** 394
Unpfändbare Sachen, Insolvenzmasse **110** 36
Unpfändbarkeit des Nießbrauchs **20** 1059b
Unrichtige Übermittlung von Willenserklärungen **20** 120
Unrichtigkeit des Grundbuchs **20** 894; offenbare im Urteil **100** 319 f.
Unschädlichkeitszeugnis 21 Art. 120
Unsicherheitseinrede 20 321
Unteilbarkeit der Leistungen **20** 420, 431 f.
Unterbrechung der Hauptverhandlung **90** 228 f., wegen Ausbleibens des Pflichtverteidigers **90** 145; der Strafvollstreckung **90** 360, 455a; der Verjährung **94** 33, *s. Neubeginn,* durch richterliche Handlungen **85** 78c
Unterbringung, Anordnung bei Schuldunfähigkeit **85** 71; Anrechnung auf Strafe **85** 51; Ausschluss der Öffentlichkeit **95** 171a; Bekanntgabe des Beschlusses **112** 325; Beschluss für Begutachtung in Betreuungssachen **112** 284; des Beschuldigten für Gutachten **90** 81; Beschwerde des Untergebrachten **112** 305; in Entziehungsanstalt **90** 246a; mit freiheitsentziehenden Maßnahmen für Betreute **112** 312; von Jugendlichen zur Beobachtung **89** 73; keine Bekanntgabe der Gründe an Betroffenen **112** 325; von Kindern mit Freiheitsentzug **20** 1631b, Verfahren **112** 151, 167; von Minderjährigen mit Freiheitsentzug **20** 1631b, Verfahren **112** 151, 167; Mitteilungen während einer an Behörden und öffentliche Stellen **112** 310; in psychiatrischem Krankenhaus **85** 61, Anhörung eines Sachverständigen vor **90** 246a, Unzuständigkeit des Amtsgerichts **95** 24, Vollstreckung und Vollzug **90** 463; **90a** 13; keine Tilgung der Eintragung im Zentralregister **92** 45; nach Widerruf der Aussetzung **85** 67g; Wirksamwerden des Beschlusses **112** 324; Zuführung zur **112**

326; *s. a. Unterbringungsmaßnahmen, Unterbringungssachen*

Unterbringungsbefehl 90 275a; in Strafsachen **90** 126a

Unterbringungsbeschluss, Inhalt **112** 323

Unterbringungsmaßnahmen 112 312 ff.; Aufhebung **112** 330; Benachrichtigung der Angehörigen **112** 339; Dauer **112** 329; einstweilige Anordnung **112** 331 ff.; einstweilige Maßregeln **112** 334; Gutachten vor **112** 321; Verlängerung **112** 329; Vollzug **112** 327 ff.; Zuständigkeit **112** 313

Unterbringungssachen 112 312 ff.; Beschwerde **112** 335; deutsche Zuständigkeit **112** 104; Entscheidungsmitteilungen **112** 338; Kosten **112** 337; Rechtsanwaltsgebühren **117** 42 ff.; Unterbringungsmaßnahmen *s. a. dort;* Verfahrensfähigkeit des Betroffenen **112** 316; Vollzug **112** 327 ff.; Vorführung zur Untersuchung **112** 322; Zulässigkeit einer Vertrauensperson **95** 170; Zuständigkeit **95** 23d, des Amtsgerichts **95** 23a

Unterdrückung von technischen Aufzeichnungen und Urkunden **85** 274

Untergang des Gebäudes bei Erbbaurecht **41** 13; der Sache **20** 292, 346, 446, 457, 460, 644 f., 848, 989, 2023, 2375

Unterhalt wegen Alters bei Scheidung **20** 1571; angemessener **20** 1360a, 1603, 1608, 1610, Rückforderung **20** 1360b; Anpassung des Versorgungsausgleichs **48** 33 f.; Anrechnung von Kindergeld **20** 1612b, anderer Leistungen **20** 1612c; Art der Gewährung **20** 1585 ff.; Berechnung der Höhe bei Empfang von Sozialleistungen **20** 1610a; Beschränkung **20** 1611; aus Billigkeit **20** 1576; der Ehegatten im Beitrittsgebiet **21** Art. 234 § 5; Eigenverantwortung **20** 1569; einstweilige Anordnung vor Geburt **112** 247, bei Vaterschaft **112** 248; zum Einwand der Volljährigkeit **112** 244; Einwendungen gegen Beschluss **112** 254; kein Ersatzanspruch der Eltern **20** 685; wegen Erwerbsunfähigkeit **20** 1572; bei Feststellung der Vaterschaft **112** 237; Gefährdung **20** 1666; der geschiedenen Ehegatten **20** 1581 ff.; Gewährung durch Betreuung **20** 1612; aus Insolvenzmasse **110** 100; für Kinder nicht verheirateter Eltern **20** 1615a ff.; aus Kindesvermögen **20** 1649; für Minderjährige, Festsetzungsbeschluss **112** 253; Mindestunterhalt für Minderjährige **20** 1612a; für Pflege der Kinder **20** 1586a; Regelung des Schenkers **20** 519, 528; nach Scheidung **20** 1569 ff.; Sonderbedarf **20** 1613; bei Tod des Vaters **20** 1615n; bei Tot- oder Fehlgeburt **20** 1615n; Umfang **20** 1578; für Vergangenheit **20** 1585b, 1613; Verwendung des Gesamtguts **20** 1420; Wegfall **20** 1611; Zukunft **20** 1614

Unterhaltsanspruch 20 1712; beschränkter Pfändungsschutz **100** 850d; Beschränkung **20** 1579; der Ehegatten bei Getrenntleben **20** 1361; Ende **20** 1586 f.; trotz Erwerbstätigkeit **20** 1573; von Familienangehörigen des Erblassers („Dreißigster") **20** 1969; der Frau **20** 2141; Geltendmachung durch Elternteil **20** 1629, im Insolvenzeröffnungsverfahren **110** 40; Herabsetzung und zeitliche Begrenzung **20** 1578b; bei Körper- oder Gesundheitsschaden **20** 1578a; Minderjähriger, Hemmung der Verjährung **20** 204; der Mutter des Nacherben **20** 2141; Pfändbarkeit des Arbeitseinkommens **100** 850d; Rangverhältnis für Pfändbarkeit **100** 850; der schwangeren Witwe **20** 1963; bei Sozialleistungen **20** 1610a; Verjährung **20** 197; Versagung **20** 1579; Vollstreckbarkeit **100** 708; Wiederaufleben **20** 1586a; zeitliche Begrenzung **20** 1573, 1578; Zusammentreffen mehrerer nach der Scheidung **20** 1582

Unterhaltsberechtigte 20 1602; Anrechnung eigener Einkünfte **20** 1577; Rangfolge **20** 1609; Verfehlungen gegen Verpflichteten **20** 1611; Wiederverheiratung **20** 1586

Unterhaltspflicht 20 1601 ff.; bei Annahme als Kind **20** 1751; Befreiung **20** 1603; Beschränkung **20** 1611; der Ehegatten **20** 1360 ff.; Einfluss des Güterstandes auf **20** 1604; Erbvertrag **20** 2295; Erfüllung als Bewährungsauflage **85** 56c, 56e, durch Geschäftsführer **20** 679; erweiterter Pfändungsschutz **100** 850c; Gefährdung durch Schenkungen **20** 519, 528; des Getöteten **20** 844, 846; **33** 5; haftbare Verletzung **85** 170; und Haftung nach dem StVG **35** 10; und Leistungsfähigkeit **20** 1603; als Nachlassverbindlichkeit **20** 1586b; und Pfändungsschutz **100** 850f; Rangfolge **20** 1582, 1584, 1606, 1609; Sicherheitsleistung **20** 1585a; Verletzung **20** 333 f.; Vollstreckbarkeit von Urteilen **100** 708; Wegfall **20** 1611

Unterhaltsrecht, Überleitungsvorschrift **101** 36

Unterhaltssachen 112 231; Abänderungsantrag **112** 238, 240; mit Abstammungssachen **112** 179; nach AuslandsunterhaltsG **115** 1; einstweilige Anordnung **112** 246; als Familiensachen **112** 111; als Folgesache **112** 137; Kostenentscheidung

112 243; Verfahren **112** 231 ff., streitiges **112** 255, vereinfachtes **112** 249 ff.; Verfahrenswert **118** 51; Zuständigkeit des Rechtspflegers **96** 20 f., 25, 29

Unterhaltstitel, Abänderung, Zuständigkeit **96** 20; bei Zwangsvollstreckung im Ausland **112** 245

Unterhaltsverträge 20 1585c

Unterhaltung eines Gebäudes **20** 836, 838; von Grenzanlagen **20** 922; der Nießbrauchsache **20** 1041

Unterlassung als Anspruchsgegenstand **20** 590a, 862, 1004, 1134; Begehen einer Straftat durch **85** 13; Beweislast bei Rücktritt, Vertragsstrafe **20** 339, 343; des Gebrauchs geographischer Herkunftsangaben **72** 128; als Gegenstand eines Schuldverhältnisses **20** 241; der Hilfeleistung **85** 323c; als irreführende geschäftliche Handlung **73** 5a; Ordnungswidrigkeiten durch **94** 8; Ort der Tat **85** 9; Tatzeit bei Unterlassungsdelikten **85** 8; Zwangsvollstreckung zur Erwirkung von **100** 890 ff.

Unterlassungsansprüche nach GWB **74** 33; des Inhabers einer geschäftlichen Bezeichnung **72** 15; des Markeninhabers **72** 14 ff.; im Urheberrecht **65** 36b ff., 97 ff.; nach dem UWG **73** 8, 15a, Verfahren **73** 12 ff.

Unterlassungsansprüche nach dem UKlaG, missbräuchliche Geltendmachung **105** 2c; im Urheberrecht **105** 2b, anspruchsberechtigte Verbände **105** 3a; bei verbraucherschutzgesetzwidrigen Praktiken **105** 1 ff.

Unterlassungsklage gegen Firmenverletzung **50** 37; gegen Namensführung **20** 12; bei Nießbrauch **20** 1053; bei unlauteren geschäftlichen Handlungen **73** 8, 15a, Verfahren **73** 12 ff.; bei vertragswidrigem Gebrauch der Mietsache **20** 541

Unterlassungsklage nach UKlaG 105; anspruchsberechtigte Stellen **105** 3; Einigungsstelle **105** 12; grenzüberschreitende Verbandsklagen **105** 4d f.; Streitwert **115** 48; Verfahren **105** 5 ff., für Klagen nach § 1 UKlaG **105** 8 ff., für Klagen nach § 2 UKlaG **105** 12 f.; Veröffentlichungen **105** 7

Unterlassungsklagengesetz (UKlaG) 105; keine Anwendung im Arbeitsrecht **105** 15; Auskunftsansprüche **105** 13 f.; und das G zur Stärkung des fairen Wettbewerbs **105** 17; Ordnungswidrigkeiten **105** 16; Schlichtungsverfahren **105** 14; Veröffentlichungen im Verbandsklageregister **105** 6a; Verstöße innerhalb der EU **105** 2a

Untermiete 20 540, 543, 546, 549, 553

Unternehmen, assoziierte im Konzernabschluss **50** 311 f.; Beendigung der Eingliederung **51** 327; Beteiligungen an **50** 271; börsennotierte, Erklärung zum Corporate Governance Kodex **51** 161, Stimmrecht **51** 328; Boykottverbot **74** 21; Bußgeldvorschriften nach dem GWB **74** 81a f., Ausfallhaftung **74** 81e, nach dem PublG **52b** 20; Entflechtung **74** 41; Gemeinschaftsunternehmen, Vergabe öffentlicher Aufträge an **74** 139; gewerbliche **50** 2; Haftung des Inhabers nach dem UrhG **65** 99; kapitalmarktorientierte, Pflichten nach dem PublG **52b** 5; als Kostenschuldner bei Registersachen **119** 23; marktbeherrschende **74** 18, *s. a. dort;* Mitbestimmung der Arbeitnehmer **51** 98; Mitteilungspflichten gegenüber der Markttransparenzstellen **74** 47e; multinationale **50** 342 ff., *s. a. dort;* Offenlegungsvorschriften **50** 327a; Ordnungsgelder nach dem PublG **52b** 21; Rechnungslegungspflicht nach dem PublG **52b**; mit relativer Marktmacht **74** 20; Selbstreinigung iSd GWB **74** 125; Sicherungshypothek für Bauhandwerker **20** 650e; Teilnahme am organisierten Markt **50** 267; **50a** 93; Übergangsvorschriften **50a** 46; mit überlegener Marktmacht **74** 20; mit überragender marktübergreifender Bedeutung **74** 19a; Unternehmensgruppe iSd InsO **110** 3e; unverbundene **50** 342a; verbundene *s. a. dort;* Verhaltenskodex iSd UWG **73** 2; Zusammenschluss **74** 37, Kontrolle **74** 35 ff., 187, Verfahren **74** 40 ff., Meldepflichten **74** 39 f., 187, Ministererlaubnis **74** 42, Untersagung **74** 40, 187, Verbot des Vollzugs **74** 41; Zweigniederlassungen **50** 13

Unternehmen der öffentlichen Hand und GWB **74** 185

Unternehmen des Rohstoffsektors 50 341q f.; Konzernzahlungsberichte **50** 341v; Offenlegungspflichten **50** 341w, Straf- und Bußgeldvorschriften **50** 341x f.; Zahlungsbericht **50** 341s ff.

Unternehmen von öffentlichem Interesse, Abschlussprüfung **50** 316a, 341k; **51** 124, 209; Bilanz **52** 57f; Genossenschaften **53** 36, 38, 53, 55, 57 f., 63e; Pflichten nach dem PublG **52b** 6 f.; Prüfung von Jahresabschluss und Lagebericht **50** 340k; Prüfungsausschuss **50** 324

Unternehmensentwicklung, Nachhaltigkeit **51** 87

Unternehmensgruppe iSd InsO **110** 3e, Eigenverwaltung **110** 270g, Koordinationsverfahren **110** 269d ff., Kosten **115** 23,

und VO (EU) 2015/848 **110a** 102c, Verfahren **96** 18; **110** 3a ff., 269a ff., und VO (EU) 2015/848 **110a** 102c
Unternehmenskennzeichen, Markenschutz **72** 5
Unternehmensrechtliche Verfahren 112 375, 402 ff.; besondere Zuständigkeit **112** 376 f.; bestimmte, Geschäftswert **119** 67; Richtervorbehalt **96** 17; Zuständigkeit des Amtsgerichts **95** 23a
Unternehmensregister 50 8b ff.; Beglaubigung übermittelter Daten **50** 9; Einsichtnahme im Internet **50** 8b f.; elektronisches **50** 8b; **50a** 61; Führung **50** 9a; Kostenhaftung **120** 16; Prüfungs- und Unterrichtungspflichten **50** 329; Veröffentlichungen von Jahresabschlüssen **50** 325 ff., von multinationalen Unternehmen **50** 342m ff.
Unternehmenssanierung, Gegenstandswert für Rechtsanwaltsgebühren **117** 24; und Insolvenzverfahren **110a** 103g
Unternehmensstabilisierungs- und -restrukturierungsG, Auflassung im Restrukturierungsplan **20** 925; Gruppenbildung im Insolvenzverfahren **110** 222, während der COVID-19-Pandemie **110d** 7; Insolvenzverfahren **110** 14, Gruppen-Gerichtsstand iSd InsO **110** 3a, Zuständigkeit **110** 3; Übergangsvorschriften für Kreditinstitute **51a** 24; Verfahren nach dem, Rechtsanwaltsgebühren **117** 29a, Zuständigkeit **95** 71; Verfahrenskosten **115** 1, 13a, 25a; und Verjährung **20** 204; Vollzug der Vollstreckungssperre gem. ZVG **108** 30g
Unternehmensverträge 51 291 ff.; Abschluss **51** 293; Änderung **51** 295; Anmeldung **51** 294; Arten **51** 292; Aufhebung **51** 296; Beendigung **51** 296 ff., 307; Beherrschungsvertrag **51** 18; Betriebspachtvertrag **51** 292; Betriebsüberlassungsvertrag **51** 292; Eintragung **51** 294; Gewinnabführungsvertrag **51** 291, 304 f., 324; Gewinngemeinschaftsvertrag **51** 292; vor Inkrafttreten des AktG **51a** 22; Kündigung **51** 297; Sicherung der freien Aktionäre **51** 304 ff.; Teilgewinnabführungsvertrag **51** 292; Verlustübernahme **51** 302; Weisungen auf Grund **51** 299; Zustimmung der Hauptversammlung zu **51** 293
Unternehmer 20 14; fachliche Eignung iSd GWB **74** 122; Genossenschaftsmitglieder **53** 43, 65, Darlehen von **53** 21b; Haftung bei Dienstverträgen **20** Anm. zu 618, bei Schwarzarbeit **20** Anm. zu 618, gegenüber Sozialversicherungsträgern **20** Anm. zu 618, bei Unfällen **20** Anm. zu 618; Pfandrecht beim Werkvertrag **20** 647; Pflichten gegenüber Handelsvertreter **50** 86a; Rückgriffsansprüche **20** 445a f., 478; iSd UWG **73** 2
Unternehmergesellschaft 52 5a
Unternehmerische Sorgfalt iSd UWG **73** 2
Unternehmerpfandrecht 20 647
Unterricht, gesetzlich erlaubte Nutzung geschützter Werke im **65** 60a f.
Unterrichts- und Lehrmedien, gesetzlich erlaubte Nutzung geschützter Werke in **65** 60b
Unterrichtungspflichten nach GWB **74** 184
Untersagung der Berufsausübung **85** 61, 70
Unterschlagung 85 246 f.
Unterschrift, Beglaubigung **23** 40 f.; **119** 121; des Erblassers **20** 2247, 2267; des Rechtspflegers **96** 12
Unterstützung, Schenkung **20** 520
Untersuchung zur Abstammungsfeststellung **100** 372a; **112** 178; Duldung einer Blutgruppenuntersuchung **100** 372a; körperliche von Minderjährigen **90** 81c, nach dem OWiG **94** 46, im Strafverfahren **90** 81a, 81c f.; molekulargenetische **90** 81e f.
Untersuchungsausschüsse, falsche Angaben **85** 162
Untersuchungsausschüsse des Bundestages 1 44
Untersuchungsgrundsatz im Nachprüfungsverfahren nach GWB **74** 163; im Strafverfahren **90** 155, 244
Untersuchungshaft 90 112 ff.; Anrechnung **85** 51; **90** 450, nach dem JGG **89** 52 f.; Beschränkungen beim Vollzug **90** 119; Beschwerde **90** 305; Dauer **90** 121 ff.; Entscheidung über Fortdauer **90** 268b; Haftprüfungsverfahren **90** 117 ff., 122 f.; für Jugendliche **89** 72 ff.; Kosten **90** 466; sicheres Geleit **90** 295; Vollstreckung bei Jugendlichen **89** 89c; Vollzug, gerichtliche Überprüfung **90** 119a; Vorrang der Vollstreckung **90** 116b; Zuständigkeit für gerichtliche Entscheidungen **90** 126
Untersuchungshandlungen des Gerichts im Strafverfahren **90** 165 f., Protokollierung **90** 168 f.; der Staatsanwaltschaft, Protokollierung **90** 168b
Unterversicherung 62 76
Unterwerfung unter sofortige Zwangsvollstreckung **100** 799 f.
Unterzeichnung des Testaments **20** 2247, 2267; von Urkunden über Rechtsgeschäfte **20** 126 f., 129; *s. a. Unterschrift*
Untreue 85 266

Unübertragbarkeit *s. a. Übertragung*
Unverletzlichkeit der Wohnung **1** 13
Unvermögen des Schuldners kein Gläubigerverzug **20** 297, zur Leistung **20** 275; *s. a. Unmöglichkeit*
Unverzüglichkeit der Anfechtung **20** 121
Unwahre Tatsachen, Verbreitung **20** 824
Unwirksamkeit der Auflage **20** 2195; der Aufrechnungserklärung **20** 388; der Bestimmung der Leistung durch Dritte **20** 319; der Beurkundung von Willenserklärungen **23** 6 f.; des Erbvertrags **20** 2298; von Fristbestimmungen **20** 308; eines gemeinschaftlichen Testaments **20** 2268; eines Leistungsversprechens **20** 344; öffentlicher Aufträge **74** 135; von Rechtsgeschäften eines Ehegatten **20** 1365 ff.; relative **20** 135 f., 883; **110** 80 ff.; des Rücktritts bei Verjährungseintritt **20** 218; von Vereinbarungen gegen Vorkaufsrecht **20** 465; einer späteren Verfügung gegenüber Erbvertrag **20** 2289; von Verfügungen **20** 135 f., eines gemeinschaftlichen Testaments **20** 2270; eines Vermächtnisses **20** 2160; des Versprechens einer Vertragsstrafe bei Wohnraummiete **20** 555; von Vertragsbestandteilen, Rechtsfolgen **20** 306; *s. Nichtigkeit*
Unwürdigkeit eines Erben *s. Erbunwürdigkeit*
Unzulässigkeit von Bedingungen bei Annahme der Erbschaft **20** 1947, bei Ausschlagung der Erbschaft **20** 1947, bei Vermächtnissen **20** 2180; der Berufung im Strafverfahren **90** 319, 322, im Zivilverfahren **100** 522; der Rechtsausübung (Schikaneverbot) **20** 226; der Revision im Strafverfahren **90** 346; des Schiedsverfahrens, Aufhebungsklage **83** 110
Unzumutbare Härte bei Maßnahmen der Zwangsvollstreckung **100** 765a
Unzumutbarkeit der Fortsetzung des Arbeitsverhältnisses **84** 9, des Mietverhältnisses **20** 543
Unzurechnungsfähigkeit *s. Schuldunfähigkeit*
Urgroßeltern, Erbrecht **20** 1928
Urheber **65** 7 ff.; Auskunftsanspruch **65** 32d f., und Unterlassungsansprüche **65** 36d; Auskunftsrechte nach dem UrhDaG **68** 19; Bezeichnungspflicht **65** 10; Folgerechte **65** 26; eines geschützten Werkes, Vergütungsanspruch **65** 54; Kontrollbesuche **65** 54g; Maßnahmen gegen Entstellung des Werkes **65** 14; Nutzungsrechte **65** 31 ff., 137, Erwerb durch Diensteanbieter **68** 4, Pflicht zur qualifizierten Blockierung **68** 7 f.; Rechtsbehelfe bei Teilen von Online-Inhalten **68** 13 ff.; Rückrufsrechte **65** 41 f.; Schutz **65** 1, 134, *s. Urheberschutz;* technische Maßnahmen zum Schutz **65** 95a ff.; unpfändbare geschützte Werke **100** 811; verbundener Werke **65** 9; Vergütung **65** 32 ff., gesetzliche Ansprüche **65** 63a, 137q; **68** 5, 12, für später bekannte Nutzungsarten **65** 32c; Vermietung von Vervielfältigungsstücken **65** 27; Vermutung **65** 10; Veröffentlichungsrecht **65** 12; Verträge über unbekannte Nutzungsarten **65** 31a; Vertretung durch Vereinigungen **65** 32g ff.; Verwertungsrecht **65** 15 ff., nach 10 Jahren **65** 40a; Zugang zu Werkstücken **65** 25; Zwangslizenz **65** 42a
Urheberpersönlichkeitsrecht **65** 12 ff.
Urheberrecht **65**; **65** 11 ff.; Abmahnung **65** 97a; Anspruch auf Vernichtung, Rückruf und Überlassung **65** 98, auf Vorlage und Besichtigung **65** 101a; außergerichtliche Konfliktbeilegung **65** 32f; Dauer **65** 64 ff., 82, 87d, 129, 137m; Diensteanbieter **68**, *s. a. Diensteanbieter iSd UrhDaG;* Dokumentationspflichten **65** 61a; und Europarecht **65** 137e ff., 137m f.; Gerichtsstand **65** 104a; und gesetzlich erlaubte Nutzungen **65** 44a ff., 55 ff.; **68** 5; Haftung des Unternehmers **65** 99; an Lichtbildwerken **65** 137a; Maßnahmen der Zollbehörde **65** 111b; Mediation und außergerichtliche Konfliktbeilegung **65** 32f, 35a; neue Nutzungsarten **65** 137l; Nutzungsrechte **65** 31 ff., 137, Erwerb durch Diensteanbieter **68** 4, Pflicht zur qualifizierten Blockierung **68** 7 f.; öffentliches Zugänglichmachen **65** 19a; Rechtsgeschäfte über **65** 29; Rechtsnachfolge **65** 28 ff.; Rechtsverletzungen **65** 97 ff.; Rechtsweg **65** 104; Schlichtungsstelle **65** 36a; Schutz des ausübenden Künstlers **65** 73 ff., nach EU-Recht **65** 137e ff.; Straf- und Bußgeldvorschriften **65** 106 ff.; technische Maßnahmen **65** 95a ff.; Text und Data Mining **65** 44b, *s. a. dort;* Übertragbarkeit **65** 29; Unterlassungsklage nach dem UKlaG **105** 2b, anspruchsberechtigte Verbände **105** 3a; und Urheberrechts-Wissensgesellschaftsgesetz **65** 137o; Verantwortlichkeit von Diensteanbietern für das Teilen von Online-Inhalten *s. a. Diensteanbieter iSd UrhDaG;* Vererblichkeit **65** 28; Vergütung **65** Anlage, gemeinsame Vergütungsregeln **65** 36 ff., bei Vervielfältigungen **65** 54 ff.; Verjährung der Ansprüche **65** 102 f.; Verträge über **65** 31a; Vervielfältigungen **65** 53, verwaiste Werke **65** 61 ff., Anlage; Verwertungsgesellschaften **65** 26 f., 54h;

Verwertungsverbot **65** 96; aufgehobene Vorschriften **65** 141; an Werken der bildenden Kunst und Photographie **67**; Zitate **65** 51, zum Zwecke der Karikatur, Parodie, Pastiche **65** 51a, 62; Zwangsvollstreckung **65** 112 ff.

Urheberrechtsschutz, amtliche Werke **65** 5; für ausübende Künstler **65** 73 ff.; bestimmter Werkausgaben **65** 137b; für Computerprogramme **65** 69a ff., 137d, bei Dekompilierung **65** 69e; Datenbanken **65** 87a ff.; Dauer **65** 137m; Filme **65** 88 ff.; geschützte Werke **65** 2 ff.; Kontrollbesuche des Urhebers **65** 54g; Lichtbilder **65** 72; Maßnahmen gegen Missbrauch **68** 18; nachgelassene Werke **65** 71; Presseverleger **65** 87f ff., 137r; Schutzfrist **65** 135a; technische Maßnahmen **65** 95a ff.; vertonte Sprachwerke **65** 131; wissenschaftliche Ausgaben **65** 70

Urheberrechts-Wissensgesellschafts-gesetz **65** 60a ff., 137o; Evaluierung **65** 142

Urheberrolle *s. Register anonymer und pseudonymer Werke*

Urheberschaft, Anerkennung **65** 13; oder Rechtsinhaberschaft **65** 10

Urkunden, Abänderungen in Unterhaltssachen **112** 239; Änderungen in **23** 44a; Anmeldung der Rechte des Inhabers **112** 477; Aufgebotsverfahren zur Kraftloserklärung **112** 466 ff.; Ausfertigungen **23** 47 ff.; Aushändigung **20** 1150; Auslieferung bei Abtretung der Forderung **20** 402 f., 410; Beglaubigung einer Abschrift **23** 42; Behandlung **23** 44 ff.; Beibringung einer über Beweisaufnahme **100** 364; bereits errichtete **23** 73; über Bestellung zum Betreuer **112** 290; als Beweismittel **100** 415 ff.; Echtheit **100** 437 ff., Anerkenntnis durch Schweigen **100** 439; Eigentum **20** 952; Einsicht **20** 810; Elektronisches Urkundenarchiv **23** 55, 75; Erklärung über **100** 510; Errichtung **20** 126 ff.; Fälschung **20** 2339; **85** 133; **90** 359, 362; **100** 444; gemeinschaftliche **20** 810; Hinterlegung **20** 372; Inhaberschuldverschreibung **20** 793 ff., *s. a. dort;* über Kaufvertrag eines Grundstücks **20** 925a; Klage auf Abänderung **100** 323a; Kraftloserklärung **21** Art. 102; **112** 478 f.; über Leistungen an Inhaber **20** 807; Nachtragsbeurkundung **23** 44b; Niederlegung auf Geschäftsstelle **100** 364, 411; offensichtliche Unrichtigkeiten **23** 44a; öffentliche iSd VO (EU) 2016/1191 **20** 1309; **100** 1118 ff.; Radierungen in **100** 419; Recht auf Ausfertigungen, Abschriften, Einsicht **23** 51; über Schiedsvertrag **100** 1031; Übersetzungen **23** 50; Übertragung in die elektronische Form **23** 56; Unterdrückung **85** 133, 274; **100** 444; Urschrift **23** 45, Aushändigung **23** 45a, elektronische Fassung **23** 49, Ersetzung **23** 46; Verbindung mit Schnur und Prägesiegel **23** 44; Verjährung aus vollstreckbaren **20** 197; Verlesung **90** 249, im Berufungsverfahren **90** 325; Vernichtung **85** 133, 274; **100** 444; Verwahrung **23** 55 ff., auf Geschäftsstelle **100** 443; vollstreckbare **100** 797; Vorlagepflicht im Zivilprozess **100** 142; Vorlegen von Privaturkunden **23** 43; Vorlegung **100** 420 ff.; im Wechselprozess **100** 593; auf Wiederaufnahme **100** 588

Urkundenbeweis **90** 251; **100** 415 ff.

Urkundenfälschung **85** 267 ff.; Vorbereitungshandlungen **94** 127

Urkundenmahnbescheid **100** 703a

Urkundenprozess **100** 592 ff.; Abstandnahme **100** 596; Beweismittel **100** 592, 595; Einwendungen **100** 598; Klageabweisung **100** 597; Mahnverfahren **100** 703a; Verfahren **100** 593 ff.; Vollstreckbarkeit der Urteile **100** 708; Vorbehalt der Ausführung der Rechte des Unterliegenden **100** 599; Zulässigkeit **100** 592; Zurückverweisung in ersten Rechtszug **100** 538

Urkundsbeamte **95** 153; Anwesenheit bei Hauptverhandlung **90** 226; Ausschließung und Ablehnung im Strafprozess **90** 31; Ausschluss im Zivilverfahren **100** 49; als Dolmetscher **95** 190; Entscheidung in Grundbuchsachen **114** 12c; Erteilung der Vollstreckungsklausel **100** 724 f.; und Rechtspfleger **96** 26, 36b; Verkündungsvermerk **100** 315; *s. a. Rechtspfleger*

Urkundsbeteiligte als Kostenschuldner **119** 30

Urkundsperson, Aufnahme von Urkunden **100** 418

Urlaubsprodukt, Vertrag über langfristiges **20** 312, 481a ff., 486a, Widerrufsrecht **20** 356a, 357b

Urlaubsproduktverträge, Informationspflichten **21** Art. 242; Klagen nach dem UKlaG **105** 2

Ursprungsbezeichnungen und Markenschutz **72** 8; Schutz **72** 130 ff.

Urteil im Arbeitsgerichtsverfahren **83** 60 ff., Revisionsverfahren **83** 75, Tarifvertragssachen **83** 63, Verkündung **83** 52, 72, Zustellung **83** 50; Bestimmung der Leistung durch **20** 319; im Bußgeldverfahren **94** 77b; Feststellung der Schuld gegen Jugendlichen **89** 27; gegen Gesamtschuldner

20 425; in Jugendsachen **89** 62; im Markenrechtsverfahren **72** 19c; im Urheberrechtsstreit **65** 103; Verbandsklagen nach dem VDuG **105a** 16 ff.; Verkündung **89** 48; **95** 173, öffentliche **95** 169; Wirkung auf Anfechtungsklage gegen Hauptversammlungsbeschlüsse der AG **51** 248, auf Nichtigkeitsklage gegen Wahl von Aufsichtsratsmitgliedern **51** 252, nach dem UKlaG **105** 11

Urteil im Strafprozess, keine Abänderung zum Nachteil des Angeklagten **90** 331, 358, 373; Angabe der Tagessätze **85** 40; Aufhebung im Revisionsverfahren **90** 353; Ausfertigungen, Auszüge **90** 275; bei Beleidigung **85** 200; Berufungsverfahren **90** 322; Entscheidung über Untersuchungshaft **90** 268b; Gegenstand des Strafurteils **90** 264; Gründe **90** 267; Inhalt **90** 260; Revisionsverfahren **90** 349; Verkündung **90** 268, 356; Vorbehalt über Sicherungsverwahrung **90** 260; Zustellung **90** 273

Urteil im Zivilprozess 100 300 ff.; Abfassung **100** 315; abgekürzte Form **100** 313b, im Mahnverfahren **100** 697; des Amtsgerichts **100** 495a; Aufhebung durch Revisionsgericht **100** 562; Ausfertigungen, Auszüge **100** 317; ohne Begründung **100** 313a; Berichtigung **100** 319 f.; Endurteil *s. dort;* Ergänzung **100** 321, und Berufung **100** 518, und Vollstreckbarkeit **100** 716; erkennende Richter **100** 309; Gründe **100** 313; Inhalt **100** 313; Klage auf Abänderung **100** 323; Rechtskraft **100** 322, 705; Tatbestand **100** 313 f., 314, 559, Berichtigung **100** 320, Weglassen oder Verzicht **100** 313a; über Teilungsplan **100** 880; Teilurteil **100** 301, Übertragung auf Einzelrichter **100** 348a, Zurückverweisung in ersten Rechtszug **100** 538; Unterschriften der Richter **100** 315; Verfahren **100** 253 ff.; Verkündung **100** 310 ff.; Vollstreckungsabwendung durch Sicherheitsleistung **100** 711 f.; unter Vorbehalt der seerechtlichen Haftungsbeschränkung **100** 305a, spaltungsrechtlicher Haftungsbeschränkung **100** 305b; vorläufige Vollstreckbarkeit ohne Sicherheitsleistung **100** 710; Zustellung **100** 317

UWG, Antragsberechtigung **73** 8, 15a; Begriffe **73** 2 ff.; Einigungsstellen **73** 15; Gewinnabschöpfung **73** 10, Verfahrenskosten **115** 51; Ordnungswidrigkeiten **73** 19 f.; Ranking **73** 2; Schadensersatzpflicht bei Verstößen **73** 9; Strafvorschriften **73** 16 ff.; unzulässige unlautere Geschäftshandlungen gegenüber Mitbewerbern **73** 4; unzumutbare Belästigungen **73** 7; Verbraucherverträge **73** 5b ff.; Verfahren zur Ahndung unlauterer Handlungen **73** 12 ff.; vergleichende Werbung, unlautere **73** 6; Verjährung von Ansprüchen **73** 11

Vater 20 1592; Erbrecht **20** 1925; Rechte des leiblichen **20** 1686a

Vaterschaft 20 1592; Anerkennung **20** 1594 ff.; **112** 169, Geschäftsfähigkeit **20** 1596, missbräuchliche **20** 1597a, öffentliche Beurkundung **20** 1597, Unwirksamkeit **20** 1598, Widerruf **20** 1597, 1598, Zustimmung oder Widerruf **112** 180, Zustimmungsbedürftigkeit **20** 1595; Anfechtung **20** 1600 ff.; **112** 169, der Anerkennung **100** 153, Frist **20** 1600b, Übergangsvorschriften **21** Art. 229 § 10; Beweisaufnahme **112** 177; eingeschränkte Amtsermittlung bei Anfechtung **112** 177; Feststellung durch Beschluss **112** 182; gerichtliche Feststellung bei künstlicher Befruchtung **20** 1600d; **21** Art. 229 § 46; Nichtbestehen einer **20** 1599; bei Tod des Vaters **20** 1593; Verfahren zur Klärung der leiblichen **112** 167a; Vermutung der **20** 1600c; bei Wiederheirat **20** 1593

Vaterschaftsfeststellung 20 1712

Ver- und Entsorgungsbedingungen 21 Art. 243

Verabredung zu Straftaten **85** 30

Veränderung der Kaufsache bei Wiederkauf **20** 457; der Mietsache, Haftung **20** 538, 548; bei Nacherbschaft **20** 2132; bei Nießbrauch **20** 1037, 1050, 1057; des Pfandes **20** 1226; einer Sache, Werkvertrag **20** 631

Veranstalter von Künstlerdarbietungen, Schutz **65** 81

Veranstaltungen auf Straßen **35a** 29 f., 44

Verantwortlichkeit im OWiG **94** 12; des Schuldners **20** 276; strafrechtliche von Jugendlichen **89** 3

Verarbeitung, Rücktritt, Vermächtnis **20** 2172; von Sachen **20** 950 f.; Wertersatz **20** 346

Verarmung des Schenkers **20** 528 f.

Veräußerung, Anzeigepflicht **62** 97; einer belasteten Sache **20** 936; des Dauerwohnrechts **37** 33, 35, 38; beim Erbschaftskauf **20** 2375; des gepachteten Grundstücks **20** 593b; einer gepfändeten Sache, Gewährleistung **100** 806; eines Grundstücks während des Rechtsstreits **100** 266; einer mit Hypothek belasteten Sache **20** 1136; des Miet- und Pachtobjektes im Insolvenzverfahren **110** 111; der Mietsache vor Überlassung **20** 567a; durch Nichtberechtigte

20 932 ff.; **50** 368; rechtswidrige beim Pfandverkauf **20** 1243; eines Schiffes **20** 932a; des Streitgegenstandes **100** 265, 325; des Vermächtnisgegenstandes **20** 2288; des vermieteten Wohnraums **20** 566; von Wohnungseigentum, Beschränkung **37** 12, ohne Zustimmung **37** 46; des Zubehörs **20** 311c; *s. a. Verkauf*

Veräußerungsverbot 20 135 ff., 888, 1136; durch Beschlagnahme **90** 111d; Drittwiderspruchsklage bei Zwangsvollstreckung trotz **100** 772; bei einstweiliger Verfügung **100** 938; durch Einziehung iSd OWiG **94** 26; durch Einziehung iSd StGB **85** 75; im Insolvenzverfahren **110** 21 ff., 80 ff.; in Zwangsversteigerungsverfahren **108** 23, 26

Verband, anspruchsberechtigt nach dem UKlaG **105** 3a; geschlossene im Straßenverkehr **35a** 27

Verbandsklagen, RL-Umsetzungsgesetz **21** Art. 230 § 65; iSd VDuG **105a** 1, 5 ff., Abhilfeklagen **105a** 14 ff., *s. a. dort,* Musterfeststellungsklagen **105a** 41 f., Sperrwirkung **105a** 8, 11, Verbandsklageregister **105a** 43 ff., Verbraucherquorum **105a** 4, ZPO **105a** 13

Verbandsklageregister 105a 43 ff.

Verbindlichkeiten, Befriedigung aus Gesamtgut **20** 1437, 1459; Bodenreform **21** Art. 233; Eingehung ohne Rechtsgrund **20** 821, durch Testamentsvollstrecker **20** 2206 f.; Übergang auf Eigentümer nach Bodenreform **21** Art. 233 § 13; Übernahme erfüllungshalber **20** 364

Verbindung, jugendgerichtliche Maßnahmen **89** 8; von Sachen **20** 946 f., 949, 951, 997, Vermächtnis **20** 2172; wesentlich engere im IPR **21** Art. 41

Verbot, gesetzliches **20** 134; der Mitwirkung des Notars **23** 3; der Rechtsausübung (Schikaneverbot) **20** 226; Rechtsgeschäfte und gesetzliches **20** 134, 309, 817, 819; der Testamentseröffnung **20** 2263; der Tierhaltung **90** 407; Vermächtnis, entgegen gesetzliches **20** 2171

Verbotsirrtum 85 17; **94** 11

Verbrauchbare Sachen 20 92; Inhaber- und Orderpapiere **20** 1084; als Nießbrauchsgegenstand **20** 1067, 1075, 1085, 1087; Schenkung als Pflichtteilsverletzung **20** 2325; Verwahrung **20** 700

Verbraucher 20 13; Hemmung der Verjährung durch Musterfeststellungsklage **20** 204 f.; iSd HGB **50** 414; Kauf vom Unternehmer **20** 474; Maklerverträge betreffend Wohneigentum **20** 656b; **21** Art. 53; Schutz *s. Verbraucherschutz,* und verbotene Verletzung ihrer Interessen **21** Art. 246e; Schutz vor unlauteren geschäftlichen Handlungen **73**; Widerrufsrecht bei Darlehensverträgen **20** 495; **21** Art. 247

Verbraucherbauverträge 20 650i ff.; Abnahme **20** 640; Abschlagszahlungen **20** 650m; **21** Art. 244; Baubeschreibung **20** 650j; **21** Art. 249 § 2; Bauhandwerkersicherung **20** 650m; Grundsätze bei **20** 312; Informationspflichten **20** 650j; **21** Art. 249; Inhalt von **20** 650k; Textformerfordernis **20** 650i; unabdingbare gesetzliche Regelungen **20** 650o; Unterlagen **20** 650n; Widerruf **20** 356e, 357d; **21** Art. 249 § 3, Anlage 10 zu 249 § 3; Widerrufsrecht **20** 650l

Verbraucherdarlehensvertrag 20 491 ff.; Abtretungen bei **20** 493, Einwendungen **20** 495; Anrechnung von Teilleistungen **20** 497; Bedenkzeit **20** 495; Beratungsleistungen **20** 511; Beratungspflichten **20** 504a; Darlehensvermittler bei **21** Art. 247 § 13; mit Existenzgründer **20** 513; Immobiliar- *s. dort;* Informationspflichten **20** 493; **21** Anlagen 4, 5, vorvertragliche **20** 491a; **21** Art. 247; Inhalt **20** 492; Klagen nach dem UKlaG **105** 2; Kündigungsrechte **20** 499 f.; Merkblatt **21** Anlage 6; Musterwiderrufsinformation **21** Anlage 7; Pflicht zur Kreditwürdigkeitsprüfung **20** 505a ff., Pflichtverletzung **20** 505d; Schriftform **20** 492, Formmängel **20** 494; Sollzins-Angaben **21** Art. 247; Sollzinsbindung **20** 493; Teilzahlungsdarlehen **20** 498; Tilgungsplan **21** Art. 247 § 14, repräsentatives Beispiel *s. dort;* Übergangsvorschriften **21** Art. 229 § 38; Überziehungsmöglichkeit **20** 504 ff.; **21** Art. 247 § 10, Art. 247 §§ 16 f., Art. 247a § 2, Anlage 5 zu 247 §§ 16 f.; unentgeltlicher **20** 356d, 514, Widerrufsbelehrung **21** Art. 248, Anlage 9 zu 248; Verjährung des Rückzahlungsanspruchs **20** 497; Vertragsinhalt **21** Art. 247 §§ 6 f.; Verzugszinsen **20** 497; Vorfälligkeitsentschädigung **20** 502; vorzeitige Rückzahlung **20** 500; Wechsel- und Scheckverbot **20** 496; Widerrufsrecht **20** 355 ff., 495; **21** Art. 247; Zinsanpassungen **21** Art. 247 § 15; mit Zusatzleistungen **21** Art. 247 § 8

Verbraucherinsolvenzverfahren 110 304 ff.; Antrag des Schuldners **110** 305; außergerichtliche Schuldenbereinigung **110** 305 ff.; keine Eigenverwaltung im **110** 270; Formulare **110** 305; Ruhen **110** 306

Verbraucherrechtedurchsetzungsgesetz (VDuG) 105a; Evaluierung **105a** 50; kla-

geberechtigte Stellen **105a** 2, Informationspflichten **105a** 12; Verbandsklagen **105a** 1, 13, *s. a. dort;* Verbandsklageregister **105a** 43 ff.; Verfahrenskosten **115** 1

Verbraucherschutz, Abweichungsverbote **20** 512; für besondere Gebiete, EG-Recht **21** Art. 46b; Bußgeldvorschriften **21** Art. 246e § 2; beim Darlehensvermittlungsvertrag **20** 655e; Unterlassungsklagen bei Verstößen **105**, *s. a. dort;* bei verbundenen Verträgen **20** 358

Verbraucherschutzverband, Musterfeststellungsklage eines und Hemmung der Verjährung **20** 204 f.; Verzeichnis bei der Europäischen Kommission **73** 8

Verbraucherverträge 20 312 ff.; Abschluss außerhalb von Geschäftsräumen **20** 312b, 312d ff., Gerichtsstand **100** 29c, Informationspflichten **20** 312d; **21** Art. 246a, Art. 246b §§ 1, 2, Anlage 3b zu 246b, Anlagen 1, 2 zu 246a, Kündigung **20** 312h, Widerrufsrecht **20** 312g, 356 ff., am Telefon **20** 312a; **21** Art. 246; Abweichungsverbot **20** 312l; Allgemeine Geschäftsbedingungen **20** 310; **21** Art. 229 § 60; über digitale Produkte **20** 327 ff.; **21** Art. 229 §§ 57 ff., *s. a. dort,* und Ansprüche nach dem UKlaG **105** 2, Miete **20** 327 ff., Paketverträge **20** 327a; elektronischer Geschäftsverkehr **20** 312j; Informationspflichten **21** Art. 246, Anlage 1, Anlage 2; Maklerverträge betreffend Wohneigentum **20** 656b; **21** Art. 53; Prüfungs- und Belehrungspflichten des Notars **23** 17; Ratenlieferungsverträge **20** 510; Rechtswahl **21a** 6; Teilzahlungsgeschäfte **20** 506 ff.; und UWG **73** 5b ff., Anhang; Widerrufs- und Rückgaberecht **20** 356 ff., bei verbundenen Verträgen **20** 358 f., und zusammenhängende Verträge **20** 360; Widerrufs- und Rückgaberechte **20** 355 ff.

Verbrauchsgüterkauf 20 474 ff.; Beweislastumkehr **20** 477; über digitale Produkte **20** 475a ff.; Garantieerklärungen **20** 479; Klagen nach dem UKlaG **105** 2; bei Mängelmitteilung **20** 475; Rückgriff des Unternehmers **20** 478

Verbrechen 85 12; Aufforderung zum **85** 30; notwendige Verteidigung **90** 140; unterlassene Anzeige **85** 138 f.; Untersuchungshaft **90** 112; Verfolgungsverjährung **85** 78; Verlust der Fähigkeit zur Bekleidung öffentlicher Ämter **85** 45 ff.; Vollstreckungsverjährung **85** 79; Zuständigkeit des Amtsgerichts **95** 24 f., des Landgerichts **95** 74

Verbrechen der Aggression iSd Völkerstrafgesetzbuch **85** 80a

Verbreitung beleidigender Tatsachen **85** 186 ff.

Verbreitungsrecht nach dem UrhG **65** 17, 136

Verbundene Unternehmen 50 271; **51** 15 ff., 291 ff., 295 ff., 304 ff., 308 f., 323 f.; durch Eingliederung **51** 18, 319 f., 320a; gesetzliche Rücklage **51** 324; Haftung **51** 309 f., 317 f., 323; Konzernunternehmen **51** 18; Schranken des Einflusses **51** 311; Sicherung der Gesellschaft und Gläubiger **51** 300 ff.; Unternehmensverträge **51** 291 f.; Vergabe öffentlicher Aufträge an **74** 138; bei Versicherungsunternehmen **50** 341b; wechselseitig beteiligte Unternehmen **51** 328

Verbundene Verträge 20 358 f.; Informationspflichten **21** Art. 247 § 12

Verdächtigung, falsche **85** 164; politische **85** 241a

Verdeckte Ermittler 90 110a ff.; gerichtliche Zustimmung **90** 110d

Verderb der Pfandsache **20** 1218; Zurückweisung der Hinterlegung einer dem ausgesetzten Sache **20** 237

Vereidigter Buchprüfer als Abschlussprüfer, Ausschlussgründe **50** 319 ff.

Vereidigung von Dolmetschern **23** 16; von Sachverständigen **100** 391; von Zeugen im Strafverfahren **90** 59 ff., durch beauftragten oder ersuchten Richter **90** 63, bei Behinderungen **90** 66, eidesgleiche Bekräftigung **90** 65, unberechtigte Verweigerung **90** 70; von Zeugen im vorbereitenden Verfahren **90** 62

Verein 20 21 ff.; **21** Art. 231; Auflösung **20** 41, Anfall und Entziehung des Vermögens **20** 45 ff., durch Insolvenzverfahren **20** 42; Austritt aus **20** 39; bayerische **21** Art. 165; als Beistände **21** Art. 144; besonderer Vertreter **20** 30; Betreuungsvereine *s. dort;* eingetragene **20** 55 ff.; Eintragung bei Auflösung **20** 74, bei Insolvenz **20** 75, bei Liquidation **20** 76; Formwechsel **52a** 190 ff., in eine eingetragene Genossenschaft **52a** 283 ff., in eine Kapitalgesellschaft **52a** 272 ff.; Geldbuße **94** 30; Gerichtsstand **100** 17, 22; Haftung der Mitglieder **20** 31b, für Organe **20** 31 f.; Inhalt der Eintragung des **20** 64; Insolvenz **20** 42; Insolvenzverfahren, keine Antragspflicht **110** 5; Kaufmannseigenschaft **50** 6, 33; als Kostenschuldner **119** 23; Liquidation **20** 47 ff.; Mindestmitgliederzahl **20** 56, Bescheinigung **20** 72, und Rechtsfähigkeit **20** 73; Mitgliederversammlung *s. dort;* Mitgliedschaft in **20** 38; Name **20** 57, Zusatz e. V. **20** 65; nicht rechtsfähiger, Zwangsvollstre-

ckung **100** 735; nicht wirtschaftliche **20** 21; Pflichten nach dem PublG **52b** 3 ff.; Rechtsfähigkeit **20** 21 f.; **21** Art. 82, Verlust **20** 42 f.; ohne Rechtspersönlichkeit **20** 54; sächsische **21** Art. 166; Satzung *s. Vereinssatzung;* Sitz **20** 24; Spaltung **52a** 149; Umwandlung **52a** 3; Verfassung **20** 25, *s. a. Vereinssatzung;* Vermögen nach Auflösung **21** Art. 85; Verschmelzung **52a** 99 ff.; Vorstand **20** 26 ff., *s. a. Vereinsvorstand;* Wirksamkeit der Entziehung der Rechtsfähigkeit **112** 401; wirtschaftliche **20** 22

Vereinfachte Inventarerstellung 50 241

Vereinfachtes Jugendverfahren 89 76 ff.

Vereinfachtes Verfahren, Übergangsvorschriften **101** 34; über den Unterhalt Minderjähriger **112** 249 ff., Beschwerde **112** 256, Maßnahmen des Gerichts **112** 251, Rechtsanwaltsgebühren **117** 17, Verfahrensvorschriften **112** 257 ff.

Vereinigte Große Senate beim BGH **95** 132

Vereinigtes Königreich *s. Großbritannien*

Vereinigung von Hypothek und Eigentum **20** 1177 ff.; mehrerer Grundstücke **20** 890 mit Anm.; von Recht und Belastung **20** 1976, 1991, bei Nacherbfolge **20** 2143; von Recht und Verbindlichkeit beim Erbschaftskauf **20** 2377, beim Vermächtnis **20** 2175; von Schuld und Forderung **20** 1164, 1174

Vereinigungen, Bildung krimineller **85** 129; soziale Verantwortung **34** 18; Tariffähigkeit **83** 97; terroristische **85** 129a; von Unternehmen und Wettbewerbsbeschränkungen **74** 1 ff.

Vereinsfreiheit 1 9

Vereinsmitglieder, Austritt **20** 39, 58; Haftung **20** 31b; Sonderrechte **20** 35; Stimmrechtsausschluss **20** 34

Vereinsorgane 20 26

Vereinsregister 20 55 ff.; **112** 400 f.; Anmeldung zum **20** 59 f.; Anwendung der VO (EU) 2016/679 **20** 79a; Einsicht **20** 79; Eintragung der Änderung des Vorstands **20** 67 ff., der Auflösung **20** 74 ff., der Entziehung der Rechtsfähigkeit **20** 74 ff., Form **20** 77, Inhalt **20** 64 ff., bei Insolvenzverfahren **20** 75 ff., von Satzungsänderungen **20** 71 ff.; elektronische Anmeldung **21** Art. 229 § 24; elektronisches **20** 55a; Mitteilung im Insolvenzverfahren **110** 31; Vertrauensschutz durch **20** 68 ff.

Vereinsregistersachen 112 374

Vereinssachen, Geschäftswert **119** 67

Vereinssatzung 20 25; Änderung **20** 33, Eintragung **20** 71; besonderer Vertreter des Vereins **20** 30; Mindestanforderungen **20** 57 f.

Vereinsvermögen, Anfall und Entziehung **20** 45 ff.

Vereinsvorstand 20 26 ff., 42; Eintragung der Änderung **20** 67 ff.; Haftung **20** 31a; Liquidation des Vereins **20** 48 ff.; Notbestellung **20** 29; Zwangsgeld **20** 78

Vererblichkeit des Besitzes **20** 857; des Dauerwohnrechts **37** 33; von Geschäftsanteilen der GmbH **52** 15; des Vorkaufsrechts **20** 473

Verfahren bei Abnahme von Eiden **100** 478 ff.; in Abstammungssachen **112** 169 ff.; in Adoptionssachen **112** 186 ff.; vor Amtsgericht **100** 495 ff.; in den Angelegenheiten der freiwilligen Gerichtsbarkeit **112**; vor Arbeitsgerichten **83** 8, Beschlussverfahren **83** 83; in Aufgebotssachen **112** 433 ff.; bzgl. Auskunftsrecht über leibliche Vaterschaft **112** 167a; bei Ausschluss des Verteidigers **90** 138d; vor Berufungsgericht **100** 525 ff.; in Betreuungssachen **112** 271 ff.; vor dem DPMA **72** 56 ff.; in Ehesachen **112** 121 ff.; in Ehewohnungs- und Haushaltssachen **112** 200 ff.; bei Einspruch gegen Zwangsgeldbeschluss **112** 390; in Familiensachen **112** 111 ff.; in Freiheitsentziehungssachen **112** 415 ff.; in Gewaltschutzsachen **112** 210 ff.; vor Großen Senaten beim BGH **95** 138; in Güterrechtssachen **112** 261 ff.; bei Insolvenz **110** 11 ff.; mit Jahresgebühren, Fälligkeit **119** 8; vor den Kartellbehörden **74** 54 ff.; in Kindschaftssachen **112** 151 ff.; zur Kraftloserklärung von Urkunden, landesrechtl. Vorbehalt **112** 491; vor landesgesetzlich zugelassenen Behörden nach FamFG **112** 488; in Lebenspartnerschaftssachen **112** 269 f.; zur Löschung einer Markeneintragung **72** 53 ff.; in Nachlass- und Teilungssachen **112** 342 ff.; über PKH, Zuständigkeit des Rechtspflegers **96** 20; im Rechtsbeschwerdeverfahren (Arbeitssachen) **83** 95; in Registersachen **112** 374 ff.; in Scheidungs- und Folgesachen **112** 133 ff.; in sonstigen Familiensachen **112** 266 ff.; in Strafsachen im ersten Rechtszug **90** 151 ff.; zur Übertragung der gemeinsamen elterlichen Sorge **112** 155a; zum Umgangsrecht mit Kind **112** 167a; bei unbefugtem Firmengebrauch **112** 392; in Unterbringungssachen **112** 312 ff.; in Unterhaltssachen **112** 231 ff.; im Urkunden- und Wechselprozess **100** 602 ff.; in Versorgungsausgleichssachen **112** 217 ff.; in weiteren Angelegenheiten der freiwilligen Gerichts-

barkeit **112** 410 ff.; Wiederaufnahme **90** 359 ff., *s. a. dort*
Verfahrensbeistand für Kinder **112** 158 ff., 174, 191
Verfahrensgebühren, Fälligkeit nach FamGKG **118** 9 ff.
Verfahrensgegenstand, Wertangabe **119** 77
Verfahrenskosten nach AktG **119** 1; bei der Anfechtung von Justizverwaltungsakten **119** 1; Beitreibung **122** 1; für Beschwerden **119** 1; über Bewilligung der Kraftloserklärung von Vollmachten **119** 1; über Bewilligung der öffentlichen Zustellung **119** 1; nach Erbbaurechtgesetz **119** 1; nach GmbHG **119** 1; für Höfesachen **119** 1; für Ordnungsgeldfestsetzung nach HGB **119** 1; nach Personenstandsgesetz **119** 1; nach SE-Ausführungsgesetz **119** 1; nach Spruchverfahrensgesetz **119** 1; nach Transsexuellengesetz **119** 1; nach Umwandlungsgesetz **119** 1; nach Urheberrechtsgesetz **119** 1; über Verkehrsdatenverwendungszulässigkeitsanordnung **119** 1; nach Verschollenheitsgesetz **119** 1; nach Versicherungsvertragsgesetz **119** 1; nach Wertpapiererwerbs- und Übernahmegesetz über Ausschluss von Aktionären **119** 1
Verfahrenskostenhilfe **118** 23; **119** 16; Antrag auf Gewährung und Hemmung der Verjährung **20** 204; nach dem FamFG **112** 76 ff.; für Scheidungs- und Folgesachen **112** 149; im Verfahren vor dem Patentgericht **72** 81a; Zuständigkeit des Rechtspflegers **96** 25a
Verfahrenspfleger, Aufwendungsersatz und Vergütung **112** 318; in Betreuungssachen **112** 276 ff.; in Freiheitsentziehungssachen **112** 419; keine Vergütung nach RVG **117** 1; in Unterbringungssachen **112** 317; bei Verfahren an Betreuten **112** 298
Verfahrenswert, Beschwerde gegen Festsetzung **118** 59; Ermessen **118** 42; in Familiensachen **118** 3; Festsetzung **118** 53; Gebühren in Familiensachen **118** 28
Verfall einer Marke **72** 52, Kollektivmarken **72** 105; einer Markeneintragung **72** 49, bei Gewährleistungsmarken **72** 106g, bei Kollektivmarken **72** 105, Verfahren **72** 53 ff.; der Sicherheitsleistung zur Abwendung der Untersuchungshaft **90** 124
Verfallklausel bei Nichterfüllung **20** 354
Verfallvertrag beim Pfandrecht **20** 1229
Verfälschung *s. Fälschung*
Verfasser wissenschaftlicher Ausgaben, Urheberschutz **65** 70
Verfassungsgerichte *s. Bundesverfassungsgericht*
Verfassungsgrundsätze iSd StGB **85** 92
Verfassungsmäßige Ordnung, Angriff auf **85** 81 f.
Verfassungsorgane, Nötigung **85** 105 f.; strafbare verfassungsfeindliche Verunglimpfung **85** 90b
Verfassungswidrige Organisationen, Kennzeichen von **85** 86a
Verfehlung gegen den Schenker **20** 530; Unterhaltsberechtigter **20** 1611
Verfolgungsbehörde iSd OWiG, Befugnisse **94** 46
Verfolgungsrecht des Eigentümers **20** 962, 1005
Verfolgungsverjährung **85** 78 ff.; **85a** 309; **94** 31 ff.; bei Ordnungswidrigkeiten **94** 31 ff.; Unterbrechung **85** 78c
Verfrachter, Konnossemente der **50** 363
Verfügung über einen Anteil am gemeinschaftlichen Vermögen **20** 747; im arbeitsgerichtlichen Verfahren **83** 53; unter einer Bedingung **20** 161; einseitige im Erbvertrag **20** 2299; nach Eintragung einer Vormerkung **20** 883; über gemeinsam verwaltetes Gesamtgut **20** 1450; über Gesamtgut **20** 1422, 1427 ff., als Ganzes **20** 1423; der Kartellbehörde **74** 61 f.; über Miet- und Pachtzins **20** 1124; über Nachlass **20** 2033; Nichtberechtigter **20** 185, 816; relativ unwirksame *s. Unwirksamkeit;* des Schuldners bei Insolvenz **110** 81; Unkenntnis der Nacherbfolge **20** 2140; über veräußerliches Recht **20** 137; Verkündung der **100** 329; des Wiederverkäufers **20** 458
Verfügungen von Todes wegen **20** 332, 1937, 2229, 2231; **21** Art. 214; amtliche Verwahrung **112** 342; im Beitrittsgebiet **21** Art. 235; Beurkundung durch Notar **23** 27 ff.; Einsichtsrecht **112** 357; Eröffnung **112** 342, 348 ff.; Mitteilungs- und Ablieferungspflichten **23** 34a; Sprachunkundiger **23** 32; keine Übertragung in elektronische Form **23** 34; Verwahrung **23** 34 f.; **112** 346 ff.
Verfügungsbeschränkungen **20** 135 ff.; **21** Art. 168; durch Beschlagnahme **90** 111d; bzgl. eingetragener Rechte **20** 892 ff., 899; durch Einziehung iSd OWiG **94** 26; des Erben **20** 1984, 2211 ff.; gesetzliche **20** 135; bei Grundstücken **20** 878; bei Insolvenz **110** 21 ff.; durch Vermögensarrest **90** 111h; Wertbestimmung **119** 51
Verfügungsrecht des Erben **20** 1984; des Erblassers bei Bestehen eines Erbvertrags

20 2286; des Insolvenzschuldners **110** 80; des Testamentsvollstreckers **20** 2205, 2208

Vergabekammern zur Nachprüfung der Vergabe öffentlicher Aufträge **74** 155 ff., beim Bundeskartellamt **74** 158, Entscheidung **74** 168, Kosten **74** 182, Rechtsmittel **74** 171 ff., Verfahren **74** 160 ff., Beschleunigung **74** 167, Zuständigkeit **74** 159

Vergabeverfahren für öffentliche Aufträge und Konzessionen **74** 97 ff., 115 ff., bei Auftragsänderungen **74** 132, Ausnahmen **74** 107 ff., 116 ff., 137 ff., 145, Ausschlussgründe **74** 123 ff., Aussetzung **74** 169, gerichtliche Entscheidung **74** 177 f., Informationspflichten **74** 134, Innovationspartnerschaft **74** 119, und internationale Verfahrensregeln **74** 109, Korrektur durch EU-Kommission **74** 183, Methoden und Instrumente **74** 120, Nachprüfungsverfahren **74** 155 ff., 160 ff., mündliche Verhandlung **74** 166, nicht offene **74** 119, 141, 146, offene **74** 119, 141, durch öffentliche Auftraggeber **74** 115 ff., 119 ff., und öffentlich-öffentliche Zusammenarbeit **74** 108, über Personenverkehrsleistungen im Eisenbahnverkehr **74** 131, Schadensersatzansprüche **74** 179 ff., durch Sektorenauftraggeber **74** 136 ff., Selbstreinigung des Unternehmens **74** 125, über soziale und andere besondere Dienstleistungen **74** 130, Unterrichtungspflichten **74** 184, Verhandlungsverfahren **74** 119, 141, 146, mit verschiedenen Leistungen **74** 110 ff., verteidigungs- und sicherheitsspezifische Aufträge **74** 117, 144 ff., Vorabentscheidung **74** 176, Wartepflicht **74** 134, wettbewerblicher Dialog **74** 119, 141, Zuschlag **74** 127 ff.

Vergabeverfahren für Konzessionen 74 97 ff., 148 ff.; Ausnahmen **74** 107 ff.; Schwellenwerte **74** 106; bei Vergabe durch Konzessionsgeber **74** 148 ff., 151 ff., Ausnahmen **74** 149 f., Leistungsbeschreibungen **74** 152, soziale und andere besondere Dienstleistungen **74** 153, in verteidigungs- und sicherheitsspezifischen Bereichen **74** 150, Zuschlag **74** 152; bei verschiedenen Leistungen **74** 110; bei verschiedenen Tätigkeiten **74** 112

Vergehen 85 12; Einstellung des Verfahrens **90** 153a; Strafbefehl **90** 407; Umwandlung in Ordnungswidrigkeiten **85a** 13; Verfolgungsverjährung **85** 78 f.; Zuständigkeit des Amtsgerichts **95** 24 f., des Landgerichts **95** 74

Vergewaltigung 85 177 f.

Vergiftung 85 314; gemeingefährliche **85** 314; Leichenuntersuchung **90** 91

Vergleich 20 779; Abänderung **100** 323a; Abänderungen in Unterhaltssachen **112** 239; über Ansprüche aus einer Straftat **90** 405; im arbeitsgerichtlichen Verfahren **83** 54, in Beschlussverfahren **83** 83a; Ersatz für notarielle Beurkundung **20** 127a; über Ersatzansprüche bei Gründung einer AG **51** 50; nach dem FamFG **112** 36; im Genossenschaftsinsolvenzverfahren **53** 112a; gerichtlicher, Gebührenschuldner **119** 22, Kostenschuldner **118** 21, bzgl. Sorge- oder Umgangsrecht **20** 1696, Vollstreckbarerklärung **100** 795b; vor Gütestellen **101** 15a, Zwangsvollstreckung **100** 797a; Kostenpflicht **112** 83; vor Schiedsgericht **83** 107; Schuldanerkenntnis, Versprechen durch **20** 782; nach dem VDuG **105a** 9 f.; Verjährung von Ansprüchen aus vollstreckbarem **20** 197; Zwangsvollstreckung **83** 111

Vergleichsverhandlungen, Hemmung der Verjährung **20** 203

Vergütung für ausübende Künstler **65** 79a f.; des Darlehensvermittlungsvertrags **20** 655c; des Dienstleistenden/Arbeitnehmers **20** 611 f., Verzugspauschale **20** 288; des Handlungsgehilfen **50** 64; im Insolvenzverfahren **110** 64 f., 72, Treuhänder bei Restschuldbefreiung **110** 293; des Nachlassverwalters **20** 1987; für Rechtsverlust **20** 951; Sachverständige **90** 84; **116** 8 ff., in Markenverfahren **72** 93a; für unentgeltliche Leistungen eines Schuldners, Pfändung **100** 850h; der Urheber, angemessene **65** 32 ff., für Vermietung/Verleihen **65** 27, bei Vervielfältigung **65** 54 ff.; des Verfahrenspflegers **112** 277, 318; verschleierte **100** 850h; bei Verwahrung **20** 689, 699; des Vormunds **20** 1808; beim Werkvertrag **20** 631 f., 641; des Zwangsverwalters **108** 150a, 150e, 153

Vergütung nach dem JVEG 116 Anl. 1, Anl. 2; für Dolmetscher **116** 8 ff.; Fahrtkostenersatz **116** 5; Geltendmachung **116** 2; gerichtliche Festsetzung **116** 4; für Sachverständige **116** 8 ff.; Übersetzer **116** 8 ff.; Verjährung **116** 2; Vorschuss **116** 3

Vergütungspflicht nach dem UrhG **65** 54 ff.

Verhaftung 90 112 ff.; in einem anderen Bundesland **95** 167; des Beschuldigten, Aushändigung des Haftbefehls **90** 114a, Belehrung **90** 114b, Benachrichtigung der Angehörigen **90** 114c; Beschwerde **90** 305, 310; Haftbefehl **90** 125; Vorführung nach **90** 115 f., 128 f.

Verhaltenskodex iSd UWG **73** 2
Verhältnismäßigkeit bei Beschlagnahme von Inhalten iSd StGB **90** 111q; bei der Einziehung iSd OWiG **94** 24; bei der Einziehung iSd StGB **85** 74f; bei rechtfertigendem Notstand **85** 34
Verhandlung vor dem Bundespatentgericht **72** 76 ff.; mündliche *s. dort;* Öffentlichkeit **83** 52, 72; **95** 169; *s. a. Hauptverhandlung*
Verhandlungen und Hemmung der Verjährung **20** 203
Verhandlungstermin *s. Termine*
Verhandlungsunfähigkeit des Täters, Sicherungsverfahren **90** 413
Verheiratung *s. Eheschließung*
Verhinderung der Errichtung einer Verfügung von Todes wegen **20** 2339; von schweren Straftaten **85** 46b; von Verbrechen **85** 31; des Verpflichteten beim Dienstvertrag **20** 617; des verwaltenden Ehegatten **20** 1429
Verhüllungsverbot nach dem GVG **95** 176, und Zeugenschutz **90** 68
Verjährung 21 Art. 169, Art. 231; von Ansprüchen **20** 194 ff.; **21** Art. 229 § 63, aus Anlagenhaftung **28** 17, aus der Bodenreform **21** Art. 233 § 14, aus eingetragenen Rechten **20** 902, Einlage bei GmbH **52** 19, hinsichtlich Gerichtsvollzieherkosten **123** 8, bei Gesamtschuldverhältnissen **20** 425, gegen früheren Geschäftsinhaber **50** 26, des Handlungsgehilfen **50** 62, gegen Handlungsgehilfen **50** 61, aus Mietvertrag **20** 548, aus Pflichtverletzung des Abschlussprüfers **50** 323, aus Produkthaftung **27** 12, des Urhebers **65** 26, nach dem UWG **73** 11, auf wiederkehrende Leistungen **20** 902; des Aufhebungsanspruchs bzgl. Gemeinschaft **20** 758; und Aufrechnung **20** 215; Ausschluss **20** 202, 898, 902, 924, 2042; Beginn **20** 199 ff.; Bodenreform **21** Art. 233; Einrede der **20** 214; des Einzahlungsanspruchs einer Genossenschaft **53** 22; der Einziehung von Taterträgen **85** 76b; des Erbschaftsanspruchs **20** 2026; von Ersatzansprüchen **20** 591a, gegen Aktionäre **51** 62, bei Gründung der AG **51** 51, bei Leihe **20** 606, beim Nießbrauch **20** 1057, aus unerlaubten Handlungen **20** 852; beim Frachtgeschäft **50** 439; beim Frachtvertrag **50** 452b; nach GenG **53** 34; von Gerichtskosten **115** 5; **119** 6; bei Grunddienstbarkeiten **20** 1028; von Haftpflichtansprüchen **27** 12; **33** 11, nach dem StVG **35** 14; des Heimfallanspruchs **41** 4; Hemmung **20** 203 ff., 808, 852, Ablaufhemmung **20** 210 f., bei Geschäftsunfähigkeit **20** 210, in Nachlassfällen **20** 211, nach VVG **62** 15, Wirkung **20** 209; von Herausgabeansprüchen gegen Beschenkte **20** 1390; Höchstfristen **20** 199; bei Inhaberpapieren **20** 801 f., 804; bei Inhaberschuldverschreibung **20** 801; im Insolvenzverfahren **110** 62, 146; bei Jugendarrest **89** 87; von Kosten **118** 7; **120** 5; beim Lagergeschäft **50** 475a; der Mängelansprüche bei Kauf **20** 438, digitaler Produkte **20** 327j, aus Pauschalreisevertrag **20** 651j, beim Werkvertrag **20** 634a; beim Markenschutz **72** 20; von Nebenansprüchen **20** 213; Neubeginn **20** 212 f.; von Ordnungsmitteln **85a** 9; von Ordnungswidrigkeiten **94** 31 ff., nach dem StVG **35** 26; des Pflichtteilsanspruchs **20** 2332; bei Rechten am Grundstück **20** 196; der Rechtsanwaltsvergütung **117** 8; Rechtsnachfolge **20** 198; Regelung durch Rechtsgeschäft **20** 202; von Rückgriffansprüchen des Verkäufers **20** 445b, 478; und Rückübertragung eines Sicherungsrechts **20** 216; des Rückzahlungsanspruchs der GmbH **52** 31; Ruhen **90** 153a, 154e; von Schadensersatzansprüchen der GmbH **52** 43; von Schadensersatzansprüchen nach dem GWB **74** 33h; beim Schutz geographischer Herkunftsangaben **72** 129; beim Speditionsgeschäft **50** 463; von Straftaten **90** 263, in DDR **85a** 315a, Jugendlicher **89** 4; von Strafverfolgung und -vollstreckung **85** 78 ff.; **85a** 309; Unterbrechung **85** 78c; nicht der unterliegende Ansprüche **20** 758; unzulässige Vereinbarungen **20** 202; von Urheberrechtsverletzungen **65** 102; der Verbraucherdarlehensrückerstattung **20** 497; beim Verbrauchsgüterkauf **20** 475, über digitale Produkte **20** 475e; zur Verlängerung **20** 202; von Verlöbnisansprüchen **20** 1302; bei Verpfändung **20** 1226; Versicherung **62a** 3; der Vertragsstrafe **41** 4; der Vollstreckung bei Maßregeln der Besserung und Sicherung **85** 79 ff.; Wirkung **20** 214 ff., bei gesicherten Ansprüchen **20** 216, auf Nebenleistungen **20** 217, bei wiederkehrenden Leistungen **20** 216; und Zurückbehaltungsrecht **20** 215; und Zustellung nach der ZPO **100** 167
Verjährungsfrist 20 194 ff.; **85** 78 f.; Abkürzung **20** 202; Beginn **20** 199 ff., bei Anspruch auf Unterlassen **20** 199, nach Güterstandsbeendigung **20** 1390, bei Schadensersatzansprüchen **20** 199; von festgestellten Ansprüchen **20** 201; bei Insolvenzgläubiger **110** 259b; Übergangsvorschriften **21** Art. 229 § 6, Art. 229 § 23

Verkauf beanstandeter Ware **50** 379; zum Börsen- und Marktpreis **20** 385; freihändiger statt Versteigerung **20** 385; von Gegenständen des Kindesvermögens **20** 1643 f.; als Geldanlage, Verbot **20** 482; einer gemeinschaftlichen Forderung **20** 754; gestohlener Sachen, Hehlerei **85** 259; für Rechnung eines anderen **20** 450; im Wege der Zwangsvollstreckung **20** 450 f.
Verkäufer, Rückgriff bei Nacherfüllung **20** 445a f., 478, beim Verbrauchsgüterkauf **20** 478
Verkehrsampeln 35a 37
Verkehrsbeeinträchtigungen 35a 33
Verkehrsbeschränkungen, Anordnung **35a** 45
Verkehrsdaten, Erhebung **90** 100g, Benachrichtigungspflichten **90** 101a, statistische Erfassung **90** 101b; **90a** 12, 18
Verkehrsdatenverwendung, Verfahren über zulässige nach dem MarkenG **72** 19
Verkehrseinrichtungen 35a 43, Anlage 4
Verkehrsflächen, Entgelt für Benutzung **35a** 52
Verkehrshindernisse 35a 32
Verkehrshypothek 20 1113 ff.
Verkehrskontrolle, Anhalten von Verkehrsteilnehmern **35a** 36
Verkehrsmanagement nach dem StVG **35** 63e
Verkehrsmittel, Erschleichen der Beförderung **85** 265a; Haltestellen **35a** 20; Störung des Betriebs **85** 316b
Verkehrsopferhilfe 63 24 ff.
Verkehrsordnungswidrigkeiten 35 24 ff.
Verkehrspsychologische Maßnahmen in Fahreignungsseminaren **35** 4a
Verkehrsregeln 35a 1 ff.
Verkehrsregelung durch Lichtzeichen **35a** 37; durch Polizeibeamte **35a** 44
Verkehrssicherheit beim Betrieb von Kfz **35a** 23
Verkehrssicherstellungsgesetz, Zuwiderhandlungen **88** 1
Verkehrssicherungspflicht nach Unfall **35a** 34
Verkehrssitte 20 151, 157, 242
Verkehrssünderkartei *s. Fahreignungsregister*
Verkehrsteilnehmer, Verhalten **35a** 1
Verkehrsunfall, Verhalten der Beteiligten nach **35a** 34
Verkehrsunfallforschung nach dem StVG **35** 63f
Verkehrsunternehmen 21 Art. 125
Verkehrsunterricht für Jugendliche bei Verletzung von Verkehrsvorschriften **89** 10, 45; Verpflichtung zur Teilnahme **35a** 48
Verkehrsverbotszone, Umwelt **35a** 41
Verkehrsvorschriften 35 1 ff.; für Kraftfahrzeuge **35a**
Verkehrswert eines Grundstücks, Schätzung im Zwangsversteigerungsverfahren **108** 74a
Verkehrszeichen 35a 39; Sinnbilder auf **35a** 39; Unterhaltung **35** 5b; Verbot der Verwendung bei Verwechslungsgefahr **35a** 33; und Verkehrseinrichtungen **35a** 36 ff., 45
Verkehrszeichenkatalog 35a 39
Verkehrszentralregister und Fahreignungsregister **35** 65, *s. a. dort*
Verkörperungen eines Inhalts iSd StGB **85** 74d
Verkündung von Entscheidungen **100** 329; letztwilliger Verfügungen **20** 1944; des Urteils **90** 356, Öffentlichkeit **83** 52, 72; **95** 169; des Zuschlags bei Zwangsversteigerung **108** 89
Verkündungstermin 100 310
Verlagsrecht 21 Art 76
Verlängerung von Fristen **20** 190; von Landpachtverhältnissen **20** 594; des Mietvertrags **20** 545; der Vollstreckungsverjährungfrist **85** 79b
Verlassen des Fahrzeugs **35a** 14
Verlegung einer Handelsniederlassung **50** 31
Verleihung der Rechtsfähigkeit an Vereine **20** 22
Verletzte iSd StPO, Ausgleich bei Vermögensvorteil **90** 459l; Befugnisse der Angehörigen und Erben **90** 406l, im Strafverfahren **90** 406d ff., Hinweispflicht **90** 406i ff.; Beistand im Strafverfahren **90** 406f ff., Kosten **90** 465, 472, psychosoziale Prozessbegleitung **90** 406g; Beteiligung am Verfahren **90** 373a ff.; Entschädigung nach Einziehung **90** 459h, im Strafverfahren **90** 403 ff.; Herausgabe des Verwertungserlöses **90** 459k; Mitteilungen über Einziehung **90** 459i; als Nebenkläger **90** 395; Privatklage des **90** 374 ff.; Rückgabe beschlagnahmter Gegenstände **90** 111n f., 459j; Vorrang bei Sicherungshypothek **90** 111i, 459m
Verletzter, Haftung von Angestellten **20** Anm. zu 618, von Unternehmern **20** Anm. zu 618; Mitverschulden **20** 254, 846; **35** 9; Strafantrag **85** 77
Verletzung der Aufsichtspflicht **20** 832; der Eidespflicht **100** 452; einer Person **20** 249, Privatklage **90** 374; des persönlichen Lebens- und Geheimbereichs **85** 201 ff.; der Rechte des Nacherben **20** 2128, des Verpfänders **20** 1217; der Unterhaltspflicht des Ehegatten **20** 1447; *s. a. Körperverletzung*

Verleumdung 20 824; **85** 187; gegen Personen des politischen Lebens **85** 188
Verlöbnis 20 1297 ff.; **21** Art. 234; Rücktritt vom und Schenkungen **20** 1301
Verlobte, Erbvertrag **20** 2279, in Verbindung mit Ehevertrag **20** 2276; Zuwendung an **20** 2077
Verlorene Sachen, Eigentumsübertragung **20** 935; Schutz des früheren Besitzers **20** 1006 f.; Verpflichtung des Ausstellers der Schuldverschreibung **20** 794
Verlorener Baukostenzuschuss, Rückerstattung **20** Anm. zu 546
Verlust des Besitzes **20** 856; des Eigentums **20** 925
Vermächtnis 20 1939, 2147 ff., 2280; Ablehnung bei Insolvenz **110** 83; Anfall **20** 2176 ff.; Anfechtung gem. InsO **110** 322; keine Anmeldung **20** 1972; Annahme **20** 2180; Annahmeerklärung bei Gütergemeinschaft **20** 1432, 1455; Anwachsung **20** 2158 f.; aufgeschobenes **20** 2162; Ausschlagung **20** 2176, 2180, keine Schenkung **20** 517; Berichtigung **20** 1991; Beschwerung des Pflichtteilsberechtigten mit **20** 2306; zugunsten eines Ehegatten bei Gütergemeinschaft **20** 1461; im Erbvertrag **20** 1941, 2269, 2278, 2280, 2288, 2291; Ersatzvermächtnis **20** 2190; Gattungsvermächtnis **20** 2155, 2182 f.; im gemeinschaftlichen Testament **20** 2269, 2280; aus Gesamtgut **20** 1514; Haftung **20** 2182 f.; keine Haftung des Gesamtguts **20** 1439; Kürzung **20** 2188, wegen Pflichtteilsanspruch **20** 2188 f., 2318, 2322; Nachlassverbindlichkeit **20** 1967; Nachvermächtnis **20** 2191; notarielle Beurkundung **20** 311b; an Pflichtteilsberechtigten **20** 2307; Überschuldung des Nachlasses durch **20** 1992; unmögliche Leistung **20** 2171 f.; Untervermächtnis **20** 2186; unvollständige Anordnung **20** 2151 ff.; Unwirksamkeit **20** 2169, 2171; Verschaffungsvermächtnis **20** 2169 f.; Verteilung des vermachten Gegenstandes **20** 2153; Verweigerung der Erfüllung **20** 2323; Verzicht **20** 2352; Vorausvermächtnis **20** 2150; Wahlvermächtnis **20** 2154; wahlweise Bedachte **20** 2152; Wegfall **20** 2372
Vermächtnisanspruch 20 2174
Vermächtnisnehmer, Unwürdigkeit **20** 2345
Vermengung von Sachen **20** 948 f., 951; und Vermächtnis **20** 2172
Vermessungsbehörde, Beurkundungs- und Beglaubigungsbefugnis der **20** Anm. zu 890
Vermieter, Abwendung des Wegnahmerechts des Mieters **20** 552; Auskunftspflichten **21** Art. 229 § 51; Eigenbedarf **20** 573; Eigentumsübertragung, Anzeige **20** 566e; Entschädigung bei verspäteter Rückgabe **20** 546a; Erstattungspflicht von im Voraus entrichteter Miete **20** 547; Gestattung der Gebrauchsüberlassung an Dritte **20** 553; als Insolvenzschuldner **110** 110; Kündigung **20** 543, außerordentliche mit gesetzlicher Frist **20** 573d, Zeitmietvertrag **20** 575a, ordentliche **20** 573 ff.; Pfandrecht **20** 562 ff.; Rechte und Pflichten **20** 535 ff.; Rückzahlungspflichten **21** Art. 229, Art. 229 § 51; Selbsthilferecht **20** 562b; Unterlassungsklage bei vertragswidrigem Gebrauch **20** 541; Verjährung von Ansprüchen **20** 548; Zustimmung zu baulichen Veränderungen für behindertengerechte Nutzung **20** 554, zum Laden von Elektro-Kfz **20** 554, Steckersorlargeräte **20** 554
Vermieterpfandrecht 20 562 ff.
Vermietung bei Dauerwohnrecht **37** 37; von Eigentumswohnungen **37** 13; im Urheberrecht **65** 17; Vergütung für Urheber bei **65** 27
Verminderte Zurechnungsfähigkeit *s. Schuldfähigkeit, Schuldunfähigkeit*
Vermischung *s. Vermengung*
Vermittler *s. Makler*
Vermittlung von Verbraucherdarlehensverträgen **20** 655a ff.
Vermittlungsagent 50 91a
Vermittlungsgehilfe 50 75g
Vermittlungsverfahren in Kindschaftssachen **112** 165
Vermittlungsverträge 20 312, 481b ff.; Informationspflichten **21** Art. 242; Klagen nach dem UKlaG **105** 2; Widerrufsrecht **20** 356a, 357b
Vermögen, Anlegung von Kindesvermögen **20** 1642; Auskunftspflicht **20** 1605; Beschlagnahme bei abwesendem Beschuldigten **90** 290; der Ehegatten, Gesamtgut **20** 1416, gesetzlicher Güterstand **20** 1363; Gerichtsstand **100** 23; Marken als **72** 27 ff.; Nießbrauch **20** 1085 ff.; Übernahme **20** 330; **100** 729; Übertragung **20** 330; **100** 729; Vereinsvermögen **20** 45 ff.; Vertrag über gegenwärtiges **20** 311b, über künftiges **20** 311b; vollstreckbare Ausfertigung für und gegen Rechtsnachfolger **100** 729; Zwangsvollstreckung in unbewegl. **100** 864 ff.
Vermögensabschöpfung iSd StGB **85a** 316h; **90a** 14
Vermögensangelegenheiten einer betreuten Person **20** 1835 ff., Anzeigepflichten

20 1846 f., genehmigungsbedürftige Geschäfte **20** 1848 ff., Genehmigungserklärung **20** 1855 ff., Verwaltung durch Betreuer **20** 1838 ff.
Vermögensanlagengesetz, Klagen nach dem **95** 95
Vermögensarrest und Insolvenzverfahren **90** 111i, 459m; zur Sicherung der Wertersatzeinziehung iSd StGB **90** 111e ff., Mitteilungen an Verletzten **90** 111l, Verfahren **90** 111j ff.
Vermögensauskunft, Gerichtsvollzieherkosten **123** 3; nach Pfändungsversuch **100** 807; des Schuldners **100** 802c ff., erneute **100** 802d, in Haft **100** 802i, Verfahren **100** 802f; Verfahrenskostenhilfe für **112** 77
Vermögensbeschlagnahme 90 443
Vermögenserwerb, Unterlassung **20** 517
Vermögenslage, ungünstige des Erben **20** 1981, des Vertragspartners **20** 321, des Vorerben **20** 2128
Vermögensrechte, Zwangsvollstreckung in **100** 857 ff.
Vermögensrechtliche Ansprüche im Zivilprozess **100** 511, 708
Vermögensschaden 20 253
Vermögenssorge 20 1626; Aufwendungsersatz **20** 1648; der Eltern **20** 1638 ff.; Haftungsbeschränkung bei Ausübung **20** 1629a; Maßnahmen des Gerichts **20** 1667; Ruhen, Beendigung **20** 1698; durch den Vormund **20** 1798 ff.
Vermögensstrafe 85 52 f.
Vermögensübernahme nach § 419 BGB, Übergangsvorschrift **21** Art. 223a
Vermögensübersicht 110 229; im Insolvenzverfahren **110** 153
Vermögensübertragung, Einigungsvertrag **21** Art. 232; Heilung unwirksamer **21** Art. 231
Vermögensverfall des Hauptschuldners, Bürgschaft **20** 775
Vermögensverfügung über Gesamtgutsanteile **20** 1419
Vermögensverhältnisse, Auskunftspflicht **20** 1580
Vermögensverschlechterung bei Beteiligten des Darlehensvertrages **20** 490; Einfluss auf Erfüllung von Verträgen **20** 321
Vermögensverwalter iSd AktG **51** 134a ff., Offenlegungspflichten **51** 134c, Pflichten **51** 134b; als Aktionär **51** 134a ff.
Vermögensverwaltung der Ehegatten **20** 1364 ff., 1413, Beschränkungen **20** 1365 ff.; Gerichtsstand **100** 31; für Kinder **20** 1626
Vermögensverzeichnis 102b 3 ff.; Abrufen nach dem JBeitrG **122** 7; Anfertigung durch Eltern **20** 1640; Aufnahme, Siegelung, Entsiegelung, Geschäftswert **119** 115; Hinterlegung **102b** 5; über Kindesvermögen **20** 1667; Löschung **102b** 6; Nutzungsberechtigung **102b** 9; Übermittlung, elektronische **102b** 4; zentrale Verwaltung der **100** 802k
Vermögensverzeichnisregister 102b 2
VermögensverzeichnisVO 102b
Vermögensvorteil der Echtheit **100** 437, 440; des Eigenbesitzes **20** 938; der Eigentumsvermutung in der Ehe **20** 1362; der Einwilligung in Klageänderung **100** 267; für Erbrecht des Fiskus **20** 1964; für Erlöschen des Pfandrechts **20** 1253; rechtlicher **100** 440; der Richtigkeit des Erbscheins **20** 2365; einer Tatsache **100** 292; Vermutung zugunsten des Besitzers **20** 1006; des Verzichts auf Wiedereinsetzung **90** 315, 342
Vermögenswerte, Verschleierung unrechtmäßig erlangter **85** 261
Vermutung einer zerrütteten Ehe **20** 1565
Vernachlässigung des Kindes **20** 1666; der Sorgfalt des Mieters **20** 543
Vernehmung des Angeklagten im Berufungsverfahren **90** 324; des Beschuldigten **90** 133 ff., 163a, Aufzeichnung **90** 133 ff., 136, Ausschluss **90** 168c, Belehrung über Aussageverweigerungsrecht **90** 163a, vor Bestellung eines Pflichtverteidigers **90** 141a, Beweisanträge **90** 166, durch das Gericht **90** 168, Anwesenheitsrecht **90** 168c, nach dem JGG **89** 44, 70c, Protokollierung **90** 168b, durch die Staatsanwaltschaft **90** 168b, verbotene Methoden **90** 136; eines Jugendlichen, Ausschluss der Öffentlichkeit **95** 172; keine des Kindes in Kindschaftssachen **112** 163a; des Verhafteten durch Richter **90** 115 f.; eines vorläufig Festgenommenen **90** 128; von Zeugen im Strafverfahren **90** 58 ff., 68 ff., an anderem Ort **90** 247a, und Anwesenheitsrechte **90** 168e, Aufzeichnung **90** 58a, Verwertung **90** 255a, durch beauftragten oder ersuchten Richter **90** 223 f., Grundsatz der persönlichen **90** 250, durch Staatsanwaltschaft **90** 161a, Übertragung **90** 58b, durch Vorführung der Aufzeichnung einer Vernehmung **90** 255a; im Zivilprozess, gesetzlicher Vertreters **100** 455, Partei **100** 445 ff., wiederholte **100** 398, von Zeugen und Sachverständigen **100** 394 ff.; *s. a. Aussagen*
Vernichtung von Formen, Platten usw. **67** 37; von Hypothekenbriefen **20** 1162; von Marken o. ä. **72** 18; von Schuldverschreibungen, Aufgebotsverfahren **20** 799; von Vervielfältigungsstücken **65** 98

Veröffentlichung der Anmeldung einer Marke **72** 33; von Bildern **67** 22 ff.; der Markeneintragung **72** 41; eines schutzfähigen Werkes **65** 6; von Urteilen nach dem UKlaG **105** 7, nach dem UWG **73** 12; von Wettbewerbsregeln **74** 27
Veröffentlichungsrecht des Urhebers **65** 12
Verordnungen, kein Urheberrechtsschutz **65** 5; Verkündung und Inkrafttreten **1** 82
Verpächter, Ersatz verbessernder Verwendungen **20** 591; Pflichten **20** 586a; als Schuldner im Insolvenzverfahren **110** 110; Verjährung von Ersatzansprüchen **20** 591b
Verpfändung, Eigentumsvermutung bei **20** 1248; fremder Sachen **20** 1207; mehrfache **20** 1232; zum Zwecke der Sicherheitsleistung **20** 232
Verpflegungsansprüche des Dienstverpflichteten **20** 617
Verpflichtung zum Erwerb von Grundeigentum, Form **20** 311b; zur Übertragung von Grundeigentum, Form **20** 311b
Verpflichtungsscheine, kaufmännische **50** 363
Verrat *s. Hochverrat, Landesverrat*
Verrechnungsstelle, Privatgeheimnisverletzung **85** 203
Verrichtungsgehilfe **20** 831
Versagung des Zuschlags bei Zwangsversteigerung **108** 74a f., 83, 85 ff.
Versammlungsfreiheit **1** 8
Versäumnis im Verfahren **83** 55
Versäumnisentscheidung gegen Antragsteller bei Ehesachen **112** 130
Versäumnisurteil **100** 330 ff., 539; abgekürzte Form **100** 313b; im arbeitsgerichtlichen Verfahren **83** 59; Aufhebung **100** 343; Aufrechterhaltung **100** 343; gegen Beklagten **100** 331; Berufung **100** 514; Einspruch gegen **100** 338 ff., Wiedereinsetzung bei Fristversäumnis **100** 233; Gerichtsstandsvereinbarungen **100** 331; gegen Kläger **100** 330; im Mahnverfahren **100** 697; bei Nichterscheinen im Verhandlungstermin **100** 330 ff.; bei Nichtverhandeln **100** 333; Rechtsmittel **100** 336; nicht bei Teilverhandeln **100** 334; im Urkundenprozess **100** 600; Verkündung **100** 311; Versäumniskosten **100** 344; Vertagung **100** 337; Vollstreckbarkeit **100** 708; bei Widerspruch gegen Teilungsplan **100** 881; Zurückverweisung in ersten Rechtszug **100** 538; Zurückweisung des Antrags **100** 335; Zustellung **100** 339, statt Verkündung **100** 310; im Zwischenstreit **100** 347
Versäumnisverfahren vor Arbeitsgerichten **83** 59; im Berufungsrechtszug **100** 539; im ersten Rechtszug **100** 330 ff.
Versäumniszwischenurteil **100** 347
Versäumung der Ausschlagungsfrist **20** 1956; der Frist zur schriftlichen Begutachtung durch Sachverständige **100** 411; des Termins im Zivilprozess **100** 330 ff.; unverschuldete **90** 44
Verschlechterung, Haftung **20** 346 f.; Haftung wegen **20** 292, 446, 457, 460, 644 f., 848, 2132, der Mietsache **20** 538, 548, des Pfandes **20** 1226; der Nießbrauchsache **20** 1050, 1057; Schutz des Hypothekengläubigers gegen **20** 1133 ff.
Verschlechterungsverbot im Berufungsverfahren **90** 331; bei erneuter Verhandlung **90** 373; bei Wiederaufnahme des Verfahrens **90** 358
Verschleppung von Deutschen im Ausland **85** 5; von Menschen **85** 234a
Verschmelzung von Genossenschaften *s. dort;* grenzüberschreitende **83** 2a, 82; von Rechtsträgern **52a** 2 ff., Abfindung **52a** 29 ff., und Aktionärsrechterichtlinie **52a** 354, Anmeldung **52a** 16 ff., durch Aufnahme **52a** 4 ff., Aktiengesellschaften **52a** 60 ff., GmbH **52a** 46 ff., Beschlüsse **52a** 13, Klagen gegen **52a** 32, Betriebsübergang **52a** 35a, Eintragung und Bekanntmachung **52a** 19 f., 318, grenzüberschreitende **52a** 305 ff., und Brexit **52a** 319, Interessenausgleich **52a** 35a, mit Kapitalerhöhung **52a** 69, Klage gegen **52a** 14 f., durch Neugründung **52a** 36 ff., Aktiengesellschaft **52a** 73 ff., Genossenschaften **52a** 96 ff., GmbH **52a** 56 ff., Versicherungsvereine auf Gegenseitigkeit **52a** 114 ff., Prüfung **52a** 9 ff., 44, 48, 311, 316 f., Prüfungsverbände der Genossenschaften **52a** 105 ff., Rechtsfolgen **52a** 21 ff., Vereine **52a** 99 ff., Versicherungsvereine auf Gegenseitigkeit **52a** 109 ff.; Übergangsvorschriften **51a** 26d
Verschmelzungsbericht **52a** 8; bei grenzüberschreitender Verschmelzung **52a** 309 f.
Verschmelzungsprüfer **52a** 9 ff.
Verschmelzungsvertrag **52a** 4 ff.; Abfindungsangebot im **52a** 29
Verschmutzung der Fahrbahn **35a** 32
Verschollenheit des eingetragenen Eigentümers **20** 927; eines Elternteils **20** 1677, 1681; des Überlebenden bei fortgesetzter Gütergemeinschaft **20** 1494
Verschollenheitssachen, Zuständigkeit des Rechtspflegers **96** 3
Verschulden bei Auswahl des Verrichtungsgehilfen **20** 831; Dritter, Haftung **20**

278, 540, 664, 691; eigenes des Getöteten oder Verletzten **33** 1; bei Gesamtschuldverhältnissen **20** 425; Haftung bei grobem **20** 309; mitwirkendes **20** 254; beim Pfandverkauf **20** 1243; des Schuldners **20** 276; sittliches des Unterhaltsberechtigten **20** 1611
Verschwägerte 20 1590
Verschwender, Enterbung aus guter Absicht **20** 2338
Verschwiegenheitspflicht 51 49
Versendung des bestellten Werkes **20** 644; der Kaufsache **20** 447 f., Kosten **20** 448
Versendungskauf 20 447
Versicherer, Anfechtung **62** 22; Angestellte **62** 72; Anmeldung einer Hypothek durch Gläubiger **20** 1128; Anzeige des Schadens an Hypothekengläubiger **20** 1128; Aufrechnung **62** 35; Aufwendungsersatz **62** 83; Auskunftspflicht **62** 6a; Befreiung von Verpflichtung zur Leistung **20** 1128, 1130; Beratungspflicht **62** 6 f.; Berichtspflichten **62** 7c; Erhebung personenbezogener Gesundheitsdaten **62** 213; Geldleistung **62** 14; Haftpflichtleistung **62** 100; Informationspflichten **62** 7 ff.; Insolvenz **62** 16; Kündigung **62** 24, 92, wegen Veräußerung **62** 96; Leistungsfreiheit **62** 26, 81; mehrere **62** 77; Pflichten **62** 1 f.; Prämienerhöhung **62** 25; Querverkäufe **62** 7a; **62a** 9; Rechte **62** 21, 29; Rücktrittsrecht **62** 19; Schadensermittlungskostenersatz **62** 85; Vertriebstätigkeit **62** 1a; Wiederherstellung **62** 93; Zahlung des auf Versicherungsforderung **20** 1128
Versicherer iSd PflVG, Insolvenzfonds **63** 17 ff.; Kontrahierungszwang bei Kfz-Haftpflichtversicherung **63** 5; Pflichten **63** 5a ff.; Schadenregulierung **63** 3a; zugelassene **63** 5
Versicherte, Rechte **62** 44; und Versicherungsnehmer **62** 46
Versicherte Person bei Krankenversicherungen **62** 193; bei Lebensversicherungen **62** 150
Versicherung, Anmeldepflicht **62** 54 f.; Anzeigepflicht bei Veräußerung einer Sache **62** 97; Beginn und Ende **62** 10; des belasteten Grundstücks **20** 1127 ff.; unter Berufung auf Diensteid **100** 386, auf geleisteten Eid **100** 398; zugunsten Dritter **20** 330; an Eides Statt zur Glaubhaftmachung **100** 294; Eigentumsübergang **62** 99; Einzelpolice **62** 55; Entschädigungsverzinsung **62** 91; Erstreckung der Hypothek auf Versicherungsforderung **20** 1127 ff.; falsche eidesstattliche im Ausland **85** 5; für fremde Rechnung **62** 43 ff.; Hypothekengläubiger **62** 94; der Kfz-Halter **63**, *s. a. Kfz-Haftpflichtversicherung;* mit kleineren Beiträgen **62** 211; Kündigung **62** 11; laufende **62** 53 ff., 210; der Nießbrauchsache **20** 1045 f.; Sachverständigenverfahren **62** 84; Schutz des Erwerbers **62** 98; Übergangsvorschriften **50a** 32; Verlängerung **62** 11; strafbare Verletzung von Privatgeheimnissen **85** 203; vorläufige Deckung **62** 49 ff.; „wen es angeht“ **62** 48; der Zeugen *s. Eidesstattliche Versicherung*
Versicherungsanlageprodukte 62 7b f.; Beurteilung von **62** 7c
Versicherungsberater 62 59, 68
Versicherungsfall, Anzeige **62** 30; Fälligkeit der Geldleistung **62** 14; Haftpflicht **62** 103; Herbeiführung **62** 81; Kündigung **62** 92, 111
Versicherungsforderung 20 1127 ff.
Versicherungsgesellschaften, Täuschung **85** 277 ff.
Versicherungsleistung, Fälligkeit **62** 106
Versicherungsmakler 50 104; **62** 59
Versicherungsmissbrauch 85 265
Versicherungsnehmer, Abtretungsverbot im Insolvenzverfahren **62** 17; Abwendung und Minderung des Schadens **62** 82; Anzeige des Schadens an Hypothekengläubiger **20** 1128; Anzeigepflicht **62** 19, 30, bei Haftpflichtfall **62** 104; Anzeigepflichtverletzung **62** 56; Auskunftspflicht **62** 31; Beratung **62** 6; Ersatzansprüche **62** 86; erweiterter Aufwendungsersatz **62** 90; fehlendes versichertes Interesse **62** 80; Freistellungsanspruch **62** 108; Gefahränderungsanzeige **62** 57; Gefahrerhöhung **62** 23, unerhebliche **62** 27; von Gruppenversicherungen für Restschuldversicherungen **62** 7d; Information **62** 7 ff.; Insolvenz **62** 110; Kündigung **62** 40, 92; keine nachteiligen Vereinbarungen **62** 87; Namens- und Anschriftsänderung **62** 13; Obliegenheitsverletzung **62** 28, 58; Pflichten **62** 1; Rechte **62** 45; Schadensermittlungskostenersatz **62** 85; Schutz **62** 18, 32, 42, 112; unwirksames Anerkenntnis **62** 105; Veräußerung der versicherten Sache **62** 95; und Versicherter **62** 46; Vertreter **62** 20; Widerrufsrecht **62** 8; Wiederherstellung **62** 93; Zahlungsverzug **62** 37 f.
Versicherungsperiode, Begriff **62** 12
Versicherungsprämie 62 33 ff.
Versicherungsprodukte, Querverkäufe **62** 7a; **62a** 9
Versicherungsschein 62 3 ff.; abweichender **62** 5

Versicherungsschutz, Prämienzahlung **62** 51
Versicherungsunternehmen, öffentlich-rechtliche, Vermögensübertragungen **52a** 188 f.; iSd PflVG, Insolvenzfonds **63** 17 ff.
Versicherungsunternehmen iSd HGB **50** 341; Aufsichtsrat **51a** 12, Empfehlung zum Abschlussprüfer **51** 124; Bewertungsvorschriften **50** 341b ff.; Jahresabschluss **50** 341 ff.; Konzernabschluss **50** 291, 341i f.; Konzernlagebericht **50** 341i f.; Lagebericht **50** 341a ff.; nichtfinanzielle Erklärungen **50** 341j; Offenlegungspflichten **50** 341l; Rückstellungen **50** 341e; Straf- und Bußgeldvorschriften **50** 341m f.
Versicherungsvereine, kleinere **62** 211
Versicherungsvereine auf Gegenseitigkeit, Formwechsel **52a** 190 ff., 291 ff.; Geschäftswert von Beschlüssen **119** 108; Spaltung **52a** 151; Vermögensübertragungen unter **52a** 178 ff., kleinere Vereine **52a** 185 ff.; Verschmelzung durch Aufnahme **52a** 109 ff., kleinere Vereine **52a** 118 f., durch Neugründung **52a** 114 ff.
Versicherungsvermittler **62** 59 ff.; Beratungsgrundlage **62** 60; Beratungspflichten **62** 61; Dokumentationspflichten **62** 61; in Nebentätigkeit **62** 66
Versicherungsverträge, Beginn und Ende **20** 309; **62** 51 f.; Gerichtsstand **62** 215; Gleichbehandlung **34** 33; Großrisiken **62** 65, 210; kein Hauptvertrag **62** 50; Kündigung **62** 96; Rechtswahl **21a** 7; Rückwirkung **62** 2; Schlichtungsstelle **62** 214; unabdingbare gesetzliche Regelungen **62** 67, 171; Verjährung **62** 15; **62a** 3; vorzeitige Beendigung **62** 39; Wiederherstellungsklausel **62** 93; Wirkung gegen Versicherermehrheit **62** 216
Versicherungsvertragsgesetz **62**; Einführungsgesetz zum **62a**
Versicherungsvertragsrecht, Reform **50a** 63
Versicherungsvertreter **50** 92; **62** 59; Vollmacht **62a** 2
Versicherungswert **62** 77; Definition **62** 88 f.
Versorgung, Störung der öffentlichen **85** 316b
Versorgungsansprüche, Abtretung **48** 21; Anwartschaften auf **48** 2
Versorgungsausgleich, Abänderung des Wertausgleichs bei Scheidung **112** 225; Abänderungen **48** 51 f.; **112** 227; Anpassung nach Rechtskraft **48** 32 ff.; Antragserfordernis **112** 223; Auskunftspflicht **48** 4; Ausnahmen **48** 18 f.; Ausschluss **20** 1414; im Beitrittsgebiet **21** Art. 234 § 6; Berechnung des korrespondierenden Kapitalwerts **48** 47; Beschränkung oder Wegfall **48** 27; deutsche Zuständigkeit **112** 102; Durchführung der externen Teilung **112** 222; elektronisches Übermittlungsverfahren **112** 229; Entscheidung **112** 224; Halbteilung der Anrechte **48** 1; internationales Privatrecht **21** Art. 17; interne Teilung **48** 10 ff., Erstattungsansprüche der Versorgungsträger **48** 47a; bei Lebenspartnerschaften **21** Art. 17b; Privatvorsorge wegen Invalidität **48** 28; Richtervorbehalt **96** 14; bei Scheidung **20** 1587; Tod der ausgleichsberechtigten Person **48** 37 f.; Übergangsvorschriften **48** 48 ff.; Vereinbarungen der Ehegatten **48** 6 ff., 8; **112** 227, notarielle Beurkundung **48** 7; Verfahren **112** 217 ff., 221; verfahrensrechtliche Auskunftspflicht **112** 220; Wahlrecht bei externer Teilung **48** 15; Wertermittlung **48** 39 ff.
Versorgungsausgleichsgesetz **48**
Versorgungsausgleichssachen als Familiensachen **112** 111; als Folgesache **112** 137; Verfahrenswert **118** 50
Versorgungsbezüge, Pfändung **100** 850
Versorgungsträger, Anrechnung der Teilungskosten **48** 13; elektronischer Rechtsverkehr mit Familiengerichten **112** 229; Leistungsverbot **48** 29; Schutz **48** 30; Vorschlag an Familiengericht **48** 5
Versorgungsunternehmen, Missbrauch der marktbeherrschenden Stellung **74** 29
Versorgungsverträge, Allgemeine Geschäftsbedingungen **20** 310
Verspätete Annahme des Antrags **20** 150
Versprechen der Leistung an einen Dritten **20** 328 ff., einer fremden Sache **20** 523; Tod des Empfängers **20** 331; Unwirksamkeit **20** 344
Verständigung im Strafverfahren **90** 257c, Protokollierung **90** 273
Versteigerung mit Arrest belegter Sachen **100** 930; Beurkundung **23** 15; von beweglichen Sachen, Geschäftswert **119** 117, Zuständigkeit des Rechtspflegers **96** 20; der Früchte auf dem Halm **100** 824; gepfändeter Sachen **100** 814 ff.; des Geschäftsanteils eines GmbH-Gesellschafters **52** 23; der geschuldeten Sache **20** 383 ff.; von Grundstücken, Verfahren **108** 66 ff.; Haftungsbegrenzung **20** 445; von Rechten, Geschäftswert **119** 117; Vertragsabschluss **20** 156; *s. a. Öffentliche Versteigerung*
Versteigerungsantrag, Rücknahme **108** 29 f., 76
Versteigerungsbedingungen, Zwangsversteigerung **108** 44 ff.

Versteigerungserlös, Verteilung **108** 105 ff.
Versteigerungstermin im Zwangsversteigerungsverfahren **108** 30, 35 ff., 85
Versteigerungsvermerk, Eintragung in Grundbuch **108** 19; Löschung **108** 34
Verstoß gegen die guten Sitten, Nichtigkeit eines Hauptversammlungsbeschlusses **51** 241, ungerechtfertigte Bereicherung **20** 817
Verstrickungsbruch 85 136
Versuch der Beteiligung **85** 30, Rücktritt **85** 31; einer Ordnungswidrigkeit **94** 13; eines Verbrechens oder Vergehens **85** 22 ff., Rücktritt **85** 24, untauglicher **85** 23
Verteidiger, Abgabe von Erklärungen **90** 257; Akteneinsicht **90** 147; Anwesenheit bei Zeugenvernehmung und Gegenüberstellung **90** 58; Ausbleiben **90** 145; Ausschluss **90** 138a ff., Zuständigkeit **90** 138c f.; Befugnisse bei Abwesenheit des Angeklagten **90** 234a; im Berufungsverfahren **90** 329; Bestellung **90** 231a, 350, im Bußgeldverfahren **94** 60, im Strafbefehlverfahren **90** 408b, für Wiederaufnahmeverfahren **90** 364a, 364b; in Jugendstrafsachen, notwendige **89** 51a, 68 ff.; Kontaktsperre **95a** 31 ff.; Ladung **90** 218; mehrere **90** 227; Offenbaren von Geheimnissen **85** 203; Pflichtverteidiger *s. dort;* Rechtsanwälte und Rechtslehrer als **90** 138; Rechtsmitteleinlegung **90** 297, 302; Rechtsreferendar als **90** 139; im Revisionsverfahren **90** 350; Schlussvortrag **90** 258, im Berufungsverfahren **90** 326, im Revisionsverfahren **90** 351; Schweigerecht bei Kenntnis von Straftaten **85** 139; Verbot der Mehrfachverteidigung **90** 146; Verkehr mit Jugendlichen in U-Haft **89** 72b; Verkehr mit Verhaftetem **90** 148, Überwachungsmaßnahmen **90** 148a; Vertretung des abwesenden Angeklagten **90** 234; Wahl des durch Angehörige **90** 286; Wahlverteidiger *s. dort;* Wechsel des **90** 143a; Zustellungen an **90** 145a
Verteidigung gegen rechtswidrigen Angriff **85** 32
Verteidigung in Strafsachen 90 137 ff.; notwendige **90** 140; Rechtsanwaltsgebühren **117** 19; Verbot der Mehrfachverteidigung **90** 146
Verteidigungsfall, Einschränkung der Grundrechte **1** 12a; Enteignungen **1** 115c; Friedensschluss **1** 115l; Sonderrechte im Straßenverkehr bei Einsätzen **35a** 35
Verteidigungsmittel, verspätetes Vorbringen **100** 296, 530; Zulassung neuer in der Berufung **100** 531
Verteidigungsnotstand 20 228
Verteilung, Aussetzung bei Gefährdung des Insolvenzplans **110** 233; der Insolvenzmasse **110** 187 ff.; des Versteigerungserlöses, außergerichtliche **108** 143 ff.; der Verwertungkosten durch Gerichtsvollzieher **123** 16; des Verwertungserlöses **110** 170
Verteilungsstreitigkeiten in der Zwangsvollstreckung **100** 879, 882
Verteilungstermin in der Zwangsversteigerung **108** 105, 107, 109
Verteilungsverfahren, Hinterlegung des Erlöses **100** 930; bei Insolvenz **110** 187 ff.; Kosten **100** 874; **119** 1; in der Zwangsvollstreckung **100** 872 ff.; **108** 105 ff.
Verteilungsverzeichnis, Änderung **110** 193; Aufstellung **110** 188 ff.; Einwendungen **110** 194
Vertiefung auf Nachbargrundstück **20** 909
Verträge 20 145 ff.; Abrede der Beurkundung **20** 154; Abschluss **20** 151, durch Briefwechsel **20** 127; Allgemeine Geschäftsbedingungen **20** 305 ff.; Änderung des Landpacht- **20** 593; Anfechtungsgegner **20** 143; Annahme des Antrags **20** 147 ff.; Anpassung oder Beendigung **20** 313 f.; mit Auslandsberührung **21** Art. 11; Auslegung **20** 157, 311c; zur Belastung des Vermögens **20** 311b; Beurkundung, Geschäftswert **119** 97 ff., getrennte von Antrag und Annahme **20** 128, notarielle **20** 128, 152; Draufgabe **20** 336 ff.; zugunsten Dritter **20** 328 ff.; im elektronischen Geschäftsverkehr **20** 312i f.; Form **20** 126 ff.; **21a** 11; gegenseitige **20** 320 ff., Unmöglichkeit **20** 326; gemeinsame **20** 427; genehmigungsbedürftige eines Ehegatten **20** 1365 ff.; gesetzwidrige **20** 309; des Handelsvertreters **50** 85; Inhalt **20** 311a; im Insolvenzverfahren **110** 103; über den Nachlass eines Dritten **20** 311b; Nichtigkeit **20** 311a, 311b; Pauschalreiseverträge **20** 651a ff., *s. a. dort;* Pflichten aus Pachtverträgen **20** 581; Rechtswahl **21a** 3; Reiseverträge **20** 312; Rücktritt **20** 346 ff.; schiedsfähige **100** 1030; Schuldverhältnisse aus **20** 305 ff.; zur Übertragung des Vermögens **20** 311b; Übertragung des **20** 651e; auf unmögliche Leistung gerichtet **20** 311a; verbundene **20** 358 f.; des Vertreters ohne Vertretungsmacht **20** 177 ff.; besondere Vertriebsformen **20** 312b ff.; Wirksamkeit **21a** 10; zusammenhängende **20** 360; *s. a. Verbraucherverträge*
Vertragsabschluss ohne Vollmacht **20** 177
Vertragsänderungen, erhebliche bei Pauschalreiseverträgen **20** 651g

Vertragsantrag 20 145 ff.; verspätete Annahme und Änderung **20** 150
Vertragserbe 20 1941
Vertragsmäßige Verfügungen im Erbvertrag **20** 2278 f., 2290 f., 2294 f., 2298
Vertragssprache bei Teilzeit-Wohnrechteverträgen **20** 483
Vertragsstrafe 20 309, 339 ff.; **50** 75c, 348; **51** 63; Anspruch auf **41** 4; nicht in Geld **20** 342; Haftung des Pfandes für **20** 1210; Herabsetzung **20** 343; unwirksames **20** 344; nach dem UWG **73** 13a, 15a; nicht bei Verlöbnis **20** 1297; keine bei Wohnraummiete **20** 555
Vertrauensbruch im auswärtigen Dienst **85** 353a
Vertrauensperson, Beitreibung von Ansprüchen gegen **122** 1
Vertrauliche Geburt, Amtsvormundschaft für Kinder **20** 1787; und elterliche Sorge **20** 1674a
Vertraulichkeit des Wortes, Verletzung durch Tonaufnahmen **85** 201
Vertretbare Handlungen, Zwangsvollstreckung **100** 887
Vertretbare Sachen 20 91; Anspruch auf Leistung **100** 592, 884; als Gegenstand der Anweisung **20** 783, des Verwahrungsvertrags **20** 700
Vertreter bei Abschluss eines Versicherungsvertrages **62** 2; des abwesenden Angeklagten in der Hauptverhandlung **90** 234; beschränkt geschäftsfähiger **20** 165; besonderer eines Vereins **20** 30, Haftung **20** 31a; Bestellung für Minderjährige oder Leibesfrucht **112** 151; im Beweissicherungsverfahren **100** 494; des Einziehungsbeteiligten im Strafverfahren **90** 428; des flüchtigen Angeklagten **90** 286; gerichtlich bestellter für Volljährige **112** 340; gesetzlicher *s. dort;* Haftung für **20** 278; für Hypothekengläubiger **20** 1189; Inlandsvertreter in Markenangelegenheiten **72** 96; einer juristischen Person, Einziehung iSd OWiG **94** 29, Einziehung iSd StGB **85** 74e; Prozesspfleger **100** 57 f.; Rechtsgeschäfte mit sich selbst **20** 181; Schadensersatzpflicht **20** 179; des Versicherungsnehmers **62** 20; mit Vertretungsmacht **20** 164 ff.; ohne Vertretungsmacht **20** 177 ff.; Willensmängel und Kenntnis des **20** 166; Zustimmung des gesetzlichen Vertreters zur Testamentserrichtung **20** 2229
Vertretung, keine bei Abschluss des Erbvertrages **20** 2296; Ausschluss der in Erbsachen **20** 2282, 2351 f.; der Ehegatten **20** 1357, bei Gütergemeinschaft **20** 1436; bei Erbverzicht **20** 2347; gesetzliche des Kindes **20** 1626, Beschränkung **20** 1643 ff., bei Schenkung **20** 1641; des Vereins **20** 26 ff.; im Verfahren vor dem Bundespatentgericht **72** 81; mit Vertretungsmacht **20** 164 ff.; ohne Vertretungsmacht **20** 177 ff.
Vertretungsbefugnis bei Genossenschaften **53** 25 ff., 39; für Personenzusammenschlüsse alten Rechts **21** Art. 233
Vertretungsberechtigung, Nachweis der Registereintragungen **114** 32
Vertretungsmacht 20 164 ff., 171 ff.; Bescheinigung **114** 34; Fehlen der bei einseitigen Rechtsgeschäften **20** 180; Mangel der bei Handelsvertretern **50** 91a, bei Handlungsgehilfen **50** 75h; Prüfung durch Notar **23** 12; des Versicherungsvertreters **62** 69 ff.
Vertriebsstellen für Reiseleistungen **20** 651b
Vertriebstätigkeit von Versicherern **62** 1a
Verunglimpfung des Bundespräsidenten **85** 90; des Staates und staatlicher Symbole **85** 90a; von Symbolen der EU **85** 90c; verfassungsfeindliche von Verfassungsorganen **85** 90b
Verunreinigung der Straßen **35a** 32
Verurteilte, Bezeichnung als unbestraft **92** 53, 64; Dolmetscher oder Übersetzer für **95** 187
Verurteilung, ausländische, Eintragung ins Zentralregister **92** 54; Bekanntgabe **85a** 310; Eintragung ins Zentralregister **92** 3 ff.; Gesamtstrafe bei mehreren **85** 55; in Verfahrenskosten **90** 464; Vorbehalt durch Verwarnung **85** 59; zu vorbehaltener Strafe **85** 59b
Vervielfältigungen zum privaten oder eigenen Gebrauch **65** 53; Überlassung von und Urheberschutz **65** 98; vorübergehende **65** 44a
Vervielfältigungsgeräte, Vergütungspflichten nach UrhG **65** 54b ff.
Vervielfältigungsrecht iSd UrhG 65 16, 27, 44a ff., 53, 136; in Geschäftsbetrieben **65** 56; verwaiste Werke **65** 61 ff., Anlage
Vervollständigung des Pflichtteils **20** 2316
Verwahrer, Bestellung und Vergütungs- und Aufwendungsfestsetzung **112** 410; Eigentumsübergang **20** 700
Verwahrung 20 688 ff.; von Bargeld durch Notar **23** 57 ff.; von Erbverträgen, Rücknahme **20** 2300; Ersatz der Aufwendungen **20** 693; Geschäftswert **119** 124; mittelbarer Besitz **20** 868; von Nachlasssachen **20** 2039; des Pfandes **20** 1215, 1217; Rücknahme **20** 695 f.; der Sache bei Forderungsverpfändung **20** 1281, bei unteilbarer Leistung **20** 432; Summenver-

wahrung **20** 700; von Testamenten **20** 2272, amtliche **20** 2248, bei außergerichtlichen Behörden **20** 2259, besondere örtliche Zuständigkeit **112** 344, Zuständigkeit **112** 344; unregelmäßige **20** 700; von Urkunden **23** 55 f., auf Geschäftsstelle **100** 443; Vergütung **20** 689, 699; von Wertpapieren **23** 62
Verwahrungsbruch 85 133
Verwalter iSd WEG, Aufgaben **37** 27, Befugnisse **37** 27, Bestellung und Abberufung **37** 26, Einberufung der Wohnungseigentümerversammlung **37** 24, Vertreter der Wohnungseigentümergemeinschaft **37** 9b, zertifizierte **37** 26a; *s. a. Insolvenzverwalter, Nachlassverwalter, Vergleichsverwalter*
Verwaltung, Anordnung einer **100** 255; der Erbschaft durch Vorerben **20** 2130; der Gemeinschaft **20** 744 ff.; Gerichtsstand des Sitzes der **100** 17; des Gesamtguts **20** 1421 ff., bis zur Auseinandersetzung **20** 1472, durch Betreuer bei Gütergemeinschaft **20** 1447, Ersatzpflichten **20** 1445, gemeinschaftliche **20** 1451, Sorgfaltspflicht **20** 1435; des Kindesvermögens **20** 1638, 1640; des Nachlasses **20** 1960, 1978 f., 1984 ff., 1988, 2038 f., durch Testamentsvollstrecker **20** 2205, 2206 f., 2216; bei Nießbrauch **20** 1052, 1054, 1070; Rechnungslegung **20** 259; des Sonderguts **20** 1417; Trennung von und Justiz **95** 13; des Vorbehaltsguts **20** 1418
Verwaltungsakte, Entscheidungen der Vergabekammern **74** 168; im Bereich von Kostenvorschriften **95a** 30a, Anfechtbarkeit **95a** 30a; Rechtsweg gegen Justizverwaltungsakte **95a** 23 ff.
Verwaltungsbehörden, Auflösung einer Genossenschaft **53** 81, einer GmbH **52** 62; Aussetzung des Rechtsstreits bis zur Entscheidung der **100** 148; Kompetenzkonflikte mit **101** 15; Mitteilungen zum Zentralregister **92** 20; Mitwirkung in Wirtschaftsstrafverfahren **88** 13; iSd OWiG **94** 131; Verfahren **94** 59 ff.; Verwarnung im Bußgeldverfahren **94** 131; als Vollstreckungsbehörde **94** 92; Zuständigkeit **95** 13, nach OWiG **94** 35 ff., Befugnisse **94** 46
Verwaltungsbeirat der Wohnungseigentümergemeinschaft **37** 29
Verwaltungsgerichte, Kompetenzkonflikt **101** 15; Verfahrenskosten **115** 1, Streitwertberechnung **115** 52; Zuständigkeit **95** 13
Verwaltungsrechtliche Pflicht 85 330d
Verwaltungsverfahren, Antrag im und Hemmung der Verjährung **20** 204; Regelung durch die Länder **1** 84
Verwaltungszwangsverfahren, Beitreibung der Kosten **122** 1
Verwandte 20 1589 ff.; **21** Art. 51; Angehörige iSd StGB **85** 11; Arbeit des Schuldners für **100** 850h; Auskunftspflicht **20** 1605; Ausschließung von Erbfolge **20** 1938; als Bedachte **20** 2067; Beischlaf unter **85** 173; Eheverbot **20** 1307; Einsetzung als Erben **20** 2067; Erbverzicht **20** 2346 ff.; gesetzliches Erbrecht **20** 1924 ff., 1934; Rangfolge im Unterhalt **20** 1609; Rechte im Strafverfahren **90** 361; Seitenverwandtschaft **20** 1589; Unterhaltspflicht **20** 1601 ff.; Verbot der Mitwirkung als Notar **23** 26
Verwarnung bei Gesamtgeldstrafe **85** 59c; des Jugendlichen **89** 13; mit Strafvorbehalt **85** 59 ff., Belehrung **90** 409, Beschluss **90** 453 f., Gesamtstrafenbildung **85** 59c, und weitere Maßnahmen **85** 59
Verwarnungsverfahren 94 56 ff.
Verweigerung der Aussage durch eine Partei **100** 536; des Eides **100** 536; der Entnahme von Blutproben **90** 81c; der Gegenleistung **20** 320; der Herausgabe des Pfandes **100** 838; der körperlichen Untersuchung **90** 81c f.; der Leistung **20** 321 f.; der Schenkung **20** 519; der Vertragsgenehmigung **20** 1366; der Vorlegung von Urkunden durch Behörden **100** 432; des Zeugnisses **90** 56; des Zugewinnausgleichs **20** 1381; einer Zustimmung bei Gütergemeinschaft **20** 1430
Verweisung auf Änderungen **85a** 322; im Insolvenzverfahren **110** 3d; Kosten **115** 4; des Prozesses an andere Kammer **95** 96 ff., an zuständiges Gericht **83** 48; **89** 42; **90** 270, 328, 355; **100** 281, 506
Verwendungen des Besitzers **20** 994 ff.; des Erbschaftsbesitzers **20** 2022 f.; des Erbschaftsverkäufers **20** 2381; Ersatz **20** 459 f., bei Pachtverhältnis **20** 591; des Gläubigers **20** 292; bei Gütergemeinschaft **20** 1467; bei Leihe **20** 601; auf Mietsache **20** 536a, 539, 548; des Nießbrauchers **20** 1043, 1049, 1057; des Pfandgläubigers **20** 1210, 1216; beim Rücktritt **20** 347; des Schuldners **20** 273; bei unerlaubter Handlung **20** 850; des mit dem Vermächtnis Beschwerten **20** 2185; bei Verzug des Gläubigers **20** 304; des Vorerben **20** 2138; Zurückbehaltungsrecht **20** 273
Verwendungsanspruch des Besitzers, Präklusion **20** 1002; Geltendmachung **20** 1001
Verwerfung des Antrags auf Verfahren **90** 368; der Berufung wegen Ausbleibens **90** 391; der Beschwerde **83** 89; des Ein-

sprauchs gegen Strafbefehl **90** 411 f.; der Revision **90** 346, 349
Verwertung von Forderungen **100** 844; des gewerblichen Pfandrechts **20** 1259; der Insolvenzmasse **110** 173, 233, 265 f.; körperlicher Sachen **100** 825, 847; von Sicherungsgut im Insolvenzverfahren **110** 282
Verwertungsgesellschaften **65** 26 f., 54h; Geltendmachung von Ansprüchen **65** 49
Verwertungskosten, Verteilung durch Gerichtsvollzieher **123** 16
Verwertungsrechte des ausübenden Künstlers **65** 83; Senderecht **65** 20 ff., *s. a. dort;* für Tonträgerhersteller **65** 85; der Urheber **65** 15 ff.
Verwertungsverbot von Eintragungen im Zentralregister **92** 51; von urheberschutzrechtlicher Vervielfältigungen **65** 96
Verwirkung von Ansprüchen nach dem MarkenG **72** 21; von Grundrechten **1** 18; des Maklerlohns **20** 654; von Schadensersatzansprüchen nach dem StVG **35** 15; der Vertragsstrafe **20** 339 ff.
Verwirkungsklausel bei Hypotheken- und Pfandbestellung **20** 1149, 1229, 1277; bei Nichterfüllung **20** 354
Verzeichnis des Anfangsvermögens **20** 1377; des Bestandes eines Inbegriffs von Gegenständen **20** 260, von Sachen bei Nießbrauch **20** 1035; der Massegegenstände **110** 151; des Nachlasses **20** 1960, 1993, 2215, 2314; der Nachlassgläubiger **112** 456
Verzeihung **20** 2343; Pflichtteil **20** 2337
Verzicht, Abfindung aus Gesamtgut **20** 1501; eines Abkömmlings auf Gesamtgutsanteil **20** 1491; auf Anspruch **100** 306; auf Eigentum an beweglichen Sachen **20** 959, an Grundstücken **20** 928; auf Einlegung von Rechtsmitteln **90** 302; auf Einrede der Vorausklage **20** 239, 773; des Erben **20** 2346 ff.; auf Ersatzansprüche bei Gründung der AG **51** 50; auf Fortsetzung des Pachtverhältnisses **20** 595; auf Gesamtgutsanteil **20** 1517; auf Gesamthypothek **20** 1175; des Geschäftsinhabers auf Wettbewerbsverbot **50** 75a; gesetzlich vermuteter auf Wiedereinsetzung **90** 315, 342; des Hauptschuldners auf Einreden **20** 768; auf Hypothek **20** 418, 1165, 1168 f., 1175, 1178; auf Markeneintragung **72** 48; auf Pfandrecht **20** 1255; auf Pflichtteil für Kind **20** 1643, und Zugewinnausgleich **20** 1455; auf Rechte aus Pfändung einer Geldforderung **100** 843; auf Tatbestand und Entscheidungsgründe **100** 313a; auf Unterhalt **20** 1614; des Urhebers auf Vergütung **65** 63a, 137q; auf Urkunden als Beweismittel **100** 436; Urteile auf Grund eines **100** 311; auf Vermögenserwerb **20** 517; und Verständigung vor Urteil **90** 302; auf Widerruf der Auslobung **20** 658, der Schenkung **20** 533; auf Zeugen **100** 399
Verzichtsurteil, abgekürzte Form **100** 313b
Verzinsung bei Aufwendungsersatz **20** 256; der Gerichtskosten **115** 5; **119** 6; der Kosten **120** 5; von Kosten und Auslagen **90** 464b; *s. a. Zinsen*
Verzögerungsgebühr, Beschwerde gegen **118** 60
Verzug der Annahme **20** 322, durch Käufer **20** 446; des Arbeitgebers/Dienstberechtigten **20** 615, Verzugspauschale **20** 288; des Besitzers **20** 990; des Darlehensnehmers bei Verbraucherdarlehensvertrag **20** 497; des Erbschaftsbesitzers **20** 2024; bei gegenseitigen Verträgen **20** 322, 326; des Gesamtgläubigers **20** 429; des Gesamtschuldners **20** 425; des Gläubigers **20** 264, 274, 293 ff., 424, 429, und Hinterlegung **20** 372, 383 f.; Leistungsverzug **20** 309; des Mieters **20** 543; des Schenkers **20** 522; des Schuldners **20** 264, 274, 286 ff., 425, Vereinbarung über den Eintritt **20** 286, Unterlassungsanspruch nach UKlaG **105** 1a; des Unterhaltspflichtigen **20** 1613; des Vermieters **20** 536a; Verwirkung der Vertragsstrafe **20** 339; beim Werkvertrag **20** 642 ff.
Verzugspauschale **20** 288
Verzugsschaden **20** 286 ff.
Verzugszinsen **20** 288 ff., 522, 1146; **52** 20; bei Verbraucherdarlehensverträgen **20** 497; Vereinbarung über Haftung für **20** 288, Unterlassungsanspruch nach UKlaG **105** 1a
Videokommunikation, Beglaubigung mittels **20** 77
Videoverhandlungen vor den Arbeitsgerichten **83** 9, 50a f., 54, 64, 72, Beweisaufnahme **83** 58; vor Gerichten **95** 191a; in Verfahren nach dem FamFG **112** 32 ff.; vor den Zivilgerichten **100** 128a, 1100 f.; **101** 16 f., *s. a. Bild- und Tonübertragung,* Beweisaufnahme **100** 284, Erklärung der Beteiligten **100** 253, Protokoll über **100** 159 ff., Urteilsverkündung **100** 310; *s. a. Bild- und Tonübertragung*
Vieh, Entgelt für Fütterung bei Zwangsverwaltung **108** 153a; Streitigkeiten **95** 23; Treiben auf Straßen **35a** 28; als Zubehör eines Landgutes **20** 98
Viehhandel **50** 382

Vierteljahr 20 188 f.
Vindikationszession 20 931
Völkermord im Ausland **85** 6; Unverjährbarkeit **85** 78; Verfahren vor deutschen Gerichten **1** 96
Völkerrecht, Befreiung von diplomatischen Vertretern von deutscher Gerichtsbarkeit **95** 18; Bestandteil des Bundesrechts **1** 25, Entscheidung des Bundesverfassungsgerichts **1** 100; Vorrang **112** 97
Völkerstrafgesetzbuch, Straftaten nach dem, Absehen von Strafverfolgung **90** 153f, Haftgründe **90** 112; Verbrechen der Aggression **85** 80a
Volksbegehren, Straftaten bei **85** 108d
Volksverhetzung 85 130
Volksvertreter *s. Abgeordnete*
Volljährige, Annahme als Kind **20** 1767 ff.
Volljährigkeit 20 2
Vollmacht 20 166 ff.; anzuwendendes Recht **21** Art. 8; zur Ausschlagung einer Erbschaft **20** 1945; bei Beurkundung **23** 12; in Ehesachen und selbständigen Familienstreitsachen **112** 114; Erlöschen im Insolvenzverfahren **110** 117; gesetzliche **62** 69; im Privatklageverfahren **90** 378, 387; Prozessvollmacht **100** 80 ff.; Urkunde staatlicher Organe **21** Art. 231; bei Vaterschaftsanerkennung **20** 1596; für Verfahren in Familiensachen und Angelegenheiten der freiwilligen Gerichtsbarkeit **112** 11; Versicherungsvertreter **62a** 2; des Verteidigers, Schriftform **90** 234, 330, 350, 411
Vollmachtsurkunde 20 172 ff.; Kraftloserklärung **20** 176; Nichtvorlage und Zurückweisung **20** 174; Rückgabe **20** 175
Vollrausch 85 64, 323a; **94** 122
Vollstreckbare Ausfertigung 100 724 ff., 754, 799, 894; Auslieferung an den Schuldner **100** 754; Erteilung **23** 52, durch Rechtspfleger **96** 20; gerichtlicher und notarieller Urkunden **100** 797; bei Gütergemeinschaft **100** 742 ff.; Legitimation des Gerichtsvollziehers durch **100** 754 f.; Vermerk der Erteilung auf Urteil **100** 734; weitere **100** 733; *s. a. Vollstreckungstitel*
Vollstreckbare Urkunden, Verfahren **100** 797
Vollstreckbarer Titel *s. Vollstreckungstitel*
Vollstreckbarerklärung durch Berufungsgericht **100** 537; des gerichtlichen Vergleichs **100** 795b; durch Notar **100** 796c; durch Rechtsanwälte **100** 796a; durch Revisionsgericht **100** 558; Zuständigkeit **100** 796b
Vollstreckbarkeit, Aufhebung gegen Sicherheitsleistung **100** 769; von Endurteilen **100** 704; von Kostenentscheidungen **100** 708; Schadensersatzpflicht **100** 717; von Schiedssprüchen **100** 1064; des Strafurteils **90** 449 ff.; *s. a. Vorläufige Vollstreckbarkeit*
Vollstreckung in Abstammungssachen **112** 96a; ausländischer Titel im Inland (VO (EU) Nr. 1215/2012) **100** 1112 ff., Versagung **100** 1115, Wegfall und Beschränkung **100** 1116; Aussetzung nach FamFG **112** 55; nach Bestätigung der Dispache **112** 409; von Bußgeldentscheidungen **94** 89 ff.; in Bußgeldverfahren nach GWB **74** 86a; in Ehe- und Familienstreitsachen **112** 120; in Ehewohnungssache **112** 96; Einstellung **112** 93; einstweilige Einstellung in Unterhaltssachen **112** 242; nach FamFG **112** 86 ff., Herausgabe von Personen und die Regelung des Umgangs **112** 88 ff.; Gegenstandswert für Rechtsanwaltsgebühren **117** 25; gerichtlichen Entscheidungen, Zustellung durch Staatsanwaltschaft **90** 36; in Gewaltschutzsachen **112** 216; grenzüberschreitende vorläufige Kontenpfändung **100** 946 ff., Richtervorbehalt **96** 20, Vollziehung **100** 950 ff.; aus Insolvenzplan **110** 257; im Insolvenzverfahren nach der VO (EG) 1346/2000 **110a** 102, nach der VO (EU) 2015/848 **110a** 102c; nach dem JBeitrG **122** 6, Beginn **122** 5, einstweilige Einstellung **122** 6, Kosten **122** 10; in Jugendstrafsachen **89** 82 ff.; von Maßregeln der Besserung und Sicherung **90** 463; von Ordnungsmitteln **95** 179; Rechtshilfe **95** 160; mit Risikobegrenzung **101** 37; der Strafen *s. Strafvollstreckung;* in Strafsachen, Eintragung ins Zentralregister **92** 15; einer Teilungsvereinbarung **112** 371; in unbewegliches Vermögen nach dem JBeitrG **122** 7; mit unmittelbarem Zwang **112** 90; Verfahren **112** 92; in Verfahren nach dem GewaltschutzG **112** 96; Verfahrenskostenhilfe für die **112** 77; nach ZPO gemäß FamFG **112** 95 ff.; *s. a. Zwangsvollstreckung*
Vollstreckungsabwehrklagen 100 767 f., 785 f.; gegen Europäischen Zahlungsbefehl **100** 1095 f.; örtliche Zuständigkeit **100** 1086, 1117
Vollstreckungsantrag, elektronischer **100** 829a; vereinfachter bei Vollstreckungsbescheiden **100** 829a; **101** 43
Vollstreckungsauftrag, vereinfachter bei Vollstreckungsbescheiden **100** 754a; **101** 43
Vollstreckungsbeamte, tätlicher Angriff auf **85** 114; Widerstand gegen **85** 113
Vollstreckungsbefehl *s. Vollstreckungsbescheid*

Vollstreckungsbehörde, Datenverarbeitung durch **90** 483; Gerichtshilfe **90** 463d; Gerichtskasse als **122** 2; als Gläubiger **122** 6
Vollstreckungsbescheid 100 699 ff.; Aufhebung **100** 700; vereinfachter Antrag **100** 829a; **101** 43; vereinfachter Vollstreckungsauftrag bei **100** 754a; **101** 43; Wiederaufnahmeverfahren **100** 584; Wirkung **100** 700; Zwangsvollstreckung **100** 794, 796
Vollstreckungsbeschränkung 110a 108
Vollstreckungsgegenklage 100 767
Vollstreckungsgericht 100 828; Amtsgericht **108** 1; Amtsgericht als **100** 764 f., 858; Anordnung und Durchführung der Zwangsversteigerung **108** 15, 35; Arrestvollziehung **100** 930; Aufgebotsverfahren **108** 140; Austauschpfändung **100** 811a; Beweisaufnahme **100** 370; Entscheidung über Erinnerungen **100** 766; Schuldnerverzeichnis **100** 882h; Tätigkeit **100** 398, 887 ff., 893; Urkundsbeamter der Geschäftsstelle **100** 362; zentrales **100** 802k
Vollstreckungshandlungen des Gerichtsvollziehers **100** 762; und Neubeginn der Verjährung **20** 212
Vollstreckungsklausel 100 724 f.; **108** 132 f.; Ablehnung der Erteilung **23** 54; Antrag auf Erteilung einer und Hemmung der Verjährung **20** 204; der Arrestbefehle **100** 929; Einwendungen gegen Zulässigkeit **100** 732, 797a; Klage auf Erteilung **100** 731, 796 f., und Neubeginn der Verjährung **20** 212, wegen Unzulässigkeit **100** 768; bei Markenangelegenheiten vor Patentgerichten **72** 125a
Vollstreckungskosten 100 788
Vollstreckungsmaßnahmen, Aufhebung **100** 765a; Einstellung **100** 765a; Kosten **100** 788; Untersagung **100** 765a
Vollstreckungsschuldner iSd JBeitrG **122** 4 f.; Kostenschuldner für Gerichtsvollzieherkosten **123** 3
Vollstreckungsschutz 100 765a, 811; beim Insolvenzplan **110** 259a
Vollstreckungstitel 100 704, 794; **112** 86; kein Ausschluss der Anfechtung **111** 10; Errichtung und Verjährung **20** 201; europäische **100** 794, 1079 ff., 1082 ff., Vollstreckungsabwehrklage **100** 1086; Zuschlag in der Zwangsversteigerung **108** 93, 132; *s. a. Vollstreckbare Ausfertigung*
Vollstreckungsurteil, Antrag auf Erlass eines und Hemmung der Verjährung **20** 204; Neubeginn der Verjährung bei Klage auf **20** 212; für Urteil eines ausländischen Gerichts **100** 722 f.
Vollstreckungsverbot im Insolvenzverfahren **110** 89 f.; bei Masseunzulänglichkeit **110** 210
Vollstreckungsvereitelung 85 288
Vollstreckungsverjährung 85 79 ff.; **85a** 309; **94** 34; Ruhen **85** 79a; Verlängerung **85** 79b
Volltrunkenheit, Einweisung in Entziehungsanstalt **85** 64
Vollziehung der Auflage **20** 2194; Gegenstandswert bei Vollstreckung und Vollziehung **117** 25; *s. a. Strafvollstreckung*
Vollziehungsbeamte, Kosten, Beitreibung **122** 1; Vollstreckung nach dem JBeitrG **122** 6; *s. a. Gerichtsvollzieher*
Vollzug der Freiheitsentziehung, Aussetzung **112** 424; der Freiheitsstrafe *s. dort;* des Haftbefehls, Aussetzung **90** 116 f., 122, Zuständigkeit **90** 126; in Unterbringungssachen **112** 327 ff., Aussetzung **112** 328, gerichtliche Entscheidung **112** 327; der Untersuchungshaft **90** 119; *s. a. Strafvollstreckung, Strafvollzug*
Vollzug eines Geschäfts, Geschäftswert **119** 112
Vollzugsanstalt, Mitteilungen an das Gericht **90** 114e, durch das Gericht **90** 114d
Vollzugsuntauglichkeit 90 455
Vor- und Familienname, Angleichung **21** Art. 47
Vorabentscheidung 100 304; im Verfahren **83** 61; Zurückverweisung in ersten Rechtszug **100** 538
Voraus des Ehegatten **20** 1932 f., 2311
Vorausklage, Einrede der **20** 771 ff., 777; **50** 349; **53** 115e, Verzicht auf **20** 239, 773
Vorausleistung des Dienstlohnes und fristlose Kündigung **20** 628; der Überbaurente **20** 913; des Unterhalts **20** 1614 f.
Vorausverfügungen über Miete **20** 566b
Vorausvermächtnis 20 2150; Erbschaftskauf **20** 2373
Vorauszahlung, Beschwerde gegen Anordnung **118** 58; in Ehesachen und selbständige Familienstreitsachen **118** 14; beim Familiengericht **118** 12; *s. a. Vorschuss*
Vorbehalt in Aufgebotsverfahren **112** 440; der Ergänzung, letztwilliger Verfügungen **20** 2086; geheimer bei Willenserklärungen **20** 116; der nachträglichen Entscheidung über Strafaussetzung **89** 61 ff.; des Ranges für künftig einzutragende Rechte **20** 881; des Rücktritts vom Erbvertrag **20** 2293; der Sicherungsverwahrung **89** 7; der Unterbringung in der Sicherungsverwahrung **85a** 316i; des Verlustes der Rechte aus Vertrag, Wirkung **20** 354

Vorbehaltsgut, Erbschaft als **20** 1461; bei fortgesetzter Gütergemeinschaft **20** 1486; bei Gütergemeinschaft **20** 1418; keine Haftung des Gesamtguts **20** 1440; Verwendungsersatz **20** 1467
Vorbehaltsklausel für Anerkennung eines ausländischen Urteils **100** 328
Vorbehaltsurteil 100 302, 599; und Anfechtung **111** 14; Erbenhaftung **100** 780; Fortsetzung des Rechtsstreits nach Verkündung **100** 707; Übertragung auf Einzelrichter **100** 348a
Vorbeifahren an haltenden Fahrzeugen **35a** 6
Vorbereitendes Verfahren *s. Ermittlungsverfahren*
Voreintragung des Verpflichteten im Grundbuch **20** 895
Voreltern, Unterhalt an die Abkömmlinge **20** 685
Vorempfang, Ausgleichung **20** 2095, 2316, 2372, unter Miterben **20** 2050 ff.
Vorenthaltung der Mietsache **20** 543, Entschädigung **20** 546a
Vorerbe 20 2105 ff., 2111; Anzeigegebühr wegen Eintritt der Nacherbfolge **119** 23; Aufwendungen **20** 2124 f.; Befreiung von Verpflichtungen **20** 2136; Erbschein für den **20** 2363; Grundbuch **114** 51; Herausgabepflicht **20** 2138; Hinterlegung von Wertpapieren **20** 2116; Rechenschaftspflicht **20** 2130; Sorgfaltspflicht **20** 2131; Verfügung über Erbschaftsgegenstände **20** 2120, über Grundstücke und Schiffe **20** 2113, über Nachlassgegenstände **20** 2112 ff., unentgeltliche **20** 2113; Verfügungsrecht **20** 2129, 2140; Verwendungen **20** 2125; vollstreckbare Ausfertigung für und gegen Nacherben **100** 728; *s. a. Nacherbfolge*
Vorfahren, gesetzliches Erbrecht **20** 1929
Vorfahrt im Straßenverkehr **35a** 8, 18 f.
Vorfälligkeitsentschädigung bei Darlehensverträgen **20** 490; bei Verbraucherdarlehensvertrag **20** 502
Vorführung ausbleibender Zeugen gem. ZPO **100** 380; des ausgebliebenen Angeklagten **90** 236, 387; in Freiheitsentziehungssachen **112** 420; zur Untersuchung in Betreuungssachen **112** 283; vor den zuständigen Richter **90** 115
Vorführungsrecht im Urheberrecht **65** 19
Vorgesetzte, Verleitung eines Untergebenen zur Straftat **85** 357
Vorkauf 20 463 ff.
Vorkaufsberechtigte, unbekannte **20** 1104
Vorkaufsrecht, Aufgebot des Berechtigten **112** 453; Ausschluss der Ausübung **20** 466, 470 f.; an Grundstücken **20** 1094 ff.; Hinweispflicht des Notars **23** 20; des Mieters **20** 577; der Miterben **20** 2034 ff.; Rechte des Käufers **20** 1100; subjektiv-dingliches **20** 1103; subjektiv-persönliches **20** 1103
Vorlage einer Entscheidung an BGH **95** 121; des Hypotheken-, Grundschuld- und Rentenschuldbriefs **20** 896, 1160; der Rechnungsbelege **20** 259; von Sachen **20** 809 ff.; von Schuldverschreibungen **20** 801 f., Frist **20** 1188
Vorlageanspruch bei Marken **72** 19a
Vorläufige Austauschpfändung 100 811b
Vorläufige Festnahme 1 104; **90** 127 ff.
Vorläufige Vollstreckbarkeit 100 708 ff.; und Anfechtung **111** 14; Antrag auf **100** 714; der arbeitsgerichtlichen Urteile **83** 62; Außerkraftsetzen **100** 717; im Berufungsrechtszug **100** 537, 718; im Revisionsrechtszug **100** 558; gegen Sicherheitsleistung **100** 709; im Verfahren **100** 708 ff.; Zurückweisung eines Antrags **100** 712 f.
Vorleistung 20 320 ff., *s. a. Vorausleistung*
Vormerkung, Aufgebot des Berechtigten **112** 453; Bodenreform **21** Art. 233; Eintragung einer, Zuständigkeit **100** 942; Geschäftswert **119** 45; im Grundbuch **20** 883 ff., 1971, 1990, 2016; im Insolvenzverfahren **110** 106; auf Löschung **21** Art. 194; zur Sicherung des Anspruchs auf Löschung einer Hypothek **20** 1179; Verurteilung zur Bewilligung **100** 895; Wegfall der Wirkung **108** 130a; Wirkung des Vorkaufsrechts als **20** 1098
Vormund, Amtsführung **20** 1790; Amtsvormund *s. dort;* Amtsvormundschaft **20** 1786 ff., *s. a. dort;* Aufnahme des Kindes **20** 1791; Aufwendungsersatz **20** 1808; ausgeschlossene Personen **20** 1784; Auskunftspflichten **20** 1790; Ausschluss durch Eltern **20** 1782; Auswahl durch Familiengericht **20** 1778 ff.; befreiter **20** 1801; Benennung durch Eltern **20** 1782, Übergehen der Person **20** 1783; Beratung und Aufsicht durch Gericht **20** 1802 f.; Eignung **20** 1779; Entlassung **20** 1804 ff.; gemeinschaftlicher **20** 1775; Haftung **20** 1794; Hemmung der Verjährung während der Vormundschaft **20** 207; keine Vergütung nach RVG **117** 1; für Minderjährige **20** 1774 ff., Bestellung **112** 168 ff., Zahlungen an den **112** 168d; Personensorge **20** 1795 ff.; und zusätzlicher Pfleger **20** 1776 f., 1792, 1796 f.; Rechte und Pflichten **20** 1789 ff.; Übernahmepflicht **20** 1785; Vergütung **20** 1808; Vermögenssorge **20** 1798 ff.; Verpflichtung durch Be-

stellung **20** 1789; vorläufiger **20** 1781; Vorrang des ehrenamtlichen **20** 1779

Vormundschaft, anzuwendendes Recht **21** Art. 24; für Ausländer **21** Art. 24; Beendigung **20** 1804 ff.; befreite **20** 1801; im Beitrittsgebiet **21** Art. 234 § 14; deutsche Zuständigkeit **112** 99; Entscheidungen des Familiengerichts **20** 1793; Fälligkeit der Gebühren **118** 10; Führung **20** 1788 ff.; Kindschaftssache **112** 151; Kosten **118** 22; für Minderjährige **20** 1773 ff., Bestellung **112** 168 ff.; Rechte des Mündels **20** 1788; Testamentserrichtung **20** 2229; Übergangsvorschriften **21** Art. 210; Verjährung der Kosten **118** 7; *s. a. Amtsvormundschaft, Betreuung*

Vormundschaftsgericht *s. Betreuungsgericht*

Vormundschaftsvereine **21** Art. 144

Vornamen in Unterschrift des Erblassers **20** 2247

Vorrang, Einräumung **20** 1165

Vorrang- und Beschleunigungsgebot in Ehesachen **112** 129a; in Kindschaftssachen **112** 155

Vorrechte im Insolvenzverfahren **110** 39, 327

Vorsatz **85** 11, 15; **94** 10; bei Amtspflichtverletzung **20** 839; bei Arbeitsunfällen **20** Anm. zu 618; bei Geschäftsführung ohne Auftrag **20** 680; bei Haftung des Finders **20** 968; bei Schenkung **20** 521, 529; bei unerlaubten Handlungen **20** 826; als Verschuldensform **20** 276, 300

Vorschriftzeichen **35a** Anlage 2; im Straßenverkehr **35a** 41

Vorschuss beim Auftrag **20** 669; Berechnung bei Insolvenz der Genossenschaft **53** 106; in Ehesachen und selbständigen Familienstreitsachen **118** 14, 17; Einziehung bei Insolvenz der Genossenschaft **53** 109; beim Familiengericht **118** 12; auf Gerichtskosten *s. dort;* der Gerichtsvollzieherkosten **123** 4; für Handelsvertreter **50** 87a; Hinterlegung oder Anlegung nach Insolvenz der Genossenschaft **53** 110; bei Kosten **120** 8; der Kosten bei Fortdauer des Arrestes **100** 934; bei Notarkosten **119** 15; für Zeugen und Sachverständige **100** 379; Zinsen **50** 354

Vorschusspflicht für Gerichtskosten, Fortdauer **119** 17

Vorsitzende Richter am Arbeitsgericht **83** 36, Alleinentscheidungen **83** 55, Befugnisse **83** 53 ff.; der Kammer für Handelssachen **95** 105 f.

Vorsitzende Richter im Strafverfahren, Anordnungen **90** 221, zur Anwesenheit des Angeklagten **90** 231; am BGH **95** 124; Entzug des Fragerechts **90** 241; der Kammer am OLG **95** 122; Ladungen durch den **90** 214; Leitung der Hauptverhandlung **90** 238 ff., 243 ff.; Unterbrechungen **90** 228; Vernehmung minderjähriger Zeugen **90** 241a; Vollstreckung von Ordnungsmitteln durch **95** 179

Vorsitzende Richter im Zivilverfahren, alleinige Entscheidung **100** 944; Bestimmung des schriftlichen Vorverfahrens **100** 276; Kammer für Handelssachen **100** 349; Terminsbestimmung **100** 272; Veranlassung des schriftlichen Vorverfahrens **100** 272, 276

Vorsorgeregister, zentrales **23** 20a

Vorsorgevollmacht **23** 20a; Anhörung des Betroffenen **112** 278; für Betreuung bei Volljährigen **20** 1820; Herausgabe einer Abschrift **112** 285

Vorstand der Genossenschaft **53** 9, 24 ff., Aufgaben **53** 11, Beschränkung der Vertretungsbefugnis **53** 27, und Generalversammlung **53** 27, Haftung **53** 34, Ordnungsgeldverfahren gegen **50** 339, Sorgfaltspflichten **53** 34, Strafbarkeit **53** 147 f., vorläufige Enthebung **53** 40

Vorstand der Aktiengesellschaft **51** 76 ff.; Anmeldepflicht **51** 184; Auskunftspflicht gegenüber Aktionären **51** 131 f.; Ausschlussgründe für Bestellung **51** 81; Bekanntmachungspflichten **51** 246; Berichtspflichten **51** 90; Bestellung/Abberufung **51** 84; Bezüge **51** 87, Angemessenheit **50a** 68; **51a** 23, Nachhaltigkeit **51** 87, Offenlegung **50** 285 f., Pflichtangaben **50** 314, Vergütungssystem **51** 87a; **51a** 26j; disqualifizierte Personen **50** 9c; **51** 76; Einberufung des Aufsichtsrats **51** 110, der Hauptversammlung **51** 121 ff.; Einrichtung eines Überwachungssystems **51** 91; Entlastung **51** 119 f.; Ermächtigung zur Ausgabe von Wandelschuldverschreibungen **51** 221; erster **51** 30; Geheimhaltungspflicht **51** 404; Geschäftsführung **51** 77; Haftung **51** 117, 147, 309 f., 318, mit Selbstbehalt **51** 93; keine Mitgliedschaft im Aufsichtsrat **51** 105; Kreditgewährung an Mitglieder **51** 89; Ordnungsstrafen gegen Mitglieder **51** 407; Ordnungswidrigkeiten **51** 405; **51a** 26k; Pflichten **51** 83, bei Verlust, Überschuldung, Zahlungsunfähigkeit **51** 92 f.; Sorgfaltspflicht und Verantwortlichkeit der Mitglieder **51** 93; Stellvertretung **51** 94; Strafvorschriften **51** 399 ff.; Verantwortlichkeit **51** 48, 147, 309 f., 318; Vertretungsbefugnis **51** 81; Wettbewerbsverbot **51** 88; Widerruf der

Bestellung auf Zeit **51** 84; Zwangsgelder gegen Mitglieder **51** 407
Vortäuschen einer Straftat **85** 145d
Vorteilsabschöpfung nach GWB **74** 34 f., durch Verbände und Einrichtungen **74** 34a
Vorteilsannahme 85 331, 335a
Vorteilsgewährung 85 333
Vorträge, Urheberrechtsschutz **65** 2, 48
Vortragsrecht iSd UrhG **65** 19
Vorverfahren, Haftbefehl **90** 125; bei Ordnungswidrigkeiten **94** 53 ff.; Sachverständigengutachten **90** 82; schriftliches **100** 272
Vorzugsaktien 51 139 ff.
Vorzugsrechte, Erlöschen bei Schuldübernahme **20** 418; Übergang mit der Forderung **20** 401; Verzicht auf bei der Bürgschaft **20** 776; in der Zwangsvollstreckung **100** 804 f.
Vorzugsweise Befriedigung, Klage auf **100** 805

Waffen, Landfriedensbruch mit **85** 125a; Untersagung des Gebrauchs, Eintragung ins Zentralregister **92** 10; Verteilung an unbefugte Gruppe **85** 127
Waffenschein, Ablehnung, Eintragung ins Zentralregister **92** 10
Wählbarkeit, Verlust durch Strafurteil **85** 45 ff., 108c, 109i
Wahlen, Straftaten bei **85** 107 ff.; unbefugtes Wählen **85** 107a
Wahlfälschung 85 107a
Wahlrecht des Insolvenzverwalters **110** 103; bei mehreren Leistungen **20** 262 ff.; Verlust durch Strafurteil **85** 45 ff., 101, 108c, 109i; bei Vermächtnis an mehrere Personen **20** 2151 ff.
Wahlschuld 20 262 ff.
Wahlverteidiger 90 138; Zurückweisung **90** 146a
Wahl-Zugewinngemeinschaft 20 1519
Wahrnehmung berechtigter Interessen bei Beleidigung **85** 193
Währung bei Geldschulden **20** 244; vertragsmäßige **50** 361
Währungsumrechnung in der Eröffnungs- oder Jahresbilanz **50** 256a; in der Konzernbilanz **50** 308a
Waisengeld 21 Art. 81
Wald, Erbschaft **20** 2123; Nießbrauch **20** 1038
Waldgenossenschaften 21 Art. 83
Waldwege, Vorfahrtsrecht **35a** 8, 19
Wandelschuldverschreibungen, Ausgabe durch Aktiengesellschaft **51** 221, von Bezugsaktien gegen **51** 199
Wappen, Missbrauch **94** 124 f.; als Schutzhindernisse iSd MarkenG **72** 8; strafbare Verunglimpfung des Staates und seiner Symbole **85** 90a
Warenlager 20 92; Angestellte in offenem **50** 56; des Insolvenzschuldners, Verkauf **110** 160
Wärmelieferung, Kosten als Betriebskosten **20** 556c
Warnanstrich von Straßenbau- und -unterhaltungsfahrzeugen **35a** 35
Warnblinklicht von Fahrzeugen, Benutzung **35a** 15 f.
Warndreieck für Kraftfahrzeuge **35a** 15
Warnkleidung von Straßenarbeitern **35a** 35
Warnzeichen, Beseitigung, Entstellung **85** 145; von Kraftfahrzeugen, Benutzung **35a** 5, 16
Wartegelder 21 Art. 81; Abtretung **20** 411
Wasser, Vergiftung **85** 314; Verunreinigung **85** 324
Wasserbauten, Beschädigung **85** 318
Wasserfahrzeuge im Ausland **21** Art. 45
Wasserleitung, Zerstörung **85** 318
Wasserrecht 21 Art. 65
Wassersicherstellungsgesetz, Zuwiderhandlungen **88** 1
Wasserstand, Merkmal **85** 274
Wasserstraßen, Notweg zu **21** Art. 123
Wasserversorgungsunternehmen, Meldepflichten nach dem GWB **74** 31a; und Wettbewerbsrecht **74** 31 ff.
Wasserwirtschaft, Meldepflichten nach dem GWB **74** 31a; und Wettbewerbsrecht **74** 31 ff.
Wechsel, Ankauf durch Kommissionär **50** 395; Hypothek für Wechselforderungen **20** 1187 ff.; Insolvenzanfechtung **110** 137; Pfandrecht **20** 1292, 1294; Pfändung **100** 831; Verpfändung **20** 1292, 1295
Wechselprozess 100 592; Klagefrist **100** 586; Mahnverfahren **100** 703a; Verfahren **100** 602 ff.; Vollstreckbarkeit der Urteile **100** 708; Zurückverweisung in ersten Rechtszug **100** 538; *s. a. Urkundenprozess*
Wege, Beschädigung **85** 318; Regulierung **21** Art. 113
Wegfall des Beschwerten **20** 2161, 2194, 2196; eines Erben **20** 2053; des Erbunwürdigen **20** 2341; eines Miterben **20** 2051, 2094 f., 2110, 2354, 2373; des Testamentsvollstreckers **20** 2197, 2224
Wegnahme bei Austauschpfändung **100** 811a; von Einrichtungen **20** 258, 459, 539, 601, 1049, 1057, 1216, 2125; von Sachen **20** 867, 997, 1005, aus Selbsthilfe **20** 229 ff.

Wehr, Beschädigung **85** 318
Wehrdienst, Jugendstrafrecht **89** 112a ff.
Wehrpflicht, Wohnsitz bei **20** 9
Wehrstrafgerichte 1 96
Weihnachtsgratifikation, Pfändbarkeit **100** 850a
Weimarer Verfassung, Geltung **1** 140
Weine, traditionelle Bezeichnungen und Markenschutz **72** 8
Weisungen und Auflagen gegen Jugendliche **89** 8; an Beauftragten **20** 665; an Bevollmächtigten **20** 166; als Bewährungsauflage **85** 56c; **90** 265a, 268a, 453b; Einstellung des Strafverfahrens unter **90** 153a; des Gerichts **85** 68b; nach JGG, Dauer und Änderung **89** 11; von Polizeibeamten im Straßenverkehr **35a** 36, 44
Weisungsgebundenheit der Beamten der Staatsanwaltschaft **95** 146
Weitere Beschwerde in Arbeitssachen **83** 78; Aufnahme durch Rechtspfleger **96** 24; im Strafverfahren **90** 310
Weitervermietung, Rechtsnachfolge **20** 565
Weltanschauung, Diskriminierungsverbot **34** 9
Weltanschauungsvereinigungen, Beschimpfung von **85** 166 ff.
Welturheberrechtsabkommen, Genfer **65** 120
Wenden im Straßenverkehr **35a** 9, 18
Werbung für Ausstellung geschützter Werke **65** 58; für Schwangerschaftsabbrüche, Aufhebung von Urteilen **85a** 316n; strafbare **73** 16; auf Straßen **35a** 33; als unlautere geschäftliche Handlungen **73** 3 ff.; vergleichende **73** 6
Werkausgaben, Urheberrechtsschutz **65** 137b
Werke, Abnahme **20** 641; Eigentum an bei der Auslobung **20** 661; Einsturz **20** 836 ff., 908; unwesentliche Mängel **20** 640
Werke iSd UrhG 65 2 ff., 129; Änderungsverbot **65** 62; anonyme und pseudonyme **65** 66, 138; Bearbeitung **65** 3, und Umgestaltung **65** 23; gesetzlich erlaubte Nutzungen **65** 44a ff., 55 ff., 62 ff., Quellenangabe **65** 63, unabdingbare Rechte **65** 60g, für Unterricht, Wissenschaft und Institutionen **65** 60a ff.; gesetzliche Vergütungsansprüche **65** 63a; Lieferungswerke **65** 67; nachgelassene **65** 71; nicht verfügbare **65** 61d ff.; öffentliche Wiedergabe **65** 52; an öffentlichen Plätzen **65** 59; verwaiste **65** 61 ff., Nutzung durch Rundfunkanstalten **65** 61c, sorgfältige Suche **65** 61a, Anlage; Verwertung durch Senderechte **65** 20 ff.
Werklieferungsvertrag 50 381; über die Herstellung digitaler Produkte **20** 650
Werkmietwohnungen 20 576 ff.
Werkstätte für behinderte Menschen, Mitbestimmung, arbeitsgerichtliches Verfahren **83** 83, Rechtsweg **83** 10
Werktitel, Markenschutz **72** 5
Werkvertrag 20 631 ff.; Abschlagszahlungen **20** 632a, 650m; mit Architekten und Ingenieuren **20** 650p ff., *s. a. dort;* Bauträgerverträge **20** 650u f.; über Bauwerke *s. Bauverträge;* über die Herstellung digitaler Produkte **20** 650; Informationspflichten bei Abschluss außerhalb von Geschäftsräumen **21** Art. 246a, Anlagen 1, 2 zu 246a; bei Insolvenzverfahren **110** 116; und Kaufrecht **20** 650; Kostenanschlag **20** 649; Kündigungsrecht **20** 648 f.; Minderung **20** 638; Nacherfüllung **20** 635; Pfandrecht des Werkunternehmers **20** 647; Rücktritt **20** 636; Schadensersatz **20** 636; Selbstvornahme **20** 637; Verantwortlichkeit des Bestellers **20** 645; Verjährung der Mängelansprüche **20** 634a; Vollendung des Werkes **20** 646; Wechsel des Vertragspartners **20** 309
Wert, Feststellung des **20** 1034, einer Sache **20** 1067; des Gegenstandes, Ersatz **20** 290; des Nachlasses **20** 2313; der Nachlassgegenstände **20** 1973; einer Sache **119** 46; der übermäßig gezogenen Früchte **20** 1039; verbrauchbarer Sachen **20** 1067; *s. a. Streitwert*
Wertangabe 119 77
Wertausgleich 112 226
Werterhöhung des Gegenstandes beim Wiederkauf **20** 459
Wertersatz, Einziehung iSd OWiG **94** 25; Einziehung nach StGB **85** 73c f., 74c; **90** 459g, 459n, Verjährung **85** 76b, Vermögensarrest zur Sicherung **90** 111e ff.; bei Rücktritt **20** 346 f.; kein Schadensersatzanspruch **20** 346; durch Verpächter **20** 596b
Wertersatzpflicht, Sorgfaltspflichten **20** 347
Wertfestsetzung 118 53; **119** 77 ff.; bei Austauschpfändung **100** 811a; nach dem GKG **115** 61 ff.; für die Rechtsanwaltsgebühren **117** 33; für Zulässigkeit der Beschwerde **119** 78; *s. a. Streitwertfestsetzung*
Wertgebühren in Familiensachen **118** 28
Wertminderung, Ersatz **20** 290
Wertpapiere, Anlegung von Mündelgeld in **21** Art. 212; Anspruch auf Leistung von **100** 884; Erwerb mit Kindesvermögen **20** 1646; Haftung des Wirts **20** 702 f.; Hinterlegung **20** 372, 700, zur Abwendung

der Untersuchungshaft **90** 116a, durch Vorerben **20** 2116; Kauf **50** 381; als Leistungsgegenstand bei Anweisung **20** 783; Nießbrauch **20** 1081 ff.; Pfandrecht **20** 1292 ff.; Pfändung **100** 808; Sicherheitsleistung durch **20** 232 ff.; **108** 69; Übertragung in Systemen **20** 675b; Umschreibung von Namenspapieren **100** 822; Unpfändbarkeit von in Hypotheken- und Deckungsregister eingetragenen **100** Anm. zu 811; Verkauf gepfändeter **100** 821; Verpfändung **20** 1296; Verwahrung durch Notar **23** 62; mit Zinsscheinen, Kraftloserklärung **112** 471 ff.

Wertpapiererwerb, elektronischer Bundesanzeiger **50** 367

Wertpapiererwerbs- und Übernahmegesetz, Ausschlussverfahren, Gegenstandswert für Rechtsanwaltsgebühren **117** 31a, Geschäftswert **119** 73; Verfahrenskosten **115** 1

Wertpapierfälschung 85 151 f.; im Ausland **85** 6

Wertpapierhandelsgesetz, Klagen nach dem UKlaG **105** 2

Wertpapierinstitute, aktienrechtliche Regelungen **51** 70 ff., 131, 134a, zum Jahresabschluss **51** 256, 258; Rechnungslegung, Offenlegung, Jahresabschluss **50** 340 ff.; **50a** Art. 67; unternehmensrechtliche Verfahren nach dem FamFG **112** 375

Wertpapierprospektgesetz, Klagen nach dem **95** 95

Wertvorschriften in Familiensachenverfahren **118** 33 ff.

Wertzeichenfälschung 85 148 ff.; Begutachtung **90** 92

Wesentliche Bestandteile einer Sache **20** 93 f., 946 f.

Wettbewerb, Irreführung durch Unterlassen **73** 5a; Schutz des **73**, *s. a. UWG;* Straftaten gegen **85** 298 ff.

Wettbewerbe, berufssportliche **85** 265d; des organisierten Sports **85** 265c

Wettbewerbsabrede 50a 29a

Wettbewerbsbehörden *s. a. Kartellbehörden*

Wettbewerbsbeschränkende Vereinbarungen, freigestellte Vereinbarungen **74** 2; im Pressewesen **74** 30; Untersuchungen durch Kartellbehörde **74** 32e; Verbot **74** 1 f.

Wettbewerbsbeschränkende Verhaltensweisen, Liefersperren **74** 21; von marktbeherrschenden Unternehmen **74** 19; sonstige **74** 21; unbillige Behinderungen **74** 20; von Unternehmen mit relativer Marktmacht **74** 20; Verbot **74** 1 f.

Wettbewerbsbeschränkungen gegenüber abhängigen Unternehmen **74** 20; Beschwerde, Verfahrenskosten **115** 50; Boykottverbot **74** 21; Einstandspreise **74** 20; europäische Vorgaben **74** 2; Gesetz gegen **74**, und europäisches Wettbewerbsrecht **74** 22, Klagen **95** 95, Zusammenschlusskontrolle **74** 35 ff., 187; in der Landwirtschaft **74** 28; Zuwiderhandlungen gegen das GWB **74** 32 ff., *s. a. Wettbewerbsverstöße*

Wettbewerbsrecht, europäisches **74** 22

Wettbewerbsregeln, Anerkennung **74** 24 ff., Stellungnahme Dritter **74** 25; Veröffentlichung **74** 27; von Wirtschafts- und Berufsvereinigungen **74** 24

Wettbewerbsverbot 50 60 f., 74 f., 90a; geheimes **50** 75f; der KG-Gesellschafter **50** 165; für Komplementär der KGaA **51** 284; Nichtigkeit **50** 74a; für OHG-Gesellschafter **50** 117 f.; Unwirksamkeit **50** 75; des Volontärs **50** 82a

Wettbewerbsverstöße, einstweilige Maßnahmen **74** 32a; Herausgabepflichten **74** 33g; Kronzeugenregelungen **74** 33e; Vorteilsabschöpfung **74** 34 f., Verfahrenskosten **115** 51

Wette 20 762

Widerklage vor Amtsgericht **100** 506; Berechnung des Wertes **100** 5; in Berufungsinstanz **100** 533; auf Feststellung **100** 256, 506; Gerichtsstand **100** 33; vor Kammer für Handelssachen **95** 97 ff.; im Privatklageverfahren **90** 388; Rechtskraft **100** 322; Streitwertberechnung **115** 45; Teilurteil **100** 301; Trennung der Verhandlung **100** 145; nicht im Urkundenprozess **100** 595; Versäumnisverfahren auf **100** 347

Widerruf der Anweisung **20** 790; des Auftrags **20** 671; der Auslobung **20** 658; der Aussetzung des Berufsverbots **85** 70b, einer Unterbringung **85** 67g; der Autorisierung von Zahlungsvorgängen **20** 675j; Belehrungspflicht bei Teilzeit-Wohnrechtevertrag u. ä. **20** 482a; der Beseitigung des Strafmakels **89** 101; der Bestellung zum Geschäftsführer der GmbH **52** 38, des Vereinsvorstandes **20** 27; der Einwilligung bei Rechtsgeschäften **20** 183, 1427, 1431; von Fernabsatzverträgen, Übergangsvorschriften **21** Art. 229 § 27, Art. 229 § 32; Form bei Testamenten **20** 2256; eines genehmigungspflichtigen Vertrages bei gemeinschaftlicher Gesamtgutsverwaltung **20** 1453; des Geständnisses **100** 290; einer letztwilligen Verfügung **20** 2257; **21** Art. 26; der Nebenklage **90** 402; der Prokura **50** 52; Rechtsfolgen **62** 9; der Restschuldbefreiung **110** 303; der Schenkung **20** 530 ff.; der Strafaussetzung **85** 56f; **90** 268a, 453c; des Straferlasses **85**

56g; **90** 453; des Testaments **20** 2253 ff.; der Überlassung der Vermögensverwaltung **20** 1413; der Vaterschaftsanerkennung **20** 1597; des Verbraucherbauvertrages **20** 650l; bei verbundenen Verträgen **20** 358 f.; durch Versicherungsnehmer **62** 8, 152; von Verträgen **20** 109, 178, 180, mit Ehegatten **20** 1366, Rechtsfolgen **20** 357c; der Vollmacht **20** 168, 171, 176; wechselbezüglicher Verfügungen **20** 2270 f.; von Willenserklärungen **20** 130; von Zahlungsvorgängen **20** 675p; der Zustimmung zur Scheidung **112** 134

Widerrufsbelehrung, Muster **21** Anl.; **62** Anlage; **62a** 8

Widerrufsrecht, Belehrung **20** 358; bei Immobiliardarlehensverträgen **20** 495; bei Teilzeit-Wohnrechtevertrag u. ä. **20** 356a, 357b, 485; bei Verbraucherbauverträgen **20** 356e, 357d, 650l; von Verbrauchern **20** 355 ff., 356 ff.; des Versicherungsnehmers **62** 8

Widerspruch des Arbeitnehmers bei Betriebsübergang **20** 613a; gegen Arrestbeschluss **100** 924 ff.; Berichtigung im Tatbestand **100** 320; gegen Beschlagnahme von Waren **72** 147; Bewilligung der Eintragung **100** 895; gegen Dispache **112** 407; Dritter gegen Zwangsvollstreckung **100** 771 ff.; gegen Eintragung einer Marke **72** 114; gegen Hypothek **20** 1139, 1160; gegen Inhalt des Versicherungsscheins **62** 5; gegen Kündigung des Mietverhältnisses **20** 574, 576a, des Pachtverhältnisses **20** 594d; gegen Löschung **112** 393; gegen Mahnbescheid **100** 694 ff., als Einspruch **100** 694, Verfahren **100** 696; gegen Markeneintragung **72** 42; gegen Pfändung **100** 805, 810; gegen die Richtigkeit des Grundbuchs **20** 899, 927, 1140, des Schiffsregisters **100** 942; des Schuldners gegen Zwangsvollstreckung **100** 777; gegen Teilungsplan **100** 876 ff.; **108** 115, 124; gegen Überbau **20** 912

Widerspruchsrecht des Ehegatten bei Zwangsvollstreckung **20** 1455

Widerstand gegen Gerichtsvollzieher **100** 892; gegen die Staatsgewalt **85** 111 ff.; gegen Vollstreckungsbeamte **85** 113

Widerstandsrecht 1 20

Wiederaufnahme in Abstammungsverfahren **112** 185; in Aufgebotssachen **112** 439; des Bußgeldverfahrens **94** 85 f.; in Ehe- und Familienstreitsachen **112** 118; des Verfahrens in Arbeitssachen **83** 79, Einstellung der Vollstreckung **100** 707, Eintragung in Zentralregister **92** 16, Zulässigkeitsprüfung **100** 589

Wiederaufnahmeverfahren nach FamFG **112** 48; Zuständigkeit in Strafsachen **95** 140a

Wiederaufnahmeverfahren iSd StPO 90 154, 359 ff.; nach Ablehnungsbeschluss **90** 211; Antrag des Privatklägers **90** 390; ausgeschlossene Richter **90** 23; Entschädigungsverfahren **90** 406c; Form des Antrags **90** 365; Kosten **90** 464a, 473; bei Strafbefehl **90** 373; Überleitungsvorschriften **21** Art. 229 § 63; unzulässiges **90** 363; Verteidigerbestellung **90** 364a f.; zugunsten des Verurteilten **21** Art. 229 § 63

Wiedereinsetzung in den vorigen Stand in Aufgebotssachen **112** 439; Einstellung der Zwangsvollstreckung wegen beantragter **100** 707; in Markenangelegenheiten **72** 91; nach OWiG **94** 52; bei Rechtsbehelf gegen Entscheidungen des Rechtspflegers **96** 11; im Strafverfahren **90** 44 ff., bei Ausbleiben in Berufungsverhandlung **90** 329, und Berufung **90** 315, Kosten **90** 473, für Nebenkläger **90** 401, Privatklagesachen **90** 391, und Revison **90** 342, bei Verhandlung ohne Angeklagten **90** 235, bei Verletzung des rechtlichen Gehörs **90** 33a; bei Teilungsverfahren **112** 367; bei Verfahren nach dem FamFG **112** 17 ff., 48; bei Versäumnis des Prüfungstermins **110** 165; im Zivilprozess **100** 233 ff.

Wiedergutmachung des Schadens **85** 56b, 56e, durch Jugendlichen **89** 15, und Strafzumessung **85** 46, 46a

Wiederherstellung des früheren Zustandes **20** 249 ff., 258, 951; bei Umweltschäden **28** 16; des versicherten Gegenstandes bei Hypothek **20** 1130; zerstörter Gebäude **21** Art. 110

Wiederherstellungsklausel, Versicherungsvertrag **62** 93

Wiederinvollzugsetzung, befristete **85** 67h

Wiederkauf 20 456 ff.

Wiederkaufsrecht, Mehrheit von Berechtigten **20** 461; Präklusion **20** 462

Wiederkehrende Leistungen, Abänderungsklage **100** 323; Haftung beim Nießbrauch **20** 1088; Hypothek **20** 1126; Reallast **20** 1105 ff.; Schenkungsversprechen **20** 520; Streitwert **100** 9; Streitwertberechnung **115** 42; Verjährung **20** 197, 216, 902; in der Zwangsversteigerung **108** 13, 30a, 46 f.

Wiederverheiratung, Ende der fortgesetzten Gütergemeinschaft **20** 1493

Wilderei 85 292 ff.

Wildschaden, Streitigkeiten **95** 23

Willenserklärung 20 116 ff.; Abgabe an Samstagen, Sonn- oder Feiertagen **20** 193; Anfechtbarkeit **20** 119 ff.; Auslegung **20** 133; Beurkundung **23** 6 ff.; gegenüber Ehegatten bei Gütergemeinschaft **20** 1450; einwilligungsbedürftige, Einwilligungsvorbehalt **112** 271; empfangsbedürftige **20** 122, 130 f., 145; Geschäftsunfähiger **20** 105 f.; scherzhafte **20** 118, 122; Schriftformerfordernis **20** 623, 650h; **83** 46h, Formfiktion im Zivilprozess **100** 130e; unrichtige Übermittlung **20** 120; durch Vertreter **20** 164 ff.; Verurteilung zur Abgabe einer **100** 894 ff.; Wirksamwerden **20** 130 ff.; Zugang an gesetzlichen Vertreter **20** 131; Zustellung **20** 132

Willensmängel 20 116 ff.; bei Vertretung **20** 166

Winkel zwischen Grundstücken **20** 921

Winterausrüstung für Kraftfahrzeuge **35a** 2

Wirksamwerden von Beschlüssen in Freiheitsentziehungssachen **112** 422

Wirte, Streitigkeiten mit Reisenden **95** 23; *s. a. Gastwirt*

Wirtschaftliche Einheit von Verträgen **20** 358

Wirtschaftliche Vereine 20 22, 43 f.; staatliche Genehmigung der Vereinssatzung **20** 33

Wirtschaftsgenossenschaften *s. Genossenschaften*

Wirtschaftsgeräte auf einem Landgut, Zubehör **20** 98

Wirtschaftsplan bei Nacherbschaft **20** 2123; bei Nießbrauch **20** 1038; der Wohnungseigentümergemeinschaft **37** 28

Wirtschaftsprüfer als Abschlussprüfer von Kapitalgesellschaften **50** 319 ff.; Ausschlussgründe **50** 319 ff.; strafbare Verletzung von Privatgeheimnissen **85** 203

Wirtschaftsprüfungsexamens-ReformG, Übergangsvorschriften **50a** 55

Wirtschaftsprüfungsgesellschaften als Abschlussprüfer **50** 319

Wirtschaftsstrafgesetz 88

Wirtschaftsstrafkammern 95 74c; Zuständigkeit **95** 74c

Wirtschaftsvereinigungen, anerkannte Wettbewerbsregeln **74** 24

Wirtschaftsvergehen, Abführung des Mehrerlöses **88** 8; Rückforderungsanspruch Geschädigter **88** 9

Wissenschaft, Förderung der als Gemeinschaftsaufgabe von Bund und Ländern **1** 91b; Freiheit der **1** 5; gesetzlich erlaubte Nutzung geschützter Werke **65** 60a f.; Urheberrechtsschutz **65** 1

Wissenschaftliche Ausgaben, Urheberrechtsschutz **65** 70, 124

Witwengeld 21 Art. 81

Witwen/Witwer, Anspruch gegen **48** 26

Woche, Berechnung **20** 188

Wohn- und Betreuungsverträge, Klagen nach dem UKlaG **105** 2

Wohnanhänger, Personenbeförderung **35a** 21

Wohnraum, Belassung des bei Zwangsverwaltung **108** 149; Besitzschutz **20** 865; einer betreuten Person, Aufgabe durch Betreuer **20** 1833; in Gebieten mit angespannten Wohnungsmärkten **20** 556d ff.; **21** Art. 35, Indexmiete **20** 557b, Staffelmiete **20** 557a; Kündigung **20** 568 ff.; Kündigungsfristen, Zeitmietvertrag **20** 575a f.; Miete **20** 549 ff.; Räumung **100** 940a

Wohnraummodernisierungssicherungs G, Überleitungsvorschrift **21** Art. 225

Wohnsitz 20 7 ff.; **21** Art. 157; eines Ehegatten im Ausland, Güterrecht **20** 1409; des Erblassers **20** 1944, 1954; des Erklärungsgegners **20** 132; als Gerichtsstand nach der StPO **90** 8; des Kindes **20** 11; des Schuldners, Leistungsort **20** 269; eines Soldaten **20** 9

Wohnsitzwechsel jugendlicher Angeklagter **89** 42

Wohnung, akustische Überwachung der **90** 100c ff.; Betreten für Unterbringungssache **112** 326; Betreten wegen Betreuungsuntersuchung **112** 283; Dauerwohnrecht **37** 31 ff., *s. a. dort;* Durchsuchung nur auf Grund richterlicher Verfügung **1** 13; Ehewohnung bei Getrenntleben **20** 1361b; als Kernbereich privater Lebensgestaltung **90** 100d; Maklerverträge **20** 656a ff.; **21** Art. 53; richterlicher Durchsuchungsbeschluss **112** 91; Unverletzlichkeit **1** 13

Wohnungseigentum 37 1; bauliche Veränderungen **37** 20 f.; Begründung **37** 2 ff.; Entziehung **37** 17; Gemeinschaft der Eigentümer **37** 9a ff., *s. a. Wohnungseigentümergemeinschaft;* bei Getrenntleben der Ehegatten **20** 1361b; Maklerverträge **20** 656a ff.; **21** Art. 53; Pflichten Dritter **37** 15; Rechte aus Sondereigentum **37** 13; Veräußerungsbeschränkung **37** 12, 46; Verteilung von Nutzungen und Kosten **37** 16; Wiederaufbau **37** 22

Wohnungseigentümer, anteilige Haftung **37** 9a; Pflichten **37** 14; Rechte aus Sondereigentum **37** 13; Rechtsverhältnisse der **37** 10 ff., Anspruch auf Verwaltung

und Benutzung **37** 18 f.; Versammlung der **37** 23 ff.; Zuständigkeit des Amtsgerichts **95** 23
Wohnungseigentümergemeinschaft, Altvereinbarungen **37** 47; Aufhebung **37** 11; Kosten der **37** 16; Rechtsfähigkeit **37** 9a ff.; Verfahrensvorschriften in Rechtsstreitigkeiten **37** 43 ff., Beschlussklagen **115** 49; Vertretung **37** 9b; Verwaltung des gemeinschaftlichen Eigentums **37** 18; Verwaltungsbeirat **37** 29; Wirtschaftsplan, Jahresabrechnung, Vermögensbericht **37** 28; Zuständigkeit des Amtsgerichts **95** 23
Wohnungseigentümerversammlung **37** 23 ff., 48; Beschlussfassung **37** 25
Wohnungseigentumsgesetz **37**; Übergangsvorschriften **37** 48 f.
Wohnungseinbruchdiebstahl **85** 244
Wohnungserbbaugrundbuch **37** 30
Wohnungserbbaurecht **37** 30
Wohnungsgenossenschaften, Kündigungsausschluss **53** 67c
Wohnungsgrundbuch **37** 7, 9
Wohnungsnutzungsverbot **20** 1666
Wohnungsrecht **20** 1093; dingliches bei Getrenntleben der Ehegatten **20** 1361b
Wohnungsunternehmen, gemeinnützige **53** 162
Wucher **85** 291; Nichtigkeit eines Rechtsgeschäfts **20** 138
Wurzel, Hinüberragen **20** 910

Zahlung der Ablösungssumme **20** 1200 ff.; Anspruch auf **100** 592; einer Geldschuld **20** 244 f.; Verurteilung zur einer Entschädigung **100** 510b
Zahlung durch Dritte, Versicherungsprämie **62** 34
Zahlungs Statt, Abtretung an **20** 1282; Annahme an **20** 364 f., 422, 429; Überweisung an **100** 835, 849
Zahlungsaufschub, entgeltlicher **20** 506 ff.
Zahlungsbedingungen und Wettbewerbsbeschränkungen **74** 2
Zahlungsbefehl *s. Mahnbescheid*
Zahlungsdienste **20** 675c ff.; Einzelzahlungsverträge, Informationspflichten **21** Art. 248 §§ 12 ff.; Informationspflichten des Bargeldabhebungsdienstleisters **21** Art. 248 § 18, des Zahlungsempfängers **21** Art. 248 § 17
Zahlungsdiensterahmenvertrag **20** 675f ff.; Änderungen **20** 675g; Informationspflichten **21** Art. 248 §§ 3 ff.; Kündigung **20** 675h
Zahlungsdienstevertrag **20** 675f ff.; Anzeigepflichten des Nutzers **20** 676b; Ausgleichsanspruch des Zahlungsdienstleisters **20** 676a; E-Geld **20** 675i; Haftung des Zahlungsdienstleisters **20** 675u, 675y; Informationspflichten **20** 675d; **21** Art. 248; Klagen nach dem UKlaG **105** 2; Rahmenverträge **20** 675f ff.; Risiko der Versendung von Zahlungsinstrumenten **20** 675m; Übergangsvorschriften **21** Art. 229 § 22, Art. 229 § 45; unabdingbare gesetzliche Regelungen **20** 675e; Zahlungsinstrumente **20** 675k ff., Kleinbetragsinstrumente **20** 675i; Zahlungsvorgänge **20** 675j, *s. a. dort*
Zahlungsfrist, Erleichterung bei Ordnungsgeld **85a** 7; bei Geldstrafen **85** 42; Vereinbarung über die **20** 271a, Unterlassungsanspruch nach UKlaG **105** 1a
Zahlungsinstrumente, Kleinbetragsinstrumente **20** 675i, Informationspflichten **21** Art. 248 § 11; missbräuchliche Nutzung **20** 675v; Nutzung **20** 675k; Pflichten des Dienstleisters **20** 675m, des Nutzers **20** 675l; Risiko der Versendung **20** 675k
Zahlungskarten mit Garantiefunktion, Fälschung **85** 152a ff., im Ausland **85** 6, Passwortdiebstahl **85** 152c; gebührenfreie Nutzung **20** 270a
Zahlungsmittel, bargeldlose **20** 270a
Zahlungsort **20** 270; Änderung bei Hypotheken **20** 1119; bei Grundschuld **20** 1194
Zahlungspflicht, Erlöschen **119** 28
Zahlungssperre **21** Art. 102, Art. 174, Art. 178; beim Aufgebotsverfahren **20** 799, 802; **112** 480 ff.
Zahlungsunfähigkeit **110** 17 ff.; als Voraussetzung für Nachlassinsolvenzverfahren **110** 320; Zahlungen trotz **110** 15b
Zahlungsvereinbarungen, Gegenstandswert für Rechtsanwaltsgebühren **117** 31b
Zahlungsverzug bei Erstprämie **62** 37; bei Folgeprämie **62** 38; fristlose Kündigung des Mietverhältnisses **20** 543
Zahlungsvorgänge **20** 675j ff.; Ausführung von **20** 675n ff., Beweislast **20** 676, Frist für **20** 675s, Kundenkennungen **20** 675r; Authentifzierung, Haftung bei mangelnder **20** 675x; Autorisierung **20** 675j; Beweislast für Authentifzierung **20** 675w; Entgelte **20** 675q; Haftung des Zahlungsdienstleisters **20** 675u, 675y; Informationspflichten vor Ausführung **21** Art. 248 §§ 6 ff., bei Einzelzahlungsverträgen **21** Art. 248 §§ 12 ff.; Unwiderruflichkeit eines Zahlungsauftrages **20** 675p; Verfügbarkeit von Geldbeträgen **20** 675t; Wertstellungsdatum **20** 675t
Zahlungszeit, Änderung **20** 1119
Zahnärzte, Berufsverbot, europaweite Unterrichtung durch Gerichte (Vorwarn-

mechanismus) **90a** 9; strafbare Verletzung von Privatgeheimnissen **85** 203
Zeichen, Missbrauch **94** 124 ff.; schutzfähige als Marke **72** 3
Zeichnen als Verarbeitung **20** 950
Zeichnungsbefugnis für GmbH **52** 35
Zeichnungsschein für neue Aktien **51** 185
Zeitbestimmung bei Annahme einer Erbschaft **20** 1947; bei Auflassung **20** 925; bei Aufrechnungserklärung **20** 388; bei Ausschlagung einer Erbschaft **20** 1947
Zeitgeschichte, Person der, kein Recht am eigenen Bild **67** 23
Zeitmietverträge 20 575 f.; Kündigung **20** 575a
Zeitpunkt des Bedingungseintritts **20** 158; der Erbschaftsannahme **20** 1946; der Erbschaftsausschlagung **20** 1946; der Zwangsvollstreckung gegen juristische Personen des öffentlichen Rechts **100** 882a
Zeitrechnung, vertragsmäßige **50** 361
Zeitungen und Zeitschriften, Preisbindungen **74** 30
Zeitungsartikel, Urheberrechtsschutz **65** 49
Zensurverbot 1 5
Zentrale Kontaktstelle gem. Art. 18 RL (EU) 2015/2302 – Reisevertragsrecht **21** Art. 253
Zentrales Fahrerlaubnisregister 35 48 ff.; Datenlöschung **35** 61; Datenübermittlung durch das **35** 52 ff., an ausländische Stellen **35** 55 f.; Mitteilungen an das **35** 51
Zentrales Fahrzeugregister 35 31 ff.; Abgleich mit Sachfahndungsdaten beim BKA **35** 36b; automatisierter Datenabruf **35** 36 ff.; Mitteilungen aus dem **35** 2c
Zentrales staatsanwaltschaftliches Verfahrensregister, länderübergreifendes **90** 492 ff.
Zentrales Testamentsregister 112 347
Zentrales Vollstreckungsgericht, Verwaltung der Vermögensvezeichnisse **100** 802k
Zentralregister, Auskunft an Behörden **92** 43a f., im Ausland **92** 57, vertrauliche **92** 44, an Betroffene **92** 42, unbeschränkte **92** 41 ff., Versagung **92** 44a, für wissenschaftliche Zwecke **92** 42a; automatisierter Datenabruf **92** 21 f.; Datenverarbeitung nach Europarecht **92** 58a ff.; Eintragungen **92** 3 ff., ausländischer Verurteilungen **92** 54 ff., Entfernung nach Tod **92** 24 ff., Speicherungen **92** 56b, Tilgung **92** 45 ff., Rechtswirkungen **92** 51; Entscheidungen von Verwaltungsbehörden **92** 3, 10; Erziehungsregister **92** 59 ff., *s. a. dort;* Führung **92** 3 ff.; Führungszeugnis **92** 30 ff.; Identifizierungsverfahren **92** 20b; Internationaler Registerinformationsaustausch **92** 53a ff.; Mitteilungen der Meldebehörde trotz Adoptionsgeheimnis und Offenbarungsverbot **92** 20a, Berichtigungen **92** 20; rechtliches Gehör zur Wiedereintragung **92** 26, 50; Suchvermerke **92** 27 ff.; Übergangsvorschriften **92** 69; Übermittlung von Daten zwecks Rehabilitierung **92** 64b; Übernahme des Strafregisters der DDR **92** 64a, 65; Verurteilungen, Berücksichtigung ohne Eintragung **92** 58
Zerstörung von Arbeitsmitteln **85** 305a; beim Erbschaftskauf **20** 2374; fremder Sachen bei Gefahrenabwehr **20** 228 f.; der Nießbrauchsache **20** 1042; von Verkehrsanlagen **85** 315b; eines Vermächtnisgegenstandes **20** 2288
Zession *s. Abtretung*
Zeugen in Arbeitsgerichtsverfahren **83** 9; in Arbeitsgerichtsverfahren (Schiedsgericht) **83** 106; Ausschließung bei Beurkundung **23** 26; beigeordneter Zeugenbeistand **117** 59a; Beitreibung von Ansprüchen gegen **122** 1; bei Beurkundung **23** 22, 24 f., 29; Entschädigung **94** 59, in Markenangelegenheiten **72** 93a; Entschädigung nach dem JVEG **116** 1, 6 f., 19 ff.; Errichtung eines Nottestaments vor drei **20** 2250; in Jugendverfahren **89** 50; Ordnungsmittel **95** 178 ff.; eines Seetestaments **20** 2251; bei Testamenten **20** 2249 ff.; Vereidigung **83** 58; im Zivilprozess, Ausbleiben der **100** 380, Benennung im Beweisbeschluss **100** 359 f., Beweis durch **100** 373 ff., Eid **100** 391 ff., Entschädigung **100** 401, Gegenüberstellung **100** 394, Ladung **100** 377, Ordnungsmittel **100** 380, 390, sachverständige **100** 414, schriftliche Erklärungen von **100** 377, unbeeidigt zu vernehmende **100** 393, Unterlagen zur Aussageerleichterung **100** 378, Vernehmung **100** 394 ff., im Ausland **100** 363, Zeugnisverweigerungsrecht **100** 385, Zuziehung von bei Zwangsvollstreckung **100** 759
Zeugen im Strafverfahren 90 48 ff.; Ausbleiben der **90** 51; Auskunftsverweigerungsrecht **90** 55 f.; Belehrung **90** 57; Beschwerde der **90** 304; besonders schutzwürdige **90** 48a; Entlassung **90** 248; Entschädigung **90** 71; Gegenüberstellung **90** 58; getrennte Vernehmung **90** 247a; Kreuzverhör **90** 239; Ladung **90** 219 ff.; minderjährige **90** 241a; Namhaftmachung **90** 222; sachverständige **90** 85, *s. a. dort;* Vereidigung **90** 59 ff., durch beauftragten oder ersuchten Richter **90** 63, bei Behin-

derungen **90** 66, eidesgleiche Bekräftigung **90** 65, unberechtigte Verweigerung **90** 70, Verbot **90** 60, im vorbereitenden Verfahren **90** 62; Vernehmung **90** 58 ff., 68 ff., an anderem Ort **90** 247a, und Anwesenheitsrechte **90** 168e, Aufzeichnung **90** 58a, Verwertung **90** 255a, durch beauftragten oder ersuchten Richter **90** 223 f., Grundsatz der persönlichen **90** 250, durch die Polizei **90** 163, durch Staatsanwaltschaft **90** 161a, Übertragung **90** 58b, durch Vorführung der Aufzeichnung einer Vernehmung **90** 255a; Zeugenbeistand **90** 68b; Zeugenschutz **90** 68; Zeugnisverweigerung, unberechtigte **90** 70; Zeugnisverweigerungsrecht **90** 52 ff.

Zeugenbeistand im Strafverfahren **90** 68b

Zeugenschutz 90 200; Auskunftsversagung nach dem BZRG **92** 44a; im Strafverfahren **90** 68

Zeugnis für Arbeitnehmer **20** 630; Beglaubigung **23** 39; über Ehefähigkeit **20** 1309; einfaches, Beglaubigung **23** 39 f., elektronische Beglaubigung **23** 39a; über Erbrecht **20** 2353; Erteilung, Einziehung oder Kraftloserklärung bei Gesamtgutsauseinandersetzung **112** 373; falsches **85** 277; über Fortsetzung der Gütergemeinschaft **20** 1507; des Gerichts (Testamentsvollstrecker) **20** 2368; bei Nachlassauseinandersetzung nach GBO und SchiffsregisterO **112** 342; Recht auf Ausfertigung **112** 357; des Registergerichts **20** 69; Verweigerung des *s. Zeugnisverweigerungsrecht*

Zeugnisse von Behörden, Verlesung im Prozess **90** 256; Leumundszeugnisse **90** 256

Zeugnisverweigerung, unberechtigte **90** 70

Zeugnisverweigerungsrecht 100 383 ff.; der Abgeordneten **1** 47; Belehrung **90** 56; der Berufsgeheimnisträger **90** 53 ff.; und Beschlagnahme iSd StPO **90** 97; von Bundestagsabgeordneten **100** Anm. zu 383; und Ermittlungsmaßnahmen **90** 160a; im Strafprozess **90** 52 ff.; und Verlesung von Protokollen **90** 252

Zinsen bei Anfechtung iSd InsO **110** 143; **111** 11; Anrechnung einer Leistung **20** 367; Aufrechnung **20** 396; beim Auftrag **20** 668; von Aufwendungen **20** 256; der Ausgleichsforderung **20** 1382; Basiszinssatz **20** 247; für Darlehen **20** 488; des Ersatzbetrags bei unerlaubter Handlung **20** 849; Erstreckung des Pfandrechts auf **20** 1289; Erweiterung der Hypothek auf **20** 1119; für Fremdkapital im Anhang der Bilanz **50** 284; für Genossenschaftsgeschäftsguthaben **53** 21 f.; Grundschuld auch für **20** 1191 f.; Haftung des Erbschaftsverkäufers **20** 2379, des Grundstücks **20** 1118 f.; handelsrechtliche **50** 352 f.; Hypothekenforderung **20** 1107, 1115, 1118, 1145, 1158 f., 1178; keine Berücksichtigung für Verfahrenswert **118** 37; nachrangiger Forderungen iSd InsO **110** 39; für nicht fällige Forderungen **110** 41; Nießbrauch an verzinslicher Forderung **20** 1076 ff.; des Nießbrauchers **20** 1047; des Pfandes **20** 1210; Prozesszinsen **20** 291; Übergangsvorschriften **21** Art. 229 § 7; bei ungerechtfertigter Bereicherung **20** 820; beim Vermögensnießbrauch **20** 1088; Verteilung unter mehreren Berechtigten **20** 101; vertragsmäßige **20** 248, bei Verwahrung **20** 698; bei Verzug des Gläubigers **20** 301; Verzugszinsen **20** 288 ff.; bei Werkvergütung **20** 641; Wirkung der Verjährung **20** 216; Zahlung und Neubeginn der Verjährung **20** 212; Zubilligung von, Antrag **100** 308; Zwischenzinsen *s. dort*

Zinseszinsen 20 248, 289; bei Handelsgeschäften **50** 353, 355

Zinshypothek 20 1178

Zinssatz, gesetzlicher nach BGB **20** 246, nach HGB **50** 352

Zinsscheine 20 803 ff.; **21** Art. 174; Aufgebot von Wertpapieren mit **112** 471 ff.; Ausschluss der Amortisation **20** 799; Hinterlegung **20** 234; Nießbrauch **20** 1081, 1083; Pfandrecht **20** 1296; Vorlegungsfrist **20** 801

Zinsverbindlichkeiten 20 246

Zitate, Urheberrechtsschutz **65** 51, und Karikatur, Parodie, Pastiche **65** 51a, 62

Zivildienstleistende 34 24

Zivilkammern 95 60, 71; Berufungs- und Beschwerdegericht **95** 72; Besetzung **95** 75

Zivilprozess 100; Ablehnung von Richtern **100** 41 ff.; Angriffs- und Verteidigungsmittel **100** 282, verspätetes Vorbringen **100** 296 f.; Anträge *s. dort;* Antragstellung **100** 297; Anwaltszwang **100** 78 ff.; Augenschein **100** 144; Ausschluss von Richtern **100** 41 ff., von Urkundsbeamten **100** 49; Aussetzung **100** 246 ff., Fortsetzung **100** 250, Rechtsmittel **100** 252, bei Straftat **100** 149, bei Vorgreiflichkeit **100** 148; beauftragter Richter **100** 229; Beistand im **100** 90; Berufung **95** 119; **100** 511 ff., *s. a. dort;* Beschwerde **95** 119, 133; Besitz im **100** 76; Beweisaufnahme **100** 355 ff.; Beweise im **100**

371 ff., *s. a. dort,* selbständiges Beweisverfahren **100** 485 ff., *s. a. dort;* Commercial Courts **100** 606, *s. a. dort;* Eigentum im **100** 77; Einlassung zur Hauptsache **100** 504, Frist **100** 274, im Urkundenprozess **100** 593; Einrede der Unzuständigkeit **100** 39; Einzelrichter **100** 348a; elektronische Dokumente **100** 130 ff.; erster Rechtszug **100** 253 ff.; ersuchter Richter *s. dort;* Fristbestimmung **100** 283; Fristen im **100** 224 ff., *s. a. dort;* gerichtliche Vergleiche **100** 278; Gerichtskostenvorschuss und -vorauszahlung **115** 12; Gerichtsstand **100** 12 ff., *s. a. dort;* Geschäftsstellen im *s. dort;* Glaubhaftmachung im *s. dort;* bei Gütergemeinschaft **20** 1422, 1433; Güteverhandlungen **100** 272, 278; Hauptintervention **100** 64 f.; Klageerweiterung **100** 264; Klagehäufung, objektive **100** 260, subjektive **100** 59 ff.; Klagerücknahme **100** 269; Klageschrift **100** 253 ff.; Kosten *s. Prozesskosten;* Ladungen *s. dort;* Leitentscheidungsverfahren **100** 552b, 565; Mahnverfahren **100** 692 ff., *s. a. dort;* mündliche Verhandlung **100** 128 ff., *s. a. dort;* Nebenintervention **100** 66 ff., Kosten **100** 101; Ort der Verhandlung **100** 219; örtliche Zuständigkeit **100** 12 ff.; Parteien im *s. dort;* Parteifähigkeit **100** 50; Parteiprozess **100** 79; Protokoll im **100** 159 ff., *s. a. dort;* Prozessfähigkeit **100** 51 ff.; Prozesskostenhilfe **100** 114 ff., *s. a. dort;* Prozessleitung **100** 136, 139 ff., Beweiserhebung **100** 142 ff., Entfernung von Beteiligten **100** 158, persönliches Erscheinen **100** 141, Vorlage von Urkunden **100** 142; Prozesstrennung **100** 145 ff., 150, 155; Prozessvollmacht **100** 80 ff.; Rechtsbehelfsbelehrung im **100** 232; Rechtshilfe **95** 156 f.; Rechtskraft im *s. dort;* Revision **95** 133; Rügen **100** 295 ff.; Ruhen des Verfahrens **100** 251 f.; sachliche Zuständigkeit **100** 1 ff.; schiedsrichterliches Verfahren **100** 1025 ff.; schriftliches Vorverfahren **100** 276; selbständige Angriffs- oder Verteidigungsmittel **100** 146; Sicherheitsleistung **100** 108 ff.; und Stillstand der Rechtspflege **100** 245; Streitgenossenschaft **100** 59 f.; Streitverkündung **100** 72 ff.; Stufenklage **100** 253 ff.; Terminsbestimmung *s. dort;* Tod einer Partei **100** 239 ff.; Unterbrechung **100** 239 ff.; Verbindung von Prozessen **100** 147, 150; Verfahren vor den Amtsgerichte **100** 495 ff., vor den Landgerichten **100** 253 ff., *s. a. dort,* bei Revision **100** 555 ff.; Verfahrenskosten **115** 1; Verfahrensrügen **100** 295 f.; Versäumung des Termins **100** 220; Versäumung von Prozesshandlungen **100** 230 ff., Wiedereinsetzung **100** 233; Wahrheitspflicht **100** 138, 580; Wechselprozess **100** 602 ff.; Wertfestsetzung zur Bestimmung der Zuständigkeit **115** 62; Wiederaufnahmeverfahren **100** 578 ff.; Zulässigkeit der Berufung **100** 538; Zulässigkeit der Klage, Rüge **100** 282, 296, Verhandlung über **100** 280; Zuständigkeit des BGH **95** 133, der OLG **95** 119, des Rechtspflegers **96** 20; Zuständigkeit der Amtsgerichte **95** 23; Zustellungen im **100** 166 ff.; Zwangsvollstreckung **100** 704 ff., *s. a. dort;* Zwischenstreit *s. dort;* Zwischenurteile **100** 303 f.

Zivilprozessordnung, Anwendung im Arbeitsgerichtsverfahren **83** 46 f.; Anwendungsbereich **21** Art. 152; EinführungsG **101**; Geltungsbereich **101** 3; Übergangsvorschriften **101** 26

Zivilsenate beim BGH **95** 130; beim OLG **95** 116

Zollbehörden, Beschlagnahmen nach MarkenG **72** 146 ff.; Maßnahmen nach UrhG **65** 111b f.

Zolldienst, Sonderrechte im Straßenverkehr **35a** 35

Zubehör **20** 97, 926; Belastung **20** 311c; Eigentumserwerb bei Grundstück **20** 926; Erstreckung bei Hypothekenkauf **20** 1120 ff., 1135, des Vermächtnisses auf **20** 2164; eines Grundstücks, keine Pfändung **100** 865; Herausgabe beim Wiederkauf **20** 457; Nießbrauch **20** 1031, 1062; Veräußerung **20** 311c; Vorkaufsrecht **20** 1096; bei Zwangsversteigerung **108** 55

Zuchtmittel bei Jugendlichen **89** 5, 8; Rechtsmittel **89** 55; Zuständigkeit **89** 39

Zufall, Haftung für bei unerlaubter Handlung **20** 848, bei Verzug **20** 287; Untergang durch **20** 346

Zug um Zug, Erfüllung **20** 274, 322; beim Rücktritt **20** 348

Zugang der Kündigung **84** 5; der Willenserklärung **20** 130, 132

Zugänglichmachen, öffentlich geschützter Werke **65** 19a, 22

Zugewinn, Begriff **20** 1373

Zugewinnausgleich, Anfangsvermögen **20** 1374, Ermittlung **20** 1376; Ausgleichsforderung **20** 1378 ff.; bei Beendigung der Ehe **20** 1372 ff., der Gemeinschaft **20** 1371 ff.; Berechnung **20** 1387, bei Scheidung **20** 1384; Dreijahresfrist **20** 1385; Endvermögen **20** 1375 f.; Gütertrennung bei vorzeitigem **20** 1388; notarielle Beurkundung der Vereinbarung über den **20** 1378; Pfändbarkeit des Anspruchs auf

Ausgleich **100** 852; im Todesfall **20** 1371; Übergangsvorschriften **21** Art. 229 § 20; Verfahren in Güterrechtssachen **112** 264; Verzicht **20** 1432, 1455; vorzeitiger **20** 1385 ff.
Zugewinngemeinschaft als gesetzlicher Güterstand **20** 1363; vorzeitige Aufhebung **20** 1385 f.
Zugmaschinen, Personenbeförderung **35a** 21
Zug-um-Zug-Leistung, Vollstreckung von Urteilen auf Leistung Zug um Zug **100** 756, 765; Vollstreckungsklausel **100** 726
Zuhälterei 85 181a
Zuhörer, Maßnahmen gegen **95** 177 f.
Zukunftssichernde Investitionen 21 Art. 230 § 66
Zulässigkeit des Rechtswegs **83** 48; **95** 13; der Revision **90** 333 ff.; der Wiederaufnahme des Verfahrens **90** 362
Zulassung von Kraftfahrzeugen **35** 1, internetbasiertes Verfahren **35** 6g
Zulassungsbeschwerde 112 61
Zulassungsgebühren, Beitreibung **122** 1
Zumutbarkeit der einstweiligen Einstellung der Zwangsversteigerung **108** 30a; der Stundung des Pflichtteilsanspruchs **20** 2331a
Zurechnungsfähigkeit *s. Schuldfähigkeit, Schuldunfähigkeit*
Zurückbehaltungsrecht 20 273 f., 772 f.; Absonderungsrecht im Insolvenzverfahren **110** 51; Aufwendungen der Erben **110** 323; des Besitzers **20** 1000; des Erbschaftsbesitzers **20** 2022; des Gläubigers **100** 777; des Handelsvertreters **50** 88a; und Hemmung der Verjährung **20** 205; kaufmännisches **50** 369 ff.; bei Kosten **120** 9; nach Verjährungseintritt **20** 215; an Vollmachtsurkunde **20** 175; Zuständigkeit bei Streit über **95** 23
Zurücknahme des Antrags auf Entschädigung im Strafverfahren **90** 404; des Einspruchs gegen Strafbefehl **90** 411; der öffentlichen Klage **90** 153b, 156; des Strafantrags **85** 77d
Zurückverweisung in ersten Rechtszug **90** 328; in zweiten Rechtszug **90** 354
Zurückweisung von Angriffs- und Verteidigungsmitteln **100** 296 f.; der Berufung **100** 522; einer Erklärung **20** 353; eines Gebotes bei Zwangsversteigerung **108** 71; eines Rechtes durch einen Dritten **20** 333; von Rechtsgeschäften **20** 111, 174
Zurückweisungsbeschlüsse, Übergangsvorschrift **101** 38a
Zurückweisungshaft, Vorrang der U-Haft-Vollstreckung **90** 116b
Zusammenhang von Strafsachen, Verbindung in der Hauptverhandlung **90** 237
Zusammenrottung 21 Art. 108; bei Haus- und Landfriedensbruch **85** 124 f.
Zusammenschluss von Unternehmen **74** 37, Kontrolle **74** 35 ff., 187, Verfahren **74** 40 ff., Meldepflichten **74** 39 f., 187, Ministererlaubnis **74** 42, Untersagung **74** 40, 187, Verbot des Vollzugs **74** 41
Zusammentreffen von Strafmilderungsgründen **85** 50
Zuschlag, Gefahrübergang auf Ersteher **108** 56; Kosten des Beschlusses **108** 58; Versagung **108** 74a f., 83; bei Versteigerung **20** 156; im Zwangsversteigerungstermin **108** 74, 79 ff., 90, Beschwerde gegen Erteilung **108** 95; bei Zwangsvollstreckung, Versagung **108** 85a
Zuschreibung von Grundstücken **20** 1131
Zustand einer Sache, Feststellung bei Nießbrauch **20** 1034
Zuständigkeit der Amtsgerichte, Wertgrenze **95** 23; Änderung vor Hauptverhandlung **90** 225a; der Arbeitsgerichte **83** 2 ff., 8, 48, 82; für Aufgebot des Grundstückseigentümers **112** 442, des Hypotheken-, Grundschuld- oder Rentenschuldgläubigers **112** 447, der Nachlassgläubiger **112** 454, des Schiffseigentümers **112** 446, des Schiffshypothekengläubigers **112** 452, betreffend Urkunden **112** 466; ausschließliche nach GWB **74** 87, 92, 171; Bestimmung des Gerichts **101** 9; in Betreuungssachen **112** 272 f., 341; in Ehewohnungssachen und Haushaltssachen **112** 201 f.; für einstweilige Anordnung nach FamFG **112** 50; nach FamFG **112** 2, der deutschen Gerichte **112** 98 ff., 105 f.; in Freiheitsentziehungssachen **112** 416; der Gerichte, Änderung **85a** 312; grenzüberschreitende vorläufige Kontenpfändung **96** 20; in Güterrechtssachen **112** 262 f.; für Haftentscheidungen **90** 125; Haftprüfung bei langer Dauer **90** 121 f.; für Insolvenzverfahren **110** 2 ff., 315, 348; im internationalen Insolvenzrecht **110a** 102, 102c; Jugendstrafvollzug **89** 93; der Kartellbehörden **74** 55; in Kindschaftssachen **112** 152; für Klagen aus HaftpflichtG **33** 14; in Nachlass- und Teilungssachen **112** 343 f.; des Notars **23** 63; **112** 492; der ordentlichen Gerichte **95** 13, 17c; nach dem OWiG **94** 35 ff., 131; der Rechtspfleger **96** 3 f.; für Registersachen **112** 376 f.; sachliche *s. dort;* in sonstigen Familiensachen **112** 267; im Straßenverkehr **35a** 44; nach dem StVG **35** 26; nach dem UKlaG **105** 6; in

Unterbringungssachen **112** 313 f.; in Unterhaltssachen **112** 232 f., 260; für unternehmensrechtliche Verfahren **112** 376 f.; nach dem UrhG **65** 104 ff., 111b f.; nach dem VDuG **105a** 3; Verbot der Verweisung **90** 269; in Vereinssachen **20** 29, 37, 44, 60, 66, 78; bei Verfolgung von Wirtschaftsstraftaten **88** 13; in Versorgungsausgleichssachen **112** 218; Verweisung bei fehlender **100** 281, 506; Vollstreckung nach dem JGG **89** 84; für Vollstreckungklausel nach Bestätigung der Dispache **112** 409; in weiteren Angelegenheiten der freiwilligen Gerichtsbarkeit **112** 411; nach der ZPO für einstweilige Verfügung **100** 943, grenzüberschreitende vorläufige Kontenpfändung **100** 946 ff., Rechtsbehelfe bei fehlender **100** 513, schiedsgerichtliches Verfahren **100** 1040, 1062, Vermögensauskunft **100** 802e; *s. a. Gerichtsstand*

Zuständigkeit nach der ZPO, Erklärung der durch Gericht **100** 506; nachträgliche Unzuständigkeit **100** 506

Zustellung von Amts wegen in Gewaltschutzsachen **112** 214; der Anklageschrift **90** 201; in der Arbeitsgerichtsbarkeit **83** 9, 50; im Berufungsrechtszug **90** 316; Bevollmächtigung zur Empfangnahme von **90** 116a; von Entscheidungen **90** 35 ff.; von Gerichtsentscheidungen, Fristenberechnung **90** 37; im Insolvenzverfahren **110** 8, 307; nach dem JBeitrG **122** 3; in Markenangelegenheiten **72** 94; öffentliche im Strafverfahren **90** 40; nach OWiG **94** 51; Rechtshilfe **95** 160; im Revisionsrechtszug **90** 343; an Staatsanwaltschaft **90** 41; im Strafprozess **90** 145a; von Willenserklärungen **20** 132; in der Zwangsversteigerung **108** 41; im Zwangsversteigerungsverfahren **108** 3 ff., 32, 88

Zustellung nach der ZPO **100** 166 ff.; von Amts wegen **100** 270; des Anerkenntnisurteils **100** 310; von Anwalt zu Anwalt **100** 133, 195; im Ausland **100** 183; der Berufungsschrift und -begründung **100** 521; von Beschlüssen **100** 329; elektronische Dokumente **100** 173, 193a; in der Europäischen Union (VO (EU) 2020/84) **100** 1067 ff.; der Klageschrift **100** 271, 274, 498; der Ladung **100** 274; Mahnbescheid **100** 693; Mängel **100** 189; öffentliche **100** 185 ff., 841, 875; Ort der **100** 177; eines Pfändungs- und Überweisungsbeschlusses **100** 829; durch die Post **100** 1068; des Urteils **100** 317, 517 f.; des Versäumnisurteils **100** 310

Zustellungsanträge ausländischer Gerichte, Zuständigkeit **96** 29

Zustellungsbeamte **95** 154 f.

Zustellungsbevollmächtigte **90** 116a, 132; Bestellung durch Rechtspfleger **96** 20; Klagen von **100** 34

Zustimmung zur Aufhebung von Rechten an Grundstücken **20** 876; Dritter zu Rechtsgeschäften **20** 182 ff.; eines Ehegatten zum Erwerbsgeschäft des anderen Ehegatten **20** 1456; des Grundstückseigentümers zur Rangänderung **20** 880, bei Verfügung über Erbbaurecht **41** 5 ff., 15; zum Insolvenzplan **110** 243 ff.; des Mieters auf Mietzinserhöhung **20** 558, 558b; zu Rechtsgeschäften des Ehegatten **20** 1426, bei Gütergemeinschaft **20** 1423 ff.; zur Veräußerung des Wohnungseigentums **37** 12, 46

Zuwendungen **20** 516; Ausgleichung **20** 2050, 2053 f., 2056; unter Ehegatten, Anrechnung auf Ausgleichsforderung **20** 1380; an Kinder **20** 1638; letztwillige **20** 1939 f.; unentgeltliche **20** 330, 516, bei ungerechtfertigter Bereicherung **20** 822; Verzicht **20** 2352

Zuwiderhandlungen gegen jugendrichterliche Weisungen **89** 11; Verwirkung der Vertragsstrafe **20** 339

Zwangsarbeit, Strafbarkeit **85** 232b

Zwangsgeld, Beitreibung **122** 1; zur Erzwingung einer Anmeldung **50** 14; gegen Liquidatoren und Vorstandsmitglieder **20** 78; bei unkorrekten Geschäftsbriefen **50** 37a; wegen Unterlassung von Anmeldungen zum Handelsregister **50** 14; gegen Verleger von öffentlichen Bekanntmachung **90** 463c; gegen Vorstand der AG **51** 407, einer Genossenschaft **53** 160; iSd ZPO **100** 888; gegen Zwangsverwalter **108** 153

Zwangsgeldverfahren **112** 388 ff.

Zwangshaft iSd ZPO **100** 390, 888

Zwangsheirat, Strafbarkeit **85** 5, 237; Übergangsvorschriften **21** Art. 229 § 26

Zwangshypothek **100** 867; für Ansprüche nach JBeitrG **122** 4

Zwangslage, Nichtigkeit einer Willenserklärung bei Ausbeutung einer **20** 138

Zwangsmittel, Anwendung in Familiensachen **112** 35, in der freiwilligen Gerichtsbarkeit **112** 35; Beschwerde **90** 305; keine Gewalt gegen Kinder **112** 90; Vollstreckung durch Rechtspfleger **96** 31; Vorschriften **85a** 5 ff.; iSd ZPO **100** 888

Zwangsprostitution, Strafbarkeit **85** 232a

Zwangsrechte **21** Art. 74

Zwangsversteigerung **20** 450 f., 882; **108**; Anordnung der Versteigerung **108** 15 ff.; Aufhebung und Verfahren **108** 28 ff.,

75 ff., 86; Ausführung des Teilungsplans **108** 117 f.; wegen bedingter Ansprüche **108** 14; Benachrichtigung des persönlichen Schuldners **20** 1166; Beschwerde **108** 95 ff.; bestehen bleibende Rechte **108** 52; Dauerwohnrecht **37** 39; Einstellung des Verfahrens wegen Gefährdung des Kindeswohls **108** 180; des Erbbaurechts **41** 24; erneute Einstellung **108** 30c; Ersteher eines Grundstücks als Rechtsnachfolger **100** 325; Gefahrübergang **108** 56; zur Gemeinschaftsaufhebung **108** 180 ff.; Gesamtausgebot mehrerer Grundstücke **108** 112; eines Grundstücks **108** 15 ff., Eintragung des Schuldners **108** 17; im Insolvenzverfahren **108** 172 ff.; Kosten **115** 1, Fälligkeit der Gebühren **115** 7; von Luftfahrzeugen **108** 171a ff.; mehrerer Grundstücke **108** 18; zur Nachlassauseinandersetzung **108** 175 ff.; Rangordnung **108** 10 ff.; Rechtsanwaltsgebühren **117** 26 f.; von Schiffen und Schiffsbauwerken **100** 931; **108** 162 ff.; bei Teilung einer Gemeinschaft **20** 753; unbekannte Berechtigte **108** 126, 135; Verfahrenskosten **115** 54, 56, Haftung für **115** 26, Vorschuss und Vorauszahlung **115** 15; Versagung des Zuschlags **108** 33; versicherte Sache **62** 99; Versteigerung **108** 66 ff.; Versteigerungsbedingungen **108** 44 ff., 82; Verteilung des Erlöses **108** 105 ff.; Verwaltung des Grundstücks durch Schuldner **108** 24; wiederkehrende Leistungen **108** 46 f.; Zustellung im Verfahren **108** 32; Zwangsvollstreckung durch **100** 866, 869, 870a

Zwangsverwalter **108** 150 ff., 152 ff.; keine Vergütung nach RVG **117** 1

Zwangsverwaltung **108**; Anordnung nach versuchter Zwangsversteigerung **108** 77; Aufhebung **108** 161, der einstweiligen Einstellung **108** 153c; außergerichtliche Verteilung **108** 160; und Eigentümergrundschuld **20** 1197; gerichtliche **20** 1052, 1054; eines Grundstücks **100** 866, 869; **108** 146 ff.; im Insolvenzverfahren **108** 172 ff.; Kosten **115** 1, Fälligkeit der Gebühren **115** 7; Rangordnung **108** 10 ff.; Verfahrenskosten, Haftung **115** 26, Streitwertberechnung **115** 55, Vorschuss und Vorauszahlung **115** 15

Zwangsvollstreckung **100** 704 ff.; Ablösungsrecht **20** 268; im Ausland bei Unterhaltstiteln **112** 245; ausschließliche Gerichtsstände **100** 802; Ausschluss vom Bieten **20** 450; zur Befriedigung des Hypothekengläubigers **20** 1147, des Pfandgläubigers bei Pfandrecht an Rechten **20** 1277; aus Beschlüssen der Arbeitsgerichte **83** 85; Beschränkungen **100** 765a, 775, 811, 811b f., 851a f.; in bewegliches Vermögen **100** 811; in Bruchteil eines Grundstücks oder Schiffs **100** 864; gegen Eigentümer des Grundstücks **100** 800, des Schiffes **100** 800a; Einstellung **100** 707, 769, 775 f.; Einwendungen gegen **100** 766; elektronischer Auftrag **100** 753; in Erbbaurecht **41** 8, 24; nach Erbfall **110** 321; Erwerb von Rechten durch **20** 2016; aus europäischen Titeln **100** 794; aus dem Europäischen Zahlungsbefehl **100** 1093 ff.; in Forderungen und andere Vermögensrechte **100** 828 ff.; bei fortgesetzter Eigentums- und Vermögensgemeinschaft **100** 744a; Fortsetzung **100** 751; wegen Geldforderungen **100** 802a ff.; und Genehmigung des Rechtsgeschäfts **20** 184; bei geringfügigen Forderungen **100** 1105 ff.; gegen Gesellschafter der OHG **50** 129; in Grundstück mit Belastung durch Erbbaurecht **41** 25; gegen Hauptschuldner **20** 772; in eine Heimstätte **100** Anm. zu 866; Herausgabe von Sachen und Handlungen oder Unterlassungen **100** 883 ff.; bei Insolvenzverfahren **110** 88 ff.; gegen juristische Personen des öffentlichen Rechts **100** 882a; **101** 15; Kaufverträge im Rahmen der **20** 312; in körperliche Sachen **100** 808 ff.; Kosten der Gerichtsvollzieher **123**, Verjährung **20** 197; aus Kostenentscheidungen **122**; bei Leistung Zug um Zug **100** 756; bei Marken **72** 29, 154; in Nachlass **20** 1984, 1990, 2213; zur Nachtzeit **100** 758a; Pfandverkauf in der **100** 814 ff.; aus Räumungsvergleich **100** 794a; Sachaufklärungsreform **101** 39; in Schiffe **100** 847a, 864, 870a; in die Schiffspart **100** 858; während Schwebezeit der Bedingung **20** 161; ohne Sicherheit **100** 720a; sofortige Beschwerde **100** 793; strafbare Vereitelung der **85** 136, 288; Übergangsvorschriften **101** 22; Überweisungsbeschluss **100** 836 f.; in unbewegliches Vermögen **100** 864 ff.; zur Unzeit **100** 758a; in Urheberrechtssachen **65** 112 ff.; aus Urteilen der Arbeitsgerichte **83** 62; gegen Veräußerungsverbot **20** 135 f.; Verfügung im Wege der **20** 135; aus Vergleichen **83** 109, und Sprüchen des Ausschusses der Handwerksinnung **83** 111; Versagung des Zuschlags **108** 85a; Verteilungsverfahren **100** 872 ff.; Verwendung des Erlöses bei PKH **123** 15; Vollmachtsnachweis **100** 753a; Vollstreckungsabwehrklage **100** 786a; aus Vollstreckungsbescheid **100** 794; Vollstre-

ckungsklausel **100** 724 f.; Voraussetzungen des Beginns **100** 750 f.; Vorbereitung, Geschäftswert **119** 118; bei Vorerbfolge **20** 2115; und Vormerkung **20** 883; bei Wahlschulden **20** 264; Wartefrist vor Beginn **100** 798; Widerspruchsrecht des Ehegatten bei Gütergemeinschaft **20** 1455; und Wiederkauf **20** 458; wiederkehrende Leistungen **108** 13, 30a; in Wohnraum **100** 721; bei Zug-um-Zug-Leistungen **20** 274, 322; Zuständigkeit des Rechtspflegers **96** 20, des Richters **96** 20; *s. a. Vollstreckung*

Zweige, Hinüberragen **20** 910

Zweigniederlassung im Firmenrecht **50** 30; einer Genossenschaft **53** 14; einer GmbH im Ausland **50** 13g; von Kapitalgesellschaften mit Sitz im Ausland **50** 13e ff., 325a; von Unternehmen **50** 13

Zweigniederlassungen, multinationaler Unternehmen **50** 342e f.

Zwischenräume zwischen Grundstücken **20** 921

Zwischenscheine 51 72, 191, 219; beschädigte **51** 74; Eintragung in Aktienregister **51** 67; Kraftloserklärung **51** 72; Übertragung **51** 68; Unterzeichnung **51** 13; Verbot der Ausgabe **51** 41

Zwischenstreit bei der Beweisaufnahme **100** 366; Versäumnisurteil über **100** 347

Zwischenurteil 83 61; **100** 280, 303 ff.; Bindung des Gerichts **100** 318; über Grund **100** 304; Übertragung auf Einzelrichter **100** 348a; über Zeugnisverweigerungsrecht **100** 387

Zwischenzinsen 20 272, 1133, 1217; bei ungerechtfertigter Bereicherung **20** 813

Für handschriftliche Notizen

Für handschriftliche Notizen

Für handschriftliche Notizen

Für handschriftliche Notizen

Für handschriftliche Notizen

Für handschriftliche Notizen

Für handschriftliche Notizen

Für handschriftliche Notizen

Für handschriftliche Notizen

Für handschriftliche Notizen

Für handschriftliche Notizen

Für handschriftliche Notizen

Für handschriftliche Notizen

Für handschriftliche Notizen

Für handschriftliche Notizen

Für handschriftliche Notizen

Für handschriftliche Notizen